조선시대의

동아시아 문화와 문학

강동엽

(주)북스힐

조선시대의

동아시아 문화와 문학

2006년 9월 20일 1판 1쇄 인쇄
2006년 9월 25일 1판 1쇄 발행

지은이 · 강동엽
펴낸이 · 조승식
펴낸곳 · (주)도서출판 북스힐
출판등록 · 제 22-457호
142-877 서울시 강북구 수유2동 258-20
대표전화 · 02-994-0071
팩시밀리 · 02-994-0073
E-mail · bookswin@unitel.co.kr

ISBN 89-5526-327-9
값 15,000원

머 리 말

문학을 공부하는 내가 그 관심의 영역을 동아시아 문화교류 쪽으로 넓혀서 보려한 지도 십여 년이 넘었다. 처음에는 생각은 간절했으나 현실적인 장벽 때문에 제대로 된 문헌 하나 구하기도 쉽지 않았다. 게다가 학문 영역의 경계를 넘나드는 것을 탐탁하게 여기지 않던 분위기가 이 방면의 연구를 힘들게 했다.

그런 와중에 중국이 열리고, 일본에의 내왕이 잦아지면서 동아시아 문학·문화의 교류에 대한 구체적 이해를 욕심내게 되었다. 마침 중국에서는 韋旭昇 선생님의 가르침이 있었으며 일본 쪽에서는 芳賀徹 선생의 지도가 큰 힘이 되었다. 물론 이러한 출발이 가능했던 것은 '使行文學', 곧 연행사나 통신사들의 저적을 연구하면서이다. 이 과정에서 金泰俊, 崔博光 두 분 선배와 함께 했으며, 일본에서는 上垣外憲一·大澤吉博 교수 등과 같이 했다.

동아시아문학사연구를 위한 소규모 모임을 자주 개최하면서 조금씩 그 거리가 좁혀졌으며, 내가 미처 구득하지 못한 자료들을 접하면서 이 방면의 연구에 대한 보람을 가지게 되었다. 특히 이런 어설픈 노력을 하고 있을 때 발표된 국내외의 큰 업적들은 막막하던 내 기분을 한결 밝게 해 주기도 했다. 여기에 힘입어 기회있을 때마다 발표하고 정리한 것을 한 권의 책으로 묶어 혹 이 방면의 연구에 관심이 있는 동학들에게 작은 보탬이 되었으면 싶었다.

원래는 특별한 계획이 없이 자료가 구해지는 대로 쓴 논문들이지만 이해에 도움이 되게 하기 위해 Ⅰ부와 Ⅱ부로 나누고 그 속에 서로의 관련성이 깊은 것들을 함께 모았다. 그래서 책명을 ≪조선시대의 동아시아 문화와 문학≫이라 붙였다. 이 과정에 원래는 별개의 것이었기에 다소의 중복되는 내용이 생기게 되었다. '木村蒹葭堂'이라는 사람에 대한 것과 琉球, 安南에 관한 부분이 그것이다. 지금은 새롭게 찾아진 자료가 많지만 글을 쓸 당시에는 황무지나 다름없었기에 작은 것을 두고 크게 생각하려고 욕심낸 탓이다. 앞으로의 연구를 위한 작은 길잡이쯤으로 생각하고 그 소임을 다하면 될 것이며, 그 나머지는 새롭게 보완된 자료를 통하여 본격적인 연구가 이뤄지지 않을까 기대한다.

천성이 느리기도 하고 소위 타이밍을 잘 맞출 줄도 몰라서 묵혀 두게 된 글들이라 그 가치가 반감되었지만 한 곳에 모아놓고 보니 '조선시대'만 해도 생각보다 참 활발하게, 그리고 치열하게 살았구나 싶어 스스로 대견스레 생각하게 된다. 이제 다시 시작되는 '동아시아문학교류사연구'에 인접국의 동학들과 함께 계속 이 방면의 연구를 진행해볼까 한다. 이 관심은 순전히 대선배인 金容稷 선생님의 채근 덕분이다. 늘 새로운 과제와 방향을 제시해 주신다. 고맙기도 하고 두렵기도 하다. 역부족이기 때문이다. 이번의 출간은 앞으로의 작업을 위한 그 첫 번째 정리인 셈이다.

정리를 마치면서 제일 마음에 남는 것은 血肉·恩師·知己를 함께 잃은 일이다. 수년 전 은사이신 淵民老師가 타계하시고 두해 전에는 내 어머님과 지기인 大澤吉博 교수가 비슷한 날에 떠나셨다. 육친을 잃은 외로움과 더불어 학문을 얘기할 길 없는 마음은 형언하기 어려웠다. 다행히 지난 한 해는 天理大學의 배려로 책속에 묻혀 지낼 수 있게 되었다. 그 고마움을 잊을 수 없다.

그리고 한번도 내가 표현하지 못했지만 무언으로 격려해 주신 분이 趙東一선생님이시다. 새롭게 출간한 저적을 받을 때마다 쉬지 않고 무엇인가 해야 한다고 다짐하게 했다. 나도 다른 후배에게 흉내라도 내었으면 한다.

출간의 준비 중에 품이 많이 가는 일은 金昌鉉 선생이 도맡아 나를 도왔다. 원고정리의 朴灘 군, 사진정리의 梁慜熙 양도 이 책이 나오게 도운 사람이다. 북스힐의 趙勝湜 사장과 실무진의 노고야 말할 수 없다. 그리고 내 동료들이 곁에서 언제나 격려를 아끼지 않는다. 지난 시간 이 울타리 속에서 나는 내가 하고 싶은 일을 할 수 있었던 것 같다. 고마움을 표한다.

빛이 나지 않는 일인데도 평생을 바쳐 나를 돕는 아내의 고마움에 이 한 권의 책으로 위로를 드린다.

무오년 초여름

山碧書室에서 지은이 씀

차 례

2부 문명의식

1부

문 학 교 류

풍류삼매적 생활

이수광의 문명의식과 대외교류

18세기 동아시아 문학의 교류

조선시대 동남아시아 문학과의 교류

18세기 한·일 문학교류와 宮瀨龍門

풍류삼매적 생활

-<木村蒹葭堂의 경우>-

Ⅰ. 머리말

조선조 후기-18세기 우리나라의 대외적 접촉은 燕行使나 通信使들에 의하여 이루어지고 있었다. 그동안 韓國이나 日本에서 연구된 이 방면의 업적은 상당한 수준에 도달하고 있다.

그러면서도 각기 자신들의 우월성을 강조하는 내용이 많아서 당시 동아시아제국의 문화교류에 대한 실체를 이해하기가 쉽지 않다. 그래서 본고에서는 18세기 大阪을 중심으로 風流的 삶을 살았던 木村蒹葭堂[1]과 그 주변 인물을 대상으로 실제적인 교류가 어떻게 이루어졌는가를 알아보고자 한다. 이 작업은 상대방 文化를 이해하지 않는 입장에서의 自己優越感이란 獨善에 지나지 않는다는 것을 알 수 있는 계기가 될 것이며, 특히 이 당시 조선문인들의 의식세계에 나타난 한 단면을 볼 수 있을 것이다.

물론 일본의 문인들 역시 같은 맥락에서 이해되어야 할 것이다. 다른 장에서 언급되겠지만 그 당시 실제적인 交流와 後代 文件에 남아

---

1) 이하 '木村'이라 줄여서 표기함.

있는 기록과는 언제나 차이가 있었다는 사실은 文化交流의 실체를 이해하는데 장애가 되어 왔음을 솔직히 인정하지 않을 수 없다.

그런 의미에서 木村이란 인물의 활동은 이러한 상호간의 부족함을 채워주면서 이 방면의 연구를 더욱 深化시켜 줄 수 있을 것이다. 그가 접촉한 인물과 交流의 樣相은 당시 문인들의 知的 好奇心과 그것을 충족시키는 방법을 이해할 수 있기도 하다.

적어도 韓日關係史에서 같은 수준의 文學的 交流가 가능했던 인물을 중심하여 살펴봄으로써 서로의 입장을 이해하고 그 내용의 구체적인 부분을 살필 수 있으리라는 기대 속에 本論文을 시도하고자 한다. 이것은 漢文이라는 中世的 東亞細亞 공통언어를 중심으로 하는 보편적 가치기준 위에서 출발하는 評價일 것이며, 또 그들이 지향하는 世界認識일 것이다.

이 때는 동아시아제국이 모두가 자기언어를 창조하여 새로운 질서를 모색하고 출발하는 시기임에도 그들이 처한 위치는 공통언어시대에 머물고 있다는 사실 위에서 상호 이해되어야 한다는 것을 의미하고 있다.

본 논문에서 살펴보려는 木村 역시 이런 관점에서의 연구가 필요한 대상이 될 것이다. 그것은 그의 生涯와 行蹟에서 잘 나타내 주고 있다.

Ⅱ. 木村蒹葭堂과 그 주변

그의 이름은 弘恭(일명 孔恭이라 표기되고 있으나 그의 활동 시기에 기록된 것으로는 "弘恭"으로 되었음) 자는 世肅, 雅號는 巽齊이며 蒹葭堂은 그의 堂號이다.

≪日本詩選≫2)에는

> 字世肅 浪華人 木村氏 稱吉右衛門 所居名蒹葭堂
> 以好事博文之 故其名傳播四方

라고 하여 그의 성격과 행적을 짐작하게 한다. 흔히들 그를 近世의 考證學者나 藏書家로 불리는 이유도 여기에 있으며3), 十餘萬卷의 書籍과 古董書畵가 있어 한때는 "大阪의 蒹葭堂, 京都의 風月堂, 江戶의 平賀源內"4)로 불리기도 하였다.

그는 元文 元年(1736) 11월 28일 大阪에서 태어나 享和 2년(1802) 1월 28일(67세)에 沒하였는데 대대로 京都 近衛家의 醫官을 지내던

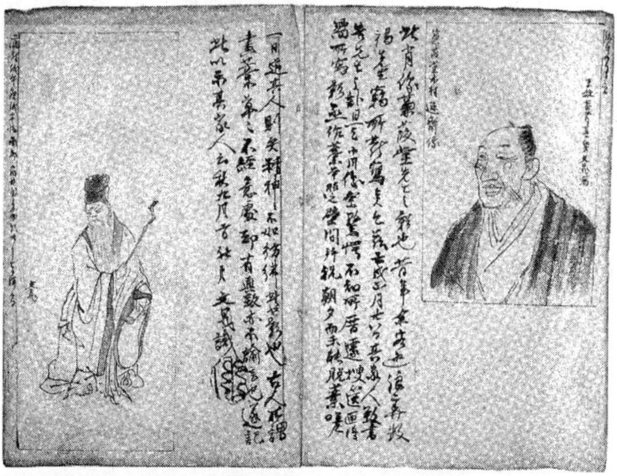

그림 1. 겸가당 초상화(谷文朝 작)

2) 平安 江綏君錫 著, 寬政 6年刊.

3) 小野則秋, 藏書家としての吉田篁土敦と木村蒹葭堂 <≪學燈≫ 43-5, 昭和14>, p. 11.

4) 鎌田春雄, 木村蒹葭堂 <≪歷史地理≫ 21-3, 4, 大正2> p. 271.

後孫으로 重周의 아들이다. 그의 家勢는 浪華江(지금의 淀川)근처에서 酒造業을 하면서 富豪가 되었다.

그는 11세 때 片山北海를 만나게 되었으며 家勢는 더욱 번성하였다. 특히 渡來의 淸人을 포함한 13인에게서 贊詞를 받을 정도로 그의 집에서 만든 술은 더욱 유명해졌다. 어려서부터 病弱하여 많은 약을 복용하였으며, 그때마다 藥材를 관찰하면서 草木花樹에 깊은 관심을 가졌으며, 나중에 그가 草木學에 造詣가 깊어지면서 博物學硏究에 간여하여 많은 연구회를 만든 이유도 여기서 출발했다.

이후로 그는 50여 세가 될 때까지 大阪, 京都, 그리고 江戶의 많은 문인, 학자들과 사귀게 되었다. 享保 6년 이후부터 13년까지 많은 모임을 개최하였으며, 이 때 거금을 들여 珍奇한 藥物이나 動植物, 古器, 雜具를 수집하여 寶曆 13년에 ≪山海名産圖會≫를 저술하였다. 이 당시 저술한 대표적인 서적은 ≪六物新誌≫, ≪大同類聚考≫, ≪銅器未由私記≫, ≪琉球物産志≫, ≪和漢草木譜≫, ≪阿蘭陀具圖≫, ≪蒹葭堂雜錄≫ 등이다.

그가 56세 때에는 ≪大岡春卜≫에게서 繪畫를 私師받기 시작하였다. 처음에는 明代의 그림이나 唐代의 그림을 模寫하다가 여기에 彩色을 가미하였으며, 南宗畵와 文人畵의 一家를 이루었다. 당시 남종화의 一代 巨擘인 ≪田能村竹田≫의 評語에는

> … 撫法近世 其意蓋在自娯 不必抗衡古人 俱爭上乘 而一片惦古之氣靈然自見矣.

라는 구절이 보이는 것으로서 이를 잘 말해 주는 것이라 하겠다.

그의 博物學的인 기질은 여기서 머물지 않고 書藝, 篆刻은 물론 音

樂에까지 일가를 이루었다. 그 결과 1764년 朝鮮의 通信使 일행에게 무려 14명의 印章을 새겨주었다. 이 무렵 그는 雅俗貴賤을 가리지 않는 性品 탓으로 당대의 文人, 學者는 물론 조선과 중국에까지 그 이름을 전하게 하였다. 江戸의 시인 董文敏에게 선물한 두 폭의 글씨에 대한 그의 評을 보면 木村의 文才를 짐작케 한다.

> 蒹葭先至鶴 次 二帖來歸蓋有因 太使先知君與我 前身莫是館中人

더군다나 ≪日本詩選≫ 卷7에 수록된 그의 7言詩 한편은 당시 詩壇에서 그를 異人으로 인정할 수밖에 없게 한다.

> 嘉招邸第及吾曹　中有驪駒爲客操　鄕路霜飛人賦別　雅筵醉去夢堪勞
> 秋光餘菊看佳色 春信約梅弄彩毫 洵美休言非我土 慇懃此會足醇醪[5)]

風流三昧의 生活을 꾸려나갔던 그의 문학적 능력은 역시 동아시아 제국의 문사들과의 교류에서 찾을 수 있음은 두말할 나위가 없다. 특히 中國文士와의 교류는 長崎에 머물고 있던 渡來人들이나 僧侶들을 중심으로 비롯되었음은 언급한 바와 같으며, 江村北海의 ≪日本詩史≫ 권 제5에서도 상세히 기록한 바 있다.

또한 陶齊趙養의 ≪蒹葭堂記≫에

> … 內則自東奧 至西薩 外則韓球之縉紳 有詩有文 因便詢華賈於長崎 又有紅夷朝東 而至攝之逆旅 則往採其異言 … 日日勝友千逢迎 萬座蛟鳳 相延盡情 噫亦奇人矣哉.

---

5) ≪萱君軍譽書堂集得 字≫.

이라 했는가 하면, 片山北海의 <蒹葭堂銘幷書>에는

> 於時世肅乃諮諸一二同志 逐及京師以西東盡海之瀕 以朝鮮琉球 華舶之客副焉 其所寄題 若詩若文 且其榜署 篆穎眞草 無不極才盡技焉…

등의 기록이 있어 이들이 당시의 이름난 문인이며 또한 그와 가깝게 교류하던 인물임으로 하여 그의 사람됨을 분명히 이해할 수 있게 해준다.

그것을 뒷받침해주는 또 하나의 기록은 賴春水의 ≪春水遺稿別錄≫ 권 3 <師友志>에,

> 木弘恭字世肅 稱吉右衛門 大阪人 家在北堀江瓶橋 造酒爲業 密柑酒最著 善書畵 以好事著 號蒹葭堂 客無雅俗 無日不至 余辭浪華之後有新令定釀額…

이라하여 그의 脫俗한 성품을 잘 말해준다. 賴春水의 ≪在津紀事≫ 下卷에도 그에 대한 얘기들이 많으며, 특히 그의 堂號에 대한 讚詩를 읊은 名人들의 詩卷이 십여 권이나 되기도 하고 顯微鏡에 대한 재미있는 기록들이 보인다.

그는 1756년(寶曆 6년) 나이 21세 때 細谷半齊의 중매로 森示子와 결혼하여 1768년에 1녀, 1771년에 2녀를 낳았으나 1녀는 일찍 죽었다. 그의 아내는 기질이 병약하여 1765년(明和 2년) 山中 氏의 딸을 첩으로 삼아 그의 아내와 잘 지냈으나 먼저 세상을 떠나고 아내 示子는 80여 세를 살았다.

오늘날 전하는 그의 肖像畵는 谷文晁가 그린 것인데 이 그림에 대하여 그의 친구 水戶翠軒老人 立原萬이 71세 때 쓴 題辭는 그를 이해

하는데 큰 도움이 될 것이다.

嗟乎 是天下著名蒹葭堂 木世肅之眞耶 世肅之沒後 世無斯人矣 博物多識 情誼淳厚 人人稱讚不容于口 天下讚之 焉用短辭 余嘗西遊 交誼綢繆 世肅相識 其麗不億 今題眞圖 殊以乞余 家人弘量 交非尋常 筆與眞竝 永存交情

文化十一年甲戌七月.

Ⅲ. 朝鮮文人의 木村蒹葭堂에 대한 視覺

조선조 문인들의 日本이나 日本詩에 대한 비평은 대부분 부정적이었다는 것은 이미 잘 알려진 사실이다. 소위 文化優越主義的 자세 때문이다.

그러나 실제로 기록에 남은 것을 중심으로 살펴보면 지금까지의 평가는 어느 한 단면을 중심으로 한 기록 때문이며, 많은 문사들과의 접촉에서 얻은 시귄은 당시 일본 漢詩의 수준이 높았음을 알 수 있다. 특히 본고에서 살피고자 하는 木村과 그 주변인물들과의 唱酬에서 나타난 결과는 당시 조선문인들의 좁은 시야를 비판할 만한 것이었다.

우선 1764년 成大中(1732-1812)이 일본을 다녀오면서 얻어온 <蒹葭雅集圖>에 나타난 詩文에 대한 李德懋(1714-1793)의 評을 보기로 한다.

… 아, 조선의 풍속은 狹陋하여 忌諱하는 것이 많다. 文名의 敎化는 오래되었으나 도리어 일본사람들의 협루함이 없는 것만 못하다.

그런데도 스스로 잘난체하여 다른 나라를 업신여기니 나는 이를 매우 슬퍼한다.[6]

이덕무는 그의 글에서 葛張의 詩와 筑常의 序文을 예로 들었는데 그 내용은 다음과 같다.

좋은 친구들 문장으로 모였네
화초가 우거진 옛 초당에서
목로주점 했던 것은 司馬와 같고
집안에 쌓인 책은 鄴候만 못하잖네
맑은 물위엔 갈매기 떠 있고
浪華의 하늘엔 기러기 나네
湖海를 헤엄쳐 건너는 이 몇이나 되나
蒹葭堂 저 편에서 뱃놀이 하네

성대중 일행이 蒹葭堂에서 많은 文士들과 詩會를 가진 즐거움을 읊은 위의 詩卷들에 대하여 筑常이 序文을 썼는데 그 내용 중의 한 부분을 보면,

… 지금 마침 朝鮮의 諸公이 오자 世肅이 幣帛을 가지고 館中으로 찾아가서 여러분들을 보니 諸公도 世肅을 마치 옛 친구처럼 따뜻하게 대해 주었다. 조선의 諸公이 환국할 적에 龍淵 成公이 세숙에게 사람을 보내어 <蒹葭雅集圖>을 청하므로 世肅과 함께 있던 벗들은 각각 두루마리 끝에 쓰기를 “가지고 돌아가서 만리밖에 있는 우리들

6) ≪靑莊館全書≫ 32, ＜淸脾錄＞.

을 보듯하여 주시오"하였다. 아, 成公의 마음도 이 蒹葭堂에 있는 우리들의 마음과 어찌 다르겠는가! 그렇다면 世肅의 交際가 一鄕一國의 선비로부터 四海의 선비에까지 이른 것이 사실이다. 지금 世肅이 어떻게 해서 이역 만리 밖의 선비들과 교류하게 되었는가? … 나의 文은 그 道가 아닌데도 成公이 世肅과 똑같이 보아주었으니 이역 만리 밖의 文明과 交流하게 된 감동이 마음 속에만 서려 있고 밖으로 드러내지 않을 수 없어 이 ≪蒹葭雅集圖≫ 뒤에 서문을 쓴다.

寶曆 14년 甲申 5월 4일 談海筑常은 浪華의 橋居에서 쓴다.

라 하였다. 축상의 위 서문은 木村이 1764년의 조선통신사 일행과 교류하고 그 기념으로 雅集圖를 그려 준 내력을 소상히 밝히는 내용이다.

당시 이 ≪아집도≫에 참여한 문인들(일본 측)은 木世肅을 비롯하여 筑常, 淨王, 合離福尙修, 葛張, 罡元鳳, 片獸 등이며, 그 외에도 열서한 사람 중에는 那波孝敬, 太眞, 藥樹도 포함되어 있다. 이 ≪아집도≫는 원래 조선총독부 박물관에 소장되어 있었다 고하나 현재는 그 행방을 알 수 없다. 이 그림은 비단의 두루마리식으로 만들고 위에 蒹葭堂의 풍경을 그리고, 그 아래에 문사들의 시와 서문을 작성한 시, 서, 화가 合一을 이룬 뛰어난 작품이었다.

조선의 기록을 보면 蒹葭堂의 모습을,

浪華江에 蒹葭堂을 세웠는데 억새꽃과 갈대숲이 잘 어울려 파란 빛이 아름답고, 바람이 불면 비파타는 소리가 나며, 안개 속에 끝없이 바라보이는 수평선을 배들이 오가는 경치가 볼만하다.

라고 이덕무는 그의 <耳目口心書>에 적고 있다. 그런데 이 ≪아집도≫에 대하여 부정적 견해를 가지고 있던 학자들도 있다.7) 그러나 龜正魯가 編한 ≪萍遇錄≫(전 1책)이라는 책에 보면 그 의심을 풀게 된다.8) 이 책은 아직 학계에 알려지지 않은 것인데, 원래 조선총독부 도서관 <福田文庫>에 소장되어 있었으나 현재는 한국국립중앙도서관에 있다. 당시 통신사 일행과 唱酬하던 현장에서 기록된 日本書籍으로서 한·일간 文士들의 교류를 이해하는데 매우 귀중한 자료이다.

이 ≪아집도≫뿐만 아니라 당시의 교류에 대해서는 시각의 차이를 가지고 있는 학자들이 많다. 특히 위의 野間光辰의 경우만 그런 것이 아니고 那波利貞의 경우는 那波魯堂이 접촉한 조선의 문사들은 모두 固陋之甚이 많다고 한 기록에 대하여9) 신뢰를 가지고 있다.10) 그가 지적한대로 당시의 조선문인들에 대한 지식이 부족한 것에서 연유한 결과가 아닌가 한다. 왜냐하면 ≪아집도≫의 列書者 명단에도 那波魯堂이 포함되어 있다는 사실은 그 때 활동하던 일본의 문인들은 대개가 韓使와 교류하는 것을 영광스럽게 생각했거나 아니면 願하고 있었다는 것을 알 수 있기 때문이다.

이러한 문제는 한·일 모두가 미묘한 입장을 나타내면서 기록에 의존하지 않고 認識論에 젖은 태도여서 이 방면의 연구에 많은 지장을 주고 있다. 오늘날 생각하는 것보다 그들의 문학적 교류는 훨씬 더 깊고 적극적이었음을 짐작케 한다.

1764년의 通信使 일행에 書記로 참가했던 金仁謙(1707-?)의 ≪日東

---

7) 野間光辰, <寄題蒹葭堂序文>, ≪大阪府立圖書館紀要≫, 昭和 48년 3월, p. 78.
8) 이 책의 編者가 釋大典으로 되어 있으나, 내용과 전후관계를 중심으로 보면 龜正魯가 編한 것으로 보아야 할 것 같다.
9) ≪兩好餘話≫ 下卷.
10) ≪朝鮮學報≫ 42, 昭和 42년 1월.

壯遊歌≫ 4월 4일의 기록에 보면,

初四日 淀浦와서 배타고 中火하고,
未時에 平方가서 中下官은 배에서 내려
熟供먹고 올라오고 上官은 배속에서
저녁밥 지어 먹고 배 가운데 다 자니라.
木弘恭 世肅이가 圖書새겨 보내었네.
예서 大阪城이 삼십리라 하는구나.

라고 읊고 있다. 이 구절은 木村이 통신사 일행에게 印章을 새겨서 선물했다는 내용이다. 이를 뒷받침하는 글로는 당시의 같은 서기였던 성대중의 ≪槎上錄≫ 5월 15일 條에 보면 다음과 같은 글이 있다.

中村三實刻送印章六顆 時 九顆 退石 玄川各二顆 且各致私印譜一卷 日本人 雅善圖章 所謂一刀萬象者 名於天下 而今行所見則三實爲最 江戸平鱗 西京長公勳 次之 浪華木弘恭 福尙脩 又其次也.

위 글은 ≪일동장유가≫에 나오는 내용과 같은 것이다. 이것은 당시 문사들이 詩, 書만 주고받은 것이 아니라 篆刻까지도 情表로 주었다는 것을 알 수 있다. 그 실물에 대해서는 李元植의 ≪明和圖(1764)の朝鮮通信使≫[11)]에 상세히 소개되어 있다. 木村의 刻風은 漢印風을 닮아서 상당히 고풍스러운 맛을 풍기고 있다.

이 사실에 대한 木村자신의 확인을 볼 필요가 있다. "木弘恭識語"라 하여 다음과 같이 남기고 있다.

---

11) 이원식, <명화도(1764)の조선통신사>, ≪조선학보≫ 84, 1977, p. 98.

朝鮮諸公之還國 余篆 圖章以充解刀之義 古人有云 印用表文顧諸公之 文煥炤日 域然 其於余傾蓋 添誼抵掌 不拒七寸之管 語言相接 無一不涉于交者 嗟文之不可以已耶 唯篆 技之末耳 雕蟲相將 奚取之 君子雖然文房之供 聽役左右 諸公一日之雅 不相忘者 亦唯焉由也 余因與承明偕斯舉裝池一册併以贈云.

寶曆甲申三月 木弘恭識

조선의 使行이 돌아갈 때 서로를 잊지 않기 위하여 文房之物을 보내는 것은 아름다운 일이며 비록 하찮은 물건이라도 그것대로 큰 의미가 있다는 내용이다.

이로 보면 木村은 시, 서, 화는 물론 "전각"까지 곁들여 文士로서의 기본적 자질을 갖추어 가히 風流三昧的 생활을 영위하려고 노력한 것을 알 수 있다. 이것은 여태 알려진 당시 사행들의 행적이 詩會나 贈詩, 또는 論爭的인 부분으로 일관된 것처럼 보이지만 木村과 그 주변 인물들과의 경우에는 한껏 흥취를 돋우는 일들이 많았음을 알 수 있다. ≪萍遇錄≫의 내용 역시 이러한 木村의 행적을 잘 알려주는 것 중의 하나이다.

그것은 筆談이나 詩會에 木村의 불참이 있는 날은 동석한 모두가 아쉬워하는 말들을 하는 것으로써 그 사정을 알 수 있다. 그가 풍류적 교류를 하였다는 기록은 成大中의 ＜書東槎軸後＞[12]에,

然倭人酷愛吾書 動求之 始爲龜正魯草數紙 又爲木世肅書蒹葭堂額 長老之徒 固宏頗解書 法常來求書曰 一行之筆 公第一南公次之 吾蓋以文辨勝也 浪華之夜 燈火滿江 舟行如平地…

12) 성대중, ≪青城集≫ 권 8.

라고 하여 당시 최고의 글씨로 인기가 있었던 성대중을 낭화로 초대하여 <겸가당>이란 액자를 받은 것을 알 수 있다. 성대중 역시 흔쾌한 마음으로 응하여 낭화의 야경을 감상하였다. 이때 같은 좌석에서 글씨를 받던 사람 중의 龜正魯는 ≪萍遇錄≫을 편한 바로 그 사람이다. 이 사실을 중심으로 보면 木村과 그 주변의 인물, 그리고 ≪평우록≫에 나타난 내용으로 하여 조선에 소개된 木村이란 한 인물에 대한 기록은 정확한 것이며, 특히 이덕무의 기록과 평은 객관성을 띤 내용이라고 보아야 할 것이다.

반면에 일본에서의 기록은 방외인으로서의 인물, 또는 한 異人으로 표현되고 있음은 특이하다. 다만 ≪日本詩史≫와 ≪日本詩選≫에서 그의 文才를 인정하여 언급하고 있음은 그를 이해하는데 많은 도움이 되고 있다. 물론 蒹葭堂紀念會와 같은 곳에서 전개하는 사업이 있지만 하나의 好事家, 또는 진기한 물품이나 서적의 수집인으로서 인식하고 시인으로서의 평가와 연구는 많지 않은 것 같다.

여기에 비하여 직접 그를 만나 창수에 참가했던 인물 중에서 元重擧의 評은 오히려 과한 경우라 할 것이다.

> 일본에는 총명하고 영수한 사람들이 많아 眞情을 토로하고 心琴을 명백히 하며 문필도 모두 귀히 여길만 하고 버릴 수 없는 것이다. 그런데 우리나라 사람들은 오랑캐라고 여겨 무시하고 언뜻 보고 나무라고 헐뜯기를 좋아한다.

원중거가 만난 木村과 그 주변 사람들에 대한 위의 지적은 그들의 眞情을 중심으로 평가해야 하며 어떤 선입견이나 외피적 관찰에 의하여 평가하는 자세를 비판하고 있다.

그의 눈에 비친 木村이란 인물은 새로운 것에 대한 학구적 자세와 노력이 성품의 뛰어남에서 출발하고 있어서 한 인간의 평가는 내면세계와 같은 깊은 곳을 통찰한 연후에야 가능함을 지적했다. 결국 ≪蒹葭雅集圖≫를 중심한 한・일간 문사들의 교류는 낭화강의 풍광과 함께 그들의 시정을 마음껏 펴는데 있었다.

이 ≪아집도≫에 대해서는 앞에서 예시한 이덕무의 ≪청장관전서≫에 그림만 빠졌을 뿐 그 내용이 상세하게 기록되어 있다.[13] 실제로 시를 연서한 사람은 7인으로 각 1제씩 썼으며, 기록된 차례는 河曲合離, 映山福尙修, 杜菴葛張, 隔凡 元鳳, 芝菴釋淨王, 木弘恭, 北海片獸의 순이다.

여기서 그 내용을 모두 밝히기는 힘들 것 같아서 목홍공과 편산북해의 시를 적기로 한다.

작은 堂이 堀江 굽이에 있어
몇해나 함께 거닐었던가.
비녀장 뽑고서 항상 술 마시고
글을 論하면서 하루하루 늙어가네
누가 친구 사귈 줄을 알랴
少年 모이는 곳 마음에 편치 않네
盟社가 이와 같이 있는데
簡狂을 어찌해 시름하리오
≪목홍공≫

蒹葭堂 위에 浪華의 봄
한조각 봄 마음이 그림 속에 새롭네

13) 이덕무, <耳目口心書>, ≪靑莊館全書≫ 52.

溯回하는 한없는 흥을 누가 알리
慇懃히 異邦人에게 전해주네
≪편산북해≫

그런가 하면 ≪평우록≫의 편자인 龜正魯에 대해서도 적고 있다. 곧 그의 字는 道哉이며 20세 정도이며(통신사와 만났을 때) 才致가 있고 영리하며 민첩한 성품이었다고 했다. 그러면서 2편의 시를 아울러 소개하였는데 <胡笳>와 <餞別의 시>가 그것이다. 여기서는 大阪으로 떠나는 일행을 전별한 시를 적는다.

何南 버들 아래서 객을 전송하는데
가지마다 괴롭게도 짧기만 하네
봄비에 푸른 빛을 스스로 보태
몇 사람의 애간장을 끊어 내려나
送客何南柳 枝枝苦不長 自添春雨色 復斷幾人腸

잘 알려진 바와 같이 이덕무는 일본을 여행한 경험이 없는 사람으로서 ≪청장관전서≫ 속에 <청비록>을 위시하여 <蜻蛉國志>, <耳目口心書> 등에서 일본에 대하여 상세히 기록하고 있다. 그것은 그의 박학다식에서 오는 결과이며, 각종 서적과 실물을 접하고 그것을 기록하여 편한 것이다. 그래서 그의 기록과 비평은 동시대인은 물론 오늘날까지 그 가치를 인정받고 있다. 특히 ≪겸가당전서≫에 대해서는 그 전체적 내용을 완전하게 전하는 기록은 그가 남긴 것 밖에 없는 관계로, 그리하여 당시의 양국 문사들의 교류적 양상과 실체를 이해하는데 많은 도움을 주고 있다.

비록 기록의 대부분이 이덕무의 것이기는 하나 실제로 詩會에 참여하였던 성대중이나 원중거, 그리고 ≪평우록≫의 편자 귀정노는 물론 ≪蒹葭堂誌≫에 나타난 여러 記文을 통하여 나타난 木村은 자신의 이상을 실천한 인물임에 틀림이 없을 것이다.

Ⅳ. 木村蒹葭堂과 동아시아

18세기 일본의 先覺者들이 그러했듯이 木村 또한 박물학적인 지적 호기심과 대단한 노력에 의하여 자신의 꿈을 실현시킨 사람이다. 그래서 그를 일러 京都의 風月堂과 東京의 平賀源內와 함께 大阪의 蒹葭堂이라 불렀던 것 같다.

그의 집에 심여만권의 서적이 수집되어 있는데 그 대부분이 중국의 고서나 희귀본들이었다. 器物 또한 이와 같았다. 그것은 그의 관심이 一國에 머물지 않았으며, 특히 서양인을 만나기 위하여 長崎를 자주 여행한 것이 이를 잘 말해준다. 물론 그곳의 여행목적에는 중국의 물건을 구입하면서 당시 그곳에 도래한 중국인 승려와 학자, 문인들을 만나는 것이 포함되어 있었다.

이렇게 보면 그가 접촉하면서 문화 내지 문학적 교류를 한 지역을 보면 중국, 유구, 서양 그리고 조선의 학자들이었다. 그 중에서도 대부분이 중국과 조선인이었으며 물론 일본 문인들이 여기에 포함된다.

그들이 사용한 언어는 서양인을 제외하면 중세 동아시아문화의 공통언어였던 한문을 중심하였다. 이 사실은 木村이 추구한 문화교류의 방법 중의 하나인 언어문제에 대한 의미를 다시 정리하게 한다. 왜냐하면 이 때는 이미 세계문화 전반에서 일어나는 自國言語에 대한 문제를 심각하게 생각하는 시기였음은 일본의 경우도 같은 현상이었다.

물론 이들과의 교류에서 매개체 역할을 한 것이 공통언어인 漢文이고 보면 이것을 사용했다는 것은 어떤 동질성 같은 것이 작용했는지 알 수 없으나 시대적 요구와 변화의 입장에서 본다면 아직은 이 문제에 대해서 심각하게 생각한 흔적은 찾기 어렵다.

이러한 현상은 당시 조선에서도 이중언어(한문과 조선어)를 사용하면서 한문문화와 조선어문화를 공유케 하였다. 그러면서도 선각적 지식인들에게 있어서 세계는 넓고 다양한 문화를 가지고 있다는 인식의 전환을 가지게 되었으며 특히 동아시아 문화를 하나의 문명권으로 보려는 시도와 함께 많은 저작을 남기게 되었다.

이와 같은 맥락에서 본다면 木村의 자세는 동아시아를 하나의 문명권으로 보는 세계관의 한 단면일 것이며, 실제로 문사들과의 교류에서 나타난 바와 같이 일본을 위시하여 한국, 중국, 유구, 그리고 서구인과의 교류까지 시도한 것을 보면 알 수 있다.

중세적 동아시아문화권에서 벗어나 세계로의 시야를 넓혀 가는 그의 자세는 변혁의 시기인 세계사적 입장에서도 한 발 앞서는 경우이다. 片山北海의 말과 같이 국내 전체는 물론이고 "朝鮮, 琉球, 華舶之客"을 상대로 贈詩文이 오고 간 것은 사해를 하나로 본 그의 문명관이다.

그러면서도 그의 한계는 중국 고전을 하나의 전범으로 삼았다는 점이다. 그의 詩가 俗氣를 벗어 일가를 이룬 것은 사실이지만 중국의 唐詩에 머물고자한 자세는 18세기라는 시대적 특이성과 괴리된다. 곧 이때는 세계의 각 민족이 자국의 고유한 언어가 창조되어 이것으로 자국문학을 창작하고 있던 시기이다. 이는 진취적인 사고를 가졌던 그의 생각과는 거리가 있는 일이 아닐 수 없다.

실제로 이 때는 일본의 고유한 언어로서 문학이 창작되고 있었음은 다 아는 사실이다. 木村 역시 몇 편의 글과 일기 등을 남기고 있다. 그러면서도 통신사들과의 수창에서 이 문제를 심각하게 다루거나 논하지는 않고 있다. 이는 한문문화권의 자기 우월감에 빠져 있었던 결과이며, 급변하는 세계질서를 이해한 그가 가진 雅趣는 내면의 한 쪽에 존재한 한문문화권에 대한 종속이라고 밖에는 평가할 수 없다. 이 같은 현상은 앞에서 지적한 바와 같이 중국이나 조선에서도 같은 경우이다. 이미 그들 나름의 문자가 새롭게 창제되었으면서도 중세적 동아시아 공동언어에 머물고 있었다는 사실은 오늘의 우리들로 하여금 자국문학을 평가하는 데 있어서 문제점에 봉착하게 한다.

곧 오늘날 자국문화를 평가할 때는 자기언어로서 자신의 삶을 얼마나 형상화시켰으며, 그것이 세계문학상에서 어떤 의미를 가지는가를 가늠하는 일이다. 이렇게 볼 때 木村의 동아시아문화 수용자세는 미래지향이나 현실인식적이기 보다는 과거추수적 현상이 더 강하게 작용하고 있다고 보아야할 것이다.

앞에서 지적한 木村과 자국언어문제에 대해서는 예외적인 부분이 있다고 한다면 동시대 그의 제자인 藤原宇万伎가 明和年間에 쓴 ＜押照浪速なる蒹葭堂のことは＞라는 작품과 建綾足一이 쓴 ＜蒹葭堂稱閉作歌＞, 上田秋成이 쓴 ＜すしかひのこと＞(安永三年, 1774년)라는 작품이 ≪蒹葭堂誌≫[14]에 수록되어 있는 것을 볼 수 있다. 이것은 같은 시대 受業生의 글인 것을 감안한다면 시대적 현상과 개인적 활동과의 심한 괴리현상을 목도하는 일이다.

---

14) 鹿田靜七編, 鹿田松雲堂, 明治 34년.

오히려 ≪本草學≫을 중심한 박물학적인 방면의 연구는 이 시대적 흐름에 순응한 선각적인 자세가 아닌가 한다. 열린 세계, 깨어있는 의식의 좇음은 그로 하여금 또 다른 일면을 보이게 한다. 이러한 자세는 당시 문인들의 표현대로 하면 雅俗을 초탈한 그의 기질이거나 세계관의 또 다른 한 부분일 것이다. 이것은 木村이라는 한 인물이 가지는 특이성이며 동아시아문화의 교류를 이해하는데 있어서 그가 가지는 비중이 큰 이유도 여기에 있다 할 것이다.

木村과 18세기 동아시아의 문화, 풍류적 삶을 영위했던 그에게 있어서는 자신이 처한 시대적 현상보다는 唐詩의 전범에 도달하는 것이 최고의 목표였을 수도 있다. 그것은 조선의 통신사 일행에게 보낸 篆刻의 형태가 漢印風을 따랐다는 사실이 이를 잘 말해준다.

반면에 茶具와 達摩象을 조화시킨 그의 그림을 보면 清朝 문인화의 풍을 담고 있어서 그가 궁극적으로 추구한 미의 세계는 孤高한 인격을 형상화하려고 한 데 있었던 것 같다. 그런 의미에서 ≪蒹葭雅集圖≫ 역시 같은 맥락에서 이해될 수 있다.

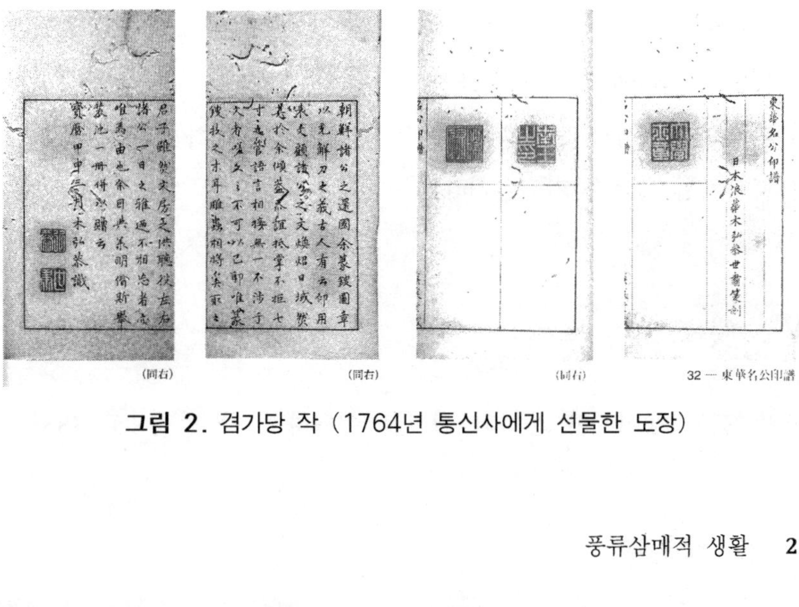

그림 2. 겸가당 작 (1764년 통신사에게 선물한 도장)

그림 3. 겸가당이 그린 그림의 일부

다른 회화에서도 화려한 풍을 나타내지 않은 것은 역시 이에 연유한 것이라 보아진다.

그렇다면 그가 追逑한 풍류의 실체는 무엇인가? 계급과 아속, 그리고 국가의 구분을 허물고 오직 예술과 지적 호기심으로 만나 그들의 감정을 표현하고 교류하는 것에서 그의 삶의 목표를 삼았다고 보아야 할 것이다.

木村蒹葭堂 그는 분명히 18세기 동아시아 문화의 교류를 이해하는 데 있어서 하나의 특이한 인물임에는 틀림이 없다. 비록 시대적 현상인 자국언어의 수용과 문학으로서의 형상화를 주창하는 데까지는 도달하지 못한 한계를 가졌을지라도 …….

Ⅴ. 맺는 말

지금까지 동아시아 문화의 교류를 이해하는 한 방법으로 18세기

大阪을 중심으로 풍류적 삶을 살았던 木村蒹葭堂이라는 인물과 그 주변에 대하여 살펴보았다.

문학과 예술과 과학, 서로의 이질적인 세계를 넘나들면서 一家를 이룬 그의 행적은 변혁기에 보여지는 한 지식인의 전형을 보는 것 같다.

그는 가업인 酒造에서 얻은 富를 고동서화, 진귀한 기물, 그리고 희귀본을 중심한 십여만권의 서적을 중심으로 자국 내의 문인 학자는 물론이고 사해(조선, 중국, 유구, 서구인 등)의 문인, 학자들에게까지 그 이름이 잘 알려진 인물이다.

일찍이 자국의 문인, 학자들과 넓게 교류하였으며 자신의 書室에 모여 수없이 많은 시회를 통하여 얻은 작품만도 엄청난 양에 속했다. 특히 중국과 조선의 문인과의 교류는 그의 존재를 더욱 의미 깊게 하였으며, 그 자신의 내면세계를 널리 알리는 계기가 되었다.

박물학자로서, 그리고 문인으로서의 그는 조선통신사 일행을 만나면서 그가 추구한 꿈을 성취시키고 있다. 특히 ≪아집도≫로 정리된 그의 예술과 지식은 조선의 진보적인 문인, 학자들로 하여금 일본을 다시 인식하게 하였으며, 그들의 문학적 수준을 가늠하게 하였다.

조선에 소개된 일본의 문인에 대한 평가가 다소는 부정적인 면이 많았으나 木村에게 있어서는 "俗氣를 벗었다"고 할 정도였다. 이 점은 당시 일본 문인들 사이에서도 같은 평을 듣고 있었던 것으로 보아 그 평가의 공정성을 이해할 수 있다. 게다가 제목만 남아있는 ≪아집도≫의 내용을 소상하게 기록하고 있어서 이 방면의 일본 측 연구에 도움을 주고 있다. 이 점이 문화교류에 대한 연구의 목적이고 의의일 것이다.

그러나 같은 시기에 범세계적 현상인 자국언어로의 문학적 형상화가 木村자신에게서는 주창되어지지 않았다는 것은 그의 한계이다. 물론 동아시아문화권에서의 공통언어로서 서로의 문학적 수준을 가늠하고 싶었던 이유야 있겠지만 그것을 펼칠 수 없었던 점은 자신의 한계를 나타낸 점이 아닐까 한다.

그러한 문제점이 있으면서도 木村의 행적, 곧 동아시아와 더 넓은 세계로의 지향을 시도하고 있었다는 사실은 동아시아 문화교류의 양상을 이해하는데 많은 도움을 주는 인물임에는 틀림없다. 그런데도 이 방면에 있어서의 일본 측 연구는 그다지 많지 않다. 다만 소화 17년 경에 결성된 <蒹葭堂紀念會>에서 동호인들의 활동이 보이고 있을 뿐이며, 藏書家 또는 奇人 정도의 평가를 보내고 있다.

浪華江의 풍류 속에서 四海의 문인, 예술가들과의 만남은 그를 기인이나 특이한 인물로 보았음직 하다. 그러나 그가 추구한 것은 단순한 만남이 아니라 그 속에서 자신의 예술적 감각과 문인으로서의 경지를 높이고자 노력했으며, <겸가당>을 거쳐 간 사람은 반드시 하나의 작품을 남기게 한 것도 그의 생각이 무엇을 향하는지를 말해준다.

18세기의 木村蒹葭堂, 200여 년이 흐른 지금 이역의 學究를 통하여 낭화강에서의 雅集을 밝히는 것도 문화교류의 한 방법이라 생각되어 풍류삼매의 생활을 영위하였던 그를 다시 한번 기억나게 한다.

이수광의 문명의식과 대외교류

Ⅰ. 머리말

동아시아 諸國은 일찍부터 漢字를 빌어 민족문화를 발전시키려고 노력했다. 이것은 적어도 自國의 고유문자가 창제되기 전까지는 계속되었으며, 그 이후도 상당한 기간 동안 지속되었음은 주지의 사실이다.

中世文語文으로서의 한자는 그 세력이 정치적인 문제와 연관되어 확장되거나 축소되는 반복적 기능을 행사하였다. 이 과정에서 韓國과 中國, 그리고 日本은 물론이며 멀리 安南과 琉球에까지 그 영향권을 행사하였다.

이들과의 상호 교류는 주로 중국을 매개로 '朝貢貿易'에 의하여 이루어지거나 독자적인 형태를 가졌다. 이들과의 교류를 검토하는 작업은 위 三國의 文學交流를 이해하는 과정에서 나타나는 필연적 관계정립이 요구되기 때문이며, 기존의 韓·中·日을 중심한 시각에서 그 영역을 확대시켜 보자는 데 의의가 있다.

위 목적을 위한 방법의 하나로 본고에서는 조선 중기의 文人인 李睟光(1563-1628)을 중심으로 그의 世界認識, 그리고 '使行活動'을 통한 대외적 교류의 一端을 살펴보고자 한다. '使行文學'이라는 용어도 이 '사행활동'을 통하여 얻어진 문학적 결과물을 총칭하는 의미로 사용하기로 한다.

이 당시의 조선은 대외적인 交涉이나 정보가 충분치 않던 시기여서 이수광의 역할이 매우 중요하게 작용하였다. 그가 '使行'의 신분인데도 인접국과의 교류를 열망하여 他國의 使臣과 詩文을 주고받음으로써 당시 조선의 學問을 해외에 전했으며, 반면에 琉球·安南 등과 같은 나라의 문학을 일찍이 조선에 알리는 계기를 마련하기도 했다.

이 같은 내용에 대한 기왕의 연구는 특별히 눈에 띄는 것이 없다. 대개가 詩論에 대한 것[15]과 ≪芝峰類說≫＜文章部＞에 대한 것[16], 그리고 그의 실학정신과 정치사상 등에 대한 종합적 검토를 시도한 적이 있을 뿐이다.[17] 위 '시론'과 '문장부'에 대한 연구는 본고의 전개와 직접적인 관계가 적기 때문에 이수광을 이해하는 참고자료로 이용하고자 한다. 다만 중앙대학교 ≪韓國學≫ 제 20호에서 시도한 종합적 연구의 결과는 문제제기에서 크게 벗어나지를 못하고 있어서 본고를 전개하는 목적을 가능하게 해주었다.

그리고 서양과학과 이수광의 관계에 대하여 서술한 이용범의 ≪중세서양과학의 조선전래≫[18]는 본고의 전개에 많은 도움을 주었다. 상기 저서에서 언급한 내용들은 대개 서구과학지식을 소개한 사실에 대하여 서술하고 있는데 비하여 본고는 이수광이 그러한 문명을 어떻게

15) 황의열, 이수광의 시론-主神論의 展開-, ≪石田李丙疇博士古稀紀念論叢≫, 同刊行會, 1990.
16) 박수천, ≪芝峰類說文章部의 批評樣相硏究≫, 太學社, 1995.
17) 이수광에 대한 종합적인 연구를 1979년 중앙대학교 한국학연구소에서 ≪韓國學≫ 제 20호를 통하여 문제제기를 시도한 적이 있는데 여기서는 '실학개척자', '인간과 학문', '정치사상', '문학세계' 등에 대하여 언급하고 있다.
18) 이용범, ≪중세서양과학의 조선전래≫, 동국대학교출판부, 1988.

이해하고 수용했으며, 나아가 이러한 태도는 그의 인접국가의 문학에 대한 교류와 그 의미, 그리고 교류의 방법에 대한 것과 어떤 관계가 있는가를 살피는 방향으로 전개하고자 한다. 본고에서 특히 '使行文學'에 중점을 두는 이유도 여기에 있다.

Ⅱ. 조선 중기의 사회와 對外認識

1. 중기 사회의 일반적 현상과 대외인식

이 시기는 정치적으로나 사상적으로 매우 혼돈된 상태의 시대였음은 史家들의 한결같은 지적이다. 곧 光海君의 亂政과 東·西 分爭은 南·北으로 나뉘는 결과를 낳았다. 그런가 하면 외부적으로는 壬辰亂과 丁酉再亂을 겪으면서 삶에 대한 보다 적극적인 성찰을 가지는 계기를 맞기도 하였다.

정신사적인 면에서도 儒·佛·道를 비롯하여 이미 天主教가 유입되어 일부 지식인들의 인식세계에 깊이 관계하게 되었다. 특히 許筠(1567-1618)과 같은 사람이 그 한 예가 될 것이다.[19] 이수광 역시 이 시기에 활동한 문인의 한 사람이다.

이 때는 대외적 접촉이 대부분 중국과의 관계에 치중되었는데 특히 중국서적의 유입은 당시 조선의 학문에 많은 영향을 끼쳤다. 곧 ≪文選≫과 ≪史略≫·≪古文眞寶≫와 같은 서적을 중심한 문장수련은 스스로 그 수준을 낮게 했다는 비판을 받기도 하였다.[20] 그러면서도

---

19) 李家源, ≪朝鮮文學史≫ 中册(太學社, 1997), p. 809.

20) 許筠, ≪許筠全集≫(아세아 문화사, 영인본, 1978), <惺翁識小錄> 참조.

이 당시는 기록할 만한 많은 저술과 문인이 배출된 특이한 현상도 발견할 수 있다.

士林派의 등장으로 性情을 위주로 하는 문학이 주조를 이루었는가 하면 '道文一體'를 지향하는 문학인식도 이 당시의 한 현상이었다. 그러면서도 이수광에 의해서 극복의지를 보이기 시작한 당대의 문학인식은 분명히 다른 의미를 나타내 주고 있었다. 곧 '16세기' 士林派的 문예의식이 시대의 변화에 따라 노정된 결함에 대해서 이를 극복하고자 하는 개혁의지가 있었다는 점[21]이다.

곧 朝鮮開國에서부터 국시로 삼았던 성리학적 권위와 그것을 기반으로 했던 '文以載道的' 문학인식은 사회의 변천과 함께 그 의미가 퇴색되어가고 있었다는 것을 의미한다. 이 변화의 조짐은 이웃 나라인 중국으로부터의 서적의 유입과 문화의 전파로 인해 더욱 구체화되었다. 이수광의 활동도 그 구체화의 한 부분이라 할 것이다.

문학이 당대의 현실과 밀접한 관련을 가진다는 사실은 예나 지금이나 한결같다. 본고에서 살펴보려는 이수광을 중심으로 한 17세기 전반은 다음 세기의 급변하는 현상을 예고하는 시기였으며 소위 '실학파 문학'을 여는 준비기였다고 할 것이다. 더구나 그가 세 번의 중국 여행을 통하여 이미 그곳에 정착하기 시작한 서양의 진보적인 과학지식을 전파하게 되었으며, 이로 인하여 눈을 뜨게 한 것은 당시로서는 대단한 충격이 아닐 수 없었다.

이수광이 대외접촉을 통하여 얻은 문학작품들은 또 다른 세계에 대한 인식을 새롭게 해 주었으며, 진보된 세계관의 확대를 가져다주었

21) 李敏弘, <芝峰 李睟光의 朝鮮中期 詞壇認識>, (≪朝鮮中期詩歌의 理念과 美意識≫, 성균관대학교 출판부, 1993), p. 396.

다고 할 것이다. 이것은 壬亂 이후에 일어나는 변화욕구에 대한 갈망을 충족시켜주는 계기를 마련하였으며, 반면에 엄청난 충격을 주기도 했다.

어쨌거나 조선중기의 침체된 사회분위기를 탈출하여 변화의 실마리를 찾게 해준 이 진보적인 지식인의 활동은 다음 세기를 위해 의미 있는 활동을 했다고 할 것이다. 그 구체적인 내용은 다음 장에서 살펴보기로 한다.

2. 서구문명에 대한 자각과 세계인식의 확대

주지하다시피 그는 3回의 中國使行을 다녀왔다. 첫 번째는 1590년 그의 나이 28세 때이며, 두 번째는 1597년 그의 나이 35세, 그리고 세 번째는 1611년 49세 때의 일이다.[22] 그가 젊은 나이에 시작하여 중년 무렵까지 세 차례나 중국여행을 다녀왔다는 것은 당시 북경을 중심으로 한 선진문명을 가장 빨리 접할 수 있었을 것이며, 그가 세계의 여러 나라를 조선에 소개하면서 특히 서양의 지리서와 ≪天主實義≫를 알렸다는 사실은 그 자신이 가진 진보된 의식의 일단을 볼 수 있을 것이다.[23]

그의 이러한 노력들은 중국문화의 偏食에 의하여 좁아진 우주관이나 세계관의 확대를 가져오게 되었다. 그가 17세기 초 ≪芝峰類說≫을 통하여 서구의 나라들과 동남아시아 제국에 대해서 소개했을 때,

---

22) ≪芝峰集≫(성균관대학교 영인본, 1964), pp. 313-325. <附錄・行狀> 이하 이수광의 문집은 이 책을 인용하며 ≪문집≫으로 표기함.

23) 이수광이 중국으로부터 유입한 과학서적과 인접국과의 교류에 대한 자세한 내용은 다음 장에서 언급하기로 한다.

우리는 또 한번의 충격을 받지 않을 수 없었다.

특히 지리서와 과학서적의 소개는 세계의 중심이 中國이 아님을 깨닫게 하였으며, 이러한 현상은 당시 서구는 물론 중국 내의 사정을 참고해 보아도 비슷한 결과를 나타내고 있었다. 곧 1644년(仁祖 22년)에 金堉(1580-1658)이 중국에 사신을 다녀오면서 당시 북경에 있던 서양인 湯若望(Adam Shall)에게서 <時憲曆>을 얻어다가 관상감의 관리에게 연구케 하였는데 이것이 시발되어 1653년(孝宗 4년) 정식으로 중국으로부터 <시헌력>을 배워서 시행하였다.

이 같은 새로운 과학지식에 대한 관심은 이수광의 활동에 의하여 시작되었다. 柳洪烈은 ≪芝峰類說≫에 대하여 설명하는 자리에서 다음과 같이 지적한 바 있다.

> 東洋文化에 關한 事項뿐만 아니라 때마침 北京을 거쳐 우리나라에도 알려지기 시작한 西洋 및 世界의 새로운 事項까지도 收錄함으로써 우리 民族의 人生觀이나 世界觀을 一新하게 하였다.[24)]

위의 내용은 이수광이 ≪지봉유설≫을 통하여 당시 북경에서 간행된 번역된 천주교 교리서와 이태리신부 Matteo Ricci의 <歐羅巴國輿地圖>라는 세계지도를 유입시킨 사실에 대한 의미를 지칭한 것이다.[25)] 그의 기록에는 ≪천주실의≫에 대한 상세한 내용 소개와 그가 세계지도를 입수한 경위와 제작자, 그리고 지도의 내용 등이 포함되

---

24) 柳洪烈, <實學의 開拓者 芝峰 李睟光>, (≪韓國學≫ 20호, 1979, 중앙대학 한국학연구소), p. 8.

25) 이 내용은 ≪지봉유설≫, 권 2, <諸國部>, '外國'조에 상세히 기술되어 있다.

어 있다.

이것은 앞에서 지적한 바와 같이 당시 조선의 지식인들에게 '구라파'의 지리적 위치와 그들의 정신사적 세계까지를 소개하는 결과를 낳은 것이다. 곧 세계의 중심이 '중국'이었던 고정관념에서 벗어나 새로운 세계를 접하게 되었으며, '儒學'의 이데올로기 속에서 세계를 인식하던 방식에서 서구적 인식세계를 대표하는 '천주'의 의미를 접하게 함으로써 중세적 보편주의를 탈피하게 되는 계기를 마련했다고 할 것이다.

물론 중국을 통한 간접적인 서구인식은 그 나름의 한계를 가질 수 밖에 없었다. 그러면서도 이수광이 ≪지봉유설≫과 ≪지봉집≫에서 보여주는 외국, 특히 우리와 지리적으로 가까운 동남아시아 제국에 대한 소개[26]는 지금까지 거의 맹목적으로 인식해오던 중국 일변도의 세계인식을 확대시켜주는 계기를 마련하였다.

이때까지 우리나라에 외국의 사정이 소개되지 않은 것은 아니지만 이수광의 기록만큼 상세한 내용을 담고 있는 경우가 없었다. 특히 다음 장에서 살펴보려는 '使行을 통한 文學交流'의 일단은 이 당시로서는 획기적인 일이 아닐 수 없었다.

대체적으로 지금까지 알려진 중국 북경을 중심한 사행집단의 활동은 중국과의 교류가 전부였으며, 18세기 소위 실학파 학자들, 특히 洪大容이나 朴趾源 등의 여행기에 와서야 그 시야가 넓혀지고 있음을 볼 수 있다. 그런데도 이수광의 활동에 대한 특징적인 내용을 보면 기본적으로 중국 외의 지역에서 온 사람들과의 교류를 열망하고 있었음을 다음 글을 통하여 알 수 있다.

---

26) 이수광, ≪芝峰集≫, 권 9, <琉球使臣贈答錄>, '附暹羅' 참조.

> 睟光은 萬曆 庚寅年에 서장관이 되어 성절을 축하하러 京師에 사신가서 안남국 사신을 만나 각각 다른 객관에 머물게 되었는데 …… 주상께서 臣 睟光을 정당으로 불러서 안남사신의 의복제도와 그 나라의 풍속이 어떠하고, 또한 혹 창화한 작품과 아울러 서계가 있는지 물어 보셨다. 이에 그 사신과 더불어 서로 문답하고 수창하지 못한 것이 매우 한스럽다고 우러러 임금의 여쭘에 아뢰었다.27)

위 내용은 그가 서장관의 직책으로 처음 북경에 갔을 때인 1590년의 경험을 귀국하여 국왕에게 보고한 것의 일부이다. 이 때는 특별히 기록을 남기지 못하였는데 그 아쉬웠던 경험을 살려 제 2·제 3차의 북경 여행 때는 상세한 내용-중국인과의 창화, 그리고 그 외 나라의 사행들과 나눈 시문과 문답을 기록으로 남겼다. 그것은 그의 ≪문집≫ 권 8, 9, 10, 16에 수록되어 있다.

본고에서 살펴보려는 중심된 내용은 이를 대상으로 그가 동시대를 어떻게 인식하였으며, 세계에 대한 인식을 확대시키기 위하여 어떤 노력을 하였는가를 규명하는 일이다. 곧 18세기 이후 급속하게 증대되는 세계인식의 시발은 이수광의 '사행문학'을 통하여 그 구체적인 내용을 이해할 수 있기 때문이다. 이제 그가 남긴 <여행기>와 <창화록> 등을 중심으로 세계인식의 실체를 보기로 한다.

---

27) ≪문집≫, 권 8, <安南使臣唱和錄>, p. 80, '識' 참조.

Ⅲ. '使行文學'에 보이는 대외교류의 양상

1. ≪朝天錄≫의 내용과 그 의미

이수광의 중국(여기서 지칭하는 중국은 '明'을 의미함) 사행은 모두 세 번이었음은 앞에서 이미 언급한 바와 같다. 그 중에서 첫 번째인 1590년의 사행 때는 특별한 기록을 남기지 못했으나 제 2·제 3차의 사행 때는 특별히 관심을 가지고 작성했음을 알 수 있다. 그것은 篇名에서 저자의 의도를 짐작할 수 있게 한다. 곧 제 2차 사행은 1597년(宣朝 30년) 丁酉再亂의 환란 중에 進慰使의 직책을 받고 북경에 들어간 일이다. 이 때 경험한 내용을 그는 두 가지 책으로 엮었는데 하나는 <朝天錄>이며, 또 하나는 <安南使臣唱和錄>이다.

그가 같은 사행길에 경험한 내용을 두 가지 책에 나뉘어 적은 것에는 특별한 이유가 있었다. 그것은 중국인과의 접촉을 적은 <朝天錄>과는 달리 특별히 남방에서 온 '安南使臣'과의 교류는 그가 밝힌 바와 같이 제 1차 북경여행에서 기회를 놓친 일을 만회하려는 의도도 있었을 것이다.[28)]

당시로서는 쉽게 경험할 수 없는 일이었던 安南使臣과의 교류에 대한 실상은 다른 글에서 특별히 쓰려고 한 저자의 의도를 읽을 수 있다. 그러니까 중국 여행에 대한 실상은 상기 지적한 丁酉年에 작성한 <朝天錄>과 辛亥年(1611년) 제 3차 중국 여행을 담은 <續朝天錄>이 있다. 1611년의 여행 때도 1597년의 여행 때와 같이 그 때 접촉한 '琉球使臣'에 대한 것과 그 외의 나라에서 온 사신과의 교류 내용은

---

28) ≪문집≫, 권 10, <朝天錄>, p. 91, '跋', "…今略存其槩題曰 朝天錄其與安南使臣唱酬者 別爲一集云."

역시 다른 책에서 그 실상을 적고 있다.

이 두 차례의 여행을 적은 문건들을 보면 중국에 대한 것은 대단히 의례적이거나 공식적인 것을 담고 있는데 비하여 상기 '安南·琉球', 그리고 다른 나라에 대한 기록은 매우 흥미롭게 적거나 탐구적인 자세를 가지고 있었음을 보여 준다. 여기서는 이수광의 집필의도에 맞추기 위하여 상기 국가의 사신들과의 접촉은 따로 항목을 나누어 살펴보고자 한다.

먼저 <朝天錄>(1597년 작)을 보자. 여기서는 모두 28題의 작품과 '跋'이 있을 뿐이다. 작품의 내용에는 대부분 우국충정의 뜻이 담겨 있다. 그러니까 8월에 출발하여 그 다음 해인 1598년 정월에 돌아오는 과정의 몇몇 장소의 풍광과 감회를 적고 있는데 이 때는 정유재란의 국난을 겪는 와중이었던 것을 내비치고 있는 것 같다.

압록강을 건널 때를 읊은 다음 詩가 그것을 잘 말해준다.

寂寞扁舟鴨水津 風光猶似昔年春 誰能解唱陽關西 唯有江渡送遠人.

- 渡江舟中感成 -

이 작품에 붙인 細注를 보면 "時倭報甚急 地主亦不出送"이라고 적었다. 전쟁의 와중이라 진위사로 중국에 들어가는 사신을 전송하는 지역 수령의 의식도 생략되었음을 알 수 있다.

귀국하는 도중도 떠날 때와 특별히 다를 게 없었다. 용만·평양을 거쳐 돌아오는 그의 마음도 온통 이별의 아쉬움과 시절의 한탄뿐이었음을 나타내고 있다. 전쟁의 와중에 이만한 글이라도 남겼다는 것이 이수광 자신의 고백과 같이 왕복하는 먼 여정의 괴로움을 달래기 위하여 과거 역사의 전장을 지날 때마다 느낌을 시로써 남긴 것이다.

다음으로 1611년 그의 제 3차 북경사행을 적은 <續朝天錄>을 보기로 한다. 이 여행기는 그 해 8월에 시작하여 다음 해(1612년) 정월 귀국까지를 적고 있다. 제 2차와는 달리 전쟁의 참혹함을 벗어나 宣朝가 죽고 光海가 임금이 된 지 3년이 된 해이다. 세자의 관복을 奏請하기 위하여 가는 길이었다. 여기에는 161題 236首의 작품을 실었는데 앞에서 본 <조천록>과는 달리 서울 근교의 숙박지에서부터 귀로의 開城에 머물 때까지를 적었다. 1597년의 <조천록>에 비하여 양적으로나 내용적인 면으로 보아 紀行集의 면모를 많이 갖추었다고 볼 수 있다.

그러나 전편과 같이 특별한 내용이나 의지를 찾기는 어렵다. 이를테면 참혹한 전화의 세월을 보낸 나라와 백성들에 대한 심각한 현실문제에 대한 개혁의지를 보여주는 내용은 찾기 힘들다는 것이다. '紀行詩'가 가지는 한계성인지는 몰라도 중국을 여행하면서 그곳과 우리의 현실에 대한 대비적 묘사가 있었을 것 같은데 실제로는 잘 나타나지 않는다.

다만 丁酉年의 북경사행 때 만난 安南使臣 馮克寬과의 교유를 회상하는 내용의 작품이 있을 뿐이다. 그 제목의 일부는 <丁酉赴京時遇安南使臣馮毅齋克寬留詩爲別頃年本國人趙完璧者陷倭中隨商倭往安南其國人頗有誦鄙詩而問之者復完璧回本國伝說如此……>로 그 첫 首는 다음과 같다.

丁酉年中謁紫宸　帝鄉相遇異鄉人　烏蠻一羅當時夢　玉卿重來十載身
賈客謾伝新說諸　詩篇長對舊精神　毅齋今日平安否　惆悵梅花五嶺春[29]

---

29) ≪문집≫, 권 16, <續朝天錄>, p. 148, 참조.

위에 인용한 작품을 보면 십여 년 전에 만났다가 헤어진 '安南使臣'에 대하여 애틋한 정을 간직하고 있었음을 알 수 있다. 이 안남사신과의 교류에 대해서는 다음 장에서 살펴보기로 한다.

그 외는 이 당시의 북경사행이 머물던 장소인 '玉河館'에 대한 詩가 있다. <玉河館卽事>[30]라는 제목의 이 작품에는 차가운 겨울밤의 적막함을 읊고 있어 국제적인 번화함은 나타나지 않는다. 단지 그 당시의 다른 기록에 비하여 왕복하는 사행길의 경물과 역사의 유적, 그리고 인걸에 대한 자신의 느낌을 매우 다양하게 묘사하고 있음을 볼 수 있다.

그의 '使行文學'에 대한 진면목은 이 <朝天錄>이나 <皇華集次韻> 등에서 보다는 그가 특별한 의도에서 편찬된 安南·琉球 등의 사신과의 교류를 적은 글에서 더 잘 나타날 것 같다. 그러니까 중국 북경이라는 지역은 사행의 목적을 성취하는 장소이면서 또한 다른 나라의 사행들과 접촉하는 장소이기도 한 것이다. 적어도 '사행문학'의 실체를 밝히기 위한 작업의 하나로 설정된 '중국과의 교류' 부분은 노정과 감회를, 그리고 他國 使臣을 연결시켜주는 매개적 장소로 작용되고 있음을 보여준다.

이제 이수광이 적은 대외 교류의 하나인 安南使臣과의 교유를 적은 문건부터 살펴보기로 한다.

2. 〈安南使臣唱和錄〉의 세계

이수광은 세 차례의 북경사행을 통하여 全 4권의 글을 남겼다. 그 중에서 '安南使臣'과의 교류를 적은 것이 ≪문집≫ 권 8에 수록된

30) 위의 책, p. 142.

'唱和錄'이다.

우리나라와 '安南'(여기서는 문집에서 지칭하는 명칭을 그대로 사용하기로 한다)과의 교류는 지리적인 관계 때문에 직접적인 접촉이 많을 수 없었다. 대개가 漂流民의 접촉과 중국을 통한 간접적인 교류가 전부였다. 그러니까 우리나라와 '안남'과의 교류를 이해할 수 있는 자료는 다음 몇 가지를 통하여 이해될 수 있다.

우선 표류민의 경우는 1612년(光海君 4年 2月條) 安南人이 海岸에 표류하였을 때 우대하여 보냈다는 기록이 있다. 그 다음으로는 成宗 때 文人 崔溥가 南國을 표류하고 쓴 <漂海錄> 속에 그 주변의 나라들을 열거하고 설명되어 있다. 그리고 ≪芝峰集≫에 있는 <趙完璧伝>[31]에 보이는 안남 체험은 두 나라의 관계를 잘 설명해 주고 있다.

문학작품에 나타나는 기록은 훨씬 이전 곧 李崇仁(1349-1392)의 ≪陶隱集≫ 권 3, <詩> 부분에 '咏安南'이라는 제목의 詩가 한편 수록되어 있다. 그 내용은 다음과 같다.

漆紗爲帽色紗衣 會得華言說却非 函表更兼珍玩進 逡巡不敢近天威[32]

위의 詩는 북경에 온 어느 安南使臣에게 준 작품인데 교류의 구체적인 사연은 전하지 않는다. 단지 안남사신에 대해서 깊은 관심을 가지고 있음을 짐작케 할뿐이다. 주지하다시피 이승인은 고려 말에 중국의 元나라에 사신을 다녀왔다. 그 때 북경에서 '安南使臣'을 만났을

31) ≪문집≫, 권 23, <雜著>, pp. 243-244.
32) 李崇仁, ≪陶隱集≫(성균관대학 대동문화연구원 영인본, 1973), 권 3, <詩>, p. 402.

것으로 추측된다. 왜냐하면 위 작품이 수록된 그의 문집에는 '咏琉球'[33]라는 제목의 시가 수록된 점으로 보아 당시의 사행에서 安南·琉球의 사신을 만난 것이 아닌가한다.

다음으로는 魚叔權의 ≪稗官雜記≫ 권 2에 나오는 曹伸과 안남사신 黎時擧와의 사이에 주고받은 詩와 詩話이다. 소개된 내용은 대부분 홍미위주로 쓰여졌다. 먼저 曹伸이란 사람에 대해서 살펴보기로 한다.

그의 생몰연대에 대해서는 잘 알려지지 않았으나 燕山朝의 인물로써 曹偉의 庶弟이며 李達, 魚無迹, 魚叔權, 權應仁 등과 함께 조선조의 대표적인 서출문인으로 평가받는 인물이다.[34] 그리고 75세까지 살았으며, 북경을 일곱 차례, 일본을 세 차례나 여행한 적이 있다고 했다.

그러니까 안남사신과의 만남도 그의 일곱 번의 북경여행 중의 어떤 때였을 것으로 추측된다. ≪패관잡기≫의 기록은 이를 토대로 하여 작성된 내용이다. 그런데 '조신'의 문학적 역량에 대해서는 ≪패관잡기≫에 기록된 내용과 비교하면 차이가 많은 것 같다. 우선 창수한 작품을 보기로 한다. 먼저 '여시거'가 쓴 시는 다음과 같다.

> 三韓 풍경이 유다르다 하니
> 압록강 맑고 맑아 물빛이 가을이로다.
> 이 강산 시 생각하기 좋다하며
> 도리어 句法을 가져 蘇州를 본떴네.[35]

---

33) 위의 책, 같은 곳.

34) 許筠, <遺稿序>, (李相殷 編 ≪韓國歷代人物傳全集≫, 民昌文化社, 1990), p. 4069. '曹伸' 참조.

35) 魚叔權, ≪稗官雜記≫(≪국역대동야승≫1, 민족문화문고간행회, 1985), pp.

위의 시에 대한 '조신'의 답시는 다음과 같다.

좋아하는 물고기와 熊常이 그 맛이 무엇이 다르랴!
나는 그대 시의 맑기가 가을 같음을 사랑하노라.
溫과 李는 오직 富艶하기를 자랑하려하니
平平하게 蘇州배움이 합당하리라.[36)]

위에 인용한 시는 '여시거'의 唱韻 '蘇州'에 대하여 '조신'이 그 부당함을 지적한 내용이다. 그런데 문제는 여시거의 의도를 조신이 잘못 간파하였음을 다음의 여시거가 준 시를 보면 나타난다.

三韓의 끼친 풍속 옛사람과 다르니
세대가 옮아가기 몇 해이던고.
耨薩 名官이 무슨 뜻인가.
그대는 예의태도가 중국과 다름을 아는가.[37)]

조신의 답시에 대한 오류를 지적한 위의 시를 읽고 변명의 글을 보낸 것을 보면 당시의 조신(그는 병중이라서 생각이 정리되지 않았다고 했지만)의 안목과 여시거의 안목에는 많은 차이점이 나타났음을 볼 수 있다. 이는 당시 안남사신의 作詩수준이 상당하였음을 짐작케 하는 내용이다. 조신의 문학적 수준과 비교할 때 위의 내용은 앞뒤가 잘 맞지 않는 일이다. 이에 대해서는 다음 기회에 상론하기로 한다.

476-477. (*번역문은 이를 인용하며, 그 원문은 생략함).
36) 위의 책, 같은 곳.
37) 위의 책, 같은 곳.

본격적으로 안남과 교류를 가진 것은 1597년 李睟光이 북경의 玉河館에서 馮克寬이란 사신과 약 5개월 동안 詩文을 교환한 일이다. 그 시문이 ≪芝峰集≫ 권 8에 수록되어 있는 <安南使臣唱和錄>이다. 5개월 동안의 교류를 가진 것에 비하면 양적으로는 매우 적은 편이지만 다음에서 그 내용을 살펴보기로 한다.

이 '창화록'에는 이수광이 쓴 시가 8首, 풍극관이 쓴 시가 9首, 그리고 <萬壽聖節慶賀詩集序>, 대화록 등이 수록되어 있다. 먼저 이수광이 풍극관에게 준 시의 일부를 보기로 한다.

> 만리나 먼 장려향에서 와서
> 重譯에 의해 군왕을 배알하네.
> 한나라 때 동주표가 세워진 곳이고
> 주나라 때 공헌하던 월상국일세.
> 산이 이상한 모양으로 솟았으니 상골이 많고
> 땅에 연기 피어오르니 용향이 생산되네.
> ……
> 의관제도 다르다 말하지 마소
> 문자를 가져 시서를 함께 하지 않는가
> 백치 받친 뒤부터 오랑캐 지방과 통했었는데
> 지금 포모 바치러 상여 타고 조회 왔네.
> 염주를 돌아다보면 돌아갈 길 먼데
> 누가 다시 지남거를 만들어 주려나.[38]

---

38) ≪문집≫, 권 8, p. 76, <題安南國使臣二首>, "萬里來從瘴癘鄕 / 遠憑重譯謁君王 / 提封漢代新銅柱 / 夏獻周家舊越裳 / 山出異形饒象骨 / 地蒸靈氣産龍香 / …… 休道衣冠殊制度 / 却將文學共詩書 / 來國獻雉通蠻徼 / 夏爲包茅覲象輿 / 回首炎州歸路遠 / 有誰重作指南車."

위 시는 원래 2首인데 앞과 뒤의 일부분만 발췌하였다. 이를 통해 보면 우선 이수광은 '안남'에 대한 예비적인 지식이 많다는 것을 알 수 있다. 물론 그것은 중국의 문헌을 통하여 얻은 지식이다.

다만 서로 언어가 통하지 않아서 필답을 하던가 詩를 주고받는 방식을 택하고 있어서 상대방의 문화와 풍속이 다른 점을 인정하고 있다. 물론 그것도 중세적 동아시아 문화현상의 하나인 漢字를 통하여 의사소통을 할 수 있다는 전제가 내면에 깔려 있는 상태에서이다. 그러나 처음 만난 이국의 사신을 5개월 동안 같은 장소에서 사귀다가 헤어진다는 것이 얼마나 안타까운 것인가를 위 시가 잘 말해 주고 있다.

다음에는 풍극관의 답시를 보기로 한다.

이역이 다같이 예의의 나라에 귀의하니
기쁘게도 오늘 함께 입조하게 되었구료
조회하는 반열에는 은나라의 관이 잇달았고
관광으로는 순임금의 문물을 보겠네
……
군자라야 진군자를 알아보는 법
요행히 시로 칭찬해 줌을 받았구료.
……
그대나 나나 비록 산과 바다가 다른 지역이지만
淵源이 동일한 聖賢의 책이로세.
교린은 바로 믿음으로써 근본을 삼아야
덕에 나아감이 같으니 오직 공경스레 수레를 만드네.[39]

---

39) ≪문집≫, 같은 곳, <肅次芝峰使公韻>, "異域同歸禮義鄕 / 喜逢今日共來王 / 趨朝接武殷冠昂 / 觀國瞻光舜冕裳 / …… 惟君子識眞君子 / 幸得詩中

위의 詩 내용을 보면 당시 풍극관은 북경에 사신을 와서 약 20개월 간은 머물렀는데 그 중 5개월 정도를 이수광과 함께 지냈음을 알 수 있다. 다음에서 이 때의 사정을 이수광의 기록을 통하여 보기로 하자.

> …… 정유년 겨울에 이르러서 진위사로서 다시 경사에 이르러 또 안남사신과 더불어 서로 만났는데 때마침 동지하절로 외국에서 온 사람들이 많아 객관을 가득 메웠다. 다행히 그 사신과 더불어 같은 곳에서 한번 만나 머물면서 50일(앞에서는 5개월로 적고 있어 그 진위를 가늠하기가 어렵다. 여기서는 일단 '5개월'로 인정한다: 역자)을 지낸 까닭에 서로 대접함이 매우 익숙하고 문답이 매우 자상하였으며, 수창에 이르러서는 이 때 나라가 병화를 입어 생각이 다른데 미치지 못하여 감히 붓을 잡아 글을 지을 수 없었다. 오직 그 문체를 보고자 하는데 그칠 뿐이었다.[40]

이 당시의 옥화관 사정을 소상하게 알려주는 내용인데 다른 나라의 사신들이 운집하여 '안남사신'과 한 곳에 있게 된 것이다. 그리고 우리나라의 사정 때문에 더 많은 수창은 하지 않았다고 했다.

그러나 이수광의 호기심은 기록과는 달리 상당한 기간 동안 많은 대화를 했음을 알 수 있으며, 안남사신 역시 朝鮮에 대해서는 익히 알고 있었던 것으로 나타난다. 특히 '交隣'은 서로의 믿음에 의해서 성립되어야 한다는 풍극관의 지적은 당시 동남아시아 제국의 국제적

一表揚 // 彼此雖殊山海域 / 淵源同一聖賢書 / 交隣使是信爲本 / 進德深惟敬作輿 ……."

40) ≪문집≫, 권 8, 같은 책, p. 50, <識> 참조.

인 활동의 실상을 짐작케 한다.

곧 당시 안남을 위시한 인근 국가들은 유럽이나 아시아의 여러 나라들과 빈번한 교류(주로 무역계통이지만)를 쌓고 있었음을 알 수 있다.[41] 조선도 그들이 교류하는 여러 나라들 중의 하나였다. 특히 한자를 매개로 하는 성현의 경전을 공부한다는 독특한 공통점은 교류의 실현을 부드럽게 할 수 있었을 것이다.

어쨌거나 풍극관의 태도는 이수광과 같이 수십 년의 知己를 만난 태도임은 분명하다. 이수광이 풍극관의 부탁을 받고 쓴 <萬壽聖節慶賀詩集序>의 내용을 보면 그것을 더 명백히 알 수 있다.

> …… 이제 사신 풍공은 그 머리털이 하얗고 그 생김새가 뛰어나서 나이가 70인데도 오히려 얼굴이 깨끗하며 통역을 두세 번씩이나 거쳤지만 족히 얽힘이 없었다. 예를 살펴 조정을 밝히고 빈왕의 나라를 이롭게 하며 그 지은 바 만수경하시 31편은 드날리며 서술하여 말뜻이 온후하여 족히 주옥을 뱉고 금옥을 소리내기에 족하니 또한 어찌 이른바 이인이겠는가? ……[42]

이수광의 기록을 보면 언어가 통하지 않아서 이중삼중으로 통역을 하며 겨우 의사가 통할 정도였다. 그런데도 역시 文語文인 漢文은 그들을 연결시켜주는 매개체 역할을 하였으며, 이를 통하여 또 다른 세계를 조선에 알릴 수 있었다.

---

41) 大谷晃一, ≪大板學≫(經營書院, 1994), p. 188. 당시 이웃 나라인 일본의 동남아시아 제국과의 교류에 대한 실상은 졸고, <18세기 동아시아 문학 교류의 연구>, (≪연민학지≫ 제4집, 1996. 4), p. 217. 참조.

42) ≪문집≫, 같은 책, p. 77, <安南使臣萬壽聖節慶賀詩集序>.

그가 《지봉유설》 권 2, <諸國部> '外國'條에서 안남에 대하여 쓴 내용[43]은 《문집》에 수록한 <後>[44]의 내용과 거의 같다. 그의 기록을 보면 풍극관을 만나 직접 대화를 통하여 얻은 지식과 중국 문헌, 《事文玉屑》과 《吾學編》이라는 서적에 나오는 내용들을 종합했음을 알 수 있다. 그리고 같은 곳의 《問答》[45]편의 내용을 통하여 풍극관의 인품과 안남의 풍속 · 정치 · 역사 등 전반적인 문제에 대하여 세밀한 얘기를 나누고 있음을 볼 수 있다.

그러나 잦은 정변과 당시 인도차이나반도의 여러 국가들에 대한 이야기는 나타나지 않는다.[46] 오직 그들이 예상한 것과는 달리 한문으로 글을 쓸 수 있다는 사실에 경이로움을 나타낼 뿐이다. 이는 당시 우리나라의 지식인들이 가지는 보편적인 우월의식과 무관하지 않다. 곧 중세문어문으로서의 한문의 사용에 대한 자긍심 같은 것이다. 안남 사신에 대한 태도는 이와 같은 맥락으로 이어지고 있다.

이수광의 문집에 발문을 붙인 崔岦의 다음 지적은 이를 잘 말해준다.

이제 지봉선생으로 부터 정유년 겨울에 북경을 다녀온 중에 기록한 한 책을 얻었는데 바로 안남 사신과 더불어 주고받은 시였다. 사신 또한 나이가 70이 넘었으니 이 또한 銅柱 밖 접연 마을의 사람으로서 그 왕의 처분을 받들고 와서 천자의 업명을 바쳐 복명하려는 것이었다. 또 그가 지은 바 詞律이 거의 중국 사람이 지은 것에 가까웠으며,

---

43) 이수광, 《지봉유설》上(남만성 역, 을유문화사, 1975), p. 75.
44) 《문집》, 같은 책, p. 78, <後> 참조.
45) 위의 책, pp. 79-80, <問答>.
46) 안남의 정치적 구도와 그 변천에 대해서는 졸고, 앞의 논문, p. 239에서 언급된 바 있다.

선생은 큰 선비로써 비루하거나 야만스럽지 않아서 더불어 번갈아 가며 뜻을 드러내면서 서로 그 산천과 풍속의 기이함을 펼침에 통역관에 의지하지 않았는데 동쪽과 서쪽의 고을처럼 명료하게 알 수 있었다.[47]

최립이 쓴 위 발문의 내용을 보면 풍극관의 作詩 능력을 짐작하게 한다. 그리고 그가 70세의 고령으로 1만 3천여 리나 떨어진 곳에 사신을 왔을 때는 그만한 이유와 능력이 있었기 때문이라는 것이다. '사율이 중국 사람의 것과 같다'는 말은 한시의 수준을 가늠하는 표현이다. 이수광 자신은 안남 사신과의 수창 과정을 얘기하는 부분에서 자주 위와 같은 표현을 했다. 그러면서도 그들이 이수광의 작품을 대하는 태도 또한 유별났음을 알 수 있다.

…… 사신이 매번 수광 등이 지은 시를 볼 때마다 무릎을 치면서 감탄하고 칭찬하여 말하기를 "문장이 높으니 훗날 반드시 큰 솜씨의 문장가가 될 것이다"라고 하였는데 대개 다른 나라의 문장을 지나치게 장려함이 이와 같았던 것이다.[48]

이 인용문은 당시의 광경을 적은 것인데 이수광이 나이 35세로 뛰어난 文才를 보여준데 대한 그들의 평을 전한 것이지 자신을 과시하기 위해서 한 말은 아니다.[49] 왜냐하면 이 같은 사연은 풍극관 일행

47) ≪문집≫, 권 8, pp. 80-81, <跋>.
48) ≪문집≫, 권 8, p. 78,<後>.
49) 박수천, 앞의 책, p. 50에서 "자기과시적인 내용을 적은 것이 많다"고 지적하였다.

이 귀국하여 수창한 시들을 소개함으로써 안남의 문인들 - 특히 일반인들까지 그 시들을 읊조리게 되었다는 내용과 趙完璧이라는 사람이 표류민으로 안남까지 갔다가 귀국하여 전한 내용과 같기 때문이다.

곧 안남지역에는 조선의 이수광이라는 이름과 그가 지은 시가 인구에 회자한다는 것이다.[50] 정유재란 때 왜군의 포로로 잡혀가 상선을 타고 안남까지 끌려다니다가 십년 만에 풀려나 목격한 것을 전한 내용이다. 그러니까 과시한 것이 아니라 그들과의 교류에 대한 실상을 전한 것이다. 그곳의 습속 또한 '詩書를 가르친다'는 지적은 중국과의 조공사신이 시작된 지 약 200여년 만에 처음으로 수창한 안남의 사신을 통하여 그들의 한문문화의 수준과 그 실상을 짐작하게 한 것이다.

여기서 ≪문집≫에 수록된 이수광과 풍극관의 작품명을 열거하면 다음과 같다.

이수광 작	풍극관 작
① 重贈安南使臣疊前韻	① 肅和再次海東芝峰使公前韻
② 又贈安南使臣疊前韻	② 喜得海東芝峰使公詩書講再次韻以表同使大筆手澤者
③ 贈安南使臣又疊前韻	③ 再次韻敬答海東芝峰大手筆
④ 贈安南使臣排律十韻	④ 肅次芝峰使公長律十韻
⑤ 安南使臣萬壽聖節慶賀詩集序	

안남사신과의 이러한 형태의 교류는 18세기에 들어와서 더욱 구체화되었음을 알 수 있다. 곧 黎貴惇이 중국에 사신 와서 조선의 사신과 교류한 사실이 그들의 ≪北使通錄≫ <序文>과 <解題>에 그 대강이 전하고 있으나 구체적인 인물과 날짜 등이 나타나지 않는게

50) ≪문집≫, 권 23, <雜著>, pp. 243-245. '趙完璧傳'참조.

그림 4. 겸가당의 전경(18세기 중엽

그것이다. 다만 이 책의 下卷에는 唐이후 조선시대까지의 문물과 역사에 대하여 소상하게 언급한 부분이 있다. 여귀돈이 중국에 사신 온 것이 1760-1762년 사이였는데 그 당시 조선의 연경사신이 누구였으며, 구체적으로 누구와 어떻게 교류했는지는 밝혀진 바가 없다.

단지 柳得恭의 제 3차 연행사행이 있던 1801년 이후에 편찬된 ≪玆世集≫에는 다섯 사람의 안남 사신의 시가 수록되어 있을 뿐이다. 여기에 수록된 사람들은 모두 1790년 연행사 일행이었다는 점으로 보아 안남 사람 역시 그 당시 북경에 온 사신이었던 것으로 짐작된다. 그들의 이름은 胡士棟・阮仲鐺・潘輝益・武輝晋・陶金鍾 등이다.

이러한 안남의 대외교류는 주로 清・日本・琉球 등과 무역거래의 중심지로 부상되면서 특히 청과는 긴밀한 관계를 맺고 있었다. 이런 이유에서 청과의 조공무역은 더욱 성행하게 되었으며, 이 일은 연행사에 의하여 조정되기도 하였다.

이 연행사들의 내왕이 북경을 매개한 동아시아는 물론 멀리 남방까지 문화교류의 한 장을 펼쳐가는 것이며, 그 속에 조선도 안남・일본 그리고 유구와 함께 상호, 또는 간접적인 교류가 이루어지게 되었다고 보여진다. 이 교류의 구체적인 내용에 대해서는 다른 글에서 상론하기로 한다.

3. <琉球使臣贈答錄>의 세계

이수광의 세계인식은 위에서 살펴 본 '安南' 뿐만 아니라 '琉球國'(지금의 일본국 오끼나와현)에 까지 이어지고 있다. 이것은 당시 중국을 매개체로 하는 동아시아 제국의 상호 교류와 그것을 대상으로 하는 세력판도까지 마련할 수 있는 계기를 제공해 주고 있다.

그러니까 이수광의 세 번째 북경 사행이었던 1611년 경우는 그의 나이 49세 때였으며, 世子冠服을 奏請하기 위해서였다. 이 때 남긴 여행기가 앞에서 본 <續朝天錄>과 지금 살펴 보려는 琉球國 使臣과의 창화를 담은 글이다. 곧 <琉球國使臣贈答錄>[51]이 그것이다.

이 책에는 모두 19首의 작품(李睟光의 작품이 17首, 유구 사신의 작품이 2首)과 '問答編', 그리고 1612년 濟州道 해안에 표류해 온 유구인이 前日 북경에서 만났던 유구국 사신의 일행이었음을 지적한 글이 첨부되어 있다. 그 다음은 유구국과는 관계가 없는 내용인 <附暹羅>, <遇暹羅使臣>, 그리고 제목 없이 '暹羅와 그 주변국가'에 대한 소개가 수록되어 있다. 이 부분에 대해서는 다음 장에서 살펴보기로 하고 여기서는 '유구국'에 관한 내용에 대해서만 보기로 한다.

조선과 유구국과의 史書에 나타난 공식 접촉은 1389년 8월(高麗

51) ≪문집≫, 권 9, pp. 84-88.

昌王 元年)에 시작되어 1861년(朝鮮 純祖 12年)까지 전후 약 101回에 걸쳐서 이루어졌다.[52] 이 횟수는 조선전기까지의 크고 작은 접촉을 계산한 것이며, 그 이후에도 북경을 매개한 접촉이 있었음은 여러 문헌에서 전하고 있다.

특히 본 장에서 살펴보려는 1611년의 유구국 사신 蔡堅과 馬成驥, 그리고 暹羅(Siam)國 사신과의 만남에 대한 기록은 당시 조선 지식인의 세계인식을 넓혀 주는 한 계기가 되었다. 더구나 이 부분에 부기되어있는 '暹羅'에 대한 내용은 당시 조선에는 생소한 나라일 수밖에 없었다. 많은 詩文을 남기지 않았으나 북경을 매개한 이들의 교류는 동아시아는 물론 동남아시아까지 확대되는 시각이 아닐 수 없다. 이 부분에 대해서는 앞에서 전제한 바와 같이 다음 장에서 살피기로 한다.

이 유구국과 조선의 긴 역사 속의 관계에 대한 기록의 정리는 최근에 ≪朝鮮・琉球國關係史料集成≫[53]이란 제목의 한국사연구지원 보고자료집 제 4권으로 간행되었다. 이 자료집에 보면 '연행록 선집'에 나타난 문헌으로 21항목의 자료가 제시되었으나 본고에서 보려는 이수광의 상기 문헌에 대해서는 언급되지 않고 있다.

그러면 여기서 이수광의 유구국 사신과의 교류에 대한 내용을 살펴보기 전에 먼저 유구의 문화적 현상과 그 변천과정에 대하여 살펴보기로 한다. 우선 유구국을 중심한 일본・중국과의 관계는 명나라 태조 朱元章이 유구국왕을 초치하여 복속시켰다. 그 이후 계속 주종관계를 이어왔으나 德川家康이 막부를 통치하면서 棒山久高를 장수로

52) 손승철, <朝・琉通交體制의 구조와 성격>(≪조선과 유구≫, 한일관계사연구회, 1996, 발표요지), pp. 1-17 참조.

53) 孫承喆 外 編, 국사편찬위원회, 1998.

삼아 일본 규슈 남쪽의 제도와 유구국을 정벌하고 尙寧王을 항복시켰으나 실제적인 통치로 이어지기는 근세에 들어와서의 일이다.

그 이후 1663년 清朝에 책봉사를 파견하고 종래의 예에 따라 계속 사신을 파견하였다. 그러면서 덕천막부의 一代를 통하여 清과는 二年一貢을 허락 받아 무역이 활발하게 이루어졌으며, 일본과는 장군이 바뀔 때마다 慶賀使를 파견하면서 長崎와 주변의 여러 지역을 통한 무역이 거래되었다. 그러니까 유구국은 조선・중국・일본과 등거리 외교를 수행하면서 중계무역을 통한 실리를 추구하고 있었음을 알 수 있다.[54)]

유구인에 대한 漢詩集의 효시는 1721년에 간행된 ≪中山詩文集≫[55)] 이다. 이 시문집은 당시의 이름난 작품과 문집을 수록한 일종의 '選集'이며, 柳得恭이 ≪玆世集≫을 통하여 소개한 유구국 시문 중의 하나인 程順則의 시문집도 수록되었다. 이를 통해 알 수 있는 것은 그들이 중국과 조선을 상대로 외교적 관계를 유지하면서 한문을 통한 동아시아 문학 교류의 실체를 보여주었다는 점이다.

그러니까 유구국과 조선은 1879년 일본에 의한 완전한 병탄이 있을 때까지 주로 북경의 '玉河館'이나 '會同館'을 무대로 양국 간의 국서를 교환하는 일이 이루어졌으며, 이 일은 1832년까지 행해졌으니 약 300여년 간의 시간이 흐른 셈이다. 중국과 유구국과의 관계도 이와 비슷한 시기까지 계속 되었다.

이상이 17세기를 전후한 유구국의 문화현상이며, 나아가 동아시아

---

54) 田中健夫, <中國・朝鮮の史料にみる琉球>, (琉球新報社編, ≪新琉球史-古琉球編≫, 琉球新報社, 1993), pp. 91-105.

55) 이 작품집은 최근에 上里賢一이 九州大學 出版部(1998. 4)를 통해 ≪校訂本中山詩文集≫으로 영인 편찬되었다.

제국과의 관계에 대한 대강이다. 그럼 여기서 이수광이 경험한 유구국 사신과의 교류는 어떻게 쓰여졌는지 보기로 한다. 먼저 유구국 사신과 북경에서 만난 기간을 '수개월동안'이라고 적고 있다.

> …… 나는 그 나라 사람들과 더불어 북경에서 거의 몇 달 동안 만났는데, 또 표류하여 우리나라에 이르렀다니 아! 또한 이상하구나![56]

이 기록은 <증답록> 후미에 적은 일종의 발문과 같은 것인데 귀국하여 쓴 것이다. 그런데 그곳에서 만난 사신일행이 귀국 길에 풍랑을 만나 제주도에 표류해 왔다는 내용이다. 그리고 북경의 같은 객관에서 수개월을 지냈다는 것은 그들과의 만남이 상당한 기간 이루어졌다는 뜻이다.

앞에서 지적한 바와 같이 조선과 유구국과의 관계는 표류민의 생환을 위해 계속 접촉이 있었으며, 사신이 조선에 올 수 없을 때는 북경의 사행길에 성사되기도 했다.[57] 그런 이유들 때문에 두 나라 사이에는 상당한 문화적 접촉이 이루어지고 있었다고 볼 수 있다. 그런데 정작 詩文의 교류에 대한 축적은 그리 많지 않다.

전장에서 살펴 본 '안남사신'과의 교류에서 언급한 것과 같이 고려말의 이숭인의 작품이 가장 오래된 기록일 것이다. 그러니까 교류의 역사는 오래 되었지만 실제로 남아 있는 작품들은 많지 않다. 이수광 역시 1611년의 교류에서 쓴 작품이 17首뿐이며, 유구국 사신이 쓴 작품은 2首이다. 이것은 접촉한 기간에 비하여 남긴 작품은 많지 않음

56) ≪문집≫, 권 9, <琉球使臣贈答錄>, p. 87.
57) 손승철, <朝・琉通文體制의 구조와 성격> 참조.

을 의미한다.

이제 그 첫 번째와 세 번째의 작품을 아래에 옮겨 본다.

북경안의 萍水에서 서로 만나서
쳐다보고 안 뒤로 뜻이 절로 통했네
금빛 대궐 瑞雲돌고 조회하는 패옥소리
玉河館엔 밝은 달 올라 밤이 더욱 공활했지
바다 밖의 세상이 별나다고 말하지 말라.
도리어 천심을 좋아하고 雨露마저 같다네.
南州에 매화가 일찍 핀다는 말을 들었으니
의당히 봄빛 가지고 기러기 편에 부쳐오겠지.
……
듣자하니 그대는 풍토병 있는 바닷가에 사는데
하늘을 치는 고래만한 파도에 나루 없이 넓다고
국경을 봉한 이래로 오랫동안 耽羅國과 가까웠고
나라의 풍속은 의당 駱越과 가까웠다네
남극의 별들이 무수한 섬에 빛나고
북산의 꽃들은 일 년 내내 핀다하네.
교린하고 오래도록 좋게 서로 생각했는데
이역의 새로 안 얼굴이라고 어찌 꺼려하겠소.[58)]

58) ≪문집≫, 권 9, 같은 책, ＜贈琉球使臣近體十四首＞. "相逢萍水帝城中 / 目擊從知意自通 / 金闕瑞雲朝佩響 / 玉河明月夜尊空 / 休言海外乾坤別 / 却喜天心雨露同 / 聞道南州梅信早 / 肯將春色寄來鴻. // 聞說君居瘴海涽 / 拍天鯨浪闊無津 / 封疆久與耽羅近 / 風俗應將駱越親 / 南極星辰千島曙 / 北山花卉四時春 / 交隣舊好復相念 / 異域何嫌識面新.

유구국 사신과의 교류를 읊은 17首의 작품 가운데 상기 2首를 뽑은 것은 그의 교린정신의 한 면을 보고자함이다. 첫 번째의 작품은 북경 옥하관에서 만나 서로의 우정을 나누면서 오래도록 그 마음을 간직하자는 내용이다. 그리고 뒤에 인용된 작품은 서로의 습속은 달라도 그동안 사귀어온 것과 같이 앞으로도 계속 교린의 정을 쌓기가 마치 남국의 꽃들이 사시사철 피는 것과 같음에 비유하였다.

사행의 신분을 십분 발휘한 위에 적은 그의 시에 담긴 내용에 대해서는 여기서 평가하기 어려울 것 같다. 왜냐하면 평소의 문학연구가들이 이수광의 시를 두고 '사실적이어서 世俗一種의 한갓 風花·雷月을 읊는 것과는 다르다'59)거나 '성정을 읊는다는 가장 원초적인 행위'60)라는 주장과 어떻게 연관지을 것인가는 다른 글에서 언급되어야 할 것 같다. '使行文學'은 원래가 목적성이 강한 문학행위이기에 그것의 내적 의미를 평가하기란 간단치 않기 때문이다. 그런데도 이수광의 위와 같은 작품들은 사의가 분명하여 그의 문학적 역량에는 조금도 기울어지지 않고 있다. 다만 본고에서는 그가 인접국의 문사들과 어떻게, 어떤 생각으로 교류하였는가를 살펴보는 것이기에 우선은 이 목적에 충실하고자 한다.

다음으로 이 <중답록>에는 유구국 사신 두 사람의 작품이 각각 1首씩 수록되어있다. 아래에 그 원문을 옮긴다. 현재 일본의 오끼나와 현에서는 '유구국 시대'의 史料정리에 한창이지만 이 부분이 누락되었기에 그 原詩를 밝혀 그들의 정리에 보탬이 되고자 한다.

---

59) 이가원, <芝峰의 文學世界>(≪韓國學≫ 제 20호, 한국학연구소, 1979), p. 4.

60) 황의열, 앞의 논문, p. 550.

奉酬贐敬朝鮮台使　　　　琉球使臣蔡堅

해외에서 상면하니 기이한 만남인데
한번 보고 곧 받아줄 줄 어찌 알았으랴.
넓은 황은 골고루 베푸시니
풍성한 좋은 물건 나만이 많이 받았네.
훌륭한 재주 짝함이 없으니
국왕 위한 계책 천하에 일인자일세.
감사하는 이 마음 늘 잊지 못하여
뒷날 다시 가르쳐주기 삼가 기다리겠네.[61]

肅勸申贐朝鮮台使　　　　琉球使臣馬成驥

요순 같은 그 덕화 먼 지방을 비추니
바다 건너 산 너머 황제 나라에 왔다네.
천하의 모든 나라 약속 없이 모였으니
온갖 생령 모두 다 복종하네.
오다가다 뜻밖에 서로 만났지만
전세의 인연이요, 우연이 아니라네.
가르침 받기 진실로 바라던 바인데
각기 동남으로 훌쩍 떠나가다니.[62]

---

61) ≪문집≫, 권 9, 같은 책, p. 85. "海外觀面是奇逢 / 詎知一見卽包容 / 皇恩浩蕩均霑被 / 珠玉淋漓我獨深 / 長才偉略靡雙匹 / 幹國謀王第一人 / 予心感佩眞忘寐/ 耑竢他年教復臨."

62) ≪문집≫, 권 9, 같은 책, p. 85. "堯天舜日照遐方 / 航海梯山來帝邦 / 不期而會天下國 / 凡有血氣悉稱降 / 邂逅相遇雖萍水 / 前緣夙定非偶然 / 喜承晤教固所願 / 倏爾東南兩分還"

위에 인용한 작품의 작자는 이 당시의 분위기를 전하는 <중답록> '後'에 나오는 인물이다. 그런데 이수광의 위 두 사신에 대한 평가는 거리가 있는 것 같다. 우선 그 기록의 부분을 인용하면 다음과 같다.

> 유구국은 동남쪽 바다 가운데 있다. 사신 채견, 마성기와 중인 49명이 아울러 모두 중국의 관복을 입고서, 스스로 경술년 9월에 본국을 떠났다고 말하였다. …… 우리 일행이 객관에 도착한 뒤로부터 자못 은근한 뜻이 생겨 지은 시문을 얻어 보물로 삼고자 하였다. 그러므로 그 주고받은 것을 보고자 하여 대략 구성하여 주었는데 채견 등은 글짓기가 모자라서 더불어 창화하지 못하였다.[63]

이 지적은 채견의 글솜씨가 이수광의 안목에 차지 않았다는 뜻이며, 같은 글의 뒷 부분에서 "채견은 곧 한자음을 잘 알아서 번역한 말이 서로 같았다"라는 구절로 보아 이 <중답록>은 그들 일행과 대화를 나누며, 시를 주고받았다는 것을 의미한다. 단지 한 인물에 대한 상반된 평가를 적고 있는 것으로 보아 이수광의 의식에는 그들에 대한 우월의식이 강하게 작용하고 있음을 알 수 있다.

왜냐하면 상기 채견과 마성기의 작품들은 뛰어난 문재를 보이지는 않지만 적어도 창수할 수 있는 수준인 것만은 틀림없다. 이는 이수광을 통해서도 조선조 사신들이 가지는 문화우월주의적 자세[64]를 엿볼 수 있다는 것을 보여주는 한 예가 될 것이다. 또한 이 <중답록>에서 나타나는 아쉬움은 유구국 사신이 수창한 작품이 적은 것과, 문답

---

63) 위의 책, 같은 곳, <後>참조.

64) 졸고, <18세기 동아시아 문학교류의 연구> (≪연민학지≫ 제4집, 연민학회, 1996), p. 222.

한 내용이 풍속이나 유학, 그리고 간단한 역사에 관한 것 밖에 없는 점이다.

그러나 이수광에게 있어서의 유구국 사신과의 만남은 그의 세계인식 확대를 위한 또 하나의 계기를 마련해 주었다고 볼 수 있다. 그가 ≪지봉유설≫에서 유구국에 대한 내용을 풍부하게 기록한 것도 이 ＜중답록＞의 내용과도 같은 연관성을 가진다.[65] 이 기록들은 결국 당시 조선사람들의 의식을 일깨워 주는 계기를 마련하는데 일조를 했다 할 것이다.

이는 ＜중답록＞ 속에 담긴 글의 내용과 편찬방법과도 연관이 있다. 그것은 만남과 헤어짐의 반복을 적은 것이기보다는 그것을 통하여 얻을 수 있는 인접국에 대한 지식의 확대에 더 큰 비중을 두고 있다고 보아야할 것이다. 그리고 그 나라들의 특정한 문화와 교통에 대해서까지 소상하게 적고 있는 것으로 보면 더욱 그 의도를 알 수 있다. 그가 ＜중답록＞의 말미에 적은 다음의 기록들은 단순한 호기심에서가 아니라 조선과 유구국의 교류가 어떻게 이루어지며, 또 이루어질 수밖에 없는 까닭을 말해 주는 내용이 될 것이다.

> 임자년(1612년) 정월에 나는 북경에 있으면서 유구국 사신들과 서로 만난 뒤, 5월에 조정으로 돌아왔다. 7월에 이르러 제주목사 이현치가 올린 글에 의하면, "이달 12일에 이상하게 생긴 배 한 척이 제주 마라도 항구에 정박하였습니다. 짐 아래에 8명의 사람들이 들어 있었는데 스스로 유구국 사신이라고 하였습니다. …… 그 8명의 사람 가운데 성명이 馬喜富라는 자가 조금 중국말을 알았습니다. 모두 칭하기를 장사 채견을 따라서 중국에 공물을 바치러 갔다가 貴國

65) ≪지봉유설≫, 앞의 절. pp. 75-76.

사신 이 아무개와 아무개를 서로 만났다"고 하였습니다. 금년 정월 23일에 북경을 떠나 5월에 복건에 당도하여 7월 1일에 뱃길이 열렸고, 12일에 바다에서 풍랑을 만나 귀국 지방에 와서 정박하였다고 하였습니다. ……[66]

위의 유구국과 중국과의 해상교통은 우리나라와도 밀접한 관계가 있는 내용이다. 과거 100여 차례의 朝·琉 교섭은 이 항로의 특징과도 관계가 깊다. 그래서 위와 같은 내용과 유사한 기록들이 우리 史書에 자주 등장하는 것이다. 더구나 오늘날 이 海路에 대한 연구를 본격적으로 실시함으로써 과거 동아시아 해상교통의 특징과 그 의미를 보다 깊이 이해할 수 있게 할 것이라 짐작된다.

4. 동남아시아 諸國에 대한 시각

이수광의 1611년의 북경사행에서 나타나는 특징 중의 하나는 '暹羅國'의 사신과 만났다는 점이다. '섬라'는 Siam으로 지금의 타일랜드 북부 지역을 지칭하는 나라이다. 이수광이 앞에서 살펴본 <琉球使臣贈答錄>의 뒷부분에 이 '섬라'를 중심으로 당시 동남아시아 여러 나라들과 서양에 대한 소개를 하고 있는 것이 보인다.

그의 글을 보면 당시 '섬라'의 사신을 만나 詩를 주고받았는데 이 책에는 7言2首와 '섬라'를 설명하는 짧은 글 밖에 없다. 아래에 그 첫 수를 소개하면 다음과 같다.

섬라사신을 만나다.

66) ≪문집≫, 권 9, 같은 책, p. 87.

만리밖 섬라땅이 바다 가운데 있으니
칠주양 밖으로 물이 허공에 닿았도다.
산형세 곧게 내려 용산 아산 끊어지고
나라 풍속은 일찍부터 葉柳와 통했네.
치우친 땅 절로 고기 자라 집에 이르고
두 나라 떨어져서 馬牛바람 불어오네
다행히 황색 노인 만난 건 진짜 기이해라.
옛날에 만난 梅南의 馮노인인 줄 알았네.[67]

여기서 만난 섬라국의 사신 또한 70노인이어서 그가 1597년 사행 때 만난 안남의 馮克寬으로 착각했다는 것이다. 그리고 '섬라국'의 위치와 습속에 대해서 소상하게 표현하려고 노력했으나 위 시로써는 그 나라의 특징을 모두 알기는 어렵다. 그래서 이수광은 다른 글에서 '섬라'에 대하여 구체적으로 설명하고 있다.

그것은 위 <중답록>의 '附暹羅'라는 글과 다른 하나는 ≪지봉유설≫ <제국부> '외국'조에 보이는 54개국을 소개하는 내용 중에 나타나 있다. 그럼 여기서 <중답록>에 남긴 '섬라'에 대하여 보기로 한다.

> 섬라국은 서남 바다 가운데 있다. 물길도 광동에서 약 1만 여리이고, 광동에서 북경까지는 육로로 또 8천리이다. 나라 성씨는 단지 네 개만 있으니 왕의 성은 조(照)이고, 주관의 성은 악(握)이고, 하호

67) ≪문집≫, 위의 책, p. 87, <遇暹羅使臣>. "萬里暹羅塊海中 / 七洲洋外水連空 / 山形直到龍牙斷 / 國俗曾將葉柳通 / 偏壞自來魚鼈宅 / 兩鄕相去馬牛風 / 幸逢黃耉眞奇事 / 疑是梅南舊老馮."

의 성은 애(隘)이다. 사신은 악곤라내만저리, 부관은 악맹라이다. …… 얼굴이 많이 검어서 혹 바다 귀신 모양과 같았으며, 절하고 읍할 줄 몰랐다.[68]

위의 내용을 보면 이들은 한문을 모른다고 한다. 기이한 풍습을 가졌으며, 모두 얼굴이 검고 머리를 깎았으며, 음식은 모두 손으로 먹는다고 적고 있다. 이 지적은 그의 ≪지봉유설≫에서는 다소 추가된 부분(예로 들어 鳥葬의 풍습이나 여자들의 지혜가 남자를 능가하며 남편이 아내의 지혜를 빌리는 일 등)이 있다.

특히 이수광이 이 문건에서 새롭게 보여주는 내용은 '섬라국'과 인접한 동남아시아의 여러 나라들이다. 당시 우리나라에는 잘 알려지지 않은 많은 나라들이 열거되어 있다. 여기에는 약 23개국의 나라 이름이 보이는데 ≪지봉유설≫의 54개국과는 다소의 차이가 있다. 그것은 동남아시아 지역의 나라들만을 열거하고 있기 때문이다.

우리나라와 '섬라국'과의 관계에 대해서는 이미 고려사에 그 흔적을 보이고 있는데 이는 중국을 매개한 사행간의 접촉에 의한 것으로 생각된다.[69] 물론 이웃 나라인 일본은 진작에 그들과의 국교가 이루어졌음은 알려진 바와 같다.[70] 17세기를 전후한 동아시아와 동남아시아와의 교류는 북경에서 이루어지는 사행집단의 만남을 통하여 보다 구체적으로 이루어지고 있었음을 위의 자료들을 통하여 살펴 볼 수 있었다. 이는 지금까지 연구되어 왔던 우리 문학의 대외교섭이 어떤

---

68) ≪문집≫, 권 9, 같은 책, p. 86. <附暹羅>.

69) Hungguk cho, <Eanly Contacts between Korea and Thailand>, (≪Korea Journal≫. 35. 1, 1995) 참조.

70) 郡司喜一, ≪徳川時代の日暹國交≫, 東京 東亞經濟調査局, 1938.

이유에서든 훨씬 다양하고 넓게 교류되고 있었다는 것을 의미한다. 여기서는 '섬라'에 국한하여 살펴보았지만 그 외의 나라들과도 활발한 교류가 있었지 않았을까? 현재로서는 거기에 답할 자료가 나타나지 않았으나 그럴 수 있는 가능성은 충분하다고 본다. 그런 의미에서 우리 문학의 대외교섭에 대한 인식을 보다 확대해야할 것이라 생각된다. 이수광의 '섬라국' 사신과의 만남이 그것을 잘 말해주고 있다.

Ⅳ. 세계인식의 변화와 조선의 대응

조선에 있어서의 17세기를 전후한 시기는 분명히 중국을 통한 '西學'의 유입과 관계가 된다. 이것은 소위 말하는 신학문으로의 관심 때문이다. 이수광이 ≪지봉유설≫을 완성한 때인 1614년을 시작으로 많은 지식인-柳夢寅・李瀷・安鼎福・洪大容으로 이어지는 지식인들이 그들 나름의 진보된 세계관을 정리하고 나섰다.

비록 이수광이 ≪천주실의≫를 비롯한 서구의 서적들을 깊이 연구하지 않고 유입하였으나 그것이 계기가 되어 이 당시 조선의 지식인들로 하여금 세계에 대한 새로운 시각을 가지게 한 것은 틀림없다.[71] 곧 중국문화권 밖에서의 문물에 대한 소개와 거기에 대한 인식을 새롭게 했다는 것은 새로운 세계관을 갖게 하는 계기를 마련해 주었다는 평가를 받을 수 있을 것이다.[72]

반면에 이들의 활동이 가지는 한계성 또한 인정해야 할 것이다. 곧

---

71) 이용범, 앞의 책, p. 118.

72) 유홍열, <실학의 개척자 지봉 이수광>, (≪한국학≫20, 한국학연구소, 1979). p. 9.

이들 서구문물 유입은 중국을 통한 간접적인 유입으로 주로 漢譯西學書 등이었다. 게다가 지속적으로 유입된 것이 아니라 특정한 분야에 국한되어 단편적으로 행해짐으로 하여 획기적인 발전을 기하기는 시기상조였다.

그러나 이것이 계기가 되어 한국이나 중국의 전통적인 과학지식과 결부되어 새로운 삶의 방식을 제시할 수 있는 지식을 제공할 수 있었다는데 그 중요성이 있다.[73] 비록 그것이 진보적인 사고를 가지고 있는 지식인에 의하여 이루어졌지만 중국을 매개한 서구문화의 유입은 조선사회의 내적 갈등과 연결되어 조금씩 변화의 조짐을 나타내기 시작하였다.

단지 그들이 생각하는 서구의 '동양진출'에 대한 보다 구체적인 인식이 부족하였으며, 거기에 필요한 대안도 제시할 단계는 아니었다. 주지하다시피 서구, 예를 들어 영국은 1613 동인도회사를 인도에 상륙시켜 그들의 이익을 챙기기 시작한 것에 비하면 중국은 물론이고 조선의 현실은 대단히 낙후된 것일 수밖에 없었다.[74]

이러한 현실 속에서도 소위 실학파 문인들에 의한 의식의 개혁과 새로운 사고의 전환은 비록 그것이 서구 문화에 의한 자극이 있었기는 했으나 우리의 전통적인 철학에 힘입어 정리된 李瀷의 '地動論'과 같은 이론의 정리는 이 시대의 특별한 소득이 아닐 수 없다.[75] 물론 대대적인 정책수립이 수반되지는 않았으나 사행집단의 새로운 지식의

---

73) 韓沽劤・李成茂 編著, ≪史料로 본 韓國文化史≫(一志社, 1985), pp. 169-172.

74) 영국을 위시한 당시 서구제국의 동양진출에 대한 연구는 신윤길의 ≪영국동인도회사연구≫(서원, 1996)에 상세히 나타나 있다.

75) 李龍範, ≪韓國科學思想史硏究≫(동국대학교 출판부, 1993), pp. 250-256.

유입은 변화하는 세계사의 흐름에 작은 대응이 될 수 있는 계기를 마련해 주었다고 할 것이다. 결국 중화중심주의적 고정관념에서 탈피하는 계기를 마련하였으면서도 그 자양분은 여전히 중국을 통하여 유입되었다는 현실적인 한계성을 내포하고 있었음이 특징적이라 할 것이다.

Ⅴ. 맺는 말

이상으로 이수광의 문집 속에 수록된 그의 使行을 통한 동시대의 문명에 대한 인식과 대외교류의 실체에 대하여 살펴보았다.

그는 세 번의 중국 사행에서 모두 4권의 '사행문학'을 남겼는데 ＜朝天錄＞・＜續朝天錄＞・＜安南使臣唱和錄＞・＜琉球使臣贈答錄＞이 그것이다. 이것을 중심으로 살펴본 내용을 정리하면 대략 다음과 같다.

조선 중기의 사회는 임진왜란의 병화에 의한 혼란과 그 치유에 급급한 상태였다. 그러면서도 특이하게 文運이 융성하여 많은 저작을 남겼던 시기이기도 하다. 문학은 여전히 '성정'을 중심한 표현의 방법적인 문제에 매달려 있어야 했으며, 다소의 개혁의지를 가진 문인에 의하여 보다 인간적인 본질에 접근하려고 노력하였다.

그러면서도 아주 소극적이기는 하나 중국을 통한 새로운 문명과 사상을 접할 수 있었으며, 이것은 엄청난 변화를 초래하였다. 그것은 중국 중심의 세계관에서 탈피하는 계기를 마련한 것이 그것이다. 이는 세계지도의 유입과 '천주교' 교리서의 소개에 기인하고 있다. 비록 소극적이기는 하나 이 서구사상의 소개는 변화하는 세계를 인식하는 端

初가 되었다.

다음으로 '사행문학'의 작품들에 나타난 특징은 이수광의 세계인식의 확대를 가능케 하는 계기가 되었다. 비록 짧은 기간 동안의 접촉이지만 두 번(1597과 1611년)의 적극적인 활동은 적어도 '안남'과 '유구'에 대한 시각을 넓힐 수 있었다. 이들 나라들은 동남아시아에 치우쳐 있어서 당시에 이미 성행하던 서구 제국의 동양진출의 영향권 속에 있었던 점으로 보아 그들을 통하여 새로운 세계를 내다볼 수 있는 계기를 마련해 주고 있다 할 것이다.

곧 '안남'과 '유구'는 지정학적으로 매우 특이한 곳에 위치함으로써 그 자체가 특별한 의미를 내포하고 있었다. 단지 이수광의 의식 속에 존재하는 한자문화의 우월감이 여전히 작용하여 그들의 구체적 실체를 파악하지 못한 한계점을 나타내었다.

그러나 이수광이 그들을 통한 교린의 중요성을 인식하고 그것을 강조했다는 것은 단순한 호기심이 아닌 열린 세계에 대한 인식의 전환이라고 보아야 할 것이다. 특히 그가 '섬라국'에 대한 자료를 상세하게 적고 있다는 것은 세계의 또 다른 모습을 동시대의 조선인들에게 보여주는 자리가 되었다. 이는 북경이라는 중간적 매개체를 통하여 외부를 호흡하던 우리에게는 소중한 기회가 되었다고 할 것이다.

결국 이수광은 상기 '상행문학'을 통하여 세계를 향한 교류의 발판을 삼는 계기를 마련하고 있었음을 알 수 있다. 이것이 17세기 조선의 대외교섭의 한 모습이다.

끝으로 이들 작품을 중심한 조선과 동남아시아 제국과의 문학교류에 대한 구체적인 연구는 다른 글에서 상론하기로 하며, 본고에서는 대외교류의 실제적인 내용 고찰에 그 의의를 두고자 한다.

18세기 동아시아 문학의 교류

Ⅰ. 머리말

동아시아의 세 나라 - 한국·중국·일본은 한자문화의 동질성을 토대로 하여 각기 그들 나름의 특유한 문화와 문학을 발전시켜 왔음은 주지의 사실이다. 이런 현상은 유구와 안남의 경우에서도 찾을 수 있을 것이다. 이를 대상으로 각기 민족이 그들의 문화와 문학을 발전시키는데 있어서 인접민족의 문화와 문학을 어떻게 이해하고 수용하여 왔는가에 대한 구명은 자기민족의 문화전반을 이해하는데 매우 의미 있는 작업이라고 생각된다.

근래에 이 분야에 대한 관심 있는 학자들의 연구가 활발히 전개되고 있는 것 또한 이를 잘 반영하고 있는 현상이다. 그 결과 의미 있는 저작들이 발표되었으며 깊이 또한 더해가고 있다.[76] 이 의미 있는 작업의 한 부분으로써 본인은 수년 전부터 동아시아 문학현상에 대한 연구를 진행하고 있다. 본고 역시 그 연구의 연속으로 18세기를 전후

76) 이 방면의 연구에 많은 성과를 남긴 것으로는 조동일의 ≪한국문학과 세계문학≫, ≪동아시아 문학사 비교론≫, 김채수의 ≪영향과 내발≫, ≪동아시아 문학의 기본구도Ⅰ, Ⅱ≫ 등과 소재영, 김태준, 이혜순, 최박광, 강동엽 등의 여러 논문들이 있다. 본고는 이러한 선행 업적들에 힘입어 정리되었다.

한 시기에 국한하여 이들의 문학들이 상호 어떤 연관성을 가지고 있는가를 살펴보고자 한다.

역사적으로 변혁의 시대였던 18세기 한국(조선)은 중국과 '연행사'에 의하여 선진문화를 수용하였으며, 일본에는 '통신사'를 파견하여 그들의 문화발전에 큰 영향을 끼치는 등 교량적 역할을 하였다. 당시 중국(청) 또한 명말청초의 정치적 혼란을 겪은 뒤 문화정책에 전념하여 대사업을 진행하고, 서양의 선진문화를 수용하여 국가의 경영 전반에서 일대 혁신을 가져오고 있던 때였다.

반면에 일본은 쇄국정책 속에서 일부 지역에 국한하여 선진문화를 수용(주로 과학지식이나 의학 분야)하고 있었으며, 한국을 통하여 그들의 낙후한 문화전반에 대한 수준을 향상시키고 있었음은 많은 문헌에서 잘 나타나고 있다.

그러나 오늘날 일본문학과 문화를 연구하는 대부분의 일본인 학자들은 그들의 문학과 문화의 발전이 중국과 서양의 것을 수용하여 이루어졌다는 논리를 전개함으로써 인접국가로서의 조선과의 교류에 대한 사실을 부정하는 자세를 보이고 있다. 이러한 자세는 한국의 연구자들에게서도 경우는 다르지만 문제점을 나타내고 있다. 지나친 문화우월주의적 시각에서 접근되는 교류의 실체규명은 상대를 이해하는데 상당한 장애적 요인을 낳고 있음이 그 한 예가 될 것이다.

그래서 본고는 18세기 동아시아 삼국의 문학현상을 공시적으로 고찰하는 방법을 택하여 어느 한 쪽에 치우치는 시각의 편향성을 불식하고 동아시아 삼국의 문학현상과 상호교류 양상을 동시에 점검해 보고자 한다. 이 논지의 전개를 위한 논거는 대부분 연행사와 통신사들의 저작물과 그들과 접촉한 중국이나 일본의 당시 문인·학자들의 저작물을 대상으로 하였다.

여기서 '연행사'나 '통신사'들의 저작물이라 함은 공식 문서에서 남긴 서물 보다는 수행원들의 자유로운 기록물을 통하여 당시의 보편적인 생각을 정리해 보는 방향으로 전개하고자 한다. 이는 18세기라는 시기적 특징이 시사하는 바와 같이 제도적 구속력보다는 개인의 생각과 삶의 본질적인 문제에 접근하려는 의도와도 연관을 지을 수 있을 것이다.

그런 의미에서 논거의 대상인물들이나 그들의 저작물에서 시사하는 내용들은 대부분 '시각의 확대'나 세계인식의 확장을 내포하고 있는 공통점을 가지고 있어서 비슷한 시기 인접국가의 문화와 문학을 이해하는 그들의 자세를 밝혀 보는 데 많은 도움을 줄 수 있을 것이다. 아울러 본고에서는 동아시아 삼국 외에 비슷한 시기 유구・안남과의 교류에 대해서도 살펴보고자 한다.

위의 두 나라와의 관계에 대해서 현재는 크게 주목을 받지 못하고 있지만 같은 시기 동아시아 삼국은 이들과 교류를 하였으며, 특히 한자 문화를 토양으로 한 공통점을 가지고 있어서 앞으로 이 방면에 대한 연구가 심화되어야 할 필요성이 있다. 18세기라는 시기적 특성 속에서 이들 각 민족은 '중세문어문'의 문화적 전통 속에서 자기민족의 독특한 문화와 문학을 창조해 나갔다. 그 과정에서 이들은 상호 어떤 연관성을 지녔으며, 그 속에 흐르는 공통점은 무엇인가? 그들은 각기 상대방의 문학을 통하여 자국의 문학발전에 무엇을 줄 수 있었는가? 그리고 그들은 어떤 시각과 자세로 인접국가의 문화와 문학을 수용하였는가?

이것이 본고가 기대하는 내용이며, 이를 정리해 보는 것이 목표이다. 이 작업을 수행하는데 있어서 중점적으로 검토되는 인물들은 대개가 '연행사'나 '통신사' 일행과 접촉이 있었던 인물들이다. 그 중에서도 정치적인 영향력을 행사할 수 있는 위치의 인물들보다는 당시의 동아시아 문화전반을 보다 객관적으로 인식하고 있었던 사람들을 대상으로 삼았다.

그것은 이들이 보다 열린 시각을 가지고 있어서 자기중심적인 자세에서 벗어나 변천하는 역사를 호흡하고 있었기 때문이다. 그러면서도 자기 민족의 미래를 그리고 있는 것은 문화적 동질성에서 출발하여 각기 특유의 문화와 문학을 창조하려던 그들 나름의 노력과도 연관성을 가진다. 연행사의 일원이 청대 문인들과 나눈 대화, 통신사행과 당시 일본 문인들 사이에 주고받은 작품이나 대화의 내용이 이를 잘 말해 주고 있다. 적어도 표제에 내세운 사람들의 행적은 논고의 의도와 매우 유사성을 가지고 있어서 그들을 중심으로 각 민족의 지향점을 추출해 나가고자 한다.

특히 본고의 진행에서는 일본을 중심한 상호 교류의 실체에 비중을 두고자 한다. 그것은 지금까지 한·중 간의 연구에 많은 부분을 치중하여 왔던 점에서 벗어나 동아시아 삼국의 교류를 같은 무게나 양으로 가늠해 보는데 그 의의가 있다. 아울러 유구·안남과의 관계에 시야를 확대해 나감으로써 부족한대로 이 분야의 연구를 심화시켜 보자는 데도 의미를 두고자 한다.

Ⅱ. <木村蒹葭堂>과 동시대인의 문학

1. <木村蒹葭堂>과 그 주변 문인들

조선조에 있어서 한국과 일본의 교류는 모두 12번의 통신사에 의

한 내왕으로 이루어졌다. 본고에서는 1764년에 행해진 통신사들에 의한 양국 문인들의 교류를 통하여 18세기 동아시아 3국의 문학교류 양상에 대하여 살펴보고자 한다.

이 때는 3국 모두가 변혁의 시기를 맞이하여 각기 민족문학에 눈을 뜨기 시작하였으며, 그것은 외부적 충격과 내부적 발전에 의해서 이루어지고 있었기 때문이다. 특히 이 때는 3국 모두가 외부의 선진문화 수용과 극복이라는 격동을 체험하고 있었기 때문에 그들의 상호수용과 전달의 실체를 알아보는 데 좋은 계기가 될 것이라 생각된다.

대체적으로 중국이 서구문화를 먼저 수용하고, 조선은 중국에서, 일본은 조선을 통하여 수용하는 순환의 고리가 형성되고 있는 시기였지만 일본의 경우에는 서구문물을 직접 수용하는 부분도 있었다. 이를 계기로 일본의 근대화 작업의 경로는 서양과 중국을 통했다고 주장하게 되고 조선과의 접촉은 크게 관심을 끌지 못하는 현실이다.

이에 당시 大坂과 江戸를 중심으로 활동한 木村蒹葭堂(1736-1802, 이하 '蒹葭堂'이라 표기함)과 宮瀨龍門(1719-1771, 이하 '龍門'이라 표기함)과 그 주변 문인들을 중심으로 3국의 교류양상을 보고자 한다. 위의 두 문인과 그 주변 문인들에 대해서는 당시 조선의 문인들 사이에 다소 소개된 인물들이며, 이들은 長崎를 통하여 중국의 문학과 문화는 물론 서양의 진보된 과학지식까지도 수용하려고 노력한 사람들이기 때문에 당시 3국의 교류 실체를 이해하는 데도 좋은 대상이 될 것이다.

더구나 이들이 통신사 일행을 맞이하여 그들로부터 당시 조선의 문학현상을 어떻게 수용하고 있으며, 반면에 조선의 문인들이 가지는 이들에 대한 이해의 실체를 극명하는 것은 3국의 교류에 대한 양상을 더욱 선명하게 나타내어 줄 수 있을 것이기 때문이다.

먼저 '蒹葭堂'77)과 그 주변 문인들과의 관계에 대해서 보기로 한다. 그는 1764년 제 11차 통신사의 일행과 大坂에서 만나 시회를 열고 있다. 이 시회에 참석한 통신사 일행들은 한결같이 그의 인품과 그날의 감회를 남기고 있다. 여기서 주목되는 것은 그와 시를 수창했다는 점에 있는 것이 아니라 사해의 여러 문인들을 사귀면서 세상을 좁게 생각하며 살았다는 데 있을 것이다.

그에 대한 李德懋(1741-1793)의 기록을 보기로 한다.

> 목홍공(木弘恭)의 자는 세숙(世肅)인데 일본 대판(大坂)의 장사아치이다. 낭화강(浪華江) 가에 살면서 술장사를 하여 많은 재산을 모은 뒤에는 날마다 가객(佳客)들을 초청하여 시를 짓고 술을 마시며 세월을 보내곤 하였는데, 책도 1만 여권이나 구입하였으며 1년 동안 빈객을 접대하는 비용이 수 천금(千金)이었으므로 축현(筑縣)으로부터 강호(江戶)에 이르는 수천리 사이에서 어진 선비나 불초한 선비를 막론하고 세숙을 칭찬하였다.78)

이덕무의 이 기록은 당시 일본의 문헌에 전하는 것과 매우 유사하다.79) 알려진 바와 같이 이덕무는 일본을 여행한 경험이 없으나 통신사의 임원으로 대판에서 그를 직접 만나고 돌아온 成大中・元重擧 등

---

77) ＜木村蒹葭堂＞에 대해서는 졸고, ＜風流三昧的生活-木村蒹葭堂の 境遇＞, ≪18世紀東アジア文化交流の研究≫(國際日本文化研究センタ - 研究成果報告書, 1991)에서 당시 조선통신사와의 관계에 대하여 논의한 바 있다.

78) 이덕무, ≪국역 청장관전서 Ⅶ≫, ＜청비록＞(민족문화추진회, 1983), p. 926, ＜겸가당(蒹葭堂)＞

79) 강동엽, 앞의 논문, pp. 15-16 참조.

과의 교분에 의하여 얻어진 지식이다. 이들은 소위 '연암그룹'의 일원으로써 통신사 일행의 출발이나 귀국 때에는 모임을 통하여 상호 정보를 교환하고 얻어온 견문을 쌓아온 것으로 알려졌다. 이 관행은 '연행사'의 경우에도 같은 방식을 택하고 있다.[80)]

蒹葭堂에 대한 지식도 이와 같이 직접 목도한 통신사 일행의 견문을 토대로 이덕무가 정리한 것이다. 이 인용문을 통해서도 당시 大坂이나 江戶를 막론하고 그의 명성이 자자하였음을 알 수 있다. 나타난 바와 같이 상업이 그 가업이었으나 거기서 축적된 경제력을 바탕으로 그는 문화적 교류에 힘썼음을 짐작케 한다.

이덕무의 그에 대한 기록을 조금 더 보기로 한다.

> 조선의 제공이 환국(還國)할 적에 용연(龍淵) 성공(成公)이 세숙에게 사람을 보내어 겸가아집도(蒹葭雅集圖)를 청하므로 세숙과 함께 있던 벗들은 각각 두루마리 끝에 쓰기를 '가지고 돌아가서 만리밖에 있는 우리들을 보듯하여 주시오'하였다. … 그렇다면 세숙의 교제가 일향 일국의 선비로부터 사해의 선비에까지 이른 것이 사실이다. 지금 세숙이 어떻게 해서 이역(異域) 만리 밖의 선비들과 교류하게 되었는가? 그것은 오직 국가에서 대빈(大賓)을 대접함이 엄중하나 사신으로 온 분들이 도리어 세숙 등을 만나는데 화열(和悅)했기 때문이다. 세숙이 아무리 예가 있고 온화하다 하더라도 구각에서 그런 여건(與件)을 만들어 주지 않았다면 이와 같이 될 수 있었겠는가?[81)]

---

80) 吳壽京, <18세기 서울 文人 知識層의 性向 -燕巖그룹에 관한 硏究의 一端>(성균관대학교 박사논문, 1990), 제4장 <玄川 元重擧> 참조.
81) 이덕무, 위의 책, p. 28.

이 글에서 보면 오히려 사신 일행이 그에게 그림을 청하고 있음을 알 수 있다. 전날의 시회를 생각하며 당시 일본이나 조선에 그 이름이 널리 알려진 겸가당에 대한 흠모의 정을 쉽게 발견할 수 있다. 이 날 사행들이 요청한 작품은 <蒹葭雅集圖>[82]였다. 이 작품은 '蒹葭堂'을 배경으로 '浪華江'의 풍경을 그린 두루마리인데 그림 밑에 문우들의 시를 첨부하였다고 한다.

이 그림의 배경이 되는 '浪華江'은 지금의 大坂市 西區 北掘江 4丁目에 있는 '大坂市立圖書館' 경내가 된다. 20세기 초 대판의 개발붐을 타고 주변의 강을 매몰하는 과정에 현재는 그 흔적을 찾기 힘들다.

그림 5. 겸가당의 현재(대판시립도서관)

---

82) 이원식, ≪조선통신사≫(민음사, 1991), p. 248. ; 강동엽, 앞의 논문, pp. 17-18 참조.

이 작품의 특징은 詩와 그림을 조화 있게 꾸민 것으로 오늘날의 문헌에서는 그 대강만을 알 수 있다. 곧 이덕무의 ≪청장관전서≫[83]에 나타난 몇몇의 소개가 그 전부이다. 짧은 소개이면서도 작품을 주고받을 때의 모습이나 그림의 내용, 그리고 거기에 첨부된 서문이나 시들의 내용은 정리할 수 있다.

이 그림의 말미에 붙은 '서문'을 쓴 僧 筑常은,

> 세숙은 예가 있고 또 온화(溫和)하였기 때문에 문유(文儒)·운사(韻士)와 교제를 맺어, 일향(一鄕)이나 일국(一國)의 선비로부터 사해(四海)의 선비에 이르기까지 겸가당 위에서 이 사람을 칭송(稱頌)하지 않은 이가 없으니 세숙의 교제는 과연 넓다고 이를 만하다.[84]

라고 하여 그가 四海의 文友를 사귀는 자세와 방법을 지적하였다. 그의 온화한 기질은 많은 벗들이 국적을 초월하여 몰려 들었음을 짐작케 한다.

'겸가당'은 알려진 것과 같이 詩文에 능할 뿐만 아니라 그림과 篆刻에도 높은 경지를 얻었다. 일본의 미술사가들은 그를 '南畵(文人畵)'의 화가로 분류하고 있는데[85] 그는 당시의 '南畵'家와 폭넓은 교제를 하면서 그들의 후원자 노릇을 하였다. 그는 직접 長崎에 내려가 明淸회화와 유럽의 화풍을 공부하기도 하였다.

---

83) <淸脾錄> 제1권 '蒹葭堂'과 <이목구심서> 제5권 '蒹葭堂의 詩' 등을 통하여 이 그림의 내용과 말미에 첨가된 당시 關西지방 문인들의 詩卷들에 나타난 내용을 알 수 있다.

84) 이덕무, 위의 책, p. 27.

85) 山根有三, ≪日本美術史≫(美術出版社, 1992), p. 410, <제10장 江戶時代> 참조.

그의 초상화를 그린 谷文朝 역시 '洋風畫 · 長崎派'로 분류되는 화가로써 나중에는 和蘭의 화가 후앙 · 로이엥(1654-1728)의 영향을 받아 정밀한 필치를 나타내는 화풍을 구사한 사람이다.

그가 애당초 그림을 공부한 사승관계는 大岡春卜, 抑星恭, 僧 鶴亭, 池大雅(1723-1776) 등이다. 그는 처음 鈴木春信(1725-1770)에게 입문하였으나 오히려 池大雅에게 그를 소개시켜 줌으로서 一家를 이루게 되었다. 곧 狩野派였던 大岡春卜에게서 探幽한 신화풍을 공부하였으며, 長崎의 승려 鶴亭을 통하여 花鳥를, 그리고 池大雅를 통하여 山水畵를 배웠으며, 글씨는 古法帖을 통하여 大雅에게서 큰 영향을 받은 것으로 나타난다.[86] 그는 여기서 머문 것이 아니라 篆刻에도 一家를 이루었는데 이는 같은 곳에 살고 있던 浪華의 葛子琴과, 같은 '混沌社'의 文友이며 古體派의 祖高인 芙蓉의 영향을 받았다.[87]

이러한 畵歷을 가진 그의 그림 '蒹葭雅集圖'는 당시 사행의 일원이었던 成大中에게 선물한 것이었는데 귀국하여 많은 文人들에게 이의 평가를 받은 것으로 나타난다. 이로 보면 그가 가진 회화의 수준을 짐작할 만하며, 다재다능한 인물이었음을 알 수 있다.

그는 회화에서만 뛰어난 재주를 가진 것은 아니다. 그는 이미 關西의 町人文化를 형성하는 한 인물이었다. 그의 스승인 片山北海(1723-1790. 9)를 중심으로 大坂에 '混沌社'를 조직하여 많은 文友를 사귀면서 작품활동을 하였다. 이들은 주로 京都를 중심으로 反徂徠의

86) 大坂西區史刊行委員會, ≪西區史≫ 第三卷(大坂市, 1970), p. 406, 藤本篤, ≪大坂の歷史≫(山川出版社, 1989), p. 196, ＜大坂の町人文化＞ 참조.

87) 그의 전각 예술에 대해서는 이원식, 앞의 책, p. 247에서 상세히 소개되었으며, 김인겸의 ＜일동장유가＞ 4월 4일조에도 나타난다. 강동엽, 앞의 논문, p. 23에서 그의 회화와 전각에 대하여 언급한 바 있다.

가치를 높이면서 뒷날 宋學派의 대두를 낳게 하였으며, 이들을 중심으로 關西學派를 일으켰다. 그의 師承관계를 도표로 나열하면 다음과 같다.

- 宇野明霞
  - 龍草廬 — 大江玄圃
  - 片山北海
    - 柴野栗山
    - 尾藤二洲
    - 古加精里
    - 賴春水
    - (蒹葭堂)
  - (坂本天山) — 平澤旭山
  - 武田梅龍 — 村賴亭
  - 赤松滄洲 — 赤松蘭室
  - 釋大典 — (龜井南冥) — 龜井昭陽[88]

위 도표는 겸가당을 중심으로 간략하게 정리한 것이다. 곧 그가 片山北海에게서 시문을 배웠으며, 그와 사승관계에 있는 여러 문인들이 조선통신사의 내왕이 있을 때 서로가 시회에 참석하고 있었음을 알 수 있다. 그의 스승인 '北海'는 1764년의 통신사행때 서로가 창화를 나누었던 기록이 있으며,[89] ≪萍遇錄≫에도 成大中과의 화답시에 대한 내용이 전한다.[90] 특히 片山北海는 앞에서 설명한 ＜蒹葭雅集圖＞

---

88) 猪口篤志, ≪日本漢文學史≫(角川書店, 1984), p. 306, ＜第五章 江戸時代の漢文學＞.

89) 이원식, 앞의 책, p. 63에서 당시의 창화를 담은 ≪唱和詩稿≫ 속에는 일본 문사 28인의 친필 한시가 전한다고 하였다.

90) 釋大典, ≪萍遇錄≫, 4월 16일조 참조. 이 책의 편자인 大典은 片山北海와

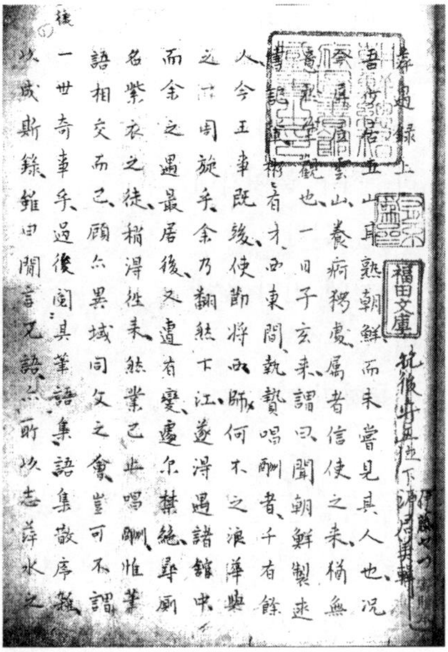

그림 6. 평우록(국립중앙도서관)

에 시를 남긴 문사 중의 한 사람이었으니 당시 이 모임의 규모와 의의를 짐작할 만 하다.

이로 보아 '本草學'을 비롯한 博物學者이기도 했던 그의 넓은 교제와 학맥은 명성을 높게 하였으며, 이에 그의 문명도 높아질 수밖에 없었다. 이를 뒷받침하는 것으로는 柳得恭(1748-1807)의 ≪並世集≫에도 蒹葭堂을 포함하여 10人의 증별시를 수록하고 있다. 이들은 모두 1764년의 사행 때 쓴 시들이다. 그 중에서 첫머리에 수록한 작품을 보면 다음과 같다.

동문수학한 사람이며, 蒹葭堂과도 절친한 사이이다. 그는 蕉中禪師라고도 부르며, 1778년 朝鮮修文職에 취임, 조선통신사와의 밀접한 연관성이 있는 인물이다.

작은 堂이 堀江 굽이에 있어
몇 해나 함께 거닐었던가.
비녀장 뽑고서 항상 술 마시고
글을 論하면서 하루하루 늙어가네
누가 친구 사귈 줄을 알랴
少年 모이는 곳 마음에 편치 않네
盟社가 이와 같이 있는데
簡狂을 어찌해 시름하리오[91)]

알려진 바와 같이 유득공은 연행사의 일행으로 淸나라를 여행하면서 그곳 문인들과 폭넓은 교류를 통하여 얻은 지식과 문인들의 작품을 우리나라에 많이 소개한 사람이다. 이 작품들도 그 중의 일부분이며, 주목되는 것은 그가 일본을 여행한 경험은 없으면서 당시의 사행들을 통하여 접한 문인과 작품을 소개하고 있음이 특이하다.

이는 당시 우리나라에 소개되었던 ＜蒹葭雅集圖＞에 대한 반향을 알 수 있게 한다. 그것은 당시에 박학과 비평으로 이름을 높였던 이덕무·유득공의 글을 통하여 이들의 작품을 소개하고 있음이 잘 말해

91) 木弘恭, ＜題蒹葭雅集圖＞. "小堂堀江曲 幾處共相半 投轄常浮白 論文日攤黃 誰知結交地 不屑少季場 唱杜知斯在 何愁簡且狂." 柳得恭, ≪並世集≫ 卷之二(≪燕行錄選集≫ 上, 성균관대학 대동문화연구원, 1960), pp. 647-648에 10인의 증답시 11首가 수록되어 있다. 이들은 대부분 1764년의 통신사행이었던 元重擧에게 보낸 시들이며, 이 중에 ＜蒹葭雅集圖＞에 수록한 合離의 ＜題蒹葭雅集圖＞라는 제목의 시도 수록되어 있다. 이외의 8인은 岡田宜生, 岡田惟周, 富野義胤, 那波斯曾, 艸安世, 源叔, 岡明倫, 田吉記 등이다. 이들은 趙曮, ≪海槎日記≫(≪국역 해행총재≫ Ⅶ, 민족문화추진회, 1989), p. 314에서 당시 일본 각지의 대표적 문인을 소개하는 데 포함된 인물이다.

준다고 하겠다.

더구나 조선에서 뿐만 아니라 그가 청나라 문인들과의 교류를 통해서 많은 글을 남기고 있음을 보아서 그가 사해의 문우를 대상으로 자기세계를 넓혀갔음을 알 수 있다. 다음은 청나라 문인이 <겸가당>의 '감귤주'에 대한 讚文을 남기고 연명한 이름들이다.

> 程赤城·張魚遠·彭義來·朱芬岩·許容光·崔輝山·程創南·馮聲遠·顧舒長·王東山·黃永泰·龔允謙·汪行里·周立祿[92]

그의 교류는 淸나라 문인들뿐만이 아니다. 앞에서 본 바와 같이 그가 長崎에 내려가 직접 '蘭語'를 배우면서 서양 사람과 깊은 교류를 하면서 당시의 세계를 호흡하고 있음을 알 수 있다.[93] 이는 통신사행들이 귀국하여 많이 일본의 사정을 얘기하는 과정에서도 나타나고 있지만 특히 성대중은 그에 대하여 상세히 설명하고 있다.

곧, 蒹葭堂이 성대중과 南玉을 두고서 "公第一 南公次之"라고 평한 내용을 소개하면서 <겸가당>이란 글씨를 써 주었음을 알리고 있다.[94] 이러한 사실은 당시 일본 문단의 위치에서나 조선에 소개된 내용 등이 모두 일치하고 있다. 그가 酒造業을 하면서도 시문과 회화·전각에 뛰어난 재능을 발휘하여 ≪日本詩史≫나 ≪日本詩選≫에 그 이름과 작품이 수록될 수 있을 만큼 인정을 받고 있었음을 알 수

92) 木村蒹葭堂, ≪蒹葭堂雜錄≫(前曉晴翁, 五書房合梓, 1927), p. 417.
93) 大谷晃一, ≪大坂學≫(經營書院, 1994), p. 188, <第十章, 實証と自由と一町の學問> ; 山中浩之, <在家医家の形成と儒教>(井上薰編, ≪大坂の歷史と文化≫, 和泉書院, 1994), p. 231, '蒹葭堂との接觸' 참조.
94) 성대중, ≪青城集≫ 卷之八(여강출판사, 1985), p. 173, <書東槎軸後> 참조.

있다. 그의 문학작품에 대한 구체적인 언급에 대해서는 다른 글에서 이미 언급하였기에 여기서는 생략하기로 한다. 그는 '蘭學者'로 분류되어 청나라와 서양, 그리고 조선을 통하여 상호 문물을 교류하면서 폭넓은 문화의 토양을 섭취하고 발전시켜 나갔던 진보적인 지식인이었음은 부인할 수 없다.

그와 같은 시대, 밀접한 관련을 가지면서 교류하였던 당시의 문인으로 宮瀨龍門이 있다.[95] 이 사람에 대해서는 일본의 학계에서도 별로 알려진 바가 없다.[96] 그는 조선통신사와는 깊은 인연이 있는 사람이다. 1748년 제 10차, 그리고 1764년 제 11차 통신사행들과 수창을 나누고, 그 내용을 책으로 엮어낸 사람이다. 앞의 수창 내용을 정리한 것이 ≪鴻臚傾蓋集≫이며, 뒤의 것은 ≪東槎餘談≫이란 제목으로 간행되었다.

앞에서 살펴본 蒹葭堂이 關西지방, 곧 大坂을 중심으로 활동한 문인인데 반하여 그는 江戶를 중심으로 활동한 문인이다. 그러면서 정통 한문학의 맥을 이으려는 의지를 가지고 주로 明代의 학문에 심취하고 있었던 사람이다. 그것은 사행들과의 대화에서 그 자신이 주로 '王李의 學'에 심취하였으며, 이 부분에 대한 질문을 집중적으로 전개함을 보아서도 알 수 있다.

---

95) 이 사람에 대해서는 강동엽, <<虞裳傳>에 투영된 李彦瑱과 그의 세계>(건국어문학 19·20, 건국대학교, 1995) ; <18세기 한·일 문학교류와 宮瀨龍門>(≪우리문학연구≫ 10, 우리문학연구회, 1996)에서 소개한 바 있다. 여기서는 내용의 중복을 피하기 위하여 시단에서의 위치, 사행들과의 수창방향 등을 중심으로 정리하고자 한다.

96) 이원식, 앞의 책, p. 471에서 그의 문하생이 편찬한 창화집을 소개한 바 있을 뿐이다.

다음 장에서 상세히 설명하겠으나 당시 조선은 이 '王李의 學'에 대해 신랄한 비판을 받던 때였음을 생각한다면 일본과 조선의 시문에 대한 거리를 알게 하는 한 근거가 될 것이다. 그는 당시 강호를 중심으로 문명을 날리던 那部南郭의 文人이었다. 중간에 불우하여 그 문하를 떠나서 대체로 자득한 처지지만 스승과 견줄만한 문명을 얻었다.[97]

그가 두 차례의 통신사들과 만난 사실은 당시의 일본 문사들이 대부분 그러하였으나 그 역시 대단한 성과였다. 접촉한 인물들은 대부분 三使의 서기들을 중심으로 당시의 관심사에 대한 광범위한 내용을 화제로 삼고 있다. 그가 아직도 明代의 문학에 심취해 있을 때 조선의 문인은 벌써 淸代의 대표적 문인들의 작품을 이해하고, 거기에 次韻하는 실정이었다.

이 사실은 당시 일본의 한문학이 조선에 비하여 한발 늦게 유입되고 있었음을 나타내는 한 예가 될 것이다. 이 현상은 제 1차의 상면에서와 같이 16년의 세월이 지난 제 2차의 대화에서도 같은 현상이 나타난다. 이는 당시 長崎를 통하여 淸나라의 문물이 일본에 쏟아져 들어오고 있었던 사실[98]과 비교하면 매우 특이한 현상이다.

그러나 앞에서 본 겸가당이 속한 關西詩派가 反徂徠的 기치를 들고 일어난 데 비하여, 龍門은 徂徠의 학문에 심취하여 독학한 것으로 보아서 어쩌면 당연한 귀결이 아닌가 한다. 왜냐하면 이들은 徂徠 이후 '王李'를 추종하고 있었다는 고백을 함으로써 이를 뒷받침하고 있기 때문이다.[99] 이 내용은 당시 일본의 漢詩文이 아직도 古文의 주석

---

97) 강동엽, <18세기 한·일 문학교류와 宮瀨龍門>, '宮瀨龍門과 조선통신사' 참조.

98) 조엄, 위의 책, p. 315 ; 三上參次, ≪江戶時代史(上)≫(講談社, 1992), p. 384.

과 인용에 크게 의존하여 자기세계를 확보하지 못한 것을 스스로 말한 것과 같다. 그래서 동행한 사행들의 비평을 구했을 때 이 점을 특히 비판했던 것으로 나타났다.

그러면서도 龍門의 詩만은 높이 평가한 것으로 보아 그의 문학세계가 이미 자득에 의하여 일가를 이루었음을 알 수 있다. 이러한 龍門이 1764년의 사행을 江戸에서 만나 大坂까지 배행하면서 급기야 浪華江의 詩會를 통하여 關西의 文人들과 만나게 된 것이다. 이 점은 그의 문우였던 松崎君修의 행적을 통해서도 알 수 있다.

이들의 공통적인 특징은 당시의 인접국가의 문화와 문물에 대하여 깊은 관심을 가지면서 나름대로의 자료를 섭렵하고 있는 점이다. 蒹葭堂이 벌써 조선의 人蔘을 구입하여 관찰하고 그 재배법과 약효의 특징을 책으로 쓴 것[100]과 같이 용문 또한 조선의 고대사는 물론 고려・조선의 학문과 문예에 대해서 깊은 연구가 있었음은 그의 ≪東槎餘談≫에 잘 나타나고 있는 바와 같다.

그러면서도 조선의 사행들을 향하여 서양에 대한 지식을 묻는 내용은 이들이 관심을 가지는 세계가 얼마나 넓게 펼쳐지고 있는가를 짐작케 한다. 이 서양에 대한 물음에 접한 우리의 사행들은 한결같이 대답을 회피하고 있다. 이 점은 '연행사'의 일원들이 서양사정에 대하여 깊이 이해하고 있었던 점에 비하여 대단히 소홀한 것을 알 수 있다.

반면에 일본은 1600년대 후반부터 소위 '町人文化'가 형성되었으며, 특히 大坂에는 蘭學이 유행하여 天文・曆學・醫學 등에서 많은

---

99) 강동엽, 위의 논문, 제2장 참조.

100) 木村蒹葭堂, ≪蒹葭人蔘錄≫(全)(三河資料刊行會, 1936), p. 11.

학자가 배출되었다. 이 당시 大坂의 麻田剛立은 독학으로 천문・역학을 연구하여 그 명성을 날리던 때이다.[101] 蒹葭堂이 중국을 통해 서양의 기물을 수집하여 당대의 제일박학자로 널리 알려진 것도 이 때이다.

이로 보면 이들이 조선의 선진문화(주로 중국을 통한 한문문화와 그 저술 등에 국한하고 있지만)에 대한 동경과 그 교류를 원하게 된 것은 당연한 귀결일 것이다. 이것이 문명국으로 발돋움하려던 그들의 욕구에 대한 한 방증이 될 것이며, 통신사행과의 교류는 그것의 충족에 대한 한 부분이다.

용문이 明代의 학문에 머물게 된 동기는 그의 조상이 漢代의 후예임으로 하여 淸나라 건국을 혐오하는 마음에 연유한다고 보여진다. 이 개인적 생각이 변천하는 시대에 대한 수용의 한계를 보여주게 되었는데 서구문물 수용과 상반되는 청나라 한시문에 대한 거부를 낳게 된 것으로 보여진다.

같은 시대, 특히 본고에서 중점적으로 살펴보는 蒹葭堂과 龍門의 거리는 폭넓은 문화교류적 차원에서는 같은 궤를 가고 있으나 지엽적인 문화수용에서는 약간의 차이를 보이고 있다. 이 부분에 대해서는 다른 장에서 다시 상론하기로 한다.

2. 이들에 대한 조선문인의 시각

당시 일본의 학문과 문예에 대하여 객관적으로 쓰고 있는 사람은 이덕무와 유득공일 것이다. 이들은 모두 淸代의 완숙한 문화를 연행사의 일원으로 목도한 사람들이며, 박학한 학문의 태도를 통해서나

101) 藤本篤, 앞의 책, p. 207.

그 외의 여러 전적을 섭렵한 사람들이기 때문이다.

특히 일본에 대한 이들의 생각은 보다 객관적이다. 체험하지 않고 단지 그들의 글을 통하여 그 됨됨이를 비판하고 있어서 더욱 그렇다. 이덕무는 사행들이 가져온 <蒹葭雅集圖>에 수록된 글을 보고서 종합적으로 다음과 같이 쓰고 있다.

> 일본에는 총명하고 영수(英秀)한 사람들이 많아 진정을 토로(吐露)하고 심금(心襟)을 명백(明白)히 하며 문필(文筆)도 귀히 여길 만하고 버릴 수 없는 것이다. 그런데 우리나라 사람들은 오랑캐라고 여겨 무시하고 언뜻 보고 나무라고 헐뜯기를 좋아한다.[102]

이 인용문에서는 전체적인 느낌을 지적한 것이지만 당시 일본의 문인과 작품에 무조건 악평을 하는 것은 온당한 방법이 아니라는 것이다.

이러한 생각은 같은 '그룹'에서 자주 시회를 가지거나 학문적인 정보를 교환하였던 유득공의 글에서도 잘 나타나고 있다. 곧 ≪건연외집(巾衍外集)≫에 '청령국시선'을 수록하고서 거기에 自序하기를,

> …일본 문사(文士)들의 증별시를 초(抄)하여 2책으로 엮었다. 이강산(李薑山)이 따라서 67(首)를 뽑아서 청령국시선이라고 명명하였다. 그 시가 훌륭한 것은 삼당(三唐)에 비길 만하였고, 훌륭하지 못한 것도 왕이(王李)와 맞먹을 만하여 오랑캐들의 조잡한 소리를 일신(一

---

102) 이덕무, 앞의 책, p. 28, 이러한 논조는 그의 다른 글(≪耳目口心書≫ 卷之三, 卷之五)에서도 같은 논조로 정리되고 있다.

新)시켰으므로 칭찬할 점이 많았다.[103)]

유득공이 편찬한 ≪건연외집≫은 원래 그가 중국을 중심으로 동아시아 각국의 文士들(중・일・琉球・安南)과 교류하면서 수집한 당대의 시들을 수록한 책이다. 그 중에서 '청령국시선'은 일본의 시들만 뽑아서 수록한 것인데, 이 선본에는 그의 서문에서 밝힌 바와 같이 67수였던 것 같다. 그 작품 가운데 이덕무는 ≪청비록≫에서 自序의 일부분과 10명이 작품을 골라 인용하고 당시 일본의 문학세계를 소개하고 있다. 여기에 수록된 10명의 작가와 작품은 앞에서 본 유득공의 ≪병세집(並世集)≫ '일본편'에 수록된 작가들을 거의 망라하고 있다.[104)] 다만 수록된 작품이 ≪병세집≫의 것이 <겸가아집도>에 수록된 것임에 비하여 <청령국시선>에 수록된 것은 같은 작가의 것이기는 하지만 1764년의 사행들에게 보낸 증별시의 다른 작품이다.

이덕무와 유득공의 당시 일본 문학에 대한 평은 적어도 이 67수를 대상으로 한 것이라 생각된다. 일본을 여행한 경험이 없는 이들 두 문인의 비평은 그들이 처한 조선에서의 위치를 염두에 두고서도 상당히 객관적인 것이라 여겨진다.

당시 일본의 시들이 '王李'의 시학에 경도되어 있었으면서도 '三唐'의 시에 견준 것은 파격적이라고 보아야 할 것이다. 왜냐하면 '王李'의 시가 지나치게 모방이나 표절에 빠진 점을 비판한 원중랑(袁仲郞)・전겸익(錢謙益)의 비판[105)]을 받아들이고 있었던 점을 감안한다면

---

103) 이덕무, 위의 책, pp. 230-231, <청령국시선(蜻蛉國詩選)>

104) 유득공, 앞의 책, pp. 647-648 참조.

105) 이덕무, ≪이목구심서≫ 卷之六(≪국역 청장관전서≫Ⅷ, 민족문화추진회, 1983), p. 255.

더욱 그렇다. 이는 당대 일본의 시들이 그들 나름의 독창성을 가지고 있어서 淸新한 느낌을 주었다는 의미이다.

이러한 칭찬에도 불구하고 1764년의 사행 때 정사로 일본을 여행하면서 일본 문인들의 작품을 직접 목도한 조엄의 혹평[106]은 상반되게 나타난다. 이 두 견해는 전자가 객관적 입장에서 작품의 내용을 평했다고 한다면 후자는 지나친 선입견을 가지고 문화우월주의적인 처지에서 바라본 결과라고 보여진다.

이러한 조엄의 비평은 같은 시기 일본을 여행하면서 직접 그들 문사들과 시회를 통하여 교류한 李彦瑱이나 南玉의 경우는 이덕무의 비평과 유사함을 나타내고 있다.[107] 이 선별적 비평은 1711년의 통신사행 때 任守幹(1665-1721)이 당시의 일본 문인들과 만나서 창수한 내용을 적은 ≪江關筆談≫ 속에 보이는 新井白石에 대한 평을 하면서 '중국인의 기풍'에 비유한 것과도 연결된다.

같은 시대의 문학에 대한 두 가지 상반된 지적은 이 당시의 문학을 이해하는데 장애를 낳고 있다. 이 상반된 견해가 조선의 일본 문학에 대한 이해의 흐름을 극명하게 나타내는 한 예가 될 것이다. 견해야 상반되게 나타나고 있으나 일본의 시문은 그들 나름대로 한문문화에 대한 동경과 수준 향상을 위하여 꾸준히 노력하고 있었음은 부인할 수 없다. 자국어문학의 태동과 창작을 동시에 경험하는 그들의 노력에 대한 올바른 평가야말로 이 시대 동아시아 문학의 흐름을 온전하게 이해하는데 있어서 필요한 작업일 것이다.

---

106) 조엄, 앞의 책, p. 313, 그는 이 당시 일본의 문장을 '소경'에 비유하면서 이 모든 책임이 우리나라 선비들에게 있다 하였다.

107) 궁리용문, ≪동사여담≫, 권지하, p. 43 참조.

Ⅲ. 중국의 문학과 인접국과의 교류 양상

1. 조선의 淸代문학 수용자세

조선과 중국문학의 교류는 대체로 연행사에 의하여 이루어졌음은 잘 알려진 사실이다. 明代의 교류양상을 잘 나타내고 있는 자료는 ≪皇華集≫이 그 대표적이겠으나 淸代에 들어와서는 집약적인 정리를 가지지 못했다. 우리나라의 기록은 역시 '연행록' 계통을 통하여 그 실체를 파악할 수 있을 뿐이다. 근래에 이 연행록을 중심으로 조선과 淸과의 교류를 집중적으로 살펴본 바 있으며, 특히 孫八洲[108], 金柄珉[109], 李庚秀[110], 李岩[111] 등에 의하여 청대문학과의 교류와 수용양상에 대한 논의가 있었다.

이를 토대로 본고에서는 조선과 청대문학과의 교류와 수용이라는 관점에서 그 양상을 살펴보고자 한다. 이 부분에 대한 논의를 전개하는데 있어서 가장 문제가 되는 것이 자료에 관한 점이다. 곧 두 나라와의 교류가 활발하였음에도 불구하고 조선에 비하여 중국 측에는 자료가 남아있는 것이 적다. 가령 明代의 경우를 보면 景泰년간(1450-)의 사신이었던 倪謙(1415-1479)이 조선에서 돌아가 쓴 ≪朝鮮紀行≫[112]

---

108) 손팔주, ≪韓中漢詩硏究≫(第一文化社, 1986), <申緯와 元好門>, <申緯의 <後秋柳詩>와 王士槇> 참조.

109) 김병민, ≪朝鮮中世紀 北學派 文學硏究≫(목원대학교 출판부, 1992).

110) 이경수, <이덕무의 청대시 수용>, ≪인문연구≫ 27(강원대 인문과학연구소, 1989) ; <漢詩 四家의 淸代詩受容 硏究>(서울대학교 박사학위논문, 1993).

111) 이암, ≪朝鮮實學派 文學論硏究≫(국학자료원, 1992).

112) 楊昭, <明淸時期中朝文學的交流>(≪中朝關係史論文集≫, 世界知識出版社, 1988, 台北), p. 471 등에 소개되고 있음.

이 전해지고 있을 뿐이다. 이는 중국인의 조선에 대한 저술로는 매우 드문 예에 불과하다.

그 외에 중국인의 저술에 나타난 역대 조선(신라이후를 편의상 포괄하여 이렇게 통칭함 - 필자)의 문학작품을 수록한 것을 나열하면 다음과 같다.

吳明齊, ≪朝鮮詩選≫(신라이후 100가의 시 수록)
錢謙益, ≪列朝詩集≫(조선시대 시 다수 수록)
安王逐, ≪從軍行≫
王士禎, ≪漁洋感舊集≫(金尙憲의 시 수록)
姜詔書, ≪韻石齋筆談≫ 권 7(≪皇華集≫을 비롯한 中・朝 문학교류에 대한 얘기 수록)113)

위에서 본 문헌 들 외에도 다소가 있겠지만 쉽게 나타나지는 않는다. 다음으로 연행록에 나타난 중국과 조선문인의 교류를 정리해 보고자 한다. 정리의 대상은 청조문인을 그 대상으로 하여 교류의 중심 인물만을 열거해 보기로 한다.

시기	인물	교류인물	수록저서
1626(인종 4) -	김상헌 ↔	張延登 등	
1712(숙종 38) -	김창업		- ≪노가재연행일기≫
1765(영조 41) -	홍대용 ↔	嚴誠, 潘庭筠, 陸飛 등('洪嚴之交'의 미담 전파)	- ≪담헌연기≫
1766(영조 42) -	이덕무 ↔	潘庭筠, 李鼎元 등 ('潘李之交' 미담 전파)	

113) 양소, 위의 책, pp. 477-478.

- ≪입연기≫(여기에는 李調元의 이덕무에 대한 언급)

1780(정조 4) - 박지원 ↔ 王民皥 등 - ≪열하일기≫

1790-1801 - 유득공 ┐ ↔ 기전(紀昀), 완원(阮元), 장문도(張問陶) 등

1778-1790 - 박제가 ┘

※ 유득공 - ≪난양록≫, ≪연대재유록≫

※ 박제가 - ≪정유고략≫

1809(순조 9) - 金魯敬(장자 김정희 수행)

↔ 翁方綱, 阮元, 吳蘭雪, 李鼎元, 法式善, 汪喜孫 등

1822(순조 22) - 김노경 제 2차 使淸(차자 金命喜 수행)

↔ 吳嵩 등

위에 열거한 시기는 1626년에서 1822년 김정희 형제의 淸代 문인과의 교류까지를 대상으로 하였다. 여기서 김상헌의 청조 문인과의 교류 시점은 17세기에 해당하고, 김정희 형제의 교류 시기는 19세기에 해당하지만 본고의 대상 시기인 18세기의 의미를 정리하는데 있어서 그 흐름을 선명히 하고자 전·후의 교류 내용을 밝혀 보았다.

그러니까 이 시기에 조선문인으로서 淸朝의 문인과 가장 활발하게 교류한 사람은 역시 홍대용·이덕무·박지원·유득공·박제가 그리고 김정희 형제임을 알 수 있다. 그 중에서 홍대용·이덕무·유득공·박제가의 활약은 이 시기 청대 문인과의 교류를 더욱 풍부하게 한다. 물론 이들이 접촉한 문인들은 소위 말하는 '淸學'의 본류를 이루는 문인들은 아니었다. 반면에 이들 문인은 대개가 명의 멸망 이후에 출생하여 새로운 세계관에 의하여 문학 창작에 임하는 문인들이라는 점에 그 중요성이 있다.

당시 조선문인들의 일반적 태도는 명분론에 빠져 있었으면서도 현

실적으로는 청대의 문물을 수용하는 이중적인 처지에 놓인 사람들이 많았다. 그 중에서 이덕무와 같은 사람은 스스로 자기관리를 정리하는 차원에서 몇 가지의 원칙을 정하고 있다. 곧 그가 '연경'에 들어가 청대인물들을 접촉하면서 그들의 됨됨이를 세 가지로 요약하여 결정했다. 첫째가 명말 유신학자들의 절의에 관한 점, 둘째가 주자학의 옹호여부, 셋째, 명왕조 멸망 이후에 출생한 문인들은 저술을 위주로 그 사귐을 정하는 태도이다.[114]

특히 소위 '四家(이덕무, 유득공, 박제가, 이서구)'들은 중화문명과 지배계급으로서의 청왕조를 구별[115]함으로써 그들의 청대문물 수용의 정당성을 펼쳐나갔다. 이들은 위의 교류일람표에서 살펴 본 중심인물들에 해당되고 있어서 이 자세야말로 당시의 흐름을 대변하는 한 척도가 될 것이라 생각된다. 또한 이들은 內閣에서 '검서'로 활동한 사람들로써 중국의 새로운 서적을 남들보다 먼저 접할 수 있는데다 그들 자신이 왕명에 의하여 연행사의 일행이 되어 중국으로부터 자유스럽게 새로운 도서를 구입할 수 있었던 것에도 기인한다.

더구나 이들은 당시 새로운 학술경향이었던 '훈고학'이나 '고증학'에 관한 방식과 저술을 수용함으로써 자연스레 청대의 학문을 접할 수 있었다고 보여진다. 그것은 특히 이덕무가 ≪청장관전서≫를 편찬하면서 인용한 청대의 문헌을 살펴보면 잘 알 수 있다.[116] 그런데 이들의 이러한 생각과 경향을 있게 한 원인을 제공한 것은 역시 앞서서 본 홍대용과 중국문인 곧 엄성을 비롯한 절강지방 문인과의 교류인

114) 이경수, <이덕무의 청대시 수용>, p. 32 참조.

115) 이경수, ≪한시사가의 청대시 수용연구≫, p. 16 참조.

116) 이경수, 위의 책(태학사, 1995), pp. 236-237, <이덕무의 저술에 인용된 청대 도서목록> 참조.

이른바 '洪嚴之交'와 柳琴에 의하여 중국에 유포된 ≪韓客巾衍集≫에서 비롯되고 있다.

알려진 바와 같이 홍대용이 교류한 청대의 문인과의 인연은 대를 잇는 지속적인 세교로 나아갔으며, 이들의 교류가 후배 문인들에게까지 이어지고 있다. 홍대용이 교류한 반정균이 뒷날 ≪한객건연집≫에 李調元과 함께 서문을 쓴 일이 바로 대를 이은 교류의 한 예라고 할 것이다. 이러한 상호교류는 당시 소위 '연암그룹'에 해당하던 문인들 대부분과 연결되면서 청대문인과 그들의 작품을 접하는 계기를 마련하였으며, 조선에 있어서의 청대문학 소개와 수용의 기폭제 역할을 했다고 볼 수 있다.

다만 이들의 청대문학 수용의 한계는 전체적인 흐름을 파악하고 거기서 어떤 특정한 내용을 수용하는 것이 아니라 다분히 인과적인 결과에 의한 수용이라는 데 그 문제점이 있다. 곧 청대의 문학을 관점에 따라 그 시각이 다르게 나타날 수는 있으나 대체적으로 몇 개의 흐름으로 정리할 수 있을 것이다. '聲調說'·'格調說'·'性靈說' 등과 같은 변천과정에서 나타나는 특징적인 부분이 있었다. 그런데도 18세기를 전후한 조선의 문인들이 지향하는 청대문학 수용자세는 한결같이 '왕사정'을 중심으로 전개되고 있다는 점이다.

'왕사정'은 청초문학을 이야기할 때 대표적인 문인으로 평가하는 것은 당연하다. 그럼에도 그의 문학이 조선의 시단을 풍미하는 데는 문제가 없을 수 없다. 이는 다분히 앞에서 본 청대문인에 대한 평가의 첫째 항목이었던 '명말 유신학자들의 절의' 문제와 무관하지 않을 수 없다. 그의 ≪感舊集≫에 실린 감상헌의 이야기를 홍대용이 반정균을 통하여 처음 듣고 감격한 내용은 조선 문인의 심금을 울릴 만하였다. 그것은 主戰派의 일원으로 끝까지 절의를 지킨 그의 시를 높이 찬양한 왕사정에 대하여 감명을 받지 않을 수 없었다. 그가 비록 청조에 몸담았으나 그 의식세계만은 높이 평가했다는 의미이다. 이것이 청대문학, 그 중에서 왕사정의 시문을 높이 평가하면서 수용한 이유이다.

청대문학 수용의 초기 단계가 神韻說을 대표하는 왕사정을 수용하면서 그들의 새로운 시풍에 매료되었으나, 연행사의 발길이 빈번하게 중국을 넘나들면서 부터는 袁枚의 '성령설'을 추종하는 많은 청대문인들을 만남으로써 관심의 대상은 왕사정에서 성령파의 문학을 수용하는 방향으로 변환되어 나갔다. 이것은 신운의 궁극적 귀착점이 언어의 표피를 벗어나는 다분히 '禪的'인 경지를 추구하는 것이었다면, 성령파에 소속된 청대문인들의 작품들이 대부분 평민의식적 경향을 띤 것에 연유한 것이 아닌가 한다.

그러나 전체적으로 보면 청대문학을 수용하는데 앞장섰던 조선조 문인들의 자세는 나름대로의 자료를 풍부하게 섭렵하였으면서도 어떤 체계를 세우거나 논리적 근거에 의하여 전개한 것이 아니라 다분히 인상적인 서술이 많다는 점이다. 이는 이덕무나 유득공의 경우 거의 비슷한 현상으로 나타난다. 그러면서도 '唐癖'이라는 비난을 감수하면서까지 당시 동아시아 여러 나라의 문인들과 폭넓은 교류를 통하여 같은 시대의 문학을 접하려고 노력한 그들의 의식은 대단히 진보적인 것만은 사실이다.117)

어쨌거나 이 시기 청대문학과 조선의 문학은 서로 대등한 관계에서

---

117) 李和炯, <雅亭 李德懋의 文學硏究>(경희대학 대학원 박사논문, 1993), p. 25에서 이런 경우를 '주체적 진보의식'이라고 설명하고 있다.

교류를 시도하였으며, 그것은 연행사와 이에 답하는 중국 측 사신들의 기록을 통하여 그 실체를 파악할 수 있을 뿐이다. 阿克敦(1685-1756)의 다음 작품은 당시(1725년 3월, 조선 영조 즉위 때) 서울의 풍경을 잘 나타내 주고 있어 淸代 문인의 조선에 대한 인식을 엿보게 한다.

'都城' 阿克敦
都城繁盛異尋常
此日爭看士女忙
行到街頭廬舍畔
缾供淸水案焚香[118]

2. 일본과 청대문학

18세기를 전후한 동아시아의 정세는 明朝 중심의 국제질서가 무너지고 새로운 질서가 자리잡는 전환의 시기였다. 그것은 淸朝의 건국으로 말미암아 힘의 역학이 새롭게 자리잡는 것을 의미하면서 각 방면의 가치체계를 새롭게 하였다.

이에 영향을 받아 중국은 물론 조선이나 일본에 있어서도 그들 나름의 새로운 가치체계가 자리잡으면서 내적인 문화혁신운동[119]이 일어나고 있었다. 특히 일본은 '洋學'을 받아들이면서 그들의 '國學'과 더불어 이 시기 변천하는 사회와 의식에 민첩하게 호응해 나가고 있

118) 陳捷先, <阿克敦 ≪德蔭堂集≫ 中的中韓關係史料>(≪모산학보≫2, 모산학술연구소, 1991), '東遊集' 참조.
119) 芳賀徹, ≪명치유신과 일본인≫(손순옥 역, 도서출판 예하, 1989), p. 89 <4. 무너져가는 구체제> 참조.

었다. 그 변화의 기폭을 제공해 준 것이 清代 문물의 유입이다.

일본에 있어서의 청대문화 유입은 역시 長崎를 통한 승려의 역할이 가장 컸던 것으로 보인다. 德川幕府 시대에만 약 60여 명의 승려가 일본으로 건너와 그들의 사회에 많은 영향을 끼치게 되었다. 그 중에서 가장 대표적인 경우가 德川初期에서 享保年間(1716-1735)에 長崎의 唐三寺(興福寺・福濟寺・崇福寺)의 건립과 住持의 취임은 과거 천주교도 유입의 금지 이후 활발한 대외무역과 淸과의 문물교류를 담당하게 되었다. 이들은 대부분 南京을 중심한 남・동해지역의 장주・복주지역과 내왕하였다.[120)]

이러한 사찰의 건립과 무역선박의 출입은 청대 高僧을 비롯한 많은 지식인이 일본을 찾게 되었는데 특히 '黃檗宗'의 '隱元'・'慧門'과 같은 승려의 경우는 일본인의 제자를 양성하는 계기가 마련되어 漢學은 물론 회화에까지 영향을 끼치게 되었다. 덕천시대 南宗畵의 시조인 祇園南海(1677-1751)・柳里恭 등은 모두 이 黃檗宗의 각 승려에게서 그림을 배우게 되었으며, 일본 文人畵의 대표자인 池大雅(1723-1776) 역시 소년시절 宇治에 설립된 萬福寺에서 승려로부터 남종화를 배운 바 있다.

학문적인 방면에도 중국으로부터 망명한 朱舜水(1600-1683)가 '水戶學派'의 개창(1665)에 도움을 주게 되어 木下順庵・林鳳岡・山鹿素行 등이 직・간접적인 영향을 받게 되었다. 그리고 1666년 淺井了意(?-1691)는 중국의 괴담집을 번안하여 ≪伽婢子≫를 출판하였다. 이는 중국의 이야기를 모두 일본의 이야기로 바꾸어 내용상의 시대나 사건

---

120) 木宮泰彦, ≪日中文化交流史≫(胡錫年 역, 北京商務印書館, 1980), p. 683, <第六章. 來日及入籍的 明淸人和文化的 移植> 참조.

의 지역을 일본에서 채택하였으며, 경우에 따라서 이야기의 내용 자체를 다소 개편까지 하였다. 了意의 이 작업은 중국의 원작이 漢詩나 長詞가 번거롭다고 하여 자기 나름의 생략과 개작을 통한 '일본적' 작품으로 바꾸어 놓은 것이다.

이러한 현상은 富永仲基(1715-1746)가 말한 중국문화의 특성, 곧 文은 말을 화려하게 꾸미는 것으로 보았으며, 本居宣長(1730-1801)이 중국문화가 이론을 좋아하고 표면을 화려하게 꾸미는 경향이 있는 것을 부정적으로 파악하는 것과도 연결되는 작업이었다.[121] 이러한 현상은 앞서 본 池大雅가 중국의 승려를 통하여 문인화를 수업하였으나 그 나름의 독특한 화법을 창안한 것과 같이 淺井了意의 번안작업 역시 중국문학에 대한 자신의 생각을 재창조한 것으로 보여진다.

이와 같이 18세기에 들어오면 일본의 선각자들은 중국문화의 특성을 일본문화와 비교하여 파악하고, 그것을 비판적으로 수용하는 한 증거가 될 것이다. 결국 그들은 중국의 문화・역사 그리고 사회 전반의 여러 상황과 구별하여 그들 나름의 미의식을 창출해 내려고 노력한 것으로 보여진다.

이것을 계기로 하여 18세기에 들어와 본격적으로 중국의 문학이 일본을 휩쓸게 되었는데 역시 '傳奇小說'과 관련이 깊다. 宋代에 성행한 白話小說이 寶永年間(1704-1710)에 일본의 학자・문인의 주목을 받게 된 것이 그것이다. 町人계급의 건강한 생활의욕을 고취시키면서 지배체제의 위기를 강하게 반영하던 '浮世草子'는 활기를 잃어 부자연한 과장과 유형적인 인간묘사에 흘렀다.

---

121) 上垣外 憲一, ≪德川 日本에 있어 中國文學의 飜譯과 飜案 -淺井了意의 伽婢子-≫(일본 국제 일본문화연구센타 공동연구 발표문, 1991) 참조.

이러한 시기에 중국의 夢幻的이면서 장대한 내용의 문학작품들은 당시의 소설가들을 자극하면서 깊은 감명을 주게 되었다. 長崎의 통역 岡島冠山(1674-1728)은 陶山尙善・岡白駒(1692-1767) 등의 한학자가 처음 번역・주해의 백화소설을 일본의 독자들에게 소개하기 시작하였다. 이때 백화소설에 마음이 끌린 近路行者는 ≪古今小說≫・≪喩世明言≫・≪警世通言≫・≪今古奇觀≫ 등을 재료로 하여 1749년(寬延 2) 怪異小說의 단편집인 ≪英草紙≫ 5권을 간행하였다.

이러한 괴이소설은 天問年間(1534-1554)에 ≪奇異雜談集≫의 간행을 보았으며, 江戶시대 초기에는 西鶴의 ≪本朝桜陰秘事≫(1688) 등 많은 작품들이 나왔으나 ≪英草紙≫에 와서 구상력이 약하고 낭만적인 매력이 적은데도 당시 일본문학에 생경한 번안조의 중국문학의 신기운을 불어넣는 하나의 전기를 마련하여 주었다.

이 당시 중국의 웅대한 전기소설인 ≪水滸傳≫을 번안한 ≪本朝水滸傳≫이 세상에 나왔는데 寒葉齋 建部綾足(1719-1774)에 의해서다. 그는 弘前藩 家老의 아들로 20세에 出事, 三都로 전전하다가 麦林鳳의 俳諧를 배우기 위해 賀茂眞淵에게서 國學을 배웠다. 그 후 歌學을 정리하여 5・7・7조의 '片歌'를 제창, 日本 武尊의 시조를 현창하고 성을 '建部'로 고쳤다. 그는 雅文小說을 쓰게 하였는데 荷田在滿의 ≪白猿物語≫(1739), ≪落合物語≫(1742) 등의 계보를 형성하고 1768년(明和 5) ≪西山物語≫의 뛰어난 작품을 공간하였다. 이들 작품은 국학자를 중심으로 雅文 융성의 길을 열어주는 결과를 낳았다.

한편 漢文學에서는 反徂徠學이 대두하게 되었다. 이의 선두는 山本北山(1752-1812)으로 江戶五鬼(龜田鵬齋・冢田大峯・豊島豊洲・市川鳴鶴) 중의 한 사람이다. 그는 문장은 韓・柳로 돌아가야 하며, 詩는

清新을 그 宗旨로 해야 하는 것을 주장하면서 復古修辭를 추종하는 '王李七子'의 시문에 대하여 맹렬히 비판하면서[122] 徂徠・南郭의 시문에서 그 오류를 지적하고 反徂徠學의 기치를 세운 고증학의 대가였다. 이들은 京都의 <平安四大家>(皆川淇園・巖垣龍溪・村瀨栲亭・佐野山陰) 그리고 大坂의 片山北海・播磨의 赤松滄洲 등과 함께 '寬政の五鬼' 또는 '折衷學派'라고 불려지기도 했다.

이들 외에도 井上金峨(1732-1784), 片山兼山(1730-1782), 細井平洲(1728-1808) 등은 朱子學・陽明學의 비판을 나타낸 고학파인 徂徠學의 비판자이기도 하다. 이들의 기초적인 이론은 '朱・陽'에 두고 있다. 太田錦城(1765-1825)은 清初의 毛奇齡・朱彝尊의 考證學을 받아들여 '仁'의 새로운 해석을 시도하였다. 이러한 학문은 五鬼의 으뜸이었던 龜田鵬齋가 일반 유자의 거두로서 일생동안 한로에 나가지 않고 詩酒를 즐기며 방랑생활로 일관하면서 권력에 봉사하는 어용학자를 비판하였다.

이들 절충학파의 구각은 양학과의 직접 접촉을 깨뜨리는 것이었는데 佐勝信淵의 근대적 의식은 富國强兵論者의 속출을 낳게 하였다. 그러니까 이 속에는 앞장에서 본 大坂의 片山北海・木村蒹葭堂이나 그들의 文友가 포함되고 있어서 서로가 강경과 온건의 차이는 있으나 清代의 고증학을 중심한 清朝文化를 유입하여 그들의 학문은 물론, 사회개혁과 국가경영에도 보탬이 되고자 노력하였음을 알 수 있다.

이러한 결과는 앞의 '傳奇小說'의 번역・번안에서도 보았듯이 그들의 清朝의 문화를 수용하면서도 언제나 민족문화의 창조와 발전에 더 많은 노력을 기울였음을 보여준다. 그 한 예가 與謝蕪村(1716-1783)

---

122) 猪口篤志, 앞의 책, p. 310, <三, 反徂徠派の抬頭> 참조.

등의 배단(俳壇)의 중흥을 위하여 노력하는 것에서 잘 나타나고 있다. 특히 蕪村은 天明期 俳壇重興의 총수로써 그 재능을 발휘하여 배구의 예술성을 회복하는데 노력하였다.

한문학에서 출발하여 민족문학으로 꽃을 피우려는 이들의 노력은 18세기 일본문학의 한 특징으로 볼 수 있을 것이다. 그래서 黃尊憲이 1887년 ≪日本國志≫를 간행하면서 일본 漢詩文이 급속도로 쇠퇴해 가는 모습을 다음과 같이 묘사하였다.

<漢詩盛衰>
豈獨斯文有盛衰,
旁行字正力橫馳
不如近日鷄杯賈
誰費黃金更購詩.

그래서 그는 한시를 통하여 일본의 아름다움, 그것도 여성의 아름다운 맵시를 읊었다.

<女子>(雜事詩 103番)
不環不釧不釵光
雅頭袜子足如霜
蓬山未至人多少
都道溫柔是婿鄉.[123]

---

123) 嚴安生, <黃尊憲의 日本論>(동국대학교 일본학 연구소 국제학술회의 발표요지, 1990) 참조.

黃尊憲의 아쉬움과 같이 일본의 清代文化 유입은 長崎가 그 창구의 역할을 하였으나 회화와 시문과는 그 수용방식이 달랐음을 알 수 있다. 곧 회화는 당대의 유명한 화가가 직접 長崎에 초빙되어 지도하였으나 시문은 朱舜水 이외에도 대부분 서적을 통했거나 승려에 의한 전수가 그 대부분이었다.

18세기의 회화 지도를 보면 1726년 당시 중국 남화의 대가인 伊孚九가 처음 건너와 향후 20여 년간 수차 내왕하여 화풍을 크게 진작시켰으며, 清水伯民・池大雅 등이 배워서 크게 명성을 얻었다. 그 후 1731년 화가 沈南蘋이 초빙되어 2년간 지도하였으며, 이 때 費漢源 역시 長崎에 와서 화법을 전수하였다. 天明 중에는 張秋穀이 화법을 전수하였는데,[124] 이 당시 문하생 중의 谷文朝는 뒷날 대성하여 木村蒹葭堂의 초상화를 그리기도 하였다.[125]

반면에 한시문에 대한 수용의 기록은 朱舜水 이후에는 대부분 승려에 의한 지도와 서적의 유입이 그 전부이다. 특히 清과의 무역이 가장 활발하게 이루어졌던 청초의 康熙・乾隆 때는 유명한 서적을 실은 무역선이 빈번하게 내왕하여 長崎에 사찰을 건립하였다는 기록 정도가 보일 뿐이다.[126]

이는 그들이 서양의 문물을 수용하는 데 있어서 보다 적극적으로 접하던 자세와 비교하면 대단히 빈약한 현상을 나타낸다. 이것은 일

---

124) 長崎市役所編, ≪長崎と海外文化≫(藤木 博英社, 1926), pp. 98-99, ＜第八章, 支那文化の輸入＞참조.

125) 吉澤忠, ≪原色日本の美術≫9. 一南畵と寫生畵(小學館, 1969), pp. 196-197, ＜四, 南畵の隆盛と衰退＞ 참조.

126) 三上參次, ≪江戸時代史(上)≫(講談社, 1992), p. 389, ＜(三) 中國との關係(≪通航一覽≫)＞ 참조.

부 문인들에 의한 강한 욕구에도 불구하고 18세기라는 시대적 여건이 인문학적인 학문보다는 실용적인 부분에 더 적극적이며, 개인보다는 국익에 우선하는 그들의 정신세계를 엿볼 수 있을 것이다.[127] 중국소설의 유입과 번역·번안 역시 인접문학의 수용보다는 당시의 세태에 영입하는 다분히 상업적 시각이 더 강하게 작용하고 있다는 느낌을 지울 수 없게 하여 그것이 일본의 인접문화수용의 한 특징으로 작용하게 한다.

3. 琉球·安南과의 교류

동아시아 제국은 일찍부터 한자를 빌어 민족문화향상을 위하여 노력했다. 이것은 적어도 자국의 고유문자가 창제되기 전까지는 계속되었으며, 그 이후도 상당한 기간 동안 지속되었음은 주지의 사실이다.

중세문어문으로서의 한자는 그 세력이 정치적인 문제와 연관되어 확장되거나 축소되는 반복적인 기능을 행사하였다. 이 과정에서 한·중·일은 물론이며 본고에서 살펴보려는 琉球·安南에까지 그 영향권을 행사하였다. 이들과의 상호교류는 주로 중국을 매개로 '조공무역'에 의하여 이루어지거나 독자적인 형태를 가진다. 이들과의 교류를 검토하는 작업은 삼국의 문학교류를 이해하는 과정에서 나타나는 필연적 관계정립이 요구되기 때문이며, 과거의 한·중·일에서 그 영역을 확장시켜 보자는데 그 의의가 있다.

이러한 동아시아 제국의 개념을 보다 확장시켜 검토하고자 노력한 것은 조동일이 세계 문학 속의 한국문학에 대한 위상을 점검하는 과

---

127) 최박광, <서양의 충격과 일본 근대 사상의 변천>, ≪전통문화와 서양문화(Ⅰ)≫(성균관대학교 인문과학연구소, 1985), p. 64.

정에서 특히 베트남문학에 대하여 관심을 가지면서 비롯되었다.[128] 특히 한국과 베트남 한시번역집을 세상에 선보이는 과정에서 이에 해설을 붙인 글에서 소상히 소개하고 있다.[129]

베트남과 같은 비중을 가지면서도 그 구체적인 연구가 진행되지 못한 유구와 한국과의 관련양상을 아울러 보고자 한다. '琉球'와의 관계는 그 역사적인 연원이나 양국의 내왕과 접촉으로 볼 때 깊은 관련을 가지고 있으면서도 일본이라는 커다란 테두리 속에 포함시키고 말았던 것 같다. 여기서는 18세기를 전후한 시기를 중심으로 두 나라와의 교류 양상을 검토하여 공통문어문인 한자를 매개한 그들의 문학이 각자 어떤 독자성과 보편성을 가지는가에 대한 기초적인 작업을 진행해 보고자 한다.

우선 琉球와의 관련양상에 대하여 보기로 한다. 조선과 유구와의 공식접촉은 1389년 8월(고려 창왕 원년)에 시작되어 1638년(조선 인조 16년)까지 전후 약 61회에 걸쳐서 이루어졌다.[130] 이 횟수는 조선 전기까지의 크고 작은 접촉을 계산한 것이며, 그 이후에도 北京을 매개한 접촉이 있었음은 여러 문헌에서 전하고 있다.[131] 더구나 유득공은

128) 조동일, ≪제3세계문학연구입문≫(지식산업사, 1991), ≪한국문학과 세계문학≫(지식산업사, 1991), ≪동아시아 문학사 비교론≫(서울대학 출판부, 1993) 참조.

129) 지준모 역, ≪베트남 최고의 시인 阮廌≫(지식산업사, 1992), p. 11, <한국과 베트남의 문학교류 내력> 참조.

130) 楊秀芝, ≪朝鮮・琉球關係研究≫ -朝鮮前期를 중심으로-(한국정신문화연구원 박사학위논문, 1993), pp. 164-172, <朝琉關係年表> 참조.

131) 유득공, ≪연대재유록≫(≪국역 연행록선집≫Ⅶ, 민족문화추진회, 1989), p. 451, 여기에 유득공은 당시 유구국 사신의 부사인 鄭得功과 북경에서 직접 대화한 내용이 전한다.

두 차례의 중국여행을 통하여 얻은 자료를 중심으로 ≪병세집≫을 간행하였는데 그 속에는 1792년 조공사신이었던 4명의 작품[132]과 자신이 1801년에 북경에서 직접 교류한 사람의 성명을 열거하고 있다.[133]

그러니까 1792년의 사행에 참석한 유구국 사신 중에서 정·부사의 작품과 다른 두 명의 작품이 1800년대에 조선에 소개되었음을 알 수 있으며, 1801년에 만난 사신의 일행에 대해서는 작품은 전하지 않고 교류한 사람의 이름만 전하고 있다. 이들에 대해서는 유득공이 직접 만나서 지은 작품을 보여달라고 했을 때 정사인 毛國棟은 '모른다'고 했다. 그리고 부사인 정득공 역시 우리나라 표류인으로부터 배운 약간의 지식, 天地·日·月·數目 정도를 알고 있을 뿐이었다.[134]

위의 대화에 나오는 '모른다·없다'라는 대답은 詩를 지을 줄 모른다는 말이 아니라 현재 가지고 있지 않다는 말일 것이다. 그것은 유득공의 설명에 나타나는 바와 같이 모국동은 중국어에 능통하며 여러 차례 사신의 일행으로 중국에 들어온 경력이 있으며, 정득공 역시 琉陽(琉球)의 才子라고 소개한 것에서 짐작할 수 있을 것이다.

그러면 여기서 당시 유구의 문화적 현상과 그 변천과정에 대하여 살펴보기로 한다. 우선 유구를 중심한 일본·중국과의 관계를 보면 명나라 태조 때 주원장이 유구왕을 초치하여 복속시켰다. 그 이후 계속 조공관계를 이어 왔으나 德川家康이 막부를 통치하면서 樺山久高를 장수로 일본 규슈 남쪽의 제도와 유구를 정벌(尙寧王)하고 항복을

132) 유득공, ≪병세집≫ 권 2, <琉球>편, 여기에 수록한 4명의 작품명과 성명은 다음과 같다. '程順則, 東海', '蔡文溥, 呈册封天使', '馬繼漢, 壬子上元圓明園應製', '陳天龍, 壬子上元圓明園應製'.

133) 유득공, 위의 책, <文遊姓名>, '向必顯, 阮翼, 毛國棟, 鄭得功'.

134) 유득공, ≪연대재유록≫, p. 451, '4월'.

시켰으나 실제적인 통치로 이어지기는 근세에 들어와서의 일이다.[135]

그 이후(1663) 清朝에 책봉사를 파견하고 종래의 예에 따라 계속 사신을 파견하였다. 그러면서 덕천막부의 一代를 통하여 清과는 二年一貢을 허락받아 무역이 활발하게 이루어졌으며, 일본과는 장군이 바뀔 때마다 慶賀使를 파견하면서 長崎와 주변의 여러 지역을 통한 무역이 거래되었다. 그러니까 유구는 조선・중국・일본과 등거리외교를 수행하면서 중계무역을 통한 실효를 추구하고 있었음을 알 수 있다.

'유구'인에 의한 漢詩集의 효시는 1721년에 간행된 ≪中山詩文集≫이다. 이 속에는 ＜題畫奉祝誥封翰林汪太公壽詩＞, ＜恭贈玉巖林先生詩＞, ＜恭祝林母戴太夫人壽詩＞, ＜雪堂紀榮詩＞ 및 증시 다수와 내외 시인의 작품집이 소개되고 있다. 개인의 시집으로는 曾益(虞臣)의

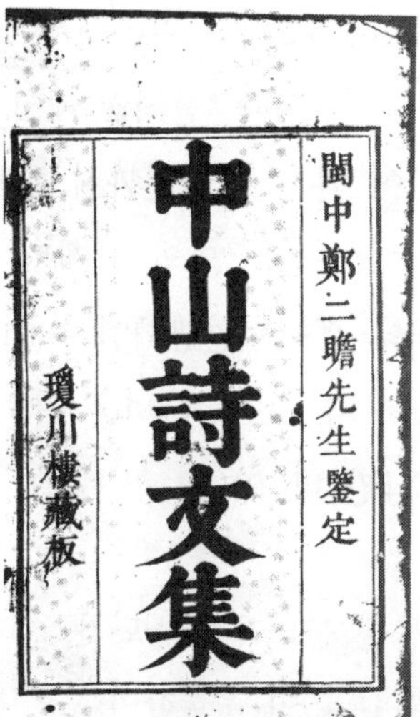

그림 7. 중산시문집

135) 三上參次, 앞의 책, pp. 376-378, ＜(二) 琉球との關係＞.

≪執圭堂詩草≫, 蔡鐸(賢亨)의 ≪觀光堂遊艸≫, 程順則(寵文)의 ≪雪堂燕遊草≫·≪雪堂雜俎≫, 程搏萬(仲抶)의 ≪焚餘稿≫, 周新命(熈臣)의 ≪翠雲樓詩箋≫ 등이 전한다.[136]

위의 ≪중산시문집≫은 당시의 이름난 작품과 문집을 수록한 일종의 선집이며, 이 속에는 유득공이 ≪병세집≫을 통하여 소개한 유구의 시문 중의 하나인 程順則의 시문집도 수록되었다. 그리고 역시 개인 문집 중에서 程順則의 시문과 북경에서의 교류를 통한 시문집이 있으나 아직 그 내용의 상세함을 검토하지 못했다. 이를 통해 알 수 있는 것은 그들이 중국과 조선을 상대로 외교적 관계를 유지하면서 한문을 통한 동아시아 문화교류의 실체를 보여주었다는 점이다. 아울러 程順則의 경우와 같이 북경의 사행경험을 글로 남긴 사실은 앞으로 이 방면의 연구를 더욱 필요하게 한다.

그러니까 유구와 조선은 1879년 일본에 의한 완전한 병탄이 있을 때까지 주로 북경의 '玉河館'이나 '會同館'에서 양국의 국서를 교환하는 일이 이루어졌으며 이 일은 1832년까지 행해졌으니 약 300여년의 시간이 흐른 셈이다. 중국과 유구와의 관계도 이와 비슷한 시기까지 지속되었다. 곧 유득공의 제3차 연행때인 1801년 북경에서 李鼎元을 만났을 때 마침 유구국의 사신으로 다녀온 직후라서 그의 ≪過海圖≫에 다음과 같은 시를 남긴 바 있다.

구양(球陽)이라 풍물을 묻노라 어떻던가
사신의 층층배는 백길(丈)이 우뚝하이
고미촌 색시들은 판무(板舞)를 춤추면서
채필(彩筆)을 휘들러 죽지사를 쓰는구나[137]

---

136) 眞境名安興·島倉龍治, ≪沖繩一千年史≫(沖繩鄉土硏究會, 1934), p. 575.

이 그림에는 유득공의 시만 실린 것이 아니라 그가 북경에서 교류한 문인들, 곧 袁子才・紀曉嵐・翁潭溪・錢辛楣 등의 시가 수록되어 있다. 이러한 시회는 유구국을 매개한 조선과 淸代문인과의 교류의 한 양상으로 나타난다.

한편 유구국은 그들 나름의 '英雄敍事詩(ニーリ・アーグ)'를 남기고 있는데 소위 '三山시대'의 영웅출현과 이에 대한 노래들이다. 이는 '首里王府'로부터 '仲宗根豊見親'이 八重山을 정벌하는 내용이다. 그러나 이러한 유구국의 '영웅서사시'는 島津의 유구국 정벌 이후 '和文學'이나 '和歌'의 영향을 받아 소위 일본식 노래가 가미된 '琉歌'가 출현[138]되면서 한문을 매개로 한 동아시아 공통문어문 시대를 벗어나 그들 나름의 민족문학을 형성하는 계기를 마련하고 있다.

이러한 유구국의 영웅서사문학과 한시문은 동아시아 문학의 상호교류에서 밝혀야 할 공통문어문시대의 자국문학이 어떻게 형성되고, 또 그것은 어떤 차별성을 가지는가를 밝혀야할 단계에 와 있는 것 같다. 국가 간의 외교적 관계에서 필수적인 과제가 한시문의 교환이었다면[139] 그 속에서 나타나는 자국문학의 의미 또한 분명해질 수 있어야 할 것이다.

그러면 여기서 安南과는 어떻게 나타나는가를 보기로 한다. 조선과 '안남'의 문학교류를 처음으로 언급한 사람은 李睟光이다. 그는 1597년 북경에서 베트남 사신 馮克寬을 만나 교류하였음을 적고 있다.[140]

---

137) 유득공, ≪연대재유록≫, p. 424.

138) 池宮正治, ≪琉球文學論≫(沖縄タイムヌ社, 1980), p. 14, pp. 147-156.

139) 村井章介, ≪東アジア往還≫-漢詩と外交(朝日新聞社, 1995), p. 39.

140) 이수광, ≪지봉집≫ 권 8(성균관대학교 대동문화연구소 영인, 1964), pp. 76-83, ＜安南國使臣唱和問答集＞. 이수광은 이 책의 권 9에 ＜琉球使臣

그리고 그는 정유재란 때 일본에 납치되었던 趙完壁의 베트남 여행에 대해서도 언급하고 있다.[141] 이수광은 이 글에서 풍극관의 시를 소개하고 있는데 그 題名은 다음과 같다.

肅次芝峯使公韻
肅和再次海東芝峯使公前韻
使大筆手澤者
肅次芝峯使公長律十韻
再次韻敬答海東芝峯大手筆

그리고 이수광은 ＜安南使臣萬壽聖節慶賀詩集序＞[142]라는 글을 남겼으며, 모두 9首의 시를 풍극관에게 남겼다. 당시 풍극관은 나이가 70여세나 되었으며, 그들이 '會同館'에서 '유구·暹羅'의 사신과 함께 대화를 나눈 사실도 적고 있다. 그때의 사실을 소상히 밝힌 것이 ≪지봉집≫의 卷9에 수록된 내용이다.

그런데 이수광이 체험한 이 일에 대한 글의 ＜跋＞을 쓴 崔岦은 '안남과 유구'를 비교하면서 '유구가 한시문에 능한데 안남이 어찌 유구만 못하겠는가'[143]고 한 구절과 조완벽의 체험을 전한 이야기 속에 '안남의 습속이 詩書를 가르친다'[144]는 지적은 중국과의 조공 사신이

贈答錄＞을 수록하고 있다. 이 기록에 의하면 이수광은 당시 유구국 사신 蔡堅, 馬成驥 등과 수창하였는데, 이 글 뒤에는 '暹羅(Siam)'에 대한 것도 상세히 수록하고 있다.

141) 이수광, 위의 책, pp. 82-83.

142) 이수광, 위의 책, p. 77.

143) 위의 책, p. 81.

144) 위의 책, p. 82.

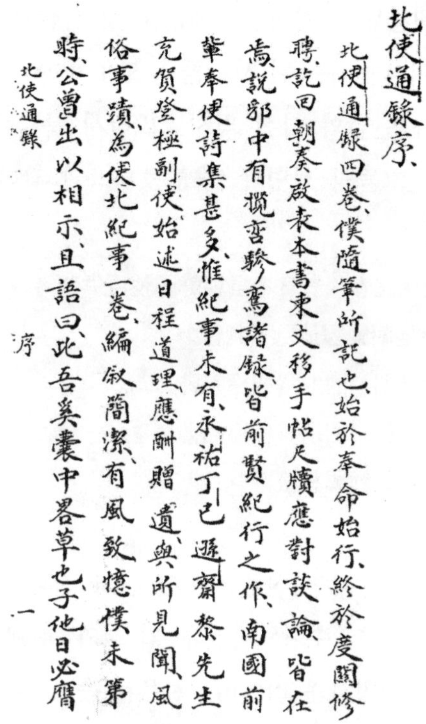

北使通錄序
北使通錄四卷僕隨筆所記也始於奉命始行終於度關修
聘訖回朝奏啟表本書柬文移手帖尺牘應對談論皆在
焉說郛中有攬茝驂鸞諸錄皆前賢紀行之作南國前
輩奉使詩集甚多惟紀事未有永祐丁巳遜齋黎先生
充賀登極副使始述日程道理應酬贈遺與所見聞風
俗事蹟為使北紀事一卷編叙簡潔有風致憶僕未第
時公嘗出以相示且語曰此吾奚囊中畧草也子他日必膺
北使通錄　序　一

그림 8. 북사통록

시작된 지 약 200여년 만에 처음으로 수창한 '안남'의 사신을 통하여 그들의 한문문화의 수준과 그 실상을 짐작하게 한다.

'안남' 사신과의 이 교류는 18세기에 들어와서 黎貴惇이 중국에와 조선의 사신과 교류한 사실이 그들의 ≪北使通錄≫에 전한다고 한다.[145] '여귀돈'이 중국에 사신을 온 것이 1760-1762년이라고 하는데 그 당시 조선의 연경사신이 누구였으며, 교류한 사람이 누구인지는 현재로서는 알 길이 없다. 다만 유득공의 제3차 연행사행이 있었던

145) 지준모, 위의 책, p. 12에 조동일은 <한국과 베트남의 문학교류 내력>에서도 소개하고 있다.

1810년 이후에 편찬된 ≪병세집≫에는 다섯 사람의 안남사신의 시가 수록되어 있다. 여기에 수록된 사람들은 모두 1790년의 연행사일행이었던 점으로 보아 안남의 사신 역시 그 당시 북경에 온 사신이었던 것으로 짐작된다. 그들의 성명과 詩題는 다음과 같다.

> 胡士棟, <戊戌立春後一日奉呈朝鮮國使臣尹判書>
> 阮仲鐺, <奉呈朝鮮國使臣尹判書>
> 潘輝益, <奉呈朝鮮國進賀使徐判書>
> 武輝晋, <奉呈朝鮮國進賀使徐判書>
> 陶金鐘, <敬和朝鮮國朴檢書>[146)]

이들이 수창한 조선의 사신들은 1790년의 진하사 일행 중에서 정사・부사 그리고 부사의 수행원이었다. 위 시의 '徐判書'는 ≪燕行記≫를 남긴 徐浩修를 지칭하는 것이며, '朴檢書'는 ≪北學議≫를 남긴 朴齊家를 가리킨다. 여기서 陶金鐘이 박제가에게 쓴 시를 옮겨본다.

> 山川連赤日
> 風物近滄洲
> 槎從天津路
> 筵陪御苑樓
> 馳驅海驛客
> 邂逅桂宮秋
> 最是朝東水
> 無情促去舟

---

146) 유득공, ≪병세집≫ 권 2(국립도서관본), <安南>.

사신들이 만나서 수창한 시들의 내용이 대개 그러하듯 여기서도 이별의 아쉬움을 듬뿍 담고 있다. 이들의 수창은 앞서 본 이수광과 풍극관과의 수창에 대하여 한결 다양해졌으며 담고 있는 내용으로 보아 상당한 친밀감을 전해 준다.

이 당시 베트남은 黎家와 莫家로 분할되어 있었는데 清初의 渡來人(약 3000명)을 중심으로 한문학의 흥성을 보이고 있던 때였다. 특히 阮福淍가 지배하던 이 당시(黎末)는 현실을 비판하는 문학이나 민족문학이 홍기하는 시기로 ≪傳奇漫錄≫과 같은 작품이 등장하였다. 베트남의 ≪中南半島≫ '河仙(港口國)'에 鄭玖의 세력이 확장되어 서양・일본 등지의 상선이 운집하여 생활이 부유하였으며, 문학분야도 활발하게 발전하였는데 그의 아들 鄭天賜가 시문에 뛰어나 清과 베트남 33인의 '三百二十篇'의 시를 수창한 ≪河仙十咏≫이란 책이 간행되었다. 이 시집의 내용은 대부분 당시의 민간생활상을 반영한 것이었는데 清人은 朱璞・陳自香 등 25인이었으며, 베트남 사람은 鄭連山, 莫朝旦 등 8인이 여기에 참가하였다.[147)]

알려진 바와 같이 베트남은 남과 북의 두 개의 세력으로 나누어지면서 인접국, 주로 청・일본・유구 등의 무역거래의 중심지로 부상되면서 특히 청과는 긴밀한 관계를 맺고 있었다.[148)] 그런 이유에서 청과의 조공무역은 더욱 성행하게 되었으며, 이 일은 연행사에 의하여 조정되기도 하였다. 이 연행사들의 내왕이 북경을 매개한 동아시아 문학교류의 한 장을 펼쳐간 것이며, 그 속에 베트남・조선・일본 그리고 유구와 함께 상호, 또는 간접적인 교류가 이루어지게 되었다고

147) 鄭永常, ≪漢文文學在安南的興替≫(台灣商務印書館, 1990), pp. 162-163.
148) 吳金成, <明末清初商品經濟의 發展과 資本主義萌芽論>(≪明末清初社會의 照明≫, 한울아카데미, 1994), p. 146.

보여진다.

이러한 교류의 양상은 유득공이 ≪병세집≫의 서문에서 밝힌 바와 같이 같은 시대, 여러 지역과의 문학교류가 그들의 좁은 시야를 넓혀 줄 수 있는 계기를 마련해 준다고 생각한 것과도 일치되는 일이다.

그런 이유에서 유구·안남과의 문학교류에 대해서는 좀더 깊은 연구와 관심이 요구되는 것이며, 이의 보탬이 있어야 동시대 문학교류의 실상을 밝히는 보다 심화된 결과를 기대할 수 있을 것이다.

Ⅳ. 동아시아 문학교류의 실체와 특징

1. '使行文學'과 문학교류

18세기 동아시아에 있어서의 문학교류는 대부분 '사행'에 의하여 이루어졌다. 그 매개는 중세문어문인 한문을 통하여 자국의 문화를 향상시키고, 그것을 민족문학의 수준에까지 끌어올리려고 노력한 것에서 잘 나타난다.149)

중국이 '한문'의 발신자로서의 자리를 굳히는 대신 인접국가-한국·일본·유구·베트남 등은 그들의 수준을 발신자의 위치에 올려놓기 위해서 노력하였으며, 이의 달성여부에 따라서 문명과 비문명으로 구분 짓기도 하였다. 이의 가장 분명한 경우는 조선과 일본문사와의 창수에서 잘 나타난다. 제9차 통신사행(宗吉의 장군습직 축하)때의 일본문사들의 태도는 折衷學派 文人들에 의하여 '朝鮮學'에 대한 '和學'의 의미를 부여하였는데 자국문학과 문화의 차별성을 강조한 경우

149) 村井章介, 앞의 책, p. 4.

이다.[150]

반면에 제 11차 통신사행이었던 김인겸의 ≪일동장유가≫에 나타난 기본적인 자세는 '선비기질'과 피상적인 구경꾼[151]으로서의 느낌을 기록함으로써 그 거리를 멀게만 하였다. 이러한 태도는 사행문학의 본래적 목적 보다는 자국의 문화와 문학에 대한 우월감에 사로잡힌 한 표본이 될 것이다.

이보다 훨씬 앞에 수행된 任守幹과 新井白石(1657-1725)의 대화를 적은 ≪江關筆談≫에 흐르는 기본적 생각 역시 개인적인 재주와 기질과는 다르게 서로가 강한 민족주의적 정신을 나타냄으로써 양국의 교류를 가로막는 결과를 낳게 하였다.[152] 이 기록의 중심내용 중에 白石의 생각은 대략 다음 몇 가지로 정리되고 있다. 첫째, 해외지식, 둘째, 중화문명의 문제, 셋째, 日韓外交의 근본방침, 넷째, 國諱문제, 다섯째, 儀禮文物遺存 문제[153] 등이다.

이 다섯 가지 내용은 白石의 민족주의 정신에 입각한 자국보호의 한 방식이다. 크게는 중화주의적 세계관에서 벗어나 각기 자기민족의 우월성과 그 존재가치를 주장하는 정신이 깔려 있는데 이러한 자세는 그의 文名이 조선의 사행들에게 높은 평가를 받고 있는 점과는 확연히 다른 문제로 대두된다. 물론 이 주장은 뒷날 德川吉宗에 의하여 원래의 모습으로 되돌아가지만 조선에 대한 문명국으로서의 선망은

---

150) 芳賀 登, ≪日韓文化交流史の研究≫(雄山閣, 1986), p. 111, <3. 조선통신사와 양국간의 문화교류>.

151) 김윤식, ≪한일문학의 관련양상≫(일지사, 1993), p. 10.

152) 김태준, <18세기 한일문학 교류의 양상>-江關筆談을 中心으로-, ≪衝擊과 調和≫(국학자료원, 1992), p. 747.

153) 이원식, ≪조선통신사≫, p. 170.

그 빛을 흐려가는 결과를 낳았다.

그 빛의 흐림이란 곧 자기의 발견이라고 볼 수 있다. 조선의 연행사가 중국 여행을 통하여 그들의 현실과 참모습을 보고서 비판하였던 朴趾源(1737-1805)의 생각과도 기본적인 정신면에서는 일치되는 일이다.[154] 교류하는 상대방을 통하여 자신들의 문제를 정확히 표출할 수 있는 점은 사행문학이 보여주는 또 하나의 의의일 것이다. 白石의 자기방어 정신과 탈중화적 생각은 박지원의 당시 중국에 대한 비판과 조선의 문제점 지적과도 연관되어 서로가 처한 위치에도 불구하고 한 시대의 마감을 예고하는 소리로 남는다.

이와 같은 자세는 뒷날 ≪병세집≫, ≪건연외집≫, ≪청령국시선≫, ≪중주십일가시선≫ 등과 같은 주변 국가의 시들을 정리하고 그들의 문학적 실체를 파악하기 위하여 부단하게 노력하게 한다. 이런 노력은 당시 지식인의 사고와 무관하지 않다. 곧 洪大容(1731-1783)이 말하는 '華夷一也'의 정신에 입각한 외부세계에 대한 일체의 우월의식을 철폐함으로써 자기시대를 향한 올바른 이해에 도달할 수 있는 것이다.[155]

홍대용의 이 생각은 조선의 중국에 대한 자세에서 잘 나타나고 있으나 일본을 향해서는 오히려 정신적 강화로 나타난다. 당시 일본의 번화한 현실적 경이 앞에 흔들렸던 자신을 다잡는 사대부로서의 자세는 오히려 자기 과시적 요소로 작용하고 있다.[156] 그러니까 사행에 참여한 조선문인들의 자세는 중국을 향해서는 소위 실학적 문명을 수

---

154) 강동엽, ≪열하일기연구≫, pp. 100-118.

155) 손승철, <朝鮮朝後期實學思想の對外認識>(≪朝鮮學報≫122, 1987), p. 178.

156) 이혜순, <17세기 통신사행집단의 문학과 의식세계>, ≪한국한문학연구≫ 17(한국한문학회, 1994), p. 116.

용하는 처지였다면, 일본을 향해서는 서로의 적대감을 조정하고 미래의 역사를 열어가는 가늠자의 역할을 수행했다고 볼 수 있다.[157] 이것은 앞에서도 지적한 바와 같이 문명시혜국으로서의 자기위치를 고수한 채 야만적인 일본의 풍습과 문명을 질타하면서도 뛰어난 자연조건, 그리고 풍부한 물산과 정비된 도시문화에 대하여 증오와 선망의 양면성을 노출하고 있는 것에서 더욱 잘 나타난다.[158]

이 증오와 선망의 자세는 일본에 대한 일관된 사행집단의 모습이다. 반면에 중국에 대해서는 박지원의 경우로 清人에 대한 것을 제외한다면 대부분의 사행들은 한결같이 선망의 모습으로 나타나고 있다. 선진문화수용의 처지에서 보면 당연한 귀결이겠지만 청조문화의 선진성에 대한 선망의 정신과 당시 일본문호(주로 생활의 풍족과 제도적 정비)에 나타난 진보성에 대해서는 구별하여 대하고 있는 것이 사행문학을 통한 상호교류의 한계성을 보여준다.

이 태도는 홍대용의 '域外春秋論'[159]에도 불구하고 대단히 자의적인 생각에 의한 교류의 결과라고 할 것이다. 물론 중국에 대해서 맹목적인 선망만 있었던 것은 아니다. 이덕무나 유득공의 청조문인을 사귀는 기준설정의 조건에 나타난 조심스런 자기 관리는 청조문화와 만주족, 그리고 그들의 의식세계에 대한 평가까지도 작용하고 있었던 점에서도 잘 나타나는 일이다.

이러한 양극적인 생각과 처지 속에서도 그들은 사행을 통하여 정신세계를 확대시켜 나갔으며, 다음 세대에게 문학이 나아갈 방향을 충

---

157) 소재영, <18세기 일본체험>-일동장유가를 중심으로-, ≪충격과 조화≫ (1992), p. 802.

158) 소재영, 위의 책, 같은 곳.

159) 홍대용, ≪湛軒書≫, <毉山問答>

실히 제시해 주었다고 할 것이다. 이것이 사행문학이 남긴 유산의 큰 의미이다.

2. 서적의 유입과 자국의 문화현상

동아시아에 있어서 문학・문화교류의 방식은 앞에서 본 사행집단의 여행을 통하여 직접 체험한 경우와 서적의 유입에 의한 두 가지 방식으로 구별할 수 있을 것이다.

사행집단의 체험이 여행을 통한 직접적인 교류방식이었다면 그들에 의하여 수집되거나 무역에 의한 서적의 상품거래적 방식에 의한 수입에 의해서였다. 여기서는 이 서적의 유입에 의한 교류의 방식과 그 실체에 대하여 보기로 한다.

18세기를 전후한 동아시아 제국은 그들 나름의 현실정치의 특징을 가지고 있었다. 당시 '청'은 명청교체기의 혼란기를 지나서 청조문화의 난숙기에 접어들어 그 세력을 확장해 가는 시기였다. 조선의 경우는 임・병 양란을 겪으면서 새로운 사유체계의 수립과 함께 排清崇明의 기본적 구도를 갖추고 있었다 그러면서도 淸에 대한 현실정치에 이끌리면서 진보적 사고를 가진 지식인들에 의한 소위 '北學'의 수용을 강조하는 기운이 팽배하고 있던 때였다. 이러한 상황 속에서 현실정치는 청조문화에 대한 선별적 수용이라는 양면적인 정책을 수행함으로써 그들의 정책과 상반되는 서적에 대한 금수조치도 취하고 있었다.

일본 역시 덕천막부 270여 년간 기본적 정책은 조선통신사를 제외한 대외적 쇄국을 그 기본구도로 삼았다. 長崎의 商館을 예외로 하면서 서구의 선진문화와 한문문화를 선별적으로 수용하는 정책의 수립은 중계무역을 활발히 전개하면서 대외적 문물을 수용했던 유구와 안남과는 크게 대조되는 현상이다.

18세기 조선에 있어서 외부로부터의 서적 유입은 주로 연행사에 의해서 수행되었다. 지금까지 밝혀진 연행사들의 기록에 나타난 것을 보면 그들이 북경에 도착해서 제일 먼저 찾는 곳이 유리창(琉璃廠)이었다. 그들은 이곳에서 清朝 문인들은 물론 진기한 기물과 지적욕구를 충족시켜 줄 서적의 구입에 열중하였다.160)

이들이 구입하는 서적은 왕명에 의한 것이 대부분을 차지하였으나 개인적 취향이나 욕구에 의한 것도 많았다. 이 개인적 욕구에 의한 서적은 그 내용이 대부분 진보적인 문사들에 의한 것이었기에 禁書에 해당하는 것이 많았다. 이 금서 중에는 명말의 급진적 문인의 저술이나 정통유학에 대한 비판서가 대부분이었다. 1780년 연행사의 일원이었던 박지원이 쓴 ≪熱河日記≫에 보이는 '稀本名目'들이 여기에 해당된다.

이 서적구입의 과정에서 우리나라 醫書인 ≪東醫寶鑑≫ 같은 책은 북경에서 처음으로 그 간행본을 발견하고 경탄하는 경우도 있었다. 연행사들의 서적구입에 대한 관행은 漢譯된 서양기술서적이 유입되는 계기를 마련하게 되어 이 방면의 지적 수준을 높게 함으로써 조선의 과학수준을 향상시키기도 한 것은 이미 잘 알려진 일이다.

연행사의 출입이 거듭되면서 현실적인 제약에도 불구하고 서적의 유입은 급증하게 되었는데 이덕무의 경우를 보면 그 사실이 잘 나타난다. 그가 남긴 저술에 인용된 清朝文人들의 저술은 대략 35가의 60

---

160) 김태준, <江戶, 漢城と北京> -東アジアの外交制度と德川日本-, ≪18世紀東アジア文化交流の研究≫(국제일본문화연구소 연구결과 보고서, 1991), p. 55.

여종이나 된다.[161] 그런데 이 서목 속에는 당시의 정치적 체제에 대한 비판적 성향을 띤 저술이 거의 없는 것이 특징이다. 이것은 이덕무 개인적인 취향에도 연유하겠으나 당시 조선사회의 성향에도 매우 깊은 관련을 가지는 내용이다.

반면에 조선의 著籍이 청조에 유입된 경우는 연행사에 의해서다. ≪한객건연집≫이나 ≪청비록≫ 그리고 ≪二十一都懷古詩≫, ≪渤海考≫ 등은 그 한 예에 불과하다. 이들의 주고 받음은 같은 시대를 살아가는 지식인들의 욕구를 충족해 주었으며 새로운 세계에 대한 인식을 깊게 하였음은 당연하다.

일본과의 경우도 清朝와 크게 다를 게 없다. 당시 덕천막부는 기본적으로는 쇄국정책을 수행하였으나 중국과는 무역이 활발하여 그들의 욕구가 충족될 수 있었다. 그 창구의 역할을 담당한 것이 長崎이다.[162] 이곳을 통해서는 중국 자체의 서적만이 아니라 한역된 서양의 과학서적까지 유입되어 그들의 정신적·물질적 세계에 커다란 영향을 끼쳤다. 이곳에 도착하는 무역선에 가득 실린 서적은 이 당시의 일본인들에게 큰 감화를 주게 되어 향후 일본문화 발전에 기여하였음은 주지의 사실이다.[163]

이 서적의 유입현상은 청조와의 관계에서만 수행되는 것이 아니라 조선과도 밀접한 연관을 가진다. 이러한 서적의 유입은 덕천막부가 대를 이으며 실행한 정치철학의 기본이었던 '학문장려'와 연결되면서 많은 서적을 확보함으로써 반대세력을 제압하는 수단으로 작용한 것

---

161) 이경수, ≪漢詩四家의 清代詩受容研究≫(태학사, 1995), pp. 236-237.

162) 木宮泰彦, 앞의 책, p. 698.

163) 長崎市役所 편, 앞의 책, p. 95, <第二期, 唐蘭貿易時代>, 그 외에도 ≪長崎志≫, ≪長崎紀事≫, ≪長崎實錄大成≫ 등에도 소상히 밝히고 있다.

에서도 잘 나타난다.[164]

일본의 조선전적 유입에 대한 욕구는 그들이 불교를 홍성시키면서 한국의 불경을 요구한 麗末鮮初 승단들이 전개한 일련의 행위에서 잘 나타나고 있다. 이 욕구는 뒷날(1719) 申維翰이 大坂에 도착하였을 때 우리나라 전적들이 매매되고 있는 것을 목격한 ≪海游錄≫의 기록이 저간의 사정을 잘 말해주고 있다.

그러면 여기서 18세기를 전후하여 조선에 유포된 일본의 서적들에 대하여 보기로 한다. 편의상 유입한 때와 그 서적명을 열거하면 다음과 같다.

1600년경 ≪風土記≫
1711년 ≪白石詩草≫
1719-1720년 ≪萍水集≫
1719년 ≪芝軒吟稿≫, ≪童子問≫
1748년 ≪小學近思錄≫, ≪客館璀粲錄≫, ≪蓬島遺珠錄≫
1764년 ≪童子問≫, ≪論語徵≫, ≪四書疏林≫
1811년 ≪李退溪書抄≫, ≪荻生徂徠文集≫, ≪太宰春台文集≫[165]

그런데 이덕무가 그의 ≪청장관전서≫를 편찬하면서 직접 그 내용을 인용한 일본서적은 ≪적생조래문집≫을 제외하고는 위의 서적들과 전혀 일치하지 않는 ≪和漢三才圖會≫를 비롯한 16종을 인용하고 있다.[166]

---

164) 李俊杰, ≪朝鮮時代 日本과 書籍交流研究≫(홍익재, 1986), p. 188, ＜第6章, 日本에서 朝鮮典籍의 流布＞.

165) 이준걸, 위의 책, pp. 195-201 참조.

166) 하우봉, ＜李德懋의 日本觀에 대한 研究＞, ≪인문논총≫17(전북대학교, 1987), p. 162.

그리고 저자명을 밝힌 책이 74종, 책명만 밝힌 것이 무려 112종이나 되었다고 한다.[167] 위의 두 인용 통계가 서로 중첩되는 부분은 있으나 그것을 감안하여도 대단히 많은 숫자임은 틀림없다. 이덕무가 어떻게 이 많은 전적을 구득할 수 있었는지는 알 길이 없으나 그가 규장각의 檢書職에 있었던 것으로 보아 적어도 사행집단에 의해서나 국가적 차원에서의 수집에 의해서였을 것은 짐작된다.

이덕무가 이 방대한 분량과 숫자의 전적을 열람하였다면 당시 같은 그룹에 속한 동지적 처지의 문인들 또한 이 전적들을 읽었을 것이다. 이는 18세기를 전후한 조선의 문인들이 축적한 인접국가에 대한 지식이 상당한 수준에 있었음을 말해주는 한 예가 될 것이다.

이러한 지식이 모두 서적의 유입에 의해 이룩될 수 있었다면 사행집단의 여행은 단순한 정치적 관행에 머문 것이 아니라 당시 문화전반에 대한 교류에 까지 확대되고 있었다고 할 것이다.

유구와 안남과의 서적유입에 대해서는 이수광의 기록 이외에는 그 실체를 파악하기 어렵다. 적어도 부분적이거나 단편적으로 우회하여 유입은 되었을 것으로 짐작은 간다. 그 근거는 유구와의 오랜 교류관계, 그리고 안남과는 북경의 사관을 통한 접촉 등에 있다. 이 부분에 대해서는 앞으로 계속 연구되어야 할 점이다. 어쨌거나 이 당시의 문화교류는 책을 통해서 이루어졌고 작가들의 왕래나 직접적인 접촉은 적었던 점으로 보아 많고 적은 차이는 있겠으나 서적의 유입과 그것에 의한 지적충족은 계속되었을 것이다.

일본이 1724년 服部南郭에 의한 중국서적의 '和刻本' 출판 이래 ≪唐詩選≫이나 ≪三體詩≫의 화각본 간행이 당시 베스트셀러가 될 수 있

167) 하우봉, 위의 책, pp. 164-165 참조.

었던 것은 공통문어문으로서의 한문학이 특수한 계층의 고도정제된 교양서적에서 口語調의 通譯을 초래, 서민문학으로 발전된 것[168]은 조선이 청조의 문집들을 유입시켜 새로운 문학의 세계와 형식으로 발전시켜 나갔던 것 역시 사행들이 이룩한 문화교류의 한 결과일 것이다.

3. 서구문화 유입과 동아시아 문화

조선에 있어서의 서구문화유입은 宣祖 말기 중국을 통하여 漢譯된 西洋書가 들어오면서 부터이다.[169] 그것이 18세기에 와서는 정치적인 문제와 맞물리면서 특히 南人系 學者들의 서양서에 대한 관심은 더욱 깊어졌다. 이렇게 유입된 서양서적을 중심으로 수용되는 자연과학적 사고는 中華중심의 사고를 벗어나게 하는 계기를 마련하여 주었음은 이미 잘 알려진 바와 같다.

이 脫中華的 사고는 세계질서에 대한 근본적인 생각을 바꾸게 함으로써 사물에 대한 인식의 전환을 가져오게 되었다. 곧 밖으로는 지배계급의 국지적 사고에서 벗어나게 하는 작용을 하며, 안으로는 인간의 보편적 가치와 개인의 의식세계로 방향을 돌려가는 문학적 경향을 띠게 되었다. 이러한 현상은 비단 문학작품에만 국한되는 것이 아니라 예술을 포함한 문화전반에 영향을 끼치게 되었다.

이 같은 대전환의 계기를 마련한 서구 사상의 유입을 담당한 계층은 역시 사행사집단에 의해서였다. 그들은 난숙한 청조문화 유입은 물론 이미 1600년대에 전파된 세계의 사정을 접하는 장소로 받아들였다. 중국에 ≪萬國全圖≫가 유입된 것이 이 때였고 보면 당시로는

---

168) 村上哲見, ≪漢詩と日本人≫(講談社, 1994), pp. 148-149.
169) 강동엽, ≪열하일기연구≫, p. 141.

상당한 수준의 문화적 이해와 혜택을 받고 있었다고 할 것이다.

조선과 가장 많은 접촉을 가졌으며, 청조문화의 꽃을 피운 高宗(乾隆帝 : 재위 1735-1795)때는 청조의 극성기였다. 이들은 동아시아에 군사력을 진출하여 영토를 확장함은 물론 조선・베트남・타이・비르마 제국을 그 영향권에 투입하였다. 결국 일본을 제외한 동아시아 전역이 대청제국의 영향권에 들어간 셈이다. 인구의 팽창과 산업의 발달로 대외각국과는 활발한 무역을 수행하여 국가의 부강을 가져오게 되었으며,[170] 이렇게 쌓인 부를 토대로 많은 학자를 등용하여 서적을 편찬하기 시작하였다.

이때 간행된 서적이 ≪欽定書≫, ≪淸文鑑≫, ≪明史≫, ≪大淸一統誌≫, ≪唐詩醇≫ 등 농서・의석・역사서 등 각 분야에 걸쳐 편찬되었다. 그리고 1773년에는 ≪四庫全書≫를 간행하여 淸代考證學의 전성기를 맞이하였다. 이 당시 북경에 도착한 선교사 '카스테리오'에게 ≪準回兩部平定得勝圖≫를 그리게 하였으며, ≪坤輿萬國全圖≫와 ≪皇朝中外壹統輿圖≫를 '므노와'에게 제작을 시켰다. 또한 그는 일생동안 약 10만의 作詩를 하였는데, 그 중에서 ≪盛京賦≫를 불어로 번역케하여 '와르테르'가 애송할 정도였다. 이 작업들은 대부분 외국의 선교사들에 의하여 제작되거나 출판되었는데 청조문화 발전에 기여한 서양문명의 한 보기가 될 것이다.

일본 역시 이 당시에는 중국과 유럽의 문화가 長崎를 통하여 덕천시대 명실상부한 東西文化의 수입처 구실을 하였다. 그것은 1636년 '出島'에 和蘭商館을 설치하면서 더욱 홍성하게 되었는데 1859년 덕천막부가 구미각국과 통상조약을 체결할 때까지 약 280년간의 유일한

170) 오금성, 앞의 책, p. 141.

서구문화 수입의 문호를 담당한 것을 말한다.[171]

이곳을 통하여 그들은 한국과 마찬가지로 중국으로부터는 한역된 서양서를, 서양을 통해서는 직접적인 교류를 병행함으로써 진보된 사회를 향하여 활발하게 노력하였다. 1637년에 완성된 중국 宋應星의 ≪天工開物≫이 1771년에 일본에 유입되어 번각판이 출판됨으로써 일본의 신기술에 커다란 영향을 끼쳤다. 앞서도 본 바와 같이 이 당시 중국은 유럽의 과학지식이 풍부하게 이식되어 ≪幾何原本≫, ≪泰西水法≫, ≪遠西奇器圖說≫ 등의 기술서적이 중국어로 번역되었던 때이다.

한편 1774년에는 일본 최초의 ≪解體新書≫가 前野良澤(1723-1803)에 의하여 출판되었다. 이 책은 네덜란드의 타헤르・아나토미아의 ≪解剖圖≫를 중심으로 한 것인데 原本은 1770년 長崎의 네덜란드 역관에게서 青木昆陽이 구입한 것이다. 前野良澤은 그의 나이 47새때 青木昆陽(1698-1769)과 함께 500語의 蘭語를 공부하여 이 ≪해체신서≫를 번역하였는데 그 외에도 ≪和蘭譯文略≫, ≪蘭語筌≫ 등을 출간하여 소위 일본 蘭學의 흥융을 일으켰다.

그리고 大槻玄譯(1757-1827)은 13세에 健部淸庵에게서 의학을 공부하다가 22세 때 江戶에 올라와 前野良澤에게 사사하여 1783년 ≪蘭學階梯≫ 2책을 출간한 바도 있다. 이러한 일련의 작업은 杉田玄白(1733-1817)이 일찍이 일본의 古醫學에다 네덜란드의 새로운 의학을 접목하여 외과의학적 치료방법을 창안해 냄으로써 이룩되었다. 주로 의학서적을 중심으로 펼쳐진 일본의 이 현상을 통칭하여 '蘭學'이라 불리는데 여기서 나타나는 가장 큰 특징은 한역된 의학서적을 중심으로 번역한 것이 아니라 직접 和蘭語를 공부하여 번역했다는 것이 중

171) 歌川龍平, ≪長崎鄕土物語(下)≫(歷史圖書社, 1979), p. 22.

국과 우리나라에 비하여 다른 점이다.

중국과 우리나라가 서양선교사의 손을 빌려 한역된 서적을 통하여 서양을 이해하였다면 일본은 중국을 거친 방법과 함께 서양의 지식을 직접 받아들이고 있는 사실은 같은 서양문명을 수용하는 자세에 있어서 그 차별성을 느끼게 한다.[172] 이러한 자세는 平賀源內(1726-1779)와 같은 奇才를 낳게 하였다.

그는 원래 高松藩의 사람이었는데 長崎에 내려가 異國의 풍물을 호흡하면서 다양한 업적을 남기고 있다. 일찍이 田村元雄의 문하에 들어가 本草學을 배우고 '物産會'(藥品會를 말함)에서 일본・조선・중국・서양의 물산 300여종을 택하여 산지, 입수경위를 해설한 ≪物産品隲≫(1763)을 간행하였으며, 唯物論的 견해를 가진 그는 秩父와 함께 네덜란드식 陶法을 讚岐의 源內燒에 이식한 사람이기도 하다. 그가 '장기도'에 머무는 동안 서양지식을 동원하여 일본 최초로 ＜摩擦起電機＞를 복원하였다. 그의 활동이 서구문화의 유입에서 비롯되어 실제적인 생활에 유용한 물품의 제작과 활용에 심혈을 기울이는 한편, 문학 방면에서도 현실의 모순을 풍자하고 痛罵하는 문장으로 쓰여진 작품들, ≪風流志道軒傳≫(1763), ≪根無草≫, ≪神灵矢口渡≫ 등에서 봉건제도를 비판하는 작품을 남기면서 서양의 학문과 儒學(三浦瓶山에게 사사), 그리고 國學으로 이어지는 변신의 삶을 보여주었다.

위에서 살펴본 18세기 일본의 지식인, 대개가 새로운 문명에 눈을 뜨면서 개인의 삶에 대한 추구로 일관되었던 그들의 공통점은 의학적 지식의 확대가 서양지식을 수용하는 결과로 나타나는 점이다. 이들은 대부분 町人계급에서 배출되었으며, 이들의 마음 속에는 평등의 사상

---

172) 藤本 篤, ≪大坂府の歷史≫(山川出版社, 1989), p. 207.

이 짙게 깔려 봉건체제와 신분제를 생각함으로써 학문에 매진할 수밖에 없는 논리를 찾게 하였다. 실제로 이와 같은 작업에 참여한 사람들 대부분이 '空理空論'에 치우치기 보다는 많은 利를 추구하는 상업이나 이에 필요한 학문에 전념함으로써 소위 '實學'이 탄생되게 하였다.173)

당시 일본의 이러한 현상은 같은 시기 중국이나 조선의 사정과 그 궤를 같이 하고 있음을 볼 수 있다. 곧 조선에서도 서리출신들의 경제적 축적과 이에 의한 예술활동은 이 시대 문화에 대한 인식의 변화와 담당층의 역할을 자임함으로써 문학세계에도 새로운 바람을 일으키게 되었다.174) 일본의 司馬江漢(1748-1818)이 ≪西洋畵談≫에서 '서양화는 眞을 캐는데 기본정신이 있으며, 그림의 효용은 실학적 측면에 있음을 강조하면서 동양화의 문인화기법을 전면부정했던 저간의 사정은 18세기를 전후한 조선의 화풍이 전통적인 남화풍에서 화조를 중심한 인물·사군자와 같은 개성적인 화풍으로 변화해 가는 과정과 맥을 같이 한다. 이 화풍의 변화 역시 이태리의 화가 Gastiglione (1688-1766)가 북경에 들어와 서양화를 본격적으로 소개하면서 비롯되고 있다. 이러한 변화의 조짐은 일본의 화단에서도 나타나는 현상으로 伊藤若冲이 조선 민화풍으로 그린 <具甲圖>·<池辺群虫圖>·<群魚圖> 등에서 보이는 화법의 변화는 사행집단을 통하여 전파되는 동아시아문화의 교류가 남긴 한 보기가 될 것이다.

이상을 통하여 나타나는 서구문화 유입의 실상은 자국의 현실을 개선하는 방식에 있어서 그들 나름의 방식은 있겠으나 이질문화수용이

---

173) 大谷晃一, ≪大坂學≫(經營書院, 1994), p. 188.

174) 강명관, <18·19세기 京衛前과 예술활동의 양상> -開港文化에 대한 한 고찰>,(이우성, ≪民族史의 展開와 그 文化≫, 1990).

라는 공통된 현상을 가졌다는 것을 확보할 수 있을 것으로 본다. 이것은 지속적인 변화와 발전을 향한 노력 여하에 관계없이, 한 시대의 공통적인 현상으로 나타난다.

Ⅴ. 맺는 말 - 인접문학에 대한 이해와 자국문학의 위상

이상으로 18세기 동아시아 문학 교류의 양상에 대하여 살펴보았다. 이 시기는 동아시아 공통문어문학 시대에서 자국어문학으로 이행되는 때이다. 그 속에는 두 가지 언어체계가 존재하면서 각자의 문학이 발전하기도 했으나 전자에 비하여 후자를 향한 발전에 그 중심이 실려 있어 서로를 보완하면서 민족문학의 무게를 더해가고 있었다. 이러한 변화와 변혁의 시대를 맞이한 시기의 동아시아문학이 상호 어떻게 교류하였는가를 살펴 본 위의 논의는 이 지역을 대상한 인접문학이해를 한결 용이하게 할 것이다.

본고에서 논의의 대상을 삼은 공통문어문인 한문을 통한 문학의 교류에 초점을 맞추어 본다면 중국을 시발로 한 조선·일본·유구·안남이 변화의 시대적 상황과 함께 거의 같은 수준의 문학을 향유하였다는 사실이다. 곧 문어문학을 자국의 민족문학수준에까지 끌어올리려고 노력하였다는 점이다.

그 형식과 추구하는 방향이 각 민족에 따라서 달리 나타나고 있어 이를 토대로 문명과 비문명으로 분류하는 경향이 있었다. 조선과 일본문사와의 논의에서 보이는 이 태도는 한편으로는 변화를 수용하는 시기가 달랐음에도 연유하지만 자국의 문화현상에도 좌우되고 있어서 이것을 기준으로 문명과 비문명으로의 분류는 다분히 자국우월의식과 연관이 있을 것으로 본다.

적어도 인접문학에 대한 이해는 그들의 문화적 현상 위에 두고서 바라보아야 실체를 파악할 수 있을 것이라 생각된다. 그것은 접촉의 횟수와 경과에 따라서 조금씩 변화하는 양상을 보이고 있는데 이 인식의 변화는 타국문학에 대한 이해의 노력에 의하여 좌우되고 있다.

반면에 이들 인접문학에 대한 이해의 기본틀을 만드는 일로써 그 기점을 어디다 두어야 하는 점이다. 그 틀을 중심으로 나와 저들의 문학을 포괄적으로 볼 수 있는 잣대가 마련되어야 할 것이다. 그리고 이 시기의 문학이 다음 시대의 문학으로 어떻게 변화되면서 발전하는가를 살필 수 있을 때 진정한 인접문학에 대한 이해가 이루어질 것이다. 이런 문제를 해결하기 위하여 조동일은 '18세기 한 · 일 문학 비교론의 세 가지 작업'을 제사한 바 있는데 '기본관점비교, 공통점과 차이점 이해, 지속적인 의의를 가지는가 여부' 등이다. 여기서 강조되는 점은 한 · 일 문학에 대한 이해에 그 주안점이 두고 있으나 이 관점은 다른 지역의 문학에 대한 비교에서도 적용될 수 있을 것이다.

다음으로 이들 문학교류는 대개가 사행집단에 의하여 수행되고있다는 점이다. 사행집단의 역할은 정치적인 부분이 강조되지만 그렇지 않은 문학 그 자체에 대한 관심에서 교류되는 경우가 이에 해당된다. 이들의 관심은 대개가 한문을 통한 문학이 민족문학으로서의 위치에 놓여지기를 바라며, 그것을 위하여 부단히 노력하고 있다. 때로는 선망으로, 또 한편으로는 비판의 눈을 가지고 대함으로써 그들의 목적을 달성하고 있다. 그 좋은 예가 유득공이 동아시아 제국의 문학작품을 한 권의 책에 수록함으로써 그 자신의 말과 같이 '같은 시대, 같은 지역의 문학에 대한 이해'의 심화를 가져올 수 있었던 것이다. 그가 편찬한 저적에 수록된 작품들은 어떤 특별한 기준에 의해서였다기 보다는 우선 상대에 대한 긍정적인 이해의 바탕에서였다. 이 긍정적인 자세야말로 이 당시의 문학을 이해하고 상호교류를 수행할 수 있는 가장 기본적인 자세일 것이다.

다른 한편에서는 서적을 통하여 상호 교류를 수행하는 방식이다. 이 경우는 대단히 자의적인 현상이 강하다. 그 한 예가 조선의 清朝文學에 대한 수용자세에서 나타난다. 논리적이고 포괄적인 작업에 의해서이기 보다는 개인적 취향이나 시대적 흐름에 의해서 좌우되었던 경우가 이에 해당된다. 그래서 다양한 방식과 형식, 문학이나 예술을 수용하기가 어려웠던 결과를 낳았다. 이 현상은 일본의 경우도 비슷하다. 그들이 서구문화수용의 자세에서 보여준 실리적인 자세는 그들의 현실적인 욕구와 대단히 깊은 관계를 가진다.

중국 역시 서구문화수용에서 정신적인 세계보다는 현실적인 생활용기에 더 강한 의욕을 기울인 것도 같은 현상이었다. 그런데도 동아시아제국은 서양과의 접촉에서 초래된 사고의 변화에 의하여 그것은 차츰 문학을 중심한 예술, 또는 학문전체에 큰 영향을 끼치게 되었다. 이 사고의 변화는 결국 다음 시대의 자국어문학에 대한 필요와 그 발전의 속도를 가속시키게 하였다. 이 자국어문학의 출현은 서구문화수용에 의한 자극에 크게 영향 받은 경우도 있었다. 일본의 경우도 이 범주에서 벗어나는 것은 아니다. 자국어문학이 일찍이 그 싹을 피우면서 성장해 나왔으나 이 시기에 와서는 본격적인 전환의 계기를 촉진시키는 경우가 이에 해당된다.

이제 이들 동아시아제국의 문학 속에 관류하는 공통점은 무엇일까? 이 공통점에 대한 연구의 심화는 본고에서 살펴보려는 동아시아문학의 상호교류 양상에서 찾아질 수 있을 것으로 생각된다. 이를 위한 더 많은 연구가 계속되기를 바라며, 그것을 위한 작은 도움이 되었으면 한다. 한국문학의 가치와 그 의미도 이 작업을 통하여 더욱 선명히 밝혀지리라 믿는다. 그리고 이것은 인접문학을 이해하는 방법 중의 하나일 것이다.

조선시대 동남아시아 문학과의 교류

Ⅰ. 머리말

문학연구 방법에 대한 고민은 결국 자기나라문학에 대한 올바른 이해에 귀착될 것이다. 그러기 위하여 여러 가지 방법이 시도되었다. 그 여러 가지 중에서 한국문학을 중심으로 주변 국가들과의 교류에 대한 실상을 검토하는 작업은 자국문학의 지역(동아시아나 동남아시아)성에 대한 특징을 밝히는 일이면서 나아가 그것을 뛰어넘는 일이 될 것이다.

그런 생각에서 그 동안 조선시대를 국한하여 한국문학과 주변 국가들과의 교류에 대한 실상을 정리해 왔다. 이 작업은 아직도 진행 중이다. 그 한 갈래로 본고에서는 시야를 돌려 동남아시아제국과의 교류에 대하여 살펴보고자 한다. 여기서 논의의 대상이 되는 나라들을 '동남아시아'라는 지역으로 묶어서 부르게 된 데에는 그들을 통괄할 수 있는 지역의 의미로 넓게 잡은 데 기인한다. 명칭에는 다소의 논란이 있을 수 있을 것이나 여기서는 일단 교류대상의 국가들을 하나의 지역에 두고 전개하려는 의도에서였다.

그리고 '조선시대'에 국한한 것은 이 지역의 문화교류를 위한 매개체인 '한자'가 그들의 문학활동에 공통으로 쓰여졌던 시기였다는데 기인한다. 소위 '한자문화권'내에서 그들이 각기 자기나라문학을 만들 때 모두가 '한자'라는 매개체를 통했다는 점에서 이 시기 인접문학과의 교류에 대한 실상을 규명하는 작업이 필요해 지는 이유가 있다. 물론 이때 같은 언어를 매개체로 하면서 각기 자기나라문화의 정체성을 문학이라는 예술적 행위에 의해 어떻게 형상화 시켰는지를 밝혀보아야 할 것이다. 여기에는 동질성과 이질성, 그리고 각기의 우월성이 나타날 것이며, 넓게는 중세적 보편성도 보여질 수 있을 것이라 기대된다.

이와 같은 이유 때문에 필자는 그 동안 몇 편의 논고를 시도한바 있다. 범위를 확대하여 보려던 것이 <18세기 동아시아문학교류의 연구>(1996)이고, 범위를 좁혀서 본 것이 <18세기 한·일 문학교류와 宮瀨龍門>(1996)과 <이수광의 문명의식과 대외교류>(1999)이다. 이들 논고에서는 대개가 특정 시기 인접 국가들의 문학이 어떻게 상호 소개되고 인식되어졌는가를 살펴보는 일종의 '시론'의 성격을 띄고 있다. 어느 부분은 다소 구체적인 것에까지 접근하고는 있으나 기본적으로는 그랬다는 것이다. 물론 이 때 논의의 대상이 되는 작품들의 수준에 대한 정치한 논의까지는 접근하지 못했다. 왜냐하면 우선은 그 전체적인 규모와 내용에 대한 정리가 필요했기 때문이다. 아직도 이 부분에 대한 작업은 계속되어져야하고, 또 계속되고 있다. 본고가 바로 그 작업의 한 부분이며, 내용분석을 위한 기초작업의 하나인 셈이다.

본고를 작성하는 구체적인 이유는 앞서 소개한 필자의 <18세기 동아시아문학교류의 연구> '머리말'에서 분명히 밝힌바 있다. 그것을 토대로 여기서는 앞의 논고들이 접근하지 못했던 부분은 첨가하고, 일본과의 문학교류 대신에 '暹羅'와 그 주변까지로 넓혀서 살펴봄으로써 동시기 한국문학의 대외적 교섭의 실상을 밝혀 보고자 하는 것이다. 사실 본고에서 논의의 대상이 되는 국가의 작가들은 대부분 문학활동이 '세계인식의 확대'나 '시각의 확대'와 같은 생각을 내포하고 있는 공통점을 가지고 있어서 연구의 목적에 도달하는 데는 많은 도움을 주고 있다.

그러나 본고의 목적을 완성시키기 위해서는 연구의 대상이 되는 국가들의 전적들을 참고해야 하나 자료구입의 현실이 만만치 않았다. 모두가 귀중도서로 분류되어 접근 그 자체가 불가능한 것도 있어서 처음에 의도한 것과는 많이 벗어난 부분도 있음을 미리 밝혀둔다. 그러면서도 필자 나름대로의 방법에 의하여 산발적으로 흩어져 있는 자료를 정리하려고 노력했다. 지금도 그 작업의 한 부분일 수밖에 없다. 특히 중국 측에 소장된 <安南>과 <琉球>에 대한 자료는 접근이 매우 곤란한 것 중의 하나이다. 차후 이 방면의 연구자가 특히 유념해 두어야할 내용이다. 그래서 부족한 부분은 다음의 기회에 보충할 생각을 가지고 우선은 정리하기로 했음을 밝히면서 이 분야를 연구하는 동학들의 도움을 기대하는 바이다. 본인의 능력 밖에 있는 자료를 열람하게 해 준 분들은 생소한 부분에 욕심을 가진 일에 큰 용기와 도움이 되었다. 그 분들 모두에게 고마운 인사를 드린다.

특정시기 우리의 문학이 동시대인들을 위하여 무엇을 할 수 있었으며, 나아가 그것이 인접한 나라들의 독자들에게는 어떤 보람을 줄 수 있었을까하는 소박한 화두에 대한 물음 때문에 여기까지 그 범위가 넓혀졌다. 우선은 그들과 '주고받음'의 실체부터 살펴보고자 한다. 정말로 어느 정도 주고 받았으며, 또 어떻게 그것들을 평가했는가? 여기까지 정리하고자 한다.

Ⅱ. 교섭의 역사와 그 의미

조선시대의 대외교섭은 크게 두 가지로 나누어 생각할 수 있을 것이다. 첫째는 공식적인 사절에 의하여 서로의 정보를 주고받은 경우이며, 둘째는 漂流나 漂着에 의한 것이다. 물론 교섭에는 전쟁에 의한 침략적 방법이 있지만 이 경우에는 서로의 문화를 상대방에게 온전하게 전달할 수 없는 한계점이 있어서 본고의 논의에서는 제외하였다. 그래서 결국 본고의 연구대상은 위의 두 경우에 한정하여 그들이 서로 상대방의 문화를 어떻게 인식하였으며, 또 그것을 문학작품에 어떻게 형상화 시켰는가를 살펴보려는 것이다.

본고의 논의에 맞추어 살펴보면 첫째의 경우는 고려말기에서 조선초기에 이미 활발하게 교섭이 이루어지고 있었음을 알 수 있다. 그 구체적인 내용은 해당되는 각 항목에서 논의되겠지만 역시 '使行'에 의하여 성립되었다. 琉球와의 교섭은 朝鮮 太祖 元年에 '中山王'이 사신을 보내왔다는 기록이 實錄에 나타나고 있으며, '베트남'역시 李崇仁(1349-1392)이 중국사행 때 남긴 작품 속에 보이고 있다.[175] 그 외에도 '南蠻'의 조공사실을 적은 기록이 있으나[176] 그 구체적인 내용은 보이지 않는다.

본고의 논의대상인 '琉球', '安南', 그리고 '暹羅'와 그 외의 나라들 중에 공식적인 使節이 내왕한 곳은 '琉球'밖에 없으며, 나머지는 漂流記나 중국을 매개처로 한 간접적인 교류에 의하여 얻어진 결과이다. 특히 '베트남'(安南으로 표기되어 있음)이나 '타일랜드'(暹羅로 표기되어 있음)의 경우는 중국을 매개처로 교류한 대표적인 경우이다.

---

175) 李崇仁, ≪陶隱集≫, 卷三, <詠安南>, <詠流求> 참조.

176) ≪朝鮮王朝實錄≫, 太祖 元年 12월 16일(壬戌)조.

이들과의 교류에 대한 연구는 활발하지 못하지만 상기 '실록'의 기록을 토대로 짐작한다면 오래 전에 접촉했음을 알 수 있다. 다만 그 접촉의 수준이나 방법이 문학작품으로 남겨질 정도였는지에 대해서는 지금으로서는 알려진 것이 없다.

그러나 상기 李崇仁의 기록이 의미하는 바와 같이 어떤 형태이던 교류가 있었으며 거기에 관련된 詩文이 있었을 가능성이 많다. 앞으로 이 부분에 대한 연구가 기대된다. 본고에서는 현전하는 자료 중에서 가장 신빙성이 있으며 교섭의 목적이 뚜렷한 李睟光(1563-1628)이 남긴 작품과 그 이후의 것들을 중심으로 고찰하고자 한다. 왜냐하면 지금까지 전하는 것에 의하면 그가 남긴 작품이 가장 많을 뿐만 아니라 작품의 수준도 뛰어나기 때문이다. 다른 자료도 조선중기 이후의 것에서 구체적인 교섭의 내용이 나타나고 있는데 기인한다.

교섭의 의미가 단순한 접촉이나 경험을 초월하여 대상에 대한 자신의 생각을 진술하는 수준 이상이어야 하며, 나아가 그것이 문학작품으로 평가될 수 있을 정도여야 함은 당연하다. 여기에 충족할만한 수준은 역시 조선중기 이후에서 그 성과를 얻을 수 있을 것이다. 역사서에서 산견되는 단순한 기록의 수준은 역사적 사실 그 자체이며 문학작품으로 발전되지 않는 부분도 많을 것이다. 그러므로 접촉의 시작과 그것에서 얻어진 결과와는 구별하여 보려는 것이다.

특히 '안남'이나 '섬라'가 그 한 예일 것이다. 이들과는 공식적인 교섭이 없었으면서도 상호 깊은 관심을 나타내고 있었음을 볼 수 있다. 그것에 대한 구체적인 내용과 의미를 살펴보자는 것이다. 그렇게 함으로서 중세 한자문명권 내의 제국가들이 가지는 인식의 세계에 대한 같고 다름을 찾을 수 있을 것으로 믿는다. 이는 다음 시기에 등장하는 그들 각기의 민족문화창달과 민족문학창조의 진행과정을 살피는 데 좋은 길잡이가 될 수 있을 것이다.

중국 중심의 한자문명권에서 벗어나려는 각기 그들 민족의 노력은 비단 정치적인 영향권 내에서의 탈피만 의미하는 것이 아니다. 자기 민족의 정체성에 대한 분명한 인식을 의미하며, 그것에서부터 민족 고유의 문화와 문학의 창조로 이어지는 공통점을 가지고 있다. 그들 상호간에는 다소의 시간적 차이는 있지만 진행과정은 유사하게 나타나고 있음은 그간의 연구업적에서 잘 보여주고 있다. 조선이 한글문학으로, 안남이 쯔놈(字喃)문학으로, 그리고 琉球가 琉歌와 같은 형태의 문학으로 발전해 가는 과정은 모두가 한자문학에 대한 상대적 극복의 문제와 상관관계를 가지고 있다.

그런 의미에서 상호교섭을 통한 중세한자문명권의 공통점과 이질성의 규명은 각기 그들 민족의 문학을 이해하는 첩경이 될 것이며, 나아가 우리의 문학에 대한 지역적 특성과 세계성의 의미도 분명해질 것이라 믿는다. 본고는 교섭의 의미를 여기에 두고, 연구의 방향과 방법을 찾아가려 한다. 그 목적을 위한 한 갈래로 동남아시아 지역에 있는 나라와의 교류로 한정시켜 본 것이다. 한 곳은 공식적인 접촉이 있었던 나라이며, 또 다른 두 곳은 그렇지 못한 곳이라는 상호·이질적인 처지를 가지고 있는 특이성이 있다. 그런 나라들이 중세한자문명권 내에서 문학을 어떻게 형상화시키고, 타민족의 문학을 어떻게 인식하고 있는가를 살펴보는 것은 같은 시대를 살아가는 이들에 대한 올바른 이해의 한 보탬이 될 것이다.

나아가 오늘의 시점에서 당시의 한자문명과 그 속에서 창조된 문학을 통한 그들이 보여준 세계에 대한 이해의 정도는 같은 지역에 살고 있는 우리들과의 좋은 대조가 될 수 있을 것이다. 문학을 통하여 우리들은 무엇을 할 수 있으며, 무엇을 알 수 있을 것인가라는 물음에 대한 대답은 이들과의 관계를 정리하는 과정에서 얻어질 수 있을 것이라 믿는다.

Ⅲ. 문학교류의 실체

1. 安南과의 교류

(1) 중국을 매개지로 한 교섭의 의미

중세 동아시아의 질서는 여전히 '중국 중심'으로 이루어지고 있었다. 그것이 정치적이던 문학적인 교류의 장이던 모두가 이를 중심으로 각지와 교섭을 가지게 되었으며, 직접적인 경우보다는 어떤 면에서는 더욱 활발하였다고 볼 수 있다. 이러한 현상은 오래 전 중국의 정치적 발전과 연관을 가지지만 17-8세기 변혁의 시기에도 각기 그들의 처지에 따라서 현실적인 세력을 활용하였다고 볼 수 있다. 明末淸初 중국 지식인의 '華夷'에 대한 논의의 전개와 朝鮮의 華夷觀의 변화가 그 예의 하나일 것이다.[177)]

중국은 오랫동안 그들의 세력 속에 주변의 여러 나라들을 朝貢貿易이라는 이름으로 묶어 둠으로써 영향력을 행사해왔다. 이 속에는 중세문어문으로서의 漢字를 사용하던 민족은 물론이고 그렇지 않는 민족도 포함되어 있었다. 明나라의 ≪太祖實錄≫에 수록된 <蕃國>이

177) 曺永祿, <中國的國際秩序의 推移와 韓·日의 對應>, (≪中國과 東아시아世界≫, 국학자료원, 1997.), pp. 28-31.

라는 이름을 붙인 각국의 朝貢횟수를 밝힌 내용 속에 실린 나라가 17개국이나 된다. 물론 본고에서 논의하고 있는 '安南'과 '琉球'·'暹羅'도 포함되어 있다. 이들과의 접촉은 직접적인 교류가 없는 나라들이라도 같은 '조공국'이라는 처지에서 '북경'을 매개지로 하여 자연스럽게 접촉할 수 있었다. 물론 그 대상은 선별되었으나 우리나라와 외교적 관계가 맺어지지 않았던 나라, 곧 安南과도 중국이라는 나라 안에서 접촉이 이루어지고 있었음을 알 수 있다. 물론 이들과의 접촉이 꼭 같은 조공국이라는 의미에서만이 아니라 중세문어문인 한자를 사용하고 있다는 것에 더욱 큰 비중이 있었다고 보여진다.

그것은 중세 동아시아의 보편적인 문명을 말할 때 한자문명을 지칭하는 것과 연관을 가진다. 소위 유교적 문명에서 가장 높은 점수에 올려놓은 '예의'라는 규범은 유교적 가치관에서 산생된 것이다. 그것을 뒷받침하는 한자문명은 그 어느 것보다도 더 확실하게 동질성을 느끼게 한다. 조선이 '안남'에 대하여 각별하게 생각하는 이유도 여기에 있을 것이다. 서로가 외교적 관계가 없었으면서도 북경에서의 접촉에 대하여 깊은 관심을 가진 것이 이를 잘 말해주고 있다.

역사의 기록을 보면 가장 먼저이면서 구체적인 접촉에 대한 내용은 徐居正(1420-1488)이 1460년(세조 6)에 사은사로 明나라에 갔을 때 북경의 通州館에서 안남국 사신 梁鵠을 만나 근체시 11首를 주었다는 것이다.[178] 안남의 문헌을 통한 검증을 거치지는 않았으나 이 기록은 이후 조선 사신의 안남국 사신과의 접촉의 한 전범이 되었다고 볼 수 있다. 이 당시 중국에서 서거정이 행한 활동은 그 뒤 崔溥가 중국 浙江지방에 표류하였을 때 그곳 文士들이 서거정의 안부를 물을 정도였

178) ≪조선왕조실록≫, <成宗>, 癸丑條 참조.

음을 통해서 짐작할 수 있을 것이다. 그 이후에도 연경사신을 통한 안남국과의 교섭은 활발하게 진행되었음을 알 수 있다.[179]

특히 안남국과의 관계에 대한 기록 중에서 특이한 것은 1537년 사은사로 중국에 갔다 돌아온 姜顯(1486-1553)에게 국왕이 행한 질문의 내용이다. 그 당시 안남국에는 정변이 일어났는데 莫登庸이 黎王朝를 무너뜨린 사건이다. 이 사실에 대한 국왕의 질문은 당시 동남아시아 제국의 정세에 대한 깊은 관심을 짐작케 하는 내용이다.[180] 특히 그 대상이 '안남'이었다는 것이 더욱 중요하게 작용하고 있다. 안남국은 당시 권신이었던 莫登庸에 의하여 권력투쟁이 발생하였으며, 1527년에 그 스스로 왕위에 오르게 되었다. 이는 향후 18세기 후반 레왕조의 멸망까지 약 2세기 반 동안의 분열과 혼란한 시대를 맞게 되는 계기를 마련하였다.[181] 국왕의 질문은 바로 이 같은 문명국인 '안남'의 국난에 대한 우려와 莫氏王朝에 대한 반감을 표시한 내용이다.

이 당시의 안남에 대한 중국의 역할도 크게 작용되지 못했음을 알 수 있다. 그것은 당시 조선에 파견된 중국의 사신이 황제의 단자를 올린 내용 속에 그간의 주변국들이 취한 조공국으로서의 태도를 칭찬하고, 지금 안남의 정변을 처리하기 위해서 고관을 사신으로 파견하는데 그 점에 대한 조선국왕의 양해를 구하고 있는 점이다.[182] 이는 중국 정부의 주변국에 대한 정책의 특징을 나타내는 것으로써 안남과

---

179) ≪中宗實錄≫, 戊申년 항목에 李耟(1146-1522)이 1508년(중종2)에 사은부사로 명나라에 갔을 때 서장관으로 동행한 황필에게 안남사신이 시를 보내오자 차운하여 보냈다는 기록이 있음.

180) 위의 책, 癸丑年 참조.

181) 劉仁善, ≪베트남史≫,(民音社, 1991), <제7절, 對立과 分裂의 時期> 참조.

182) ≪中宗實錄≫, 己酉년 참조.

조선을 대등한 관계가 아니면 조선을 우위에 두고 있었으나 안남의 정변으로 인한 해결의 방책으로 고관을 파견함으로써 자칫 오해를 불러올 수 있는 가능성에 대하여 사전에 설명하고 양해를 구한 것이다. 그러니까 당시의 중국은 지배적 위치의 국가이면서 동아시아와 그 주변의 국가들에 대한 세력의 균형을 잡고 있는 처지였음을 알 수 있다.

조선과 안남은 이러한 주변 정세 속에서 서로의 처지를 이해하면서 독자적인 역사를 영위해 갔음을 알 수 있다. 그것은 다음 장의 논의에서 좀더 구체적으로 설명할 수 있을 것이다. 우선은 중국을 매개지로 한 교섭의 양상과 그 의미에 대하여 정리를 하는 것으로 본 장의 소임을 한정한다. 당시 조선이 안남에 대하여 깊은 관심을 가진 것과 같이 안남 역시 오래 전부터 조선에 대하여 깊이 이해하고 있었다는 점은 관계되는 문헌에서 잘 나타나고 있다.[183] 이러한 관심과 오랫동안 쌓은 상대방 국가에 대한 지식의 덕분에 중국을 매개지로 한 사신의 접촉은 계속될 수밖에 없었으며, 이것은 근대사회에 와서까지도 지속되었다.

(2) 체험적 기록과 안남

앞에서 지적한 것과 같이 안남과의 교류는 중국을 매개지로 한 使行들의 접촉과 漂流民들의 체험을 전하는 경우 외는 별다른 방법이 없었다. 첫 번째의 경우에 대해서는 다음의 장에서 살펴보기로 하고 여기서는 주로 체험에 의한(주로 표류민의 기록과 傳言을 중심으로) 기록들을 대상으로 그 실상을 살펴보기로 한다. 이에 해당되는 내용의 가장 대표적인 경우는 ≪실록≫에 기록된 다음의 세 경우이다.

---

183) 黎貴惇, ≪北使通錄≫, 卷上・下. 참조.

첫째는 趙完璧이라는 사람이 丁酉再亂 때 포로가 되어 일본으로 끌려갔다가 그곳 상인들과 함께 외국교역에 참가했는데 그 때 내왕한 곳이 '안남'이었다. 나중에 귀국하여 안남의 사정을 전한 내용 속에, 1597년 李睟光(1563-1628)이 중국의 使行길에 玉河館에서 안남의 사신 馮克寬과 약 5개월 동안 시문을 교환한 일이 있는데 그 때 써 준 시문이 안남에 유포되었음은 물론 그에 대해서 상세히 물었다는 것이다. 이러한 사정은 이수광이 그의 문집에 <趙完璧傳>이라는 제목으로 전후 시말을 적고 있으며,[184] 또한 ≪조선왕조실록≫에도 기록되어 있다.[185]

두 번째의 경우는 역시 ≪실록≫에 기록된 내용이다. 그 내용은 중국 南京의 상인들과 안남의 장사하는 사람들이 물화를 싣고 일본으로 가다가 풍랑을 만나 제주도에 표착하였을 때 제주목사 李箕賓과 판관 文希賢이 그들 모두를 죽이고 방물을 뺏은 후 왜구를 잡았다고 거짓 보고한 사실이 발각되어 사헌부의 탄핵을 받은 내용이 있다. 이 사건을 조사하는 과정에서 그들의 물건 속에는 "우리의 方物을 사람을 보내 귀국에 기증한다"라는 구절이 있는 것으로 보아 희생당한 이들이 공식적으로 일본과 무역을 하던 배였음이 분명하다.[186] 이에 대한 일본 측의 구체적인 史實을 확인할 수 없지만 이 당시 일본은 이미 동남아시아 여러 나라들과 교역을 하고 있었으며, 멀리 유럽과도 교역

---

184) 李睟光, ≪芝峰集≫(성균관대학교 대동문화연구원 영인본, 1964. 이하 "이수광, ≪문집≫, 권 23"과 같은 방법으로 표기함), 권 23, <雜著>, pp. 243-244.

185) ≪仁祖實錄≫ 卷 19, 인조 6년 12월 6일, 壬子條에 일본상선을 따라 交趾에 갔을 때 이수광의 詩文을 자랑하는 것을 목격했다는 기록이 있음.

186) ≪광해군일기≫ 卷 50, 광해군 4년 2월 10일, 乙亥條 참조.

이 있었음은 익히 알려진 일이다.[187] 이것을 참고하면 이기빈・문희현의 행위는 안남과의 교류에서 나타난 가장 최악의 경우일 것이다.

세 번째는 1687년(숙종 13. 정묘년) 9월에 제주 목사의 진상품인 말을 수송하던 金泰璜이라는 사람이 풍랑을 만나 표류하다가 31일 만에 安南國의 會安 지방에 표착하였는데 국왕이 극진히 대접한 후 淸나라 상인과 함께 公文을 작성하여 보내주었다는 기록이 있다.[188] 이 일은 앞서 본 정유재란 때의 포로로 잡혀간 '조완벽'의 안남 체험 이후 두 번째의 현지 경험에 해당될 것이다. 이에 대한 구체적인 문건이나 詩文에 대한 기록은 없으나 안남국 국왕의 公文을 작성한 사람은 당시의 邊臣인 明德侯 吳爲라는 사람으로 알려져 있다. 적어도 이 공문은 안남 국왕이 조선 국왕에게 보낸 최초의 공식 문서일 것이다. 그것이 국교가 없는 나라와의 국서라면 두 나라와의 관계를 이해하는데 매우 귀중한 자료가 될 것으로 여겨진다.

'안남'체험을 기록한 문건 중에서 가장 특이한 경우는 張漢喆(?-?)의 ≪漂海錄≫[189]에 나오는 내용이다. 우리나라에는 여러 종류의 '표류기'가 전해지고는 있으나 '안남'을 경험한 경우는 많지 않다. 더구나 장한철의 '표해록'은 직접 안남의 땅에 도착한 것이 아니라 유구의 어느 섬(무인도)에 표착하였다가 안남에서 일본으로 가는 상선 두 척을 만나 구조되고 우여곡절 끝에 귀국했다는 내용을 담고 있다. 그런데 이 작품이 주목되는 것은 일반적으로 '표해록'의 가치로 지적되

187) 藤本 篤, ≪大坂府の歴史≫(山川出版社, 1988), p. 207. 참조.

188) ≪숙종실록≫ 卷 20, 숙종 15년 2월 13일, 辛亥 조.

189) 이 작품은 1959년 鄭炳昱 교수가 제주도 답사 때 발견된 것을 1961년 연세대학교 ≪인문과학≫ 제 6집에 <해제>와 함께 원문을 소개하면서 세상에 알려지게 되었다.

는 "표해 과정에 따라 드러나는 심리변화와 다양한 견문들을 섬세하게 묘사하는데 성공한 점"[190]도 중요하지만 '안남'에 대한 인식을 새롭게 하는 부분일 것이다. 왜냐하면 작자 장한철이 생장한 제주도에는 오랫동안 전해지는 얘기 중에 '옛날 유구 태자가 제주에 표착하였는데 가지고 있던 귀물을 뺏고 모두 죽였다'는 내용이다.[191] 그런데 그 태자가 유구의 태자가 아니고 안남의 태자라는 것이다. 장한철 일행이 유구의 어느 무인도에 도착하였다가 나중에 안남에서 일본으로 향하는 상선에 구조되었을 때 안남의 뱃사공이 보여주는 태도(자기 나라의 태자를 죽인 제주도인에 대하여 복수하려는 일)는 지금까지 전하는 것과는 반대였다.

곧 1771년 정월 초3일 안남상선에 의해 구조되어 돌아오던 중 초닷새 날 저녁에 배 안에서 소란이 일어 났는데 사연인즉 표류인들이 한라산을 발견하고 좋아하는 사연을 알고는 안남 선원들이 다음과 같이 말했다는 것이다.

> 옛날 탐라왕이 안남 세자를 죽였으므로 안남 사람들이 상공이 탐라인임을 알고 모두 칼로써 배를 잘라 나라의 원수를 갚으려 하는 것을 우리들이 萬方으로 달래서 근근이 그 마음을 돌렸습니다.[192]

위 인용된 내용대로라면 지금까지 ≪실록≫이나 다른 문헌, 그리

190) 조규익, <漂海歌辭의 문학적 성격 - 李邦翼의 <漂海歌>를 중심으로 -, 崔康賢 편, ≪한국기행문학 작품연구≫(국학자료원, 1996), p. 587.

191) 박지원, ≪연암집≫(경희출판사 영인본, 1966), 권 14. p. 276. <避暑錄> '琉球太子와 酒石이야기'참조. 이 이야기의 근거는 1611년의 일로 ≪조선왕조실록≫에도 수록되어 있다.

192) 張漢喆, ≪漂海錄≫(鄭炳昱 譯, 汎友社, 1979), p. 78.

고 제주도에 전해지는 '유구태자설'은 와전되었다는 말이 된다. 특히 장한철이 경험한 내용을 뒷받침하는 鄭東愈(1744-1808)의 기록은 이 부분에 대한 앞으로의 논쟁을 기대하게 한다. 정동유는 그의 ≪晝永編≫에서 제주인 高商英 일행이 1687년 안남에 표류하였을 때 필담으로 조선인임을 알고, 옛날 안남태자를 죽인 일에 대하여 복수하려 했으나 어떤 귀부인의 도움으로 위기를 벗어났다. 그 뒤 首府에 옮겨져 안남 국왕의 허락을 받고 중국 상인 陳有履에 의해 1인당 쌀 30石의 보상을 조건으로 풀려났으나 나중에 우리 조정에서 배상한 것으로 되어 있다.[193]

정동유는 고상영이라는 사람의 표류담을 전하면서 '유구태자'가 제주에서 살해된 것이 아니고 '안남태자'였을 것이라고 추정하고 있다. 그 이유는 자신이 북경에 갔을 때 만난 유구사신으로부터 조선을 원수의 나라로 생각하느냐고 물었을 때 그렇지 않다고 대답했다는 사연까지 옮기고 있다. 이 '유구태자'와 '안남태자'에 대한 얘기는 장한철의 ≪표해록≫을 근거로 그 가능성을 제기하면서 보다 더 면밀한 분석과 조사가 있어야 할 것이다. 다만 장한철의 작품을 통하여 '안남상인'과의 접촉은 미확인된 일(안남태자 살해담)에 의하여 더 이상 진전되지 못하고 귀국으로 그간의 표류는 끝나고 말았다.[194]

193) 鄭東愈, ≪晝永編≫(南晩星 역, 을유문화사, 1971), pp. 94-95. 여기에는 표류의 시말과 함께 pp. 100-102에 안남국왕의 명에 의한 咨文의 全文이 소개되어 있어서 안남에서의 과정을 소상히 밝혀주고 있다. 또한 이 사연은 위 注14 ≪숙종실록≫에 수록된 金泰璜의 안남표류와 연관되는 내용이다.

194) 壬亂을 전후한 체험적 문학에 대해서는 蘇在英, <壬亂被虜들의 海外體驗>(소재영 · 김태준편, ≪旅行과 體驗의 文學≫일본편, 민족문화문고간행회, 1985), pp. 57-76에서 여러 각도의 접근을 시도하고 있다.

그러나 우리의 문학작품 속에는 안남과의 접촉을 대상으로 한 글들 -앞에서 본 조완벽·장한철, 그리고 고상영이 체험한 내용-은 조선시대 우리의 소중한 대외적인 접촉이었으며, 세계인식에 대한 또 다른 모습의 하나일 것이다. 작품의 구체적인 부분에 대해서는 다음 장에서 다른 詩文등과 함께 논의하기로 한다.

(3) 문학교류의 실체

① 제 1기의 작자와 작품들

본장에서 논의하려는 작가와 작품은 조선시대를 편의상 전기와 후기로 나누어 전자를 제 1기, 후자를 제 2기로 구분하여 각각 전개하려 한다. 여기서는 조선과 안남의 문인으로 직접 시문을 교류하였거나, 중국이나 다른 지역의 문헌에 등재되어 간접적으로 교류한 경우를 그 대상으로 삼고자 한다. 직접적인 교류의 경우도 결국은 중국을 매개지로 하여 형성되었지만 간접적인 경우와는 약간의 차이가 있을 것이다. 왜냐하면 후자의 경우는 중국 측이 '蕃國'이라 칭하는 주변 조공국의 시문을 수집하여 편찬한 글을 통하여 상호교류하는 경우도 있었기 때문이다. 또 다른 한 경우는 사행을 다녀온 관리(중국 측)를 통하여 그곳의 시문과 시인을 소개받는 경우도 있었음을 생각해야 한다.

우선 조선의 경우를 먼저 보기로 한다. 조선은 앞에서 예시한 이숭인의 경우를 제외하고는 가장 뚜렷하게 문헌에 나타나는 사람으로 曹伸(?-?)이라는 燕山朝의 인물이 있다. 그는 당시의 대표적인 서출문인이었던 李達·魚無迹·魚叔權·權應仁 등과 함께 활동했던 인물이며, 75세까지 생존하면서 북경을 일곱 차례, 일본을 세 차례나 여행한 매우 특이한 인물이다.[195] 그의 안남 사신과의 교류에 대한 기록은 魚叔

權의 ≪稗官雜記≫ 권 2에 '黎時擧'라는 사람과 주고받은 시와 詩話가 소개되어 있다.

그러니까 어숙권이 기록에 남긴 내용은 그가 일곱 번의 북경 여행 중의 어떤 때의 일을 적은 것으로 추측되는데 정확한 사연은 적고 있지 않다. 상대한 안남 사람 黎時擧에 대해서도 그 정확한 자료를 찾을 수가 없다. 곧 裴維新(Bùi Duy Tân)이 1995년에 발표한 <중국에서의 韓・越 使臣, 詩人의 만남 - 문학교류에서 나타난 兄弟愛>[196] 라는 논문에서도 예시되지 않은 인물이다. 이 논문에 등장하는 조선의 문인은 모두 15명이다. 이에 대해서는 다시 의논하기로 한다.

어숙권이 전하는 조신의 활동에 대한 고찰은 몇 편의 논문들에서 언급된 바 있다.[197] 그런 사정을 감안한다면 이 시기 안남과의 문학 교류에 대한 고찰의 의미는 크다고 본다. 왜냐하면 이 후 조선시대 연경사신들은 대부분 북경이라는 지역을 매개지로 하여 각국의 사신들과의 접촉을 바랬던 데에서도 그간의 사정을 알 수 있다.

---

195) 許筠, <遺稿序>(李相殷 編, ≪韓國歷代人物傳集成≫, 民昌文化社, 1990), p. 4069, '曹伸'참조.

196) 이 논문은 1995년 베트남 하노이에서 발표된 <중대 중국에서의 越・朝사신, 시인의 만남>(Nhung cuoc taongo su gia ha tro Viet-Trieu tren dat nuoc Trung Hoa troi trung dai, Tap Chi Van hoc, SO 10, Ha Noi, 1995)이라는 제목으로 발표된 것인데 베트남어의 전달이 불가능하여 그 원문을 전할 수 없어서 부산 외국어대학교 베트남어과 裵涼秀교수가 번역한 것에 의하여 논지를 전개한다. (이하 본 논문의 인용은 '裴維新, 위 논문 p. 10'과 같은 방법으로 표기함.)

197) 崔信浩, <韓國과 安南・琉球와의 文學交流試考>(≪韓國漢文學硏究≫ 5, 한국한문학회, 1980 ; 강동엽, <이수광의 문명의식과 대외교류>(≪우리문학연구≫12, 우리문학회, 1999) 참조.

먼저 黎時擧가 曹伸에게 주었다는 시를 보자.

삼한의 풍경이 유다르다 하니
압록강 맑고 맑아 물빛이 가을이로다
이 강산 시 생각하기 좋다하며
도리어 句法을 가져 蘇州를 본떴네.[198]

이에 대하여 조신이 다음과 같이 답시를 지었다고 한다.

좋아하는 물고기와 熊常이 그 맛이 무엇이 다르랴!
나는 그대 시의 맑기가 가을 같음을 사랑하노라.
溫과 李는 오직 富艶하기를 자랑하려하니
平平하게 蘇州배움이 합당하리라.[199]

위에 인용한 조신의 시는 앞에서 소개한 여시거의 시에서 사용한 '蘇州'라는 운자에 대하여 그 부당함을 조롱조로 지적한 내용을 담고 있다. 그런데 조신은 여시거의 의도를 잘못 이해하고 작시한 것이다. 그것은 다음에 보이는 여시거의 시에서 그 상세한 내용을 알 수 있다.

三韓의 끼친 풍속 옛사람과 다르니
세대가 옮아가기 몇 해이던고
耨薩 名官이 무슨 뜻인가
그대는 예의 태도가 중국과 다름을 아는가?[200]

---

198) 어숙권, ≪패관잡기≫(≪국역 대동야승≫ Ⅰ, 민족문화문고 간행회, 1985), pp. 476-477. (번역문은 위 책을 인용하며, 原文은 생략함)
199) 위의 책, 같은 곳.

앞에서 인용한 조신의 답시가 제대로 격식을 갖추지 못하여 여시거가 조롱 섞인 투로 응수한 내용이다. 급기야는 조신이 다음과 같은 내용의 변명을 할 수밖에 없었다.

……病餘思涸 甘心屛退 悌衡舞於前 而處女自身 若見淮陰走水上軍 毋發趙人笑也 異日竢身健 當相就爭長詩壇 試觀老子據鞍顧眄也 幕中之籌 無容焰焉.……[201]

이 변명은 시인으로서는 참패한 모습이다. 건강이 나빠서 실수한 것이니 뒷날 다시 보자는 것이다. 조신의 이러한 태도마저 여시거는 용납하지 않았다. 다음에 지적한 부분이 그 사정을 잘 대변해 준다.

……今君蹈襲唱詩經用之韻 以兵法律之 則君失伍離次甚矣 將見棄甲曳兵而走 何據鞍顧眄哉 大丈夫磊磊落落 墨甲筆鍒 千軍一掃 焉用幕中之籌 他日貴体安健 幸一相訪 謹命壇夫 嚴設旗鼓以待……[202]

이 정도라면 안남 시인의 눈에 비친 조선의 문사는 그 수준을 짐작하게 한다. 사실 어숙권이 이러한 내용을 수록한 이유가 어디에 있었는지 궁금하다. 왜냐하면 당시의 世評에 의한다면 조신의 文名과 ≪패관잡기≫에 전하는 이 내용과는 많은 차이가 있기 때문이다.[203] 결국 안남에 대한 문학교류의 첫 시도(현재 나타난 사실을 중심으로)는 대

200) 위의 책, 같은 곳.
201) 위의 책, 같은 곳.
202) 위의 책, 같은 곳.
203) 강동엽, 앞의 논문, p. 13 참조.

단히 부정적인 면모만 보여준 셈이다.

그 다음에 보이는 접촉은 徐居正(1420-1488)이 1460년(세조 6년)에 謝恩使로 명나라에 갔을 때 안남사신 梁鵠이라는 사람을 만나 唱酬했음을 보여주는 작품이 보인다. 곧 <次安南使梁鵠詩韻>이라는 작품이다.

萬國梯航日　同時近耿光
弟兄均四海　談笑卽吾鄕
已喜新知樂　那堪別恨長
他年南北思　雲水正茫茫.[204)]

이 시집에는 북경 사행길과 관계된 다른 작품들은 많이 수록되어 있으나 직접 안남 사신과 나눈 작품은 위에 든 작품이 모두이다. 이 작품에서 서거정은 인접국과의 교섭을 매우 의미 있게 생각하며 四海를 두루 친근하게 지내야 함을 읊고 있다.

안남과의 문학교류의 집약은 역시 李睟光(1563-1628)이 1597년 북경의 玉河館에서 馮克寬(Phung Khac Khoan. 1528-1613)이라는 사신과 약 5개월 정도 같이 지내면서 詩文을 교환한 일이다. 이들의 만남은 조선과 안남에서 각기 특별한 의미를 나타나게 되었다. 조선의 처지에서 보면 이수광이 첫 번째 연행 때 특별한 소득을 얻지 못한 것을 안타깝게 생각하여 제 2차, 제 3차 때는 각기 안남과 琉球사신과의 접촉을 가지게 된 것을 보면 '특수한 경우의 우연한 일'[205)]쯤으로

204) 徐居正, ≪徐四佳全集≫, 卷之七, 詩類(경인문화사 영인본, 1973), p. 115, ≪성종실록≫에는 서거정이 경진년(1460년) 사행 때 만난 사신 梁鵠과 11首의 詩를 주고받았다고 했는데 정작 문집에는 위 한 수만 수록되어 있다.

치부할 수 없는 의미가 내재되어 있다고 보여 진다.

그러면 여기서 이수광이 만난 풍극관에 대하여 잠시 살펴 보기로 한다. 그의 字는 弘夫, 오늘날의 하노이에서 출생, 莫왕조 때에 벼슬을 원치 않아 과거를 다시 보지 않고 黎왕조 중종 때 장원을 했으며, 그의 나이 53세 때인 1580년에 과거에 급제하였다. 귀국 길에는 깨·옥수수 등의 씨앗을 가지고 와서 널리 퍼뜨렸으며, 가는 비단을 짜는 기술을 도입하여 민간에 전파하여 백성들이 그를 존경하여 성황당에 모셔 제사를 지내게 되었다. 그의 文集에는 ≪梅嶺使華詩集≫·≪言志詩集≫, ≪毅齋詩集≫·≪馮太傅壯元詩≫·≪使華筆手澤詩≫ 등이 전하며, 黎貴惇이 편찬한 ≪皇越詩文選≫ 3집(1968년 하노이)에는 그가 이수광과 나눈 작품 가운데 <肅次芝峰使公韻>이라는 작품을 <答朝鮮國使李睟光>이라는 제목으로 바꾸어 그 뒷부분 8句만 수록하고 있다.[206] 이제 이들이 나눈 작품을 보기로 하자.

이 때의 만남을 이수광은 그의 문집 ≪芝峰集≫ 권 8에 <安南使臣唱和錄>이라는 항목으로 수록하고 있다. 여기서는 이수광이 쓴 시가 8首, 풍극관이 쓴 시가 9首, 그리고 明나라 神宗에게 바친 풍극관의 ≪萬壽聖節慶賀詩集≫의 서문, 대화록 등이 수록되어있다.[207] 먼저 이수광이 풍극관에게 준 시부터 보기로 한다. 이수광이 남긴 시는 안남을 체험한 조완벽을 통하여 이미 그 유포사실을 알았으며, ≪皇越詩選≫에 수록된 것을 근거로 풍극관과 이수광의 창수에 대한 안남

---

205) 崔信浩, 앞의 논문, p. 245 참조.

206) 黎貴惇 편역, ≪皇越詩文選≫3집(하노이, 1968), p. 103. <答朝鮮國使李睟光>. "義安何地不安居 禮接誠交樂有餘 彼此離水山海域 淵源同一聖賢書 交隣使是信爲本 進德深惟敬作興 記取使軺回國日 東南五色望雲車"

207) 이수광, ≪지봉집≫, pp. 76-83.

에서의 뒷얘기의 진실성을 입증한 게 되는 셈이다.

우선 그 첫 번째 시 <題安南國使臣二首>의 일부를 옮겨본다.

만리나 먼 장려항에서 와서
重譯에 의해 군왕을 배알하네
한나라 때 동주표가 세워진 곳이고
주나라 때 공헌하던 越裳國일세
산이 이상한 모양으로 솟았으니 상골이 많고
땅에 연기 되어 오르니 龍香이 생산되네
……
의관제도 다르다 말하지 마소
문자를 가져 詩書를 함께 하지 않는가
白雉 받친 뒤부터 오랑캐 지방과 통했었는데
지금 包茅 바치러 상여 타고 조회 왔네
炎州를 돌아다보면 돌아갈 길 먼데
누가 다시 指南車를 만들어 주려나[208]

위 작품은 원래 2首인데 그 앞과 뒷 부분 일부만 발췌했다. 앞 부분은 안남의 자연환경에 대해서 주로 읊었다면 뒷 부분은 역사적 사실에 근거한 현재의 상황을 노래했다. 이 시에 나타난 이수광의 안남에 대한 지식이 상당한 수준이다. 물론 중국의 서적에 수록된 내용을 참고했다고 보여지지만 이 나라에 대한 그 당시 조선 지식인의 관심 영역이 매우 넓었음을 알 수 있다.

그런데 위에 인용한 詩에서 알 수 있는 것 중의 하나는 의사소통의

---

208) 이수광, ≪문집≫, 권 8, p. 76. (원문은 문집을 참고하며 이에서는 생략함).

방법이다. 한자를 매개한 筆談은 당연한 방법이지만 시로써 和答하거나 重譯하여 의사를 소통했음을 볼 수 있다. 그래도 이것이 가능했던 것은 역시 중세동아시아의 문화적 현실의 한 단면이라고 할 것이다. 이 두 사람이 만난 5개월이란 결코 짧은 시간이 아니다. 그 아쉬움을 풍극관은 다음과 같이 읊었다. <肅次芝峰使公韻>이란 제목의 작품인데 뒷부분은 이미 ≪皇越詩選≫에 수록된 내용으로 앞에서 밝힌 바와 같으며, 그 앞 부분의 일부를 제시한다.

> 이역이 다같이 예의의 나라에 귀의하니
> 기쁘게도 오늘 함께 입조하게 되었구료
> 조회하는 반열에는 殷나라의 관이 잇달았고
> 관광으로는 순임금의 문물을 보겠네.
> ……
> 군자라야 진군자를 알아보는 법
> 요행히 시로 칭찬해 줌을 받았구료.209)

풍극관의 시 역시 이수광과 같이 서로가 유교를 중심한 예의의 나라임을 강조하면서 중국 황제의 은택을 고마워하는 내용을 담고 있다. 역시 使節로서의 처지를 잘 살려내고 있는 것 같다.

이 때의 북경 객관의 사정을 이수광은 다음과 같이 기록하고 있다.

> ……정유년 겨울에 이르러서 진위사로 다시 경사에 이르러 또 안남사신과 더불어 서로 만났는데 때마침 동지사절로 외국에서 온 사람들이 많아 객관을 가득 메웠다. 다행히 그 사신과 더불어 같은 곳

209) 이수광, 위의 책, 같은 곳.

에서 한 번 만나 머물면서 5개월(여기에서는 50여일로 표기되어 그 진위를 가늠하기 어렵다. 전체적인 내용으로 보아 5개월이 합당한 표현인 것 같아 5개월로 적는다: 역자)동안 지낸 까닭에 서로 대접함이 매우 익숙하고 문답이 매우 자상하였으며, 수창에 이르러서는 이 때 나라가 병화를 입어 생각이 다른데 미치지 못하여 감히 붓을 잡아 글을 지을 수 없었다. 오직 그 문체를 보고자 하는데 그칠 뿐이었다.[210]

이 당시 우리나라 사신의 숙소였던 옥화관의 사정을 상세하게 알려주는 내용이다. 원래는 안남사신과는 같은 숙소가 아니었으나 워낙 외국 손님이 많아 '안남사신'과 같은 숙소를 쓰게 된 것이다. 이수광으로서는 행운이 아닐 수 없다. 왜냐하면 제 1차 연행때 만난 '안남사신'과 특별한 대화를 나누지 못한 점을 아쉬워한 점으로 보아 그간의 심정을 이해할 수 있을 것이다.[211] 이수광은 풍극관과의 만남을 무척이나 감격하게 생각한 것 같다. 원래 북경의 사행길에서 타국의 사신과는 쉽게 접촉이 어려웠던 때이다.

다음에서 풍극관의 시를 보기로 한다. <肅和再次海東芝峰使公前韻>의 중간 부분이다.

---

210) 이수광, 위의 책, p. 50. <識>참조.

211) 이수광, 위의 책, 같은 곳, "수광은 만력 경신년에 서장관이 되어 성절을 축하하러 경사에 사신가서 안남국 사신을 만나 각각 다른 객관에 머물게 되었는데……주상께서 신 수광을 정당으로 불러서 안남 사신의 의복제도와 그 나라 풍속이 어떠하고, 또한 혹 창화한 작품과 아울러 서계가 있는지 여쭈어 보셨다. 이에 그 사신과 더불어 문답하고 수창하지 못한 것이 매우 한스럽다고 우러러 임금의 여쭘에 아뢰었다."

……

그대와 내가 번갈아서 손님 주인 되어서

동남의 아름다움을 다하며 칭찬을 주고 받네.

……

가끔가끔 사는 곳을 찾아가보고

나그네 생활 스무날에 열흘 남짓 하구나.

……[212]

이는 사신과의 만남이라기보다는 옛날의 벗을 만나 헤어짐의 아쉬움을 전하는 기분이다. 이 같은 심정을 곡진하게 전할 수 있는 것은 역시 중세 동아시아 공통 문어문인 '한자'의 역할이라 할 것이다. 이를 매개로 그들은 자신들의 역사서는 물론 위와 같은 문학의 교류를 위한 매개자를 담당한 것이다. 이들이 상대방을 이해하는 공통 분모는 '한문'이다. 이 사실은 그들 각각의 역사가 어떻고 현실의 정치가 어느 지경에 있는 것과는 별 문제였다. 왜냐하면 위의 예로든 이수광의 <後識>의 내용에는 '정유재란'의 국난으로 인하여 경황이 없고, 그래서 더 깊은 교류를 할 수 없었다고 하지만 사실은 그렇지 않았음을 미루어 알 수 있다.

풍극관 역시 당시 안남의 국내 정치의 불안과는 관계없이 같은 문명국으로서의 조선에 대한 관심이 대단하였으며, 사전에 많은 지식을 담고 있었음은 그들의 대화 속에, 그리고 작품 속에 흔히 나타나고 있다.

특히 풍극관이 詩를 통하여 '交隣'의 요체를 강조한 것[213]은 당시

---

212) 이수광, 위의 책, 권 8, p. 76.

213) 이수광, 위의 책, 같은 곳, <肅次芝峰使公韻>의 끝 부분에 "교린은 바로

동남아시아 제국의 국제적인 활동의 실상을 잘 말해주고 있다. 곧 당시 안남을 위시한 주변의 국가들은 유럽이나 아시아의 여러 나라들과 빈번한 무역활동이 있었기 때문이다.[214] 조선 역시 그 교류 대상국들의 하나였다. 다만 같은 한자를 매개로 하면서 성현의 경전을 공부한다는 공통점이 교류의 분위기를 더욱 부드럽게 하였으며, 짧은 기간인데도 많은 대화를 나눌 수 있었다고 보여진다.

풍극관과 이수광은 연령의 차이가 많았는데도 그들이 쉽게 교류할 수 있었던 것은 두 사람의 정서에 내재하는 강한 공통점이 크게 작용했을 것이라 짐작된다. 이들은 마치 수십 년의 知己와 같은 태도였다는 것이 그것을 잘 말해 준다. 다음에서 풍극관이 70세 때 쓴 명나라 神宗에게 바친 ≪萬壽聖節慶賀詩集≫의 '서문'을 보면 그 사정을 잘 알 수 있다.

> …… 내가 들으니 교주는 남극이다. 주기와 금옥과 임랑과 상서의 기이한 보물이 많은데 이는 정녕 정숙한 기운이 특별히 이곳에 모인 것이어서 의당 기이한 사람이 그 사이에서 나옴이 있을 것이니 어찌 기이한 보물뿐이겠는가? 이제 사신 풍공은 그 머리털이 하얗고 그 생김새가 뛰어나서 나이가 70인데도 오히려 얼굴이 깨끗하며 통역을 두세 번이나 거쳤으나 얽힘이 없었다. 예를 살펴 조정을 밝히고 빈왕의 나라를 이롭게 하여 그 지은바 만수경하시 31편은 드날리며 서술하여 말뜻이 혼후하여 특히 주옥을 뱉고 금옥을 소리나

믿음으로써 근본을 삼아야/덕에 나감이 깊으니 오직 공경스레 수레를 만드네/기록하고 취하여 수레 타고 고국으로 돌아가는 날에/동남의 다섯 색깔 구름수레 바라보리"라는 구절이 있다.

214) 大谷 晃一, ≪大阪學≫(經營書院;1994), p. 188. 여기에는 당시의 일본의 동남아시아제국과의 무역활동에 대하여 자세히 언급되어 있다.

기에 족하니 또한 어찌 이른바 이인이겠는가?……[215]

위의 내용 속에는 안남의 역사 · 풍토 그리고 풍극관의 인품과 문재 등 여러 가지가 들어있다. 특히 풍극관의 재능과 인품은 이수광의 평가에 의하면 합격점인 것이다. 게다가 풍극관이 이수광에게 자신의 시집 서문을 쓰게 한 것은 서로에 대한 신뢰가 깊었음을 의미한다. 이수광의 안남에 대한 지식은 그의 저서 ≪지봉유설≫ 권 2, <諸國部> · '外國條'에 나오는 내용[216]과 ≪문집≫에 수록한 <後>[217]의 내용이 거의 같음을 알 수 있다. 그것은 그가 풍극관을 만나 직접 전해 들은 지식과 중국 문헌인 ≪事文玉屑≫과 ≪吾學編≫이라는 서적에 기록된 것을 종합한 것임을 알 수 있다. 또한 문집의 <問答>[218] 부분의 내용에서도 각기 상대방에 대한 지식을 서로 교환하고 있음을 알 수 있다.

그러면 여기서 이 둘이 시문을 교류하는 방법과 그 때의 사정에 대하여 살펴보기로 하자. 이수광이 ≪만수성절경하시집≫ 서문을 쓸 당시를 설명하는 다음 이야기는 그 사정을 잘 말해주고 있다.

> …… 사신이 또 청하여 말하기를 "저에게 만수경하시집이 있는데 감히 청하건데 공으로 하여금 그 첫머리에 서를 하여 큰 솜씨 문장가의 은택으로 적실까 합니다."라고 하였는데 구함이 매우 간절하였고 누차 사양해도 얻지 못하여 마침내 글을 지어 보내니 사신이 서

---

215) 이수광, 위의 책, pp. 77-8.

216) 이수광, ≪지봉유설≫上(남만성 역, 을유문화사, 1975), p. 75.

217) ≪문집≫, <後>, p. 78 참조.

218) ≪문집≫, <後>, pp. 79-80 참조.

를 치하하며 말하기를 "기쁘게 사공의 시집 서문을 보니 사조가 빛나고 실정에 지나치게 칭찬하며 저으기 스스로 부끄럽습니다. 많이 감사합니다. 많이 감사합니다."라고 하며 ……[219]

이에 대한 당대 문인들의 평가를 보기로 한다. ≪安南使臣唱和錄≫에 <題>를 쓴 李恒福(1556-1618)은 다음과 같이 지적하였다.

…지금 지봉의 시는 진실로 관면과 패옥의 풍노인에게 화답한 것으로 또한 魯字와 魚字를 혼란할 정도는 아니지만 왕왕 기구에 여덟자가 많았다. 눈 내린 집 해맑은 창에 향을 사르니 청량하여라는 족히 하나의 상쾌함이 될 만하다.[220]

그런가 하면 車天輅(1556-1615)는 풍극관의 시를 두고 다음과 같이 평하고 있다.

…또 대저 안남 사신의 나이가 이미 70을 넘었으나 그 근력과 이목이 조금도 노쇠함을 깨닫지 못했으며, 그 지은 시율이 자못 작자보다 나은 것이 있었으니 또한 외국의 화려함이다. 어찌 그 사신을 감히 재주로써 하고 나이로써 하지 않겠는가?[221]

이는 당대 詩名을 드날렸던 그가 쓴 評文의 한 부분이다. 대개가 동아시아 한자문명권 내에서 중국을 제외하고는 조선이 그 대표임을 자랑하던 당시의 풍토로 보면 차천로의 위 표현은 풍극관의 시문에

219) ≪문집≫, <後>, p. 78 참조.
220) 이수광, 위의 책, p. 80. <題>참조.
221) 이수광, 위의 책, p. 82. <跋>제 2참조.

대해서 대단한 칭찬이라고 보아야 할 것이다. 이것은 외국사신에 대한 예우적 차원이 아니라 그가 노쇠한 육신으로 수만리 사행길을 왔으나 詩文에 대한 정열과 기량이 연령과는 아무 관계가 없음을 지적하고 있다.

풍극관에 대한 조선 문인들의 이와 같은 평가는 안남에서도 비슷한 현상인 것 같다. 裴維新의 앞에서 본 논문에서 이수광을 지칭하면서 "조선에서의 과학 및 문학사상의 발전에 큰 기여를 한 인물"이라고 하였으며, "이수광과 풍극관의 친구관계는 광범위한 기반을 갖고 있었다. 적극적으로 활동하던 실학자들의 실험적 견식과 풍극관의 관찰력에 주의할 필요가 있다[222]"고 적고 있다. 이 안남 학자의 글에서 나타난 바와 같이 당시 이수광과 풍극관, 그러니까 조선 문인과 안남 문인의 교류는 한 개인의 친교를 떠나 당시 동남아시아로 확대되는 우리문학 전파의 한 귀중한 자료가 될 것이다. 당시 조선의 文人도 이 점을 높이 평가하고 있었다. 李埈(1560-1635)의 다음 글이 그것을 잘 말해 준다.

> …아아! 세상 사람들이 심장과 간장을 토하고 달빛 이슬을 노래함에 이에 의탁하고자 하였는데 이름이 썩지 않는 것이 어찌 바람소리에 지남에 한정되겠는가? 사라져서 전하지 않거늘 하물며 멀리 거듭 통역해야하는 마을에 전해져서 사람들로 하여금 오래도록 노래되며 그치지 않기를 바라겠는가?[223]

---

222) 裴維新, 앞의 논문, p. 3. 여기서는 1987년에 N.Niculin이라는 사람이 쓴 논문을 인용하면서 양국 문인에 대하여 설명하고 있다.

223) 이수광, 앞의 책, p. 83. <跋>제 4참조.

뒷날 조완벽의 안남 표류에서 확인된 일이기는 하지만 위 두 사람의 만남은 안남 내에서도 커다란 사건(?)이었음을 알 수 있다. "詞律이 중국 사람의 것과 같다"[224]는 지적은 그의 문학수준을 가늠하는 표현이 아닐 수 없다. 이것은 조선이 명나라에 조공사신을 보낸 지 200여 년 만에 처음으로 안남 사신과의 본격적인 문학교류에서 얻은 수확이다.[225] 그러면 여기서 이수광이 풍극관과 주고받은 시문의 제목을 ≪지봉집≫에 수록된 내용을 근거로 열거해 보기로 한다.[226]

이수광 작	풍극관 작
① 贈安南國使臣 二首 ② 重贈安南使臣疊前韻 (二首) ③ 又贈安南使臣疊前韻 (二首) ④ 贈安南使臣又疊前韻 (二首) ⑤ 贈安南使臣排律十韻 ⑥ 安南使臣萬壽聖節慶賀詩集序 ☆ <問答> 篇	① 肅次芝峰使公韻 (二首) ② 肅和再次海東芝峰使公前韻 (二首) ③ 喜得海東芝峰使公詩序謹再次韻以表同使大筆手澤者 (二首) ④ 再次韻敬答海東芝峰大手筆 ⑤ 肅次芝峰使公長律十韻

② 제 2기의 작자와 작품들

앞에서 '제 1기'로 구분한 시기의 작자는 주로 이수광을 중심으로 그가 교류한 안남의 사신 풍극관과의 시문을 대상으로 살펴 보았다.

---

224) 이수광, 위의 책, pp. 80-81. 崔岦이 쓴 <跋> 제 1참조.

225) 이수광과 안남 사신과의 교류에 대해서는 강동엽, 앞의 논문, pp. 10-19 '<安南使臣唱和錄>의 세계'에서 일부 논의된 바 있음.

226) 배유신, 앞의 논문, p. 4에는 '베트남의 역사학자인 陳文甲(Trăn Văn Giáp) 이라는 사람이 양국 사신들의 수창 시문을 수집 정리한 것이 있으며, 대략 수백 편에 이른다고 했으나 직접 확인하지 못했음.

본 장에서는 편의상 '제 2기'로 설정한 시기, 그러니까 조선 후기에 해당되는 시기에 조선에 알려진 안남의 작자와 작품들을 대상으로 살펴 보고자 한다. 여기서 논의의 대상이 되는 작자와 작품은 1796년에 서문을 작성한 것으로 되어 있는 柳得恭(1748-1807)의 ≪泠齋書種≫ <並世集> 권 2에 수록되면서 조선 문인들의 관심을 받게 되었다.[227] 여기에 수록된 안남의 시인은 모두 다섯 명이며, 각기 1편씩의 작품을 실었다. 이제 안남 측의 자료를 참고하여 그 내용을 보기로 한다.

먼저 유득공이 <병세집>에 이들 작품을 실은 사연을 볼 필요가 있다. 그는 <병세집>서문에서 외국인과 창수한 작품들이 유전되고 있어서 이를 모아 제 2권의 끝에 日本·安南·琉球등 三國의 시 약간을 수록한다면서 같은 세대에 태어나 살면서 넓은 세상을 모르고 사는 무지가 안타까운 마음에서 이 시집을 엮는다고 했다.[228] 여기에는 중국인의 작품도 수록되어 있으나 논의를 안남에 국한하여 본다. 유득공이 그러한 생각에서 문집을 편찬하면서 수록한 안남의 다섯 사람 시인은 그가 세 차례의 중국여행 중 두 번째와 세 번째의 경우에 만난 사람들일 것이다. 왜냐하면 그의 첫 번째 중국여행(1778년)은 '심양'에서 끝나고 말았기 때문에 이들을 만날 기회가 없었을 것이기 때문이다. 그러면 여기서 안남의 연구자가 정리한 조선과 안남 사신

227) 이 <병세집>의 실제 간행은 서문이 작성되고 난 후, 적어도 1801년 이후일 것이다. 왜냐하면 1796년 이후에 수집된 시들이 여기에 수록되었기 때문이다. 이경수, ≪漢詩四家의 淸代詩受容硏究≫(太學社, 1995), pp. 88-91, '淸詩의 수집과 소개' 참조.

228) 유득공, 위의 책, '序', "…則生倂一世 邈若千秋 往往有荒陋寡聞 沾沾自足者一生 不知鱸橘之味 豈不大可哀哉" 참조.

과의 만남에 대한 내력을 표를 통하여 보기로 한다.

<朝鮮・安南 使臣과의 交流 (16세기말 - 19세기 초반)>[229]

〈안남〉		〈조선〉
黎 中興 시대 (Le Trung Hung)		
馮克寬(Phung Khac Khoan)	—	李睟光・金簫逸士
阮公沆(Nguyen Cong Hang)	—	兪集一・李世瑾
阮宗室(Nguyen Tong Quai)	—	李校理・撰序家
陳徽密(Than Huy Mat)	—	洪啓禧・趙永進・李徽中
黎貴惇(Le Quy Don)		
鄭春樹(Trin Xuan Thu)		
西山(Tay San) 시대		
阮提(Nguyen De)	—	徐有防・李元亨
潘徽益(Phan Huy Ich)		
段阮俊(Doan Nguyen Tuan)	—	黃秉礼・徐浩修・李百亨
阮(Nguyen) 왕조 시대 (1868 - 1969)		
阮思僩(Nguyen Tu Gian)	—	南廷順・趙秉皐

위 표를 살펴보면 조선과 안남 교류의 실체에 대한 대강의 윤곽이 나타날 것 같다. 우선은 안남의 자료에 의한 표이지만 우리나라에 알려지지 않은 사람들이 대부분임을 알 수 있다. 본고에서는 <병세집>에 수록된 순서에 의해 살펴보고, 그 다음에 안남의 자료에 의한 교류의 실체를 보기로 한다.

229) 이 표는 裵維新(Bui Duy Tan)의 앞의 논문 p. 2의 내용을 중심으로 재구성한 것임.

우선 胡士棟(Ho si Dong,1739-1785)에 대하여 보기로 하자. 그는 1777년에 副使로 중국에 다녀왔으며, 자는 隆甫, 호를 瑤亭, 후에 이름을 胡士同, 字를 通甫, 호를 竹軒으로 개명하였다. 文集으로는 ≪化程遺興≫, ≪瑤亭詩集≫, ≪瑤亭使集≫ 등이 있다. 전해지는 그의 시는 <戊戌立春後一日奉呈朝鮮國使臣尹判書>라는 제목의 작품인데, 이 때 그의 벼슬은 翰林侍講이었다. 그러니까 1777년에 사신으로 중국에 와서 조선의 사신과는 1778년(戊戌年)에 시를 창수한 것을 알 수 있다. 이 때 조선에서는 李溵(1722-1781)이 진하겸사은사로 청나라에 사신을 갔는데 호사동이 만난 조선사신 '尹判書'는 적어도 副使였을 것으로 추측된다. 그의 작품을 안남의 자료에는 "贈朝鮮使回國"이라 제목하고 Do Ngoc Toai가 번역한 것이 있어서 아래에 옮긴다.

서둘러 궁전을 나와 이별의 길로 들어서니
멀리 동쪽을 가리키면 기쁨이 넘치는 구나
志氣는 깃발과 같이 펄럭이고
글은 장독을 막을 만큼 넘치는 구나
文은 서로 나란히 번성하고
예를 좇는 나라에는 유교가 있도다
수만리 길에 만나는 것은 쉽지 않으니,
육 년 만에 왕께 아뢸 것이 있구나.[230)]

다음은 阮仲鐺이라는 사람의 작품이 수록되어 있다. 그는 字를 汪如, 호를 雲軒, 翰林侍書였다. 역시 제목은 <奉呈朝鮮國使臣尹判書>이다.

230) 裵維新, 위의 논문, p. 11 참조. 原文은 <병세집> 권 2에 있음.

迢遞星槎萬里通　輕颺齊泛斗牛宮
克生匪在紘貪外　爲教寧殊載籍中
瀛海東南天各別　燕臺玉帛地相通
從來會晤多佳話　縞紵依然往哲風[231)]

세 번째 등재되어 있는 사람은 潘徽益(1751-1822)이다. 그의 字는 謙愛甫, 호는 裕庵, 나중에 자를 之和, 호를 德軒으로 바꾸었다. 1775년에 과거에 급제하였으며, 1790년(西山왕조)에 청나라에 사신을 다녀왔다. 그의 문집에는 ≪菊堂口咏詩集≫, ≪星槎紀行≫, ≪裕庵詩文集≫, ≪邦交集≫ 등이 전한다. 그는 당시 '吏部尙書'의 벼슬이었는데 유득공은 이 때 徐浩修(1736-1799)가 부사로, 李百亨이 서장관으로 갔을 때 그는 종사관의 신분이었다. 그는 <奉呈朝鮮國進賀使徐判書>라는 제목으로 시를 읊었는데 이 때의 '徐判書'는 서호수를 지칭하는 말이다. 같은 제목의 시 마지막 구절이 앞의 裴維新의 논문에 수록되어 있는 것을 적으면 다음과 같다.

…주고 받는 것은 옛날 풍리(풍극관과 이수광)를 따르고 싶고,
정을 나누는 것은 달콤한 술잔을 드는 것과 같구나.
贈答('병세집'에는 '騷雅'로 되어있음)擬追馮李舊
交情勝似飮醇甘[232)]

위의 潘徽益이 쓴 시의 내용을 보면 과거 풍극관과 이수광의 교유가 하나의 전범이 되어 이후 안남과 조선 사신이 만날 때는 의례히

231) 유득공, <병세집>, 권 2 참조.
232) 裵離新, 앞의 논문, p. 3 참조.(原詩는 유득공의 <병세집> 권 2에 수록됨)

그 사실이 시문에 나오곤 하였음을 알 수 있다. 그런데 안남의 문헌에는 이 당시의 교유에 동석한 박제가(여기서는 '樸齊家'로 표기)의 시에 화답한 내용이 있어 아래에 적는다.

<侍宴西苑朝鮮書記樸齊家携扇詩就呈卽席和贈>

星長施帝座　翰羽十仙洲
曉露芴蒼柳　天香紫翠樓
歡同歌鹿席　彩燦舞覽秋
自我相逢處　池塘一剩舟[233]

다음으로 네 번째에 수록된 武輝晋(1749-1800)에 대하여 보기로 한다. 그는 黎왕조 때의 명사였으며, 1768년 潘徽益과 함께 과거에 급제했으며, 西山 왕조 때 두 번이나 청나라에 사신을 다녀왔다. 그의 호는 一水居士이며, 이 때의 벼슬이 工部尙書 灝澤侯였다. 그의 文集은 ≪花園隨部集≫이 전한다고 한다. 그의 詩題는 <奉呈朝鮮國進賀使徐判書>이며 原文은 다음과 같다.

海之南與海之東　封域雖殊道脉通
王會初來文獻竝　皇莊此到覲瞻同
衣冠適有從今制　縞紵寧無續古風
伊昔使華誰似我　連朝談笑燕庭中[234]

---

233) Phan Huy Ich, Tho van Phan Huy Ich, 3, (NXB, Khoa hoc xa hoi, Ha Noi, 1978), p. 118.

234) 유득공, 앞의 책, 같은 곳.

끝으로 다섯 번째에 수록된 陶金鍾이라는 사람의 작품은 보기와 같다.

<敬和朝鮮國朴檢書>
山川連赤日　風物近滄洲
槎從天津路　筵陪御苑樓
馳驅梅驛客　邂逅桂宮秋
最是朝東水　無情促去舟[235)]

위 시는 박제가에게 준 시이다. 박제가는 4차의 연행을 했는데 적어도 2-4차 때의 연행에서 만난 안남 사신일 것이다. 특히 앞에서 본 潘徽益의 작품에 박제가의 시에 화답한 작품이 있는 것으로 보아 1790년의 사행 때가 아닌가 한다. 이 부분에 대해서는 앞으로 좀더 자료를 대조해 보아야 할 것이다.

그런데 안남 사신과의 교류 중에서 黎 왕조 때 조선의 연행사였던 洪啓禧(1703-1771)와 시문을 나눈 黎貴惇(1726-1784. Le Quy Don)이라는 사람이 있다. 그는 1760년에서 1762 사이 청나라 사신의 경험을 적은 많은 글을 남긴 사람인데 특히 홍계희와는 각별한 관계를 가졌다.[236)]

그는 많은 저서를 남겼는데 그 중에 ≪北使通錄≫과 ≪見聞小錄≫은 조선 사신과의 접촉을 전한 내용을 담고 있다. 그가 ≪北使通錄≫

235) 注 58과 같음.

236) 黎貴惇에 대해서는 조동일의 <한국과 베트남의 문학 교류 내력>(지준모 번역, ≪베트남 최고시인 阮廌≫, 지식산업사, 1992), p. 12에서 언급되고 있으며, 강동엽, <이수광의 문명의식과 대외교류>(우리문학회 편, ≪우리문학연구≫제 12집)에서 언급된 바 있다.

<題辭>에서 자신이 30세 이전에 쓴 ≪群書考辨≫과 ≪聖謨賢範錄≫에 대하여 조선 사절 홍계희에게 간청하여 그 '서문'을 받았음을 쓰고 있다.[237] 이 당시의 안남 사절과 조선 사신 일행에 대해서는 앞의 표 <안남·조선 사신과의 교류>에 있는 바와 같다.

여귀돈은 그의 사행록인 ≪北使通錄≫ <題辭>에서 홍계희 일행과의 만남에 대하여 "사해는 모두 형제(四海皆兄弟也)"라고 하고 그 상세한 내막은 ≪見聞小錄≫에 담고 있다. 이는 18세기 후반의 조선 문인들의 대외교류의 실상을 이해하는데 특히 귀중한 문헌이 될 것이다. '우연히 만난 일시적 시회' 정도로 치부된 과거의 시각에서 벗어

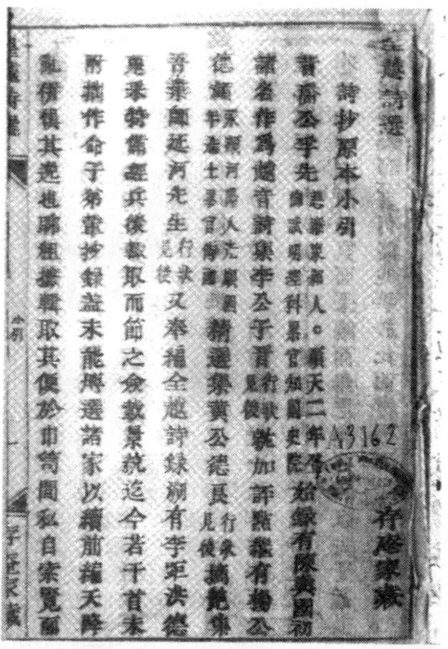

그림 9. 황월시선

237) 黎貴惇, ≪北使通錄≫, p. 3, <題辭> 참조, 이에 대해서는 裵維新의 앞의 논문, p. 3에서도 고찰된바 있다.

나 보다 적극적인 자세에 의한 상호교류의 실상이 여기서 잘 나타나고 있는 것이다.

다음에 안남 연구자의 논문에 예시된 조선 사절의 詩句를 보면 다음과 같다.

첫째는 이수광과 같이 명나라에 갔던 金簫逸士(?-?)라는 이름의 작자가 남긴 시의 한 부분이다.

안남의 풍속은 독특하여	安南風俗自成鄉
산천의 地界는 한쪽으로 기울어져 있고,	地有山川偏地界
눈비가 없어서 옷이 젖지 않는구나	天無雨雪浹衣裳
……	……

그리고 홍계희와 동행했던 당시의 사신 李徽中(?-?)의 작품으로 전하는 "유학은 시대를 따라가고, 옷은 옛 방식대로 입는구나(差幸同文論古學 / 公存舊制撫身章)"라는 구절이 있다. 또한 西山 왕조 때 阮提라는 사신과 교류했던 徐有防(1741-1798)의 작품은 아래와 같다.

오랫동안 여관에 머문다는 소식에,	三旬信息行人舘
멀리 떨어져 있어도 예를 갖춰서	萬里分張禮部處
연회를 베풀었다.	
해변가 산에 올라 옛 생각을 하지만	臨水登山從古惜
멀리 떨어져 있는 곳이 어떠한지 망연하도다.	況堪涯角各茫然

다음은 阮 왕조인 19세기, 그러니까 문헌 상으로는 조선과 안남 사신과의 마지막 교류를 맡았던 南庭順(?-?)이 남긴 작품이다.

하늘 위에 달이 멎어 있고	高盖停遲日
저녁 바람에 나무가 흔들리는구나	歸杉□晩風
헤어진 후의 서글픈 마음 참기 어려운데	邦堪分送悵
멀리의 소식이 끊어졌도다.	天濶斷孤鴻

위의 예들을 통하여 나타난 조선 시대 중국을 중심으로 한 조공 무역의 실상은 그들로 하여금 문화의 동질성을 확인하는 자리가 되었으며, 그것을 바탕으로 하는 문학의 교류가 활발하게 진행되는 결과를 낳았음을 알 수 있다. 이들 두 나라가 외교관계가 없었으면서도 전혀 어색하거나 부당하다고 느낄 수 없었던 것은 중세적 공통 문어문이었던 '한자' 때문이었다. 여귀돈의 지적과 같이 '한자' 속에서 이들은 모두가 한 형제일 수밖에 없었다. 이것이 조선 시대 동아시아는 물론, 멀리 동남아시아까지 그 문명의 접촉 범위를 넓힐 수 있었던 이유의 하나일 것이다. 안남과의 문학교류에 대해서는 앞으로 미발표 자료를 정리하는 일에 한층 양국 연구자의 관심이 있어야 될 것이다.

2. 琉球와의 교류

(1) 교류의 시작과 그 방법

조선과 유구국과의 공식적인 접촉은 앞에서 살펴본 '안남'의 경우와는 달리 1389년 8월(高麗 昌王 元年)에 시작되어 1861년(조선 순조 12년)까지 전후 약 101회에 걸쳐서 진행되었다.[238] 이 횟수는 그 동안의 크고 작은 횟수를 모두 포함한 것이며, 그 이후에도 북경을 매

238) 손승철, <朝・琉通交體制의 구조와 성격>(≪조선과 유구≫, 한일관계사 연구회, 1996. 발표요지), pp. 1-17 참조.

개지로 하는 접촉이 계속되었음은 여러 문헌에서 전하고 있다. 그러니까 '안남'과의 교류가 북경을 매개지로 하는 비공식적인 접촉이 그 주류를 이루면서 한자문명권의 동질적인 공감대가 크게 작용했다고 본다면 '유구'와의 교류는 우선 양국간에 교린이 성립되어 있었다는 점이 다르다. 그러나 현재 우리나라에 전해진 유구국과의 문학 교류는 역시 중국을 매개지로 하는 사행들의 간접적인 교류 방식에 의한 것이 대부분이라는 점 또한 특이한 결과이다. 이 점은 문학교류의 실제적인 면에 대하여 논의하는 과정에서 다시 상론하기로 한다. 여기서는 양국의 교류 과정을 살펴보고 그것이 문학교류로 이어질 수 있는 토양을 어떻게 구축했는가를 보고자 한다. 우선 유구와 조선의 관계를 보자. 이를 가장 잘 나타내는 자료는 최근에 '한국사연구지원 보고자료집 제4'인 ≪朝鮮・琉球國關係史料集成≫[239]이다. 이 자료에 의하면 유구와 조선의 관계에 대한 기록은 태조 원년 8월의 "유구국 中山王이 사신을 보내어 조회하다"에서 시작되어 헌종 6년 3월의 중국 황제가 월남・유구・조선은 앞으로 4년에 1번씩 사자를 보내어 공물을 바치게 하라는 지시를 내린 사실을 전하는 역관의 보고를 실은 것이 마지막 기록이다.[240] 그 외에도 조선과 유구, 그리고 중국 측의 다양한 자료가 포함되어 있어서 이 방면의 연구에 많은 도움이 되고 있다.

이미 알려진 사실이지만 조선에 있어서 유구에 대한 본격적인 기록을 남긴 것은 申叔舟(1417-1475)가 ≪海東諸國記≫를 쓰면서 '琉球國記'와 함께 地圖를 싣고 있다. 아주 간략한 기록에 불과하며, 위에서

---

239) 孫承喆 外, 國史編纂委員會, 1998.

240) 孫承喆 外, 위의 책, pp. 53-71. <朝鮮・琉球關係年表> 참조.

언급한 '朝·琉 관계 자료'에도 대개가 漂流民 문제와 거기에 얽힌 얘기들이 대부분이며, 문학과 직접적인 관계를 가진 내용은 찾기가 어렵다. 결국 역사서에 수록된 朝·琉 관계의 문헌에서 보다는 다른 방법, 그러니까 중국 측이나 琉球의 기록, 그리고 우리나라의 문집 속에서 두 나라의 문학 교류에 대한 기록을 찾을 수밖에 없다.

지금까지 알려진 바에 의하면 조선과 유구의 문학작품이 교류된 문헌은 앞의 안남과의 경우와 같이 17세기 이수광이 중국 사행 때 남긴 기록과 그 후 18세기 중국 사행을 다녀오면서 기록을 남긴 유득공, 그리고 몇몇의 유구·중국 측의 문헌에서 산견될 뿐이다. 이들 자료에 대해서는 위에 든 ≪朝·琉관계사료집성≫에도 포함되지 않은 문헌이다. 이에 대해서는 다음 장에서 살펴보기로 하고 당시 유구의 문화 현상과 역사 발전에 대해서 잠시 살펴 보기로 한다.

우선 유구국의 동아시아적 현상에 대해서 보자.

유구국은 明나라 태조 朱元章이 유구국왕을 초치하여 복속시키고, 이후 계속 조공관계를 맺어 왔다. 그 후 德川家康이 일본 막부를 통치하면서 九州지방 薩摩蕃의 棒山久高를 장수로 삼아 규슈 남쪽의 여러 섬들과 유구국을 정벌하고 당시의 유구국왕인 尙寧王을 항복시켰지만 지리적인 여건 때문에 제대로 통치하지는 못했다. 그 후 1663년 清朝에 책봉사를 파견하고 종래의 예에 따랄 계속 사신을 파견하였다. 그러면서도 덕천막부와는 청나라와의 조공관계를 허락받아 무역을 활발하게 수행했으며, 막부와도 장군의 교체 때는 사절을 파견하여 축하했다.[241] 또한 그들은 일본의 여러 지역과 무역을 거래했으며,

---

241) 강동엽, <이수광의 문명의식과 대외교류>, p. 20 참조 ; 또는 강동엽, <18세기 동아시아 문학 교류의 연구>(≪연민학지≫, 제 4집, 연민학회, 1996), pp. 30-31 참조.

나아가 조선・중국・일본과 등거리 외교를 통한 중계무역의 실리를 추구하는 정책을 수립했음을 알 수 있다.[242]

이러한 주변국과의 관계 속에서 그들의 정책은 한결같이 실리 추구였으며, 조선과도 표류민 송환이라는 현실적인 문제를 중심으로 그들 나름의 무역을 활발하게 수행했다.[243] 조선과 유구국은 그들이 비록 경제적인 실리를 추구하는 방향으로 지속되었으나 1879년 유구국이 일본에 완전히 병탄되기 전까지는 직접적이거나, 아니면 중국의 玉河館, 또는 會同館을 중심으로 양국 간의 국서가 교환되거나 표류민의 송환업무를 처리하였다. 이와 같은 일은 실제적으로 1832년까지 행해졌으니 약 300여년 간의 조선과 유구국의 관계는 중국을 중심으로 한 동아시아와 그 주변국과의 관계를 형성하는 중심국가로 작용하였으며, 같은 한문문화권의 일원이라는 자부심이 이를 더욱 오래 지속시켜주는 계기도 마련했다고 본다.

(2) 교류에 나타난 작자와 작품들

① 유구와 교류한 조선의 작자와 작품

위에서 본 조선시대 유구와의 관계에 대한 일반적인 특성과 현황을 중심으로 조선과 문학을 교류한 유구의 작자와 작품을 보기로 한다. 우선 유구국의 한문학 형성과 발달에 대해서 잠시 살펴보기로 한다. 대체적으로 유구국의 한문학은 京都 五山系의 한문학이 유입되어 구축되었으나 薩摩蕃의 침략으로 파괴되고, 이후 중국과 직접 교섭하여 성장시킨 것이 특이하다. 그들은 福建省의 福州에서 선생을 구하여

242) 田中健夫, <中國・朝鮮の史料にみる琉球>(≪新琉球史 — 古琉球編≫, 琉球新報社, 1993), pp. 91 - 105.

243) 손승철 외, 앞의 책, p. 31. 참조.

현지에서 직접 전수 받는 방법으로 공부하였으며 더러는 國子監에 입학하여 수학했다. 이것이 가능했던 것은 1392년에 중국 복건성에서 건너온 소위 '閩人三十六姓'이 '久米村'을 형성하고 유구국의 외교문서와 항해기술, 그리고 통역과 같은 국가의 중요한 업무를 맡음으로써 당시 유구국이 동아시아와 그 주변 지역의 중개무역의 중심역할을 담당하게 하는 계기를 마련한데 비롯된다. 이 '구미촌'의 36성은 나중에 '蔡·鄭·林·程·梁·金 등 六姓만 남게 되었다.[244] 어쨌거나 이들을 중심으로 유구국의 한시문은 明·淸 시대를 거치면서 직접적인 교섭을 시도하여 일본의 한시문과 구별되는 개별성을 추구하였다.

이렇게 형성되고 발달한 유구의 한문학이 중국이나 조선에 알려지게 된 것은 중국을 매개지로 하는 사신들의 접촉을 통하거나 중국이나 유구국에서 간행한 문집과 '선집'을 통하여 전래되었다. 한가지 특이한 것은 유구국의 사신이 조선에 왔을 때 창화한 내용은 아직 알려진 바가 없다. 어쨌거나 중국이나 유구국에서 간행한 문집이나 선집을 통하여 조선의 문인과 창화하거나 간접적인 시문을 주고받은 사실들이 나타나고 있다. 그 몇 가지의 예들을 정리해 보기로 한다.

우선 문헌에 나타난 순서에 의하여 살펴보면 다음과 같다. 前章의 '안남'조에서 서거정이 1460년(세조 6년)에 중국에 사신을 갔을 때 通州館에서 안남인을 만나 창수한 기록이 있으나 그 때 유구국 사신을 만났다는 기록은 전하지 않는다. 다만 ≪세조실록≫의 13년 7월 13일(1467년 丙子)조에 보면 '유구국왕이 同照·東渾 등을 보내 앵무새를 바친' 기록이 전한다.[245]그런데 이 때의 유구국 사신과의 창수를

244) 上里賢一, <中山詩文集 解說>·<あとかき>(≪中山詩文集≫, 九州大學出版會, 1998), pp. 7-11, p. 369 ; <琉球の和文學と漢文學>(≪岩波講座 日本文學史≫, 제 15卷, 1985), p. 131 '交流と唱和' 참조.

전하는 내용이 서거정의 문집에 2首가 수록되어 있다. 그 내용은 다음과 같다.[246]

<送琉球國使同照上人>

秋風百丈健帆開　知是球陽使者回
日出鯨濤明瀚渤　天低鰲岫護蓬萊
慣識倚舷平似馬　等閑渡海小於杯
歸來萬里乾坤眼　唫對窓前一樹梅

<送琉球國副使東照上人>[247]

球陽使者日本師　文彩照輝珊瑚枝
去年發棹球陽口　江樹江花飛作雨
今年維舟漢水皐　漢水綠漲金葡萄
隴西鸚鵡出雕籠　江南美酒琥珀漏
稽首拜獻黃金殿　黃金殿前催賜宴
百年文物全盛時　四海一家同春𤅢
師乎專對古無倫　九州之外豈無人
秋風滎滎理歸舟　驪駒一曲生遠愁
酒盡江樓雙玉缸　目斷牙檣飛鷁雙
蓬萊淸淺弱水深　天涯南北相思心

---

245) 이와 관계되는 실록의 기록은 세조 13년 7월 13일에서 7월 18일조까지 계속되고 있다.

246) 徐居正, ≪徐四佳全集≫(경인문화사 영인본, 1986), 권 14, '詩類' p. 218.

247) 이 당시 유구국의 사신 중 부사로 동행한 사람은 ≪실록≫의 기록에 의하면 '東渾이라고 되어 있으나 서거정의 문집에는 '東照'로 표기되어 있어서 이를 따랐음.

서거정의 위 문집에는 상기 2首의 작품 외에도 日本國 使臣과 연관이 있는 시집의 서문을 쓴 것이 4편이나 있다. 이로 보면 그가 당대의 명망 있는 문인으로써 특히 외국의 사절들과 수창을 할 때는 동석했던 것으로 보이나 실제로 문집에 수록된 내용은 그렇게 많지 않다. 그도 역시 같은 문명권의 유구사신을 향하여 "四海一家"라는 말로써 동질성을 강조하고 있다. 이는 앞에서 본 안남 사신 黎貴惇이 "四海皆兄弟"라고 지적한 것과 같은 맥락에서 이해할 수 있을 것이다. 그런데 서거정의 위 문집에는 상기 시에서 보이는 유구 사신 '同照'와 '東渾'이 쓴 작품은 나타나지 않는다. 그리고 위 사신에 대한 구체적인 내력은 소개된 바 없는데 아마도 당시 외교를 담당하고 있던 승려가 아닌가 한다.

다음으로 볼 수 있는 것이 1611년 이수광이 세 번째 중국에 사행을 갔을 때의 경험을 엮은 두 가지 종류의 책(≪續朝天錄≫과 ≪琉球國使臣贈答錄≫) 중에서 유구국 사신과의 경험을 적은 것이 있다.[248] 이 속에도 두 사람의 유구국 사신이 나오는데 그들에게 이수광은 모두 15首의 시와 '問答編', 그리고 1612년 제주도 해안에 표류해온 유구인이 지난 해 북경에서 만났던 유구국 사신의 일행이었음을 지적한 글이 첨가되어 있다. 이 때의 사정은 다음의 글에서 잘 말해주고 있다.

> …… 우리 일행이 객관에 도착한 뒤로부터 자못 은근한 뜻이 생겨 지은 시문을 얻어 보물로 삼고자 하였다. 그러므로 그 주고 받은 것을 보고자 하여 대략 구성하여 주었는데 蔡堅 등은 글짓기가 모자라서 더불어 창화하지 못하였다.[249]

248) 이수광, ≪문집≫, 권 9, pp. 84-88. 참조.
249) 이수광, 위의 책, p. 85. <後> 참조.

이로 보면 그가 '近體詩 14首'를 유구국 사신에게 준 이유가 나타난 셈이다. 그러니까 이 때 이수광은 유구국 사신에게는 모두 15首,그러니까 위에 말한 14首와 <謝琉球使臣贈詩及刀扇>이라는 제목의 시가 있다. 이제 그 14首 가운데 몇 수를 보기로 한다.

<贈琉球國使臣近體詩十四首>

제 1

북경 안의 萍水에서 서로 만나서
쳐다보고 안 뒤로 뜻이 절로 통했네.
금빛 대궐 瑞雲 돌고 조회하는 패옥소리.
옥하관엔 밝은 달 올라 밤이 더욱 공활했지.
바다 밖의 세상이 별나다고 말하지 말라
도리어 천심을 좋아하고 雨露마저 같다네.

제 3

……

남극의 별들이 무수한 섬에 빛나고
북산의 꽃들은 일 년 내내 핀다하네
교린하고 오래도록 좋게 서로 생각했는데
이역의 새로 안 얼굴이라고 어찌 꺼려 하겠소.

제 5

어명에 의해 바다 밖 하늘로 부터 와서
역을 거친 조회길 몇 산천을 지났는가
중국에서 날마다 많은 서책을 실어가고
사절들은 해마다 함께 예악을 보았다네.

제 13

관례상 이중의 역관 두어 천자를 뵈옵고

琉球라는 국호는 당나라 때부터 불려졌네

오랜 옛날부터 산천은 향으로 경계를 짓고

한 지방 백성들이 바다를 고향으로 여겼네.[250)]

위의 시 '제 1'은 중국 옥하관에서 서로 만나 우정을 나누면서 오래 지속되기를 바라는 마음을 나타낸 것이며, '제 3'은 유구의 풍토와 특징을 읊고서 교린의 지속을 강조하였다. 그리고 '제 5'에서는 그들이 학문을 숭상하여 많은 서적을 구입하는 것을 읊었으며, '제 13'은 유구의 역사와 중국과의 관계에 대하여 쓰고 있다. 이것은 이수광의 유구에 대한 총체적인 지식을 말하는 것이다. 일찍이 조선은 유구에 대해서는 각별한 관심을 가졌다. 그것은 아마도 같은 유교문명의 동질성에 대한 공감대 때문이었을 것이다. 위 시에서 보이는 내용들 역시 그것이 사행길에 쓰여진 작품임을 감안해도 역시 이수광의 유구에 대한 깊은 이해의 한 단면을 볼 수 있을 것 같다.

특히 이수광이 평소에 지향하던 문학적 성향과 여기서 보이는 '사행문학'과는 어느 정도의 차별성은 있을 것으로 본다. 곧 '사행문학'이란 목적성을 내포한 문학행위이기 때문에 자신의 성정 그 자체를 곡진하게 묘사하는 데는 다소의 거리가 있지 않을까 한다.[251)] 게다가 앞의 <後>의 인용문에서 보이는 바와 같이 다소의 우월의식이 작용한 것으로 나타나고 있다는 것도 이 문제와 무관하지 않을 것으로 보

---

250) 이수광, 위의 책, pp. 84-85. (원문은 ≪문집≫을 참고함.)

251) 이에 대한 논의는 강동엽, <이수광의 문명의식과 대외교류>, p. 23.에서 그간의 이수광의 문학에 대한 연구 업적을 토대로 그 거리를 가늠해 보았다.

인다. 같은 한자문명권에서도 각기의 능력과 처지에 따라서 우월의식을 가지게 되고, 반대로 굴욕적인 모습을 보이게도 되었음을 나타내고 있다할 것이다. 그러면서도 이수광이 보여준 유구국과의 교린정신은 실제적인 역사성과 함께 오래 지속되면서 양국의 이해를 충족시켰다는 점에서 그 의미가 크다고 할 것이다.

다음으로 볼 수 있는 작자와 작품은 1790년과 1801년에 중국에 사행을 다녀와서 그 때의 일을 기록으로 남긴 유득공(1748-1807)의 경우이다. 그는 이때의 교류에 대한 내용을 ≪燕臺再遊錄≫이라는 책을 통하여 남겼으며, 그 때 만난 사신과 문인들의 성명을 <交遊姓名>[252] 이라는 항목을 설정, 거기에 瀋陽書院의 諸生 13人, 그리고 淸나라 學人 41人, 그 끝에 유구국사신 4人의 이름을 밝혀 놓았다. 向必顯, 阮翼, 毛國棟, 鄭得功 등이 그들이다. 이들과 직접 창수한 내용은 없으나 상기 ≪연대재유록≫ 속에 이들이 '鴻臚寺'에서 演禮할 때의 모습을 소상하게 전한 내용이 있는 것으로 보면[253] 직접적인 교류가 있었던 것이 분명하다. 왜냐하면 그가 1796년 시문집인 ≪並世集≫을 간행하면서 그 속에도 유구국의 문인 4인을 등재했으나 여기에 상기 4인은 포함되지 않고 별도의 인물임으로 하여 교류의 사정을 짐작할 수 있다.(이 부분에 대해서는 다음 장에서 상론하기로 함.) 그러면서도 여기에 등재한 유구 문인들에 대한 세밀한 관찰과 그들의 특징을 적은 내용은 상당한 기간 동안 계속되었으며 오랫동안 관심을 가졌음을 능히 짐작할 수 있을 것이다. 특히 그들 중 鄭得功은 약간의 한국어가 가능했으며, 漢語는 능통했다고 적고 있다. 그리고 네 번째로 중국

252) 宋寯鎬, ≪柳得恭의 詩文學硏究≫, (太學社, 1985), p. 715. 자료편에 <燕臺再遊錄目錄>이 있다.

253) 유득공, ≪연대재유록≫(송준호, 위의 책), p. 748. 참조.

에 왔다는 것까지 밝히고 있다. 그런가 하면 유득공은 ≪古藝堂筆記≫ 권 3에서 <琉球安南緬甸使>라는 제목의 글을 남기고 있음을 볼 수 있다. 그러니까 유득공은 그의 저서를 통하여 모두 8명의 유구국 문인들을 소개하면서 이 중 4명과 창수한 것이거나 또는 그들의 작품을 수집하여 실었다. 조선에 알려진 이들에 대해서는 다음 장에서 보기로 한다.

다음에는 외국문헌에 실린 내용을 중심으로 보기로 한다. 우선 琉球官學敎司 潘相이라는 사람이 편찬한 ≪琉球入學見聞錄≫ 권 4에 수록된 내용이다. 여기에는 洪啓禧(正使)와 李晊(副使)이라는 사람이 위 책의 편자인 潘相과 교유한 내용이 있다. 이들의 만남에 대한 정확한 내역은 없지만 홍계희와 안남의 黎貴惇이 만난 것이 1760-1762년 사이였으니 대략 그 때 만나서 교류한 것 같다. 여기서 홍계희와 이질은 潘相과 여러 편의 작품을 남겼는데 그 동기를 홍계희는 다음과 같이 밝히고 있다.

> 潘少年隨其尊大人來枉 如荀氏故事芳蘭玉樹 令人不能忘 用其尊府韻書寄詞案.[254]

여기에 해당되는 작품을 아래에 옮긴다.

鴻漸天逵佇用儀　菁莪洋水老經師
許衡槐下班荊語　荀令香中縱筆詞
行逐遼雲懷子面　好將郢雪沁人脾
可能再枉論今古　別後心期夜月知.

---

254) 潘相, ≪琉球入學見聞錄≫ 권 4, p. 31 참조.

부사 李晊이 읊은 시의 앞부분은 다음과 같다.

芳年舞象見丰儀　始信靈均橘可師
冀北良蹄千里步　荊南歸夢幾篇詞
須從周廟觀金口　時閱黃庭鍊土脾
何限雲霄男子事　莫孤東海老夫知[255]

이들의 만남과 그 사실이 상기 문헌에 등재되게 된 동기에 대해서는 정확하게 알 수 없지만 지금까지 알려진 것과는 다르게 당시 중국 북경의 숙소를 통한 인접 국가의 사신들과 가진 교류는 매우 활발했음을 알 수 있다.

다음으로 볼 수 있는 것이 孫鋐이 1705년(淸 康熙 44년) 황제의 명에 의하여 편찬한 ≪皇淸詩選≫全 30卷이다. 이 책은 당시 청나라에 조공을 바치는 주변의 15개국 시인의 작품을 수집하여 수록한 책인데 이 속에는 안남・유구는 물론 조선・몽고 등이 포함되어 있다. 이 중에 卷16・卷24・卷27・卷29 등에는 유구의 시인 25人의 작품 70首가 등재되어 있다.[256] 그러니까 이 책에 수록된 시인과 작품은 직접 중국에 사신을 와서 수창한 시인과 작품도 있지만 본국에서 활동한 시인과 작품도 수록되어 있다. 유구의 경우도 그 범주에서 벗어나지 않는다. 이 문헌을 직접 참고할 수 없어서 유구의 시인과 작품을 수록한 부분만 영인하여 공간한 것을 간접적으로 참고하여 살펴보려 한

---

255) 潘相, 위의 책, pp. 32-33 참조.

256) 上里賢一, <沖繩(琉球)と中國の文化交流史>-中國の詩集に登場する琉球の詩人-, (琉球大學醫學部附屬地域醫療硏究センタ-、≪沖繩の歷史と醫療史≫, 九州大學出版會, 1998) 참조.

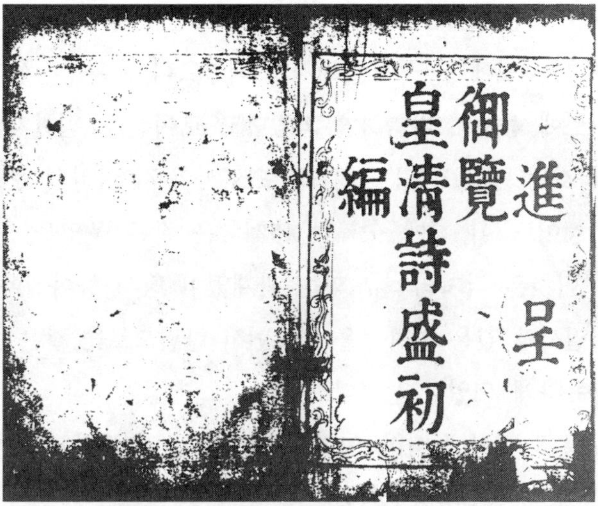

그림 10. 황청시선

다. 곧 이 자료는 上里賢一이 ≪校訂本 中山詩文集≫을 영인 간행하면서 부록으로 원문을 수록한 것에 있다.[257)]

그런데 여기에 유구국 시인들의 작품을 수록하면서 당시 북경에서 창수한(유구국 사신과) 조선 시인들의 작품을 수록하고 있어서 일찍이 조선의 작자와 작품이 중국은 물론 멀리 유구국에 알려지게 되었음을 알 수 있다. 그것이 유구국에 널리 알려지게 된 것은 ≪황청시선≫이 간행된 지 10년 후인 강희 60년(1721년)에 책봉사은사로 북경에 갔던 유구국 사신 鄭順則(1663-1734)이 강남에서 수십 부를 구입하여 돌아와 왕부와 聖廟 등에 기증하면서이다.[258)] 여기에는 조선(고려의 문인인 李晟:1251- 1325를 포함하여)의 시인 9명의 작품이 수록되어 있으

257) 上里賢一, ≪校訂本 中山詩文集≫(九州大學出版會, 1998), pp. 321-37 참조.

258) 上里賢一, 앞의 논문, p35 참조.

며 등재된 내력은 없으나 모두가 중국에 사신을 갔던 사람들이다. 이들의 詩가 1721년에 유구에 알려지게 되었으니 ≪황청시선≫이란 책의 편찬의도에 충분히 가름하게 되었다고 보여진다. 편찬자의 의도대로 중국의 소위 '蕃國' 또는 '朝貢國'으로서의 각 나라의 문예를 전달함으로써 적어도 이 책에 수록된 15개국은 같은 운명을 수용해야할 판이었다. 이것은 각자의 의도와는 관계없이 당시 동아시아와 그 주변의 정치질서와 깊은 연관성을 지으면서 한편으로는 같은 문화적 공통성을 향유하게 되었다고 본다.

이제 수록된 순서에 따라 성명과 작품을 옮겨 본다.(판독이 불가능한 작품은 그 제목만 제시한다.)

ⓐ 李晟(朝鮮國 鴻臚官)
答安南何鴻臚步原韻
小邦忠孝效前驅　一體唐裝言語殊
萬里市書無舊禁　三邊疑塞有信符
紫門會就簾前試　茅徑驚看徼外圖
六十年來太平日　日南應道烈風無.

ⓑ 姜克誠(朝鮮國陪臣)
湖堂早起[259]

ⓒ 金宏弼(朝鮮國陪臣)
書懷

259) 姜克誠의 <湖堂早起>라는 작품은 詩題만 보이고 작품은 인쇄상태가 불량하여 판독이 어려웠다. 原本을 대조하면 그 내용을 알 수 있을 것 같다. 여기서는 원본을 구하지 못하여 그 내용을 밝히지 못함.

處獨居閒絶往還　　只呼明月照淸寒
憑君莫話生涯事　　萬頃煙波數疊山

ⓓ 李植(朝鮮國 貢使)

泊漢江

春風急水下輕艭　　朝發驪陽暮漢江
篙子熟眠雙櫓靜　　靑山無數過船牕

ⓔ 權遇(朝鮮國 通事官)

竹長寺[260)]

ⓕ 鄭之升(朝鮮國 陪臣)

留別

細草閒花水上亭　　絲楊如畵掩春城
無人爲唱陽關曲　　獨有靑山送我行

ⓖ 朴瀰(朝鮮國 簽書官)

題平壤館壁西京古蹟遺田儀曹(全6首中 제 1首와 제 6首)

檀下神人始此都　　至今遺廟古城隅
不知當日阿斯達　　亦有攀髥墮者無.
……
朝天中石出江潯　　麟窟苔封草樹深
怊悵天孫何處去　　野棠花發古祠陰.

---

260) 이 작품은 제목만 보이고 原詩는 누락되어 영인되었음. 원본에는 게재되어 있을 것으로 생각됨.

ⓗ 崔慶昌(朝鮮國副通事)

武陵溪

亀石纔交一徑通　白雲千古秘仙踪

橋南橋北無人間　落木寒流萬壑同.

ⓘ 金淨(朝鮮國 鴻臚官)

春思

江南殘夢日厭厭　愁逐年華日日添

雙燕來時春欲暮　杏花微雨下重簾

18세기경 유구에 알려진 위에 열거한 시에 대한 유구국 문인들의 평가와 감상에 대해서는 아직 알려진 것이 없다. 그러면서도 당시 조선의 문학이 널리 전파되었다는 분명한 문헌적 근거가 될 것이다. 이에 대해서는 다음 기회에 다시 논의하기로 한다.

그 다음에 알려진 것은 위 보다 훨씬 뒤의 일이지만 1922년에 간행된 徐世昌이 편찬한 ≪晩淸簃詩匯≫이다. 이 서적 역시 역대 중국의 시인과 작품을 선정하여 수록하면서 소위 '屬國'의 시인들의 작품을 포함시켰다. 여기에 안남・유구와 함께 조선의 작품들이 수록되었는데 간행은 늦게 되었으나 수록된 내용은 모두가 조선시대의 것을 담고 있어서 당시의 인접국과의 문학교류의 한 실상을 가늠하게 한다.[261]

② 조선에 알려진 유구국의 작자와 작품

지금까지 조선에 알려진 유구국의 문인은 모두 13인으로 나타났다.

---

261) 上里賢一, 앞의 논문, pp. 37-39 참조.

그 중에는 작품까지 알려진 사람도 있고, 성명만 전하는 사람도 포함되어 있다. 이들은 모두 조선의 문인들과 직접 교유한 사람들이기 때문에 아직 그 정확한 내용이 정리되지 못했을 뿐이지 구체적인 내용과 함께 실제로 교류한 문인들이 파악된 것보다 훨씬 많았을 가능성이 높다. 이제 본 장에서는 그들을 대상으로 조선의 문인들과의 관계를 살펴보기로 한다.

앞에서 이미 지적한 것과 같이 李崇仁과 徐居正이 창수한 경우는 조선 문인의 작품은 전하지만 유구국의 작품은 전하지 않고 있다. 그래서 여기서는 작품이 전해진 문인들을 중심으로 살펴 보고자 한다. 그 중에서 서거정이 창수한 '同照・東照上人'은 유구국이나 일본의 승려가 사행을 맡아 조선에 왔을 것으로 보이나 그들에 대한 유구국의 자료가 보이지 않고 있다. 그래서 가장 확실하게 작자와 작품이 남아있는 경우는 이수광이 북경에서 교류한 유구국 사신 蔡堅과 馬成驥라는 인물일 것이다. 우선 이들의 작품을 보면 다음과 같다.

奉酬賮敬朝鮮台使　　琉球使臣 蔡堅

해외에서 상면하니 기이한 만남인데	海外觀面是奇逢
한번 보고 곧 받아줄 줄 어찌 알았으랴	詎知一見即包容
넓은 皇恩 골고루 베푸시니	皇恩浩蕩均霑被
풍성한 좋은 물건 나만이 많이 받았네.	珠玉淋漓我獨深
훌륭한 재주 짝함이 없으니	長才偉略靡雙匹
국왕 위한 계책 천하에 일인자일세.	幹國謀王第一人
감사하는 이 마음 늘 잊지 못하여	予心感佩眞忘寐
뒷날 다시 가르쳐주기 삼가 기다리겠네.	耑竢他年教復臨

肅勸申贐朝鮮台使　　　琉球國使臣 馬成驥

요순 같은 그 덕화 먼 지방을 비추니　　堯天舜日照遐方
바다 건너 산 너머 황제나라에 왔다네.　　航海梯山來帝邦
천하의 모든 나라 약속 없이 모였으니　　不期而會天下國
온갖 생령 모두 다 복종하네.　　凡有血氣悉稱降
오다가다 뜻밖에 서로 만났지만　　邂逅相遇雖萍水
전대의 인연이요, 우연히 아니라네.　　前緣夙定非偶然
가르침 받기 진실로 바라던 바인데　　喜承晤教固所願
각기 동남으로 훌쩍 떠나가다니.　　倏爾東南兩分還[262]

상기 예시한 두 사람은 유구국의 시인으로서는 처음으로 우리나라에 알려진 사람이다. 그들에 대한 구체적인 자료를 찾기 힘들지만(현지에도 자료가 유실되고 없다) 1612년 이수광과의 만남을 통하여 조선에 그들의 자료가 남게 된 것은 실로 문학의 교류가 역사의 공백을 메꾸어주는 좋은 한 예가 될 것이다.

더구나 이들에 대한 자료가 잘 전하지 않는 지금의 상황에서는 위 이수광의 ≪유구사신증답록≫이란 문헌은 매우 귀중한 것일 수 밖에 없다. 현재 유구(지금의 沖繩)에 전하는 蔡堅(喜友名親方)에 대한 기록은 그가 명나라 萬歷年間에 중국에 사신을 갔다 오면서 공자와 四配(顔子・曾子・子思・孟子)의 초상화를 가지고 와서 久米村의 사대부들이 祭를 올리기 시작했다[263]는 것이다. 그러니까 유구국에 공자의 사당이 설립되는 계기를 마련한 것이 위 蔡堅임을 알 수 있다. 실제

262) 이수광, 위의 책, 같은 곳.
263) 上里賢一, <琉球の漢學>(≪新しい漢字漢文教育≫, 제26호, 1998), p. 45.

로 明倫堂은 1718년에 건립되었는데 다음에 살펴볼 鄭順則의 건의에 의하여 설립하게 되었다.

이들과의 만남을 뒷받침해주는 자료로는 이수광이 그때의 사정과 귀국한 뒤의 일까지를 기록한 내용이다.

> 임자년(1612년) 정월에 나는 북경에 있으면서 유구국 사신들과 서로 만난 뒤, 5월에 조정으로 돌아왔다. 7월에 이르러 제주목사 이현치가 올린 글에 의하면, "이달 12일에 이상하게 생긴 배 한척이 제주 마라도 항구에 정박하였습니다. …… 28명의 사람 가운데 성명이 馬喜富라는 자가 중국말을 조금 알았습니다. 모두 칭하기를 정사 채견을 따라서 중국에 공물을 바치러 갔다가 귀국사신 이 아무개를 서로 만났다"고 하였습니다.[264)]

이 기록에는 馬成驥에 대한 언급은 없지만 1612년에 북경에서 만나 창수한 것이 틀림 없다. 약 5개월간의 교유치고는 유구국 사신들의 작품이 너무 적은 것이 흠이지만 그가 첫 번째 북경 여행 때 성취하지 못한 일을 이룬 이 만남은 그런 의미에서 의의가 크다할 것이다. 문제는 이수광이 이들의 시문에 대하여 높게 평가하지 않았다는 점이다. 그러니까 "채견 등이 글짓기가 모자라서 더불어 창수하지 않았다"는 것과 "채견은 곧 한자음을 잘 알아서 번역한 말이 서로 같았다[265)]"라는 것이다. 이 말은 창수는 하였지만 크게 뛰어난 시인이 아니었다는 것쯤으로 이해해야 할 것이다. 결국 위와 같이 상반된 서술

264) 이수광, 위의 책, 권 9, p. 87 참조.

265) 이수광, 위의 책, p. 85. <後>참조, "…堅等短於屬文 不足與唱和耳…蔡堅則能解漢音 以譯語相…"

은 그의 우월의식에서 나타나는 한 현상이라고 볼 수 있을 것이다.[266]

다음으로 유구국 시인의 작품을 볼 수 있는 것이 유득공의 ≪並世集≫ 권 2 뒷부분에 수록된 4인(鄭順則・蔡文溥・馬繼漢・陳天龍) 등이다. 이들에 대해서는 수록된 순서에 따라 살펴보고자 한다.

먼저 鄭順則(名護親方寵文・1663-1734)에 대하여 보기로 한다. 字寵文 紫金大夫(居久米村著有燕遊艸中山官制考)로 시제는 <東海>[267] 이다.

宿霧新開敞海東　　扶桑萬里年飛鴻
渺魚小艇初移棹　　搖得波光幾點紅

이 시는 유득공이 북경에 갔을 때 직접 만나서 창수한 것이 아니다. 그가 이미 세상을 떠나고 난 뒤에 유득공이 북경에 갔기 때문이다. 유득공이 ≪병세집≫에 그의 작품을 수록할 때 밝힌 것과 같이 그의 문집에서 초록했을 가능성 많다. 왜냐하면 당시 유구국을 대표하는 문인이었으며, 그가 유구국 최초의 漢詩文集인 ≪中山詩文集≫(1725년 간행)을 간행한 사람이기 때문이다. 게다가 앞에서 지적한 ≪皇淸詩選≫의 유구국 시인 25명의 70首 중에서 그의 작품이 가장 많이 수록되기도 했다.[268] 그는 생애 통산 5번의 중국사행을 다녀왔

266) 강동엽, <이수광의 문명의식과 대외교류>, p. 25 참조.
267) 원래 이 작품은 鄭順則, ≪雪堂雜組≫(上里賢一, ≪校訂本 中山詩文集≫, 九州大學出版會, 1998), p. 201. 첫머리에 수록된 <中山東苑八景>중 제 1경의 '東海朝曦'이다. 참고로 나머지 詩題를 들면 다음과 같다. "西嶼流霞・南郊麥浪・北峯積翠・石洞獅蹲・雲亭龍涎・松徑濤聲・仁堂月色."
268) 上里賢一, <琉球の和文學と漢文學>, p. 125; <沖繩(琉球)と中國の文化

으며, 유구국의 한문학을 중흥시킨 대표적인 인물이다. 그래서 유득공이 그의 작품을 '유구국시문'의 첫머리에 실었던 것이라 생각된다. 그에 대한 구체적인 활동이나 저술에 대해서는 ≪名護親方程順則資料集・1-人物・傳記編≫[269]에 상세히 기술되어 있어서 여기서는 생략하기로 한다. 문제는 당시 조선에 유구국의 가장 뛰어난 시인과 작품이 소개되었다는데 의의가 있다. 이것이 당시 문학교류의 한 양상을 말해주는 현상이다.

두 번째는 蔡文溥(祝嶺親方・1671-1745)이다. 그의 자는 天章, 호는 如亭, 蔡應瑞의 장자이다. 1686년 16세 때 官生으로 선발되어 福州에서 4년간 수학하였다. 그 역시 유구국 久米村 출신으로 ≪四本堂詩文集≫이라는 문집이 있다. 여기에 수록한 작품은 유득공과 창수한 작품이 아니라 蔡文溥가 1719년에 冊封副使로 유구국에 온 청나라 관리 徐葆光[270]에게 보낸 작품을 뽑아서 수록한 것이다. 이 때 그는 50세로 병이 들어 관직에서 물러나 久米村 자택에서 지낸 지 약 10년이 되었는데 청나라의 사신이 일개 개인의 집을 방문한 경우는 아주 드문 일이었는데 유구국의 뛰어난 문인에 대한 '예우'라는 이름의 정치적인 복선도 깔려 있는 것 같다.[271]

유득공이 어떤 경로로 위의 시를 그의 문집에 소개했는지 알 수 없으나 ≪四本堂集≫을 알고 있었으니 여기서 발췌했거나 아니면 徐葆

交流史>, pp. 31-33 참조.

269) 名護市史編さん室編, 名護市教育委員會, 1990.

270) 그는 이 때 약 8개월을 유구국에서 머물렀는데 그 경험을 토대로 ≪中山傳信錄≫과 ≪奉使琉球詩≫를 남겼다.

271) 島尻勝太郎 選,≪琉球漢詩選≫(上里賢一 注釋, ひるぎ社, 1991), p. 196 참조.

光의 문집인 ≪海泊集≫또는 ≪中山傳信錄≫ 등을 참고하여 옮겨왔을 것이다. 아래에 ≪병세집≫에 수록된 蔡文溥의 작품을 본다.

呈册封天使
熙朝思寵航溟海　萬里跤宮紫氣臨
五色彩雲天子詔　一泓秋水使臣心
東藩恪守共球職　北闕領封雨露深
爲詠皇華開近地　高縣遠堅相傳霖

그런데 위에서 蔡文溥가 읊은 天使 서보광은 일찍이 蔡文溥에게 보내는 시의 한 구절에서 "그대는 中山第一의 재능"을 가진 사람이라고 지칭한 구절이 있다.[272] 그와의 관계는 매우 깊어서 徐葆光이 유구국에 왔을 때 그는 벼슬에서 물러나 있었지만 창수에는 빠지지 않았던 것으로 보인다. 왜냐하면 그는 다른 사람에 비하여 많은 작품(7言 3首)을 남기고 있는 것이 이를 말해준다.[273] 더구나 徐葆光이 직접 자기 집을 방문한 것에 답하는 다음의 시는 중국과 유구국 내에서 시명을 드날린 그의 위치를 짐작케 한다.

徐太史枉過 四本堂誌喜(1719년 작)
閭巷蕭蕭一草堂　翹翹旌旆下寒鄉
村僮也識朱輪客　咸道文星載路光.[274]

---

272) 島尻勝太郎 選, 위의 책, p. 162 참조.

273) 徐葆光, ≪中山傳信錄≫(原田禹雄 譯注, 言叢社, 1982), pp. 389-393), <中山贈送詩文>참조. 이후 중국과 유구국의 교류에 대한 실상을 李鼎元의 ≪使琉球記≫등에도 상세히 기록되어 있다.

274) 島尻勝太郎 選, 앞의 책, p. 196 참조.

다음에 드는 馬繼漢·陳天龍 역시 유득공과는 직접 교류한 기록은 없다. 왜냐하면 여기에 수록한 작품들은 그들이 북경에 사신을 와서(1792년 壬子) 작품을 쓴 날짜와 유득공의 북경에 사행을 간 해(1778년·1790년·1801년)와 맞지 않는다. 게다가 그가 ≪燕臺再遊錄≫에서 밝힌 유구국 사신은 이들 다음에 북경에 온 사람들이기 때문이다. 단지 유득공이 1801년에 북경에 갔을 때 지난 1792년(壬子年) 북경에 사신 왔던 두 사람이 황제의 명에 의하여 쓴 작품을 함께 소개한 것으로 추측된다. 아래에 이들 두 사람의 작품을 옮겨 본다.

壬子上元圓明園應制　　馬繼漢(正使)

瑞雪初晴霽色新　陽回氣暖御園春
宸遊慶洽三元夜　宴賞歡同萬家臣
結綵然燈光日月　銀花火樹燦星辰
笙歌繞殿勻天樂　獻壽稻觴祝聖人

壬子上元圓明園應制　　陳天龍(副使)

欣過元宵在闕前　均霑雨露賜陪筵
銀燈璀璨光金殿　火樹輝煌照碧天
共仰聖朝文物盛　更喜賢辟羽儀解
龍顔此日歡佳節　中外同風樂萬季[275]

---

275) 유득공, ≪병세집≫, 권 2, '琉球' 참조. 이들 두 사람과 당시 유구국에 사신을 왔던 청나라의 문인 李鼎元과의 삼각관계(이정원과 유득공의 교류는 각별하였음)에 대해서도 주목할 필요가 있다.

그 다음에 우리나라 문헌에 소개된 유구국의 문인은 역시 유득공의 ≪燕臺再遊錄≫ <交遊姓名>에 나오는 4명이다. 이들에 대해서는 작품은 소개되지 않고 그 성명만 열거되었는데 상기 유득공이 위 ≪燕臺再遊錄≫에서 북경 圓明園에서 황제가 여러 신하들과 함께 사신들을 초청하여 연회를 베풀었는데 그 때 동석한 유구국 사신들에 대해서 그 모습과 개인별 특징에 대하여 적고 있다.

<교류성명>에 나오는 4명 중에 向必顯과 阮翼은 進貢正使와 副使였으며, 뒤에 기록된 毛國棟・鄭得功은 謝恩正・副使였는데 각기 그 소임이 달랐기 때문에 거의 같은 시간에 북경에 머물면서 유득공과 교유한 것으로 보인다. 그런데 앞의 2인에 대한 자료가 현재 전해지지 않고 있어 나머지 두 사람(毛・鄭)에 대해서만 그 대강을 살펴보고자 한다.

먼저 毛國棟(1756-?)에 대하여 보기로 한다. 그는 당시 王舅御使의 자격으로 1792년 2월에 북경에 사신을 갔는데 이 때 오래 그 곳에 머문 것 같다. 왜냐하면 1794년 정월에 황제가 '원명원'에서 연회를 베풀 때 참석하였다가 다음과 같은 시를 황제에게 바친 것으로 기록이 남아있기 때문이다.[276]

九華耀彩籠[277]　　琉球國正使陪臣毛國棟

---

276) 이 당시 북경 원명원과 숙소의 사정을 유득공은 ≪燕臺再遊錄≫(송준호, 위의 책), p. 748과 ≪灤陽錄≫ 권 2 <圓明園扮戲>(송준호, 같은 책), pp. 683-685에서 상세히 전하고 있다.

277) 那覇市, ≪那覇市史≫資料篇 第一卷六, 家譜資料 二(下)(那覇市, 1980), pp. 814-825 <毛姓家譜(美男家)> 참조.

金闕七宝疑輝燦　錦棚璈管有聲鳴
盛世琅笙流韻奏　御前靈液親加賜
海國千秋沐寵榮　……

그리고 1802년(嘉慶 7年 壬戌)에는 '青地五色浮織絹' 1條를 진상하여 극찬을 받기도 하였다. 유득공의 기록을 종합해 보면 이들과는 가깝게 지냈던 것으로 보이나 정작 창수한 작품은 전해지지 않는다.

다음에 보려는 鄭得功(1737-1801) 역시 당시 유구국에서 명망이 높았던 사람이었지만 현재는 그 구체적인 문헌이 전하지 않고 있다. 단지 그가 1800년(嘉慶 5년, 庚申) 9월 24일 '王舅嵩原親方毛國棟'[278]과 함께 청나라에 사신을 간 것으로 기록되어 있으나 그 때의 행적에 대해서는 많지 않다. 다만 그가 1790년(건륭 55년) '正月 12일에 進貢大夫로 북경에 갔을 때 원명원 연회에서 문득 운자를 얻어 쓴 다음과 같은 시가 전할 뿐이다.

御極垂衣正八旬　普天沐德獻琛頻
四夷輧貢蒙皇化　五代同堂仰聖人
召人華誕龍誕酒　飛登紫禦鳳朑親
天顔咫尺沾恩湛　永祝昇平萬壽仁[279]

위 기록은 앞에서 지적한 유득공의 두 기록과 정확히 일치하고 있음을 알 수 있다. 이에 대해서는 다음 기회에 두 나라의 자료를 더 조

278) 那覇市, ≪那覇市史≫資料篇 第 一卷 七, 家譜資料 三, 首里系(那覇市, 1982), pp. 636-643. "鄭氏家譜(十五世 鄭得功)" 참조.
279) 那覇市, 위의 책 p. 640 참조.

사한 후 상기 4인과 유득공과의 교류에 대하여 검토해 보기로 한다. 그리고 본고에서 언급되지 않은 양국의 문인들의 교류도 상당할 것으로 추측된다. 그것은 오랫동안 사행이 진행되면서 양국 또는 중국 등지에서 접촉은 계속되었기 때문이다. 여기서는 교류의 실상에 대한 대체적인 규모를 살펴보는데 그 의의를 다해야 할 것 같다. 문제는 조선시대 동아시아나 동남아시아 제국과의 교류는 보다 적극적인 자세에서 수행되었음을 알 수 있었다는데 있다. 다음 장에서 시야를 좀 더 넓혀 살펴보고자 한다.

3. 暹羅와 인접국가들

(1) 한자 문명권의 공통분모

조선시대 인접국과의 교류는 대개가 한자문명을 중심한 중세공통문어문과 밀접한 관계를 가진다. 앞에서 본 안남·유구가 모두 그 범주에 들어간다고 볼 수 있다. 그러면서 한편으로는 동아시아와 그 주변의 정치적 질서를 담당하고 있던 중국(과거의 각 왕조)이라는 나라에 의하여 언어나 사상의 동질성에 크게 좌우되지 않으면서 朝貢의 형태를 갖춘 교류가 이루어지고 있었던 것도 사실이다. 본 장에서 보려는 '暹羅'가 그런 경우이며, 분명하게 나타나고 있지는 않지만 그 외에도 소위 '蕃國' 20여 개국 가운데는 한자문명과 직접적인 관련이 없는 나라들도 포함되어 있다.[280] 이것이 중국을 중심한 중세 동아시

---

280) 조동일, ≪문명권의 동질성과 이질성≫, (지식산업사, 1999. 4), p. 34.에서 村井章介의 <アジアのたかの中世日本>이라는 논문을 근거하여 명나라 태조실록에 등재된 20여 蕃國 가운데 조공횟수로 따지면 조선은 10위이며, 暹羅가 오히려 여섯 번째 많은 조공을 바쳤음을 알 수 있다.

아와 그 주변국과의 관계였다. 중국의 처지에서 보면 조공무역이라는 방법을 통하여 그들을 자기들의 영향권 안에 넣으려고 노력했을 것임은 쉽게 짐작할 수 있다. 상대적으로 그들 역시 조공의 횟수에 따른 반사이익을 추구하려는 것은 어쩌면 당연한 귀결인지도 모른다.

같은 한자문명권에서 비슷한 사고를 가지면서 살고 있는 우리의 처지에서 이해하는 것과 전혀 다른 문명과 그 속에 살면서도 특정한 목적을 수행하기 위하여 더욱 적극적으로 나설 수밖에 없는 현실은 예나 지금이나 크게 다를 게 없다고 본다. 그러니까 한자문명을 향유하지 않으면서도 자신들의 이익을 위하여 동화되는 노력을 게을리 하지 않았다는 것이 더 솔직한 표현일 것이다. 곧 중세 동아시아와 그 인접국가들은 이 문화 속에 동화됨으로써 보다 확실한 보상(?)을 받을 수 있었던 것이다. 그러니까 중국은 언제나 상대방에게 베푸는 쪽에 있다고 생각하는 사고의 정당성을 주장하는 것이다.

본장에서 조선시대 '暹羅'와의 문학교류에 대한 실상을 살펴 보려는 것은 현재로서는 자료가 밝혀지지 않았으나 이외의 나라들과도 교류가 있었을 가능성에 대하여 검토해 보고자 함에서이다. 물론 현재 史料에 나오는 각기 국가들에 대한 정확한 실체를 규명하기 어려운 현실적인 문제 또한 많다. 그러한 처지를 감안해도 역사서에 자주 등장하거나 내왕이 분명했던 나라들과는 어떤 방식으로 교류하고, 그 속에는 위에서 본 나라들과 같은 형태의 교류가 있었을 가능은 없을까?[281] 적어도 暹羅와의 교류를 정리하면 그것에 대한 해답이 있을

281) 손승철 외, ≪朝鮮・琉球關係資料集成≫, pp. 53-71.에는 조선시대에 한정하여 보았을 때 '暹羅'에 대한 기사가 10여 회, 기타 그 실체가 분명하지 않은 나라들과의 접촉이 있었던 기록이 보인다.

것으로 보인다.

중세 동아시아 한자문명권 안에서의 공통분모는 분명히 '한자'를 사용함으로써 나타나는 결과이다. 평소에 그것이 일상화되지 않았던 나라들도 중국과의 관계나 한자가 일상화된 나라와의 관계 속에서는 그것을 매개로 하여 수행되었다는 점이다. 여기서부터 문화적·경제적 또는 정치적인 반사이익을 추구하는 계기를 마련하고 있는 것이다. 이 두개이면서 하나인 국가적 이익을 위한 중국문화에 대한 동화적인 자세는 중세 동아시아적인 현상의 하나이다.

이제 그 가능성을 위하여 소략한 자료를 중심으로 '暹羅'와 그 주변국에 대한 당시 조선의 인식과 그들에 대한 교류의 실상을 살펴보고자 한다.

(2) 교류의 실체와 그 한계점

조선시대 우리나라 文人이 暹羅와 詩文을 주고받았다는 확실한 기록은 1611년 이수광이 세 번째 북경에 使行을 갔을 때의 일을 기록한 문건 중에 ≪琉球國使臣贈答錄≫ 附錄으로 첨부된 것에서 볼 수 있다.[282] 이수광의 위 문건은 그의 득의의 소산이다. 그가 세 번에 걸쳐서 중국의 사행길에 나서면서 타국의 여러 문인들과 교류하고 싶어한 것을 적은 여러 글에서 볼 수 있는 것이 그것을 잘 말해준다.[283]

이러한 생각을 가지고 있던 이수광은 북경의 객관에서 暹羅國의 사신을 만났을 때 평소에 그가 궁금하게 생각한 것을 집중적으로 질문하기 시작하였다. 그 때 얻은 지식을 정리하여 ≪증답록≫부록에

---

282) 이수광, ≪문집≫ 권 9, pp. 86-88.

283) 이들에 대해서는 강동엽, <이수광의 문명의식과 대외교류>, pp. 26-28.의 '동남아시아諸國에 대한 시각' 부분에서 언급한 바 있다.

<附暹羅>라는 제목으로 남긴 글의 일부는 다음과 같다.

> 섬라국은 서남바다 가운데 있다. 물길로 광동에서 약 1만 여리이고, 광동에서 북경까지는 육로로 또 8천리이다. 나라 姓氏에는 단지 네 개만 있으니 왕의 성은 조(照)이고, 주관의 성은 악(握)이고, 중호의 성은 내(奈)이고, 하호의 성은 애(隘)이다. 사신은 악곤라내만저리, 부관은 악맹라이다. 경술년 3월에 본국을 떠나 신해년 10월에 북경에 이르렀다. 말은 번화(番話)를 쓰고, 청조의 문자를 알지 못했다. 사신은 나이가 70세였으나 금바리를 머리에 이었으며, 종인 27인과 함께 모두 머리를 깎았는데 겨우 몇 치였다. ……[284]

위 설명을 보면 '暹羅'라는 나라는 서남아시아 바다 가운데 있다는 것이다. 그런데 이 '섬라'는 일반적으로 옛 타일랜드를 지칭하는 말로 'Siam'이라고 표기하기도 한다. 문제는 오늘날의 '타일랜드'가 옛 '섬라'라면 그 위치가 섬이 아니라는데 있다. 이수광의 표현이 잘못되었거나 아니면 여기서 지칭하는 '섬라'와 오늘날의 '타일랜드'가 같은 나라가 아니라는 결론이 나온다.

그러나 앞에서 언급한 明代의 소위 '蕃國'의 명단에 '暹羅'가 20여개국 중에서 여섯 번째로 많은 횟수의 朝貢무역을 한 것으로 나타난 것을 보면[285] 명대에 지칭하는 '섬라'가 이수광이 말하는 '섬라'와 같은 나라라고 보아야할 것이다. 단지 광동지방에서 바다를 거쳐 '섬라'에 도착하는 방법을 표현하는데 문제가 있었지 않은가 한다. 오늘날의 '타일랜드'는 중국 운남성과 인접해 있어서 그렇게 먼 나라가 아

284) 이수광, ≪문집≫, p. 86. (원문은 문집에 수록된 것을 대체함).
285) 조동일, 앞의 책, p. 34 참조.

닐 수 있으며, 중국의 56개 소수민족 중에 '타이족'이 상당한 숫자를 차지하고 있음도 과거의 잦은 교류를 짐작하게 한다.[286]

다만 이수광의 위 기록으로는 그들이 '한자'를 알지 못한 것으로 나타나있다. 그래서 "중국 사람의 성을 가진 서(徐)라는 자가 그 나라에 갔다 와서 통사라 칭하고 관직이 뒤따랐는데 조금 문자를 알았"[287]기에 그를 통하여 필담을 했다 한다. 그를 통하여 얻은 지식이란 '섬라'에 대한 풍속과 위치, 그리고 주변국들에 대한 명칭과 특징들에 대하여 비록 소략한 내용이지만 그 범위는 매우 넓은 것이었음을 알 수 있다. 특히 중국 북경을 중심으로 '섬라'의 위치와 거리에 대하여 상세하게 설명하고 있다. 그는 여기서 미처 설명하지 못한 부분은 다른 저서인 ≪芝峰類說≫에서 상세히 언급하고 있어서 그가 기울인 관심의 정도를 가늠할 수 있다.[288]

문제는 이수광이 ≪續文獻通考≫와 ≪桂海志≫라는 문헌까지 인용하면서 '섬라'에 대하여 설명하고 있는데 그 나라가 10여 개국의 '속국'을 거느리고 있었다고 하나 확인할 수 없다. 당시 차이나반도 주변을 중심으로 하는 작은 섬들의 도시국가적 형태의 나라에 대한 구체적인 정보에 대한 전달에 큰 의미가 있다고 볼 수 있을 것이다. 그래서 이수광은 객관에서 만난 '섬라'사신과의 만남을 다음과 같이 쓰고 있다.

---

286) B.ハリソン, ≪東南アジア史≫(竹村正子 譯, みすず書房, 1981), pp. 27-37. 제 3장에서 중세 인도차이나반도의 형세에 대하여 상세히 언급되고 있다.

287) 이수광, ≪문집≫, p. 86.

288) 이수광, ≪芝峰類說≫, <諸國部>, '外國'조 참조.

遇暹羅使臣

만리밖 섬라 땅이 바다가운데 있으니	萬里暹羅塊海中
칠주양 밖으로 물이 허공에 닿았도다.	七洲洋外水連空
산형세 곱게 내려 용산 아산 끊어지고	山形直到龍牙斷
나라풍속 일찍부터 엽유와 통했네	國俗曾將葉柳通
치우친 땅 절로 고기 자라 집에 오르고	偏壤自來魚鼈宅
두 나라 멀어져서 마우바람 불어오네.	兩鄉相去馬牛風
다행히 황색노인 만난 건 진짜 기이해라.	幸逢黃耇眞奇事
옛날에 만난 매남의 풍노인 인 줄 알았네.289)	疑是梅南舊老馮

(칠주양은 바다 가운데 일곱 개의 섬이 있는 까닭에 이름한 것이다. 엽류는 옛날 부남국왕이다. 매남은 곧 안남이다. 옛날 안남 사신 풍극관과 더불어 서로 만났는데 나이가 70이었다. 지금 사신도 나이가 그와 같은 까닭에 말한 것이다.)

위의 시 말미의 細注를 밝힌 것은 이수광이 '섬라'의 사신을 만나서 시를 쓴 내력을 이해하는데 도움이 되고자 해서이다. 이들과 직접 만난 감회를 남긴 것은 이수광의 작품에서 처음으로 볼 수 있지만 역사적으로 보면 이미 고려시대에 그들과의 접촉이 있었음을 알 수 있다.290) 게다가 앞서 지적한 바와 같이 조선시대에도 여러 차례의 접촉이 있었으며, 특히 영조시대는 치적이 뛰어나 섬라에서 귀순하는 사람이 있었다고 적고 있다.291) 이로 보면 '暹羅'에 대한 관심은 이수

289) 이수광, ≪문집≫, p. 87.

290) Hungguk Cho, <Early Contacts between korea and Thailand>, (≪Korea Journal≫, 35-1, 1995) 참조.

291) ≪조선왕조실록≫ 正祖 23年 12月 21日(甲辰)條.

광의 일시적인 호기심에서 출발했다기 보다는 오랫동안 그들에 대한 관심과 지식의 축적에 의했다는 것이 온당한 평가일 것이다.

더구나 '섬라'를 설명하는 글에서 나타나는 주변국가와 서양의 나라(佛浪機國 등)들에 대한 소개와 설명은 다른 지역(중국과 관계하는 조공국들)에 대한 깊은 관심과 함께 이 시기 조선지식인의 대외인식에 대한 표현이라 할 것이다.[292] 단지 그들과의 교류가 시문에 그치지 않고 보다 구체적으로 전개되었기를 바라는 마음은 현재적인 평가에 불과하다. 앞으로 이 방면에 대한 연구가 활발해 지기를 바라면서 여기서는 조선지식인의 대외교류의 실체를 설명하는 과정에서 '섬라'를 대상으로 하는 한 과정을 정리하는데 그 의의를 갖고자 한다.

Ⅳ. 세계인식의 확대와 문학의 역할

조선 중기에서 후기로 이동하는 시기-위에서 논의된 작자와 작품들, 그리고 접촉한 인물들과의 교유를 기록한 서적들을 중심으로 보면 이때는 분명히 과거와는 다른 변화의 조짐이 보이고 있는 때였다. 이수광이 그렇고 유득공과 그 주변 인물들이 모두 그러한 생각에 기울어져 있던 사람들이다. 이들은 당시의 조선에 대하여 이웃나라인 중국의 문화는 선진문화였으며, 그들의 문화를 유입하고, 소개하는 것이 그들에게는 대단한 사명이 아닐 수 없었다. 특히 이수광의 경우 그가 1614년 ≪지봉유설≫을 완성함으로써 당시 조선지식인들에게 신선한 충격

292) 이 시기 이웃나라 일본의 경우는 이미 섬라와 국교가 수립되어 활발한 무역이 이루어지고 있었음은 다음의 문헌에 잘 나타나 있다. 郡司喜一, ≪德川時代の日暹國交≫(東京, 東西經濟調査局, 1938.) 참조.

을 안겨 주었다. 그로부터 이어지는 다수의 진보된 생각을 가진 지식인 - 특히 柳夢寅・李瀷・安鼎福・洪大容・朴趾源으로 이어지는 문인학자들의 주장은 그들 나름대로 진보된 세계관을 보여주고 있었다.

곧 새로운 학문을 수용하고 발전시킴으로써 당시의 삶을 더욱 발전시킬 수 있다는 생각은 그들로 하여금 더욱 대외적인 데에 눈을 돌릴 수밖에 없었다. 특히 이수광이 북경으로부터 유입한 천주교관계서적과 과학서적들은 당시 조선지식인들로 하여금 세계에 대한 새로운 시각을 가지게 하는데 충분한 역할을 했다고 보여진다.[293] 곧 중국으로부터 유입되어 온 漢譯西學書는 서양을 이해하는 데에 완전하지는 않았지만 새로운 세계를 인식하는 데는 크게 부족하지는 않았다. 그것은 직접 서양으로부터 유입하는 것과의 비교에서 지적한 말이지만 중국을 매개지로 하는 서구에 대한 이 호흡은 당시 조선사회에 만연된 정치적 갈등에서 조금씩 변화를 초래하는 계기를 마련했다고 보여진다.

특히 앞에서 살펴본 대외적인 접촉 - 그것이 사행집단의 일원으로 시작되었다해도 그것을 통한 외국에 대한 이해의 깊이는 더해 갔으며 그들의 지적대로 '四海兄弟'이거나 '四海一家'일 수밖에 없는 세계조류를 이해하게된 점이다. 비록 '한자'를 매개한 교류의 방식을 띄고 있지만 어쩌면 그것이 교류에는 더 효과적이었을지도 모른다.

왜냐하면 같은 한문 문화권에 소속되었다는 생각이 그들로 하여금 더욱 가깝게 느껴지게 했을 것이다. 곧 동아시아 한자문명권 안에서의 외교활동에는 의당 漢詩의 활약이 절대적일 수밖에 없었다.[294] 그

293) 이용범, ≪중세서양과학의 조선전래≫, (동국대학교 출판부, 1988) 참조.

294) 村井章介, ≪東アジア往還≫- 漢詩の外交, (朝日新聞社, 1995)에서는 주로 한시를 중심한 외교관계의 수립과 그 과정에 대하여 동아시아를 하나의 장으로 보려는 시각에서 쓰여지고 있다.

한 증거가 위의 고찰에서 잘 나타났다고 보여진다.

다만 이들은 대외적인 접촉을 통하여 새로운 세계를 호흡하고 그들과 한시를 주고받으면서 자신의 능력이 동아시아 한자문화권 안에서는 중국을 대신할 수 있는 위치임을 확인하고 자신하는 정도에서 그치고 있는 점이다. 왜냐하면 사실 이때 서구의 열강들은 벌써 동양진출을 위하여 상당한 전진기지를 만들었으며, 그들 나름대로의 준비를 진행하고 있었으나 그것이 구체적으로 무엇인지에 대해서는 큰 관심을 가지지를 않았던 것이다. 이 문제는 다른 여러 문헌에서 이미 확인되고 있기 때문에 거듭 밝히지 않는다.

그러면서도 중세적 세계인식의 방법은 결국 한시를 통할 수밖에 다른 특별한 방법이 없었다. 물론 내적으로는 자국어문학에 대한 새로운 가치질서와 표현방식을 찾고 있었으나 그 주는 역시 한문학이 자리를 차지했다.[295] 이것은 다음 세기의 민족어문학으로 가는 한 과정이었지만 이 시기의 한문학은 민족의 역사발전과 현실정치까지를 포괄하는 종합적인 학문으로서 그 임무를 다하고 있었다고 보여진다.

조선 역시 이 시기 중국 중심에서 시야를 돌려 널리 -그것이 중국을 매개지로 하는 조공국들과의 사이에서 이루어지는 일 중의 하나였으나 접촉의 대상을 확대했다는데 의의가 있다. 그 대상이 '안남'과 '유구', 그리고 '暹羅'였다. 비록 현재 남아있는 자료가 부족하지만 앞으로 이 방면의 연구는 계속 되어져야할 것이다. 적어도 이번의 연구가 진행되면서 그 필요성이 절실했던 것은 안남이나 유구의 경우 우

---

295) 조동일, ≪공동문어문학과 민족어문학≫, (지식산업사, 1999)에서 한국・월남・일본의 민족어문학에 대한 생성과 발달에 대하여 상세히 비교해 놓았다.

리와의 교류에 대해서는 많은 연구가 있어 왔고, 또 진행되고 있다는 점이었다. 필요하다면 이들과의 공동연구도 가능할 것으로 보여진다. 왜냐하면 유구의 경우는 그들에게 없는 것이 우리에게 있고, 또한 그 반대인 경우도 있었기 때문이다.

다음 시기로 이행되는 민족어문학이 완성되기 이전까지의 문학에서 한문학은 세계를 이어주는 가교역할을 충실히 하였음은 분명하다. 조선도 그런 의미에서 이를 통하여 더 넓은 시각의 확대가 이루어졌다고 할 것이다.

Ⅴ. 맺는 말

이제까지 조선시대에 국한하여 우리의 문학이 인접국가 - 동남아시아 제국과 어떤 관계를 이루었으며, 어떻게, 얼마만큼 교류되었는가를 살펴보았다. 그 대상을 안남과 유구, 그리고 '섬라'에 한정하였다. 연구의 대상국가를 동남아시아라는 지역에 한정하는 것은 통상적인 동아시아와 서남아시아의 중간지점에 위치한 안남을 중심으로 편의상 설정한 것이다.

논의의 대상은 주로 이수광이 사행에서 남긴 ≪安南使臣唱和錄≫과 ≪琉球使臣贈答錄≫, 그리고 유구국사신과의 증답록에 부록으로 첨부된 '暹羅'에 대한 기록과 유득공의 ≪並世集≫에 실린 안남·유구의 작자와 작품이다. 물론 유구의 자료까지를 포함하였다.

이 시기의 조선은 소위 '穆陵盛世'라 지칭되는 文運이 활성하던 때이다. 그러면서도 壬辰·丁酉再亂 그리고 丙子胡亂을 겪으면서 사회가 혼란하고 백성들의 삶이 피폐해질 수밖에 없는 현실이었다. 문학도 이러한 시대적인 사정에 따라 새로운 시각을 가지려고 노력하였으며, 그것이 세계에 대한 인식의 확대이거나 시점의 전환일 것이다. 앞에서 논의된 각기 나라의 작자와 작품들은 모두가 세계(같은 한자문명권을 지칭하는 것이었겠지만)를 동시에 인식하는 기본적인 자세가 있었다는 점이다. 비록 그들이 주고받은 시의 수준이 어느 정도였는지에 대해서는 다른 차원에서 검토되어야겠지만 같은 문명권에서의 세계를 인식하려는 생각은 모두가 한결 같았다는 점이다.

두 번째로 볼 수 있는 것이 이수광과 유득공이 접촉한 외국사신과 문인들은 시간의 경과가 많았는데도(1597년과 1611년, 그리고 1790년과 1801년)기본적으로 큰 변화가 없었으며 오히려 더 적극적으로 상대방을 이해하려고 노력했다는 점이다. 특히 유득공의 경우는 그들이 접촉한 많은 사람들에 대한 보다 구체적인 기록을 남김으로써 이 시기 지식인의 세계에 대한 인식의 한 부분을 이해하게 한다. 반면에 유구나 안남 역시 그들의 기록을 통하여 조선의 실상과 문화를 깊이 이해할 수 있었다는 것이 분명하게 나타난 점이다.

셋째는 이들의 접촉이 비록 짧고, 또 남긴 기록이 소략하지만 안남의 경우는 당시 동양진출에 혈안이 되어 있던 서구제국의 동향을 가까이서 볼 수 있었다는 점과 유구의 중개무역을 통한 서남아시아, 또는 그 밖의 지역과의 관계에서 얻어진 지식들이 어떤 경로를 거치든지 조선의 사행집단에 전달되어질 수 있었지 않을까 하는 점이다. '중답록'이나 '시문'에는 그 구체적인 내용이 남아 있지 않지만 이수광의 문건들에는 그 구체적인 내용이 전해지고 있는 점이 그것을 잘 말해주고 있다. 유득공 역시 이수광에 뒤쳐지지 않는 많은 기록을 통하여 당시의 세계에 대한 지식을 전해주고 있다.

넷째는 이들과의 접촉을 통하여 세계를 인식하려고 했다는 점이다. 곧 교린의 중요성에 대한 강조는 변화의 다음 세기를 예고하는 좋은 계기가 되었다고 보여진다. 이것은 호기심의 차원이 아니라 세계에 대한 열린 시각의 한 표현이며, 조선의 많은 지식인들에게 그것을 보여주었다는 점이다. 비록 북경을 매개지로 하는 한계성을 가지고는 있었으나 편향된 세계관을 깨울 수 있었다면 그것은 엄청난 변화의 한 축이 될 수 있지 않을까 생각한다.

조선조 지식인의 한 사람이었던 상기 두 사람의 눈에 비친 세계는 무한히 넓은 것이다. 그것의 표현이 위에서 살펴본 문건들이다. 앞으로 이 방면의 연구가 활발하게 전개되어 조선시대 지식인의 사행을 통한 세계인식의 실상이 좀더 구체적으로 정리되어지기를 기대한다. 특히 중국 중심에서 벗어나 그 외의 나라들과의 교류에 대한 실상을 밝히는 작업은 당시 우리 문화, 문학의 영역을 넓혀주는 계기가 될 것으로 믿는다. 본고는 그것을 위한 시작의 역할이 되기를 바란다.

18세기 한·일 문학 교류와 宮瀨龍門

Ⅰ. 머리말

동아시아 여러 나라 특히 한국·중국·일본 등은 지리적으로 인접해 있으면서 한문문화라는 동질성을 가진 문화적 토양 위에서 오랜 세월을 지내왔다. 그러면서도 그 속에서 각기 자기 민족의 특유한 문학사상과 양식을 만들기도 하였다.

이것은 하나의 문화적 동질성에서 출발하여 각기 자기민족의 독특한 문학작품들을 만들어 왔음을 의미하는데 이 속에는 그럴 수 있는 필연적 요소와, 그럼에도 불구하고 여전히 하나의 문화권임을 시사하는 내용들도 내포시키고 있다. 적어도 동아시아 제국이 자기언어를 창조하여 소위 민족어문학을 창작하기 전까지는 한문이라는 '공통문어문'에 의하여 문학작품이 쓰여졌다는 사실은 이 지역의 문학을 이해하는데 있어서 하나의 방법을 창안해 내게 한다.

이를 위하여 조동일은 ≪동아시아 문학사 비교론≫[296]을 통하여 이들 각 민족의 문학이 어떻게 발전해 갔는가를 살펴보면서 이 속에 관류하는 일반적 법칙 같은 것을 찾으려고 노력하였다. 이러한 노력은 동아시아 문학을 하나의 테두리 안에서 이해하려는데 좋은 길잡이

296) 조동일, ≪동아시아 문학사 비교론≫, 서울대학교출판부, 1993.

가 될 수 있을 것이다.

본고에서 살펴보려는 18세기 한・일간의 문학교류의 한 양상 또한 '공통문어문'시대를 살았던 두 나라의 작가들이 같은 문화권을 향유한 좋은 보기가 될 것이다. 소위 통신사를 통하여 두 나라 작가들은 서로 한문을 매개한 문학교류의 장을 열 수 있었는데 이 속에는 동질적인 현상과 이질적인 현상을 함께 나타내고 있다. 이는 같은 뿌리에서 나뉘어진 가지와 같다. 그 가지가 바로 민족문학의 의미를 가지는 것이다.

본격적인 민족어문학을 창작하기 전인 이 시기의 문학교류 양상에 대한 연구는 앞으로 동아시아 문학전반과 교류를 이해하는데 기초작업이 될 것이다. 더구나 이 시기 한・일간의 문학교류는 일방적인 전수나 시혜라는 시각에 머물러있는 현 단계에서는 더욱 필요한 작업이라고 생각된다.

아울러 비슷한 시기 한・중간의 문학교류에 대한 연구에 비하여 현저하게 적은 연구 경향을 생각한다면 더욱더 그 필요성을 가진다. 게다가 한・중간의 교류에서는 중국 측에서 보다 한국 측 자료가 많은데 비하여 한・일간의 교류는 오히려 한국 측 자료가 적다는 특징이 있다. 이는 한문문화의 교류적 측면에서 볼 때 문화우월주의적 현상일 것인데 이 분야의 연구에 하나의 장애로 작용하고 있다.

이 점을 참고하면서 주로 당시 일본 측 자료를 대상으로 본고를 정리하고자 한다. 논지의 전개는 18세기 두 차례의 조선통신사와 접촉을 가졌던 宮瀨龍門이라는 인물과 그가 남긴 두 권의 '창수집'을 대상으로 한다. 연구의 내용은 작자와 통신사와의 관계, 창수집의 내용검토, 그리고 교류의 특징과 조선의 시각 등의 순서로 서술하고자 한다.

Ⅱ. 宮瀨龍門과 조선통신사

宮瀨龍門(1719-1771)과 조선통신사와의 인연은 두 차례의 사행 일행과 東都(지금의 동경)에서였다. 그와 조선통신사와의 만남에 대하여 논의하기 전에 먼저 그에 대한 내력을 간략히 살펴보고자 한다.

그는 江戶의 儒者로써 이름은 維翰, 자는 文翼, 龍門은 그의 아호이다. 통칭하여 三右衛門이라하며, 紀州(南紀)사람이다. 그의 선대가 중국 後漢 獻帝의 후손으로 志賀空大村主에서 일본으로 귀화했다고하여 문집에서는 중국식 이름으로 ＜劉維翰＞이라 하고 있다.

그의 집안은 대대로 의술을 업으로 하여 紀州侯에게 출사하였으나 ＜龍門＞(이하 '龍門'이라 표기함)에 와서 어떤 사연이 있어서 그 직을 버리고 爾後州의 龍門山에 은거하여 수년 동안 독서역학하였다. 그러던 중에 荻生徂徠의 학문에 대한 이야기를 듣고 흠모하여 江戶로 나와 服部南郭(1683-1759)의 문하에 들어가 수업하였다. 그는 재주가 뛰어났으나 同門들에게 시기와 질투를 사게 되어 그곳을 떠나게 되었다.

그 뒤 홀로 六經과 古文辭를 열심히 공부하여 명성을 얻게 되었으며, 文友를 海內·外에 두루 사귀게 되었다. 이 당시 그의 재능을 일러 經義는 太宰春台와 宇左美灊水와 비견되고, 문장은 服部南郭과 餘態耳와 비견된다고 하였다.

한편 그는 음악을 좋아하여 簫를 즐겨 불어 그 경지가 극에 달했다. 성격은 온화하고 언변이 유창하였으며, 술을 즐겼는가 하면 長幼貴賤을 불문하고 밤을 새워 얘기하기를 좋아하였으나 피곤해하지를 않았다.

松崎君修(1725-1775)는 그의 才學에 감복하였는데 그가 임종을 맞

왔을 때 君修에게 부탁하여 墓誌銘을 짓게 하였다. 1771년(明和 8年) 정월 4일에 세상을 떠났는데 그 때 그의 나이는 53세 였다.

그가 남긴 대표적인 저서로는 ≪古文孝經國字解≫, ≪鴻臚傾蓋集≫, ≪金蘭集≫, ≪李王七律詩解≫, ≪劉氏無盡藏≫, ≪龍門山人文集≫ 등이 있다.[297)]

그와 조선통신사와의 첫 번째 만남은 1748년(戊辰年·영조24) 정사 洪啓禧(1703-1771)가 德川家重(재위 1745-1760)의 장군 습직을 축하하러 갔을 때인 6월 10일 江戶에서였다. 그 때의 사연을 다음과 같이 적었다.

> 延享戊辰之歲 韓使朝聘 五月二十一日 入東都 越六月十日 與井子羽 滕堂君彝 滕目夷 安子帛 造淺草旅館 因對馬書記阿比留氏 會學士二書記[298)]

위 인용문을 보면 통신사 일행은 5월21일 江戶에 도착하였는데, 다음 달 6월10일 대마도의 서기 '阿比留氏' 주선으로 淺草 여관에서 일본 문인 5명이 통신사 일행 중의 4명과 만났음을 알 수 있다. 이들이 나눈 수창에 대해서는 다음 장에서 논의하기로 한다.

여기서는 宮瀨龍門에 대하여 좀더 살펴 보기로 한다. 먼저 그의 학문적 연원이다. 시작은 徂徠의 學에 흠모한데서 비롯되어 그 제자인

---

297) 그의 생애에 대해서는 졸고. <<虞裳傳>에 투영된 李彦瑱과 그의 世界認識>(≪建國語文學≫ 19・20,건국대학,1995.), p. 61에서 간략히 언급한 바 있다. 그리고 위의 생애에 대한 정리는 ≪先哲叢談≫과 여러 인명사전을 종합・정리하여 재구성 한 것이다.

298) 宮頼三右衛門, ≪鴻臚傾蓋集≫ p. 11, <부록>

服部南郭에게 입문하여 수업을 시작하였으나 결국은 독학으로 일가를 이루었음을 알 수 있다. 특히 당시의 世評이 그의 경학과 시문이 徂徠學派의 쌍벽이라 불리는 太宰春台와 服部南郭에 비견했다는 것은 대단한 명성이 아닐 수 없다.

이 당시 그의 나이는 30세였다.[299] 게다가 이날 동석한 문인들 중에서 가장 나이가 어렸다. 이렇게 일세를 진동하는 명성을 얻은 그는 조선의 문인들과 당당하게 문장을 겨루어 보고 싶었을 것이다. 당시 통신사 일행이 6월13일 江戶를 떠났으니 6월10일 저녁이면 출발하기 3일전이 된다. 이 급박한 시간에 그가 만난 조선의 문인은 제술관 朴敬行(39세), 정사서기 李鳳煥(39세), 부사서기 柳逅(59세), 종사관서기 李命啓(35세) 등 이었다.[300] 결국 이 4명은 통신사 각 방의 문필을 대변하는 인물들이었으니 당시 조선의 학문과 문장을 대표한다고 볼 수 있다.

이들과의 만남은 龍門에게는 일생의 꿈이었을 것이며, 그 꿈이 이날에야 성취된 것이다. 그의 성격이 長幼貴賤을 불문하고 넓게 사람을 사귀는 것이었으니 조선의 문인을 만나는 것은 예사로운 일이 아니다. 그가 평소에 <簫>를 즐겨 불었기에 이들과의 만남 속에서도 화제로 등장하게 된다. 이날의 만남은 명성에 이끌려 여러 제후들이 그를 초빙하였으나 응하지 않고 오직 학문과 문학 수업에만 전념했던 그로서는 대단한 의미를 가지지 않을 수 없는 일이었다.

---

299) 위의 책, p. 1. <釋名> <日本> "宮維翰字文翼號龍門南紀人年三十爲處士以教授爲業"

300) 위의 책 같은 곳, <朝鮮>, "製述官典籍 朴敬行字仁則號短軒年三十九, 正使書記奉事 李鳳煥字聖章號濟菴年三十九, 副使書記奉事 柳逅字子相號醉雪年五十九, 從事書記進士 李命啓字子文號海皐年三十五"

그가 두 번째로 조선통신사를 만나게 된 것은 1764년(甲申年・영조40) 정사 趙曮(1719-1777)이 德川家治(재위・1760-1786)의 제10대 장군 습직을 축하하러 왔을 때였다. 통신사 일행이 1763년 8월3일 서울을 출발하여 江戶에 도착한 것은 그 다음해(1764년)인 2월16일이었다. 행사에 참석하고 3월11일 江戶를 떠났으니 머문 날자는 불과 25일 정도 였다.

그 사이에 龍門은 두 차례의 만남을 통하여 수창을 나누었는데 처음은 3월7일이며, 두 번째는 3월10일이었다. 처음 만나게 되었을 때의 광경을 다음과 같이 적고 있다.

初大洲大夫龍岡君 從余而學 且相善 時候爲客舘使 大夫隨而在舘 於是携豚大如璋 問寒暄 車取過客舘 縱觀諸僚房 與小童下僚 戱語調笑 彼神領意得 頗有操我於者 不假舌譯 言談數刻 及暮而還 猶未有與彼唱和意也[301)]

이 문면을 보면 처음에 객관을 찾아 갔으나 뜻을 이루지 못하고 해가 저물어 그냥 돌아오고 말았음을 알 수 있다. 객관을 지키는 사람들과 의사소통이 되지 않았음도 나타난다. 1748년 그의 나이 30세였을 때 江戶에서 통신사 일행을 처음 만나 창수하던 때와는 많은 차이가 있다.

그래서 그는 재차 방문하였다.

又因龍岡君遊客舘 且有知對馬裁判官紀伯麟者 因告之 伯麟呼譯人隨余 導到學士三書記房 譯人諭之 各相揖而竟 余投名刺 率爾賦詩而

301) 宮瀨龍門 ≪東槎餘談≫ 卷之上. p. 10. ＜自敍＞.

贈焉…[302]

결국은 대마도의 판관 紀伯隣이라는 사람을 통하여 만남이 성사 되었다. 물론 이때 자신이 쓴 詩를 지참하였음은 당연하다. 이 날의 성사를 그는 다음과 같이 날짜·동석한 사람 등에 대하여 간략히 적고 있다.

明和元年甲申之年二月 朝鮮國信使來聘 於是三月四日 因大洲大夫滕成章字子文者 到客館 同七日 請對馬裁判官紀國瑞字伯麟者 謁學士三書記[303]

우여곡절을 겪고서 3월7일에야 만남이 성사 되었다. 배석은 동행한 龍岡 滕成章과 대마도의 판관 伯麟 紀國瑞이었다. 그러니까 1748년 이후 처음의 일이니 16년의 세월이 흘렀다. 이 때 용문의 나이는 46세였다.

그리고 1764년의 두 번째 만남은 이로부터 3일 뒤의 일이었다.[304] 이 때도 그는 龍岡과 함께 였다. 이를 통하여 그는 조선통신사와 두 차례의 접촉이 있었음을 알 수 있다. 16년의 격차를 보이고 있지만 그가 통신사 일행과의 창수를 얼마나 갈망했는가를 쉽게 이해할 수 있다.

더구나 공식적인 임무를 가지지 않은 일개 학구의 신분으로 어렵게

---

302) 위의 책. 같은 곳.

303) 위의 책. p. 20. 卷之上 <筆談>

304) 위의 책. 卷之下. p. 34. <筆談>. "三月十日 再到賓館 訪龍岡居所 復齋先在座…"

마련한 통신사 일행과의 만남과 수창은 그리 흔한 예가 아닐 것이다. 대마도를 거쳐 江戶에 도착하고, 다시 돌아오는 일정 속에 수 없이 많은 문인·학자, 그리고 승려들의 방문을 받게 되는 일은 거의 공식화되어 있었다.

그러나 이 접촉은 대부분 사전에 준비된 일이었으나 갑작스런 만남이 주선되기는 그리 쉬운 일이 아니다. 이러한 상황 속에서도 龍門의 일행이 수창의 기회를 만들 수 있었던 것은 역시 행운이 아닐 수 없다. 공식적인 행사가 끝나고 떠나기 직전 2-3일간의 공백을 이용하여 만날 수 있었다.

斯日也館中比他日 頗閑暇而無雜客 然五六輩已在席305)

비록 대마도의 판관을 통한 교섭이었으나 번잡한 좌석이 아니었음을 짐작케 한다. 그리고 이러한 기회를 만들기 위하여 그는 수차 내왕하면서 애를 태웠음은 앞에서 인용한 다른 구절을 통하여 알 수 있는 일이다.

이러한 만남은 당시 일본 문인들의 비할 데 없는 영광이었음은 이미 잘 알려진 일이지만 龍門의 경우는 그의 광범위한 교류정신과도 일맥 통하는 일이다. 횟수를 거듭한 통신사 일행과의 수창에 대해서는 다음 장에서 살펴보기로 한다.

---

305) 宮賴龍門, ≪鴻臚傾蓋集≫, p. 11. <부록>.

Ⅲ. 唱酬集에 수록된 작가·작품들

1. ≪鴻臚傾蓋集≫의 경우

먼저 이 책에 대한 서지관계를 보기로 한다. 모두 다섯 부분으로 나뉘어져 있는데, 서문 · 釋名 · 증답시와 대화 · 부록 · 발문이 그것이다. 1748년 9월 江戶와 京都의 두 곳에서 동시에 간행된 것 같다.

판권란에 보면 "宮瀨三右衛門著 江戶店町三丁目 西村源六 京店堀川通錦上町 西村市良右衛門"이란 기록이 있다.

목판본 매면 9행, 32면의 아주 작은 분량의 책이다. 서문은 駿陽의 釋 懶龍宗이 썼으며, 발문은 이 책의 편집자인 江戶의 森尙賢이 썼다. 대화를 나눈 중심된 인물은 앞 장에서 잠시 본 바와 같이 龍門과 통신사 일행의 제술관과 삼사 서기 등 4명이다.

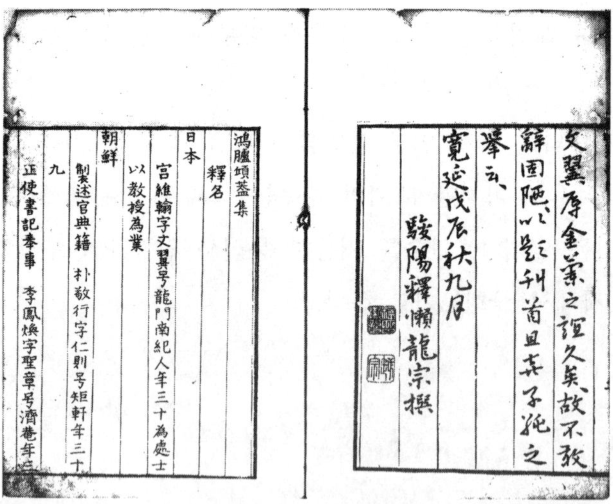
文翼原金兼之誼久矣故不敢
辭固陋以題卷首且喜子挽之
舉云
寬延戊辰秋九月
駿陽釋懶龍宗撰

鴻臚傾蓋集
釋名
日本
宮維翰字文翼号龍門南紀人年三十為處士
以教授為業
朝鮮
製述官典籍 朴敬行字仁則号矩軒年三十
九
正使書記奉事 李鳳煥字聖章号濟菴年三

그림 11. 홍로경개집

서문을 쓴 懶龍宗은 일찍이 남쪽을 유람하면서 龍門과 사귀어 막역한 사이가 되었다. 龍門의 제자 森尙賢의 간청에 의하여 이 서문을 쓰게 된 내력을 밝히고 있다. 그런데 서문의 내용 중에 조선통신사들은 '白石'으로 '文翼'을 비교한다는 구절이 있다. 여기서 白石은 新井白石(1657- 1725)을 의미하며, '文翼'은 龍門의 字이다.[306]

그런데 이 책을 편찬한 당시 제자 森尙賢이 원고를 정리하고 간행을 요청했을 때 龍門은 허락하지 않았음을 알 수 있다. 곧 "···請先生 先生不許曰 此慷粃也"[307]라 하여 하찮은 쭉정이 껍질에 불과한 글이라고 했다. 자기를 낮추어 지칭한 말이겠으나 그 제자는 스승의 뜻을 어기고 이 책을 간행하여 널리 알리고자 했다. 대신 그 죄를 받겠다는 것이다.

그가 6월10일에 통신사 일행을 만났는데 책은 같은 해 9월에 간행되었으니 무척 빨리 간행되었다. 역대 통신사의 기록에 보면 大阪에서 화답한 글이 江戶를 다녀서 되돌아오니 벌써 간행되어 서사에 창수집이 있었다고 한 내용은 이와 같은 사정을 잘 대변하는 애기일 것이다.

이 책에는 모두 18편의 시가 수록되어 있으며, 필담을 나눈 형식은 대부분 문답형식을 따르고 있다. 그리고 대담에 직접 참가한 사람은 朴敬行과 李命啓였다. 증답한 시는 대부분 7언율시인데 참석자 모두에게 적게는 두 편을, 그리고 네 편을 바친 경우도 있다. 곧 朴敬行에게는 4편, 李鳳煥에게는 3편, 柳逅에게는 2편, 李命啓에게 3편을 올렸다.

---

306) 위의 책, <서문>.
307) 위의 책, <발문>.

여기서 柳逅에 대해서는 적은 편수의 시를 쓴 이유는 그가 병이 들어 이 모임에 직접 참석하지 못하고 李命啓를 통하여 그 뜻을 전했다고 했다. 그래서 2편의 시 또한 '柳逅'의 병이 빨리 회복되기를 비는 내용을 담고 있다.[308] 그런데 '柳逅'가 이날의 모임에는 병으로 참석하지 못했으나 다른 모임, 또는 증답시회에서 많은 작품을 남기고 그 文名을 날렸음은 당시의 우리나라 문헌에도 전하고 있다.

> …용모가 청수하고 성품이 청한한데다 수염이 아름다워 훤칠한 선인의 기상이었다. 그가 정묘년에 통신서기의 일원으로 일본에 갔는데 장중하고 위의가 넘치는 그의 태도에 일본 인사들이 모두 공경하고 조심스러워 했다.[309]

이 기록은 1764년의 통신사 일행이었던 元重擧(1719-1826)가 일본에 갔을 때 목도한 내용을 돌아와 전한 것이다. 세월이 많이 흘렀으나 아직도 그에 대한 애기가 많았음을 알 수 있고, 직접 대화한 일본의 문인은 기뻐서 눈물을 흘렸다고 한다. 더구나 그를 '지행선(地行仙)'이라 칭하는 사연을 소개한 내용은 당시 조선 시단에서의 '柳逅'의 위치를 짐작케 한다.

이날 통신사 일행이 龍門의 贈詩에 화답한 작품은 모두 4수이다. '柳逅'의 작품이 빠지고 李命啓가 2首를 화답한 것으로 나타났다. 다음에 朴敬行과 龍門이 화답한 작품을 옮겨 보기로 한다.

奉贈朴學士　　　　龍門

---

308) 위의 책. p. 2. ＜奉贈柳奉事＞, p. 4. ＜用前韻問柳奉事病＞.

309) 李德懋, ≪국역 청장관전서 Ⅶ≫ ＜청비록＞ p. 119. '柳醉雪'.

知君奉使有輝光　冠蓋軒軒出玉堂
文獻一時傳舊德　雄豪萬里競先鳴
轉親醇醲周郞美　新惹風流荀令香
何足詩篇當贈紵　亡襄終日未成章

和贈龍門　　矩軒

出使衣冠萬里光　風流文墨繞禪堂
欲隨天外溟鵬徒　誰禁風前代馬鳴
滿岸琪花猶屬夢　隔蘺珠芰細分香
華津歸路當三伏　原濕空吟四牡章

필답 부분은 많지 않다. 응대를 한 사람은 李命啓였으며, 끝 부분에서 朴敬行이 간단하게 대답한 부분도 있다. 처음에는 필답을 사양하고 인사로써 끝내려고 하였으나 龍門의 끈질긴 간청에 못 이겨 대화를 나눈 것으로 나타난다. 이명계가 다음과 같이 어려운 사정을 설명하는 대목에서 그 사정을 알 수 있다.

…僕輩十餘日來 疲於酬應 過廢寢食 意倦神敗 恐難再酬 恕諒焉[310)]

대화의 첫 내용은 대부분 禮樂에 대한 것이었다. 특히 '高麗笛'과 '洞簫', 그리고 '太平簫'를 일본의 것과 비교하는 얘기였다. 우리의 禮樂은 '세종대왕'때에 고금의 풍악을 절충하여 완성하였기 때문에 '唐

310) 宮瀨龍門, 앞의 책. p. 6. ＜筆語＞

音'과도 다르며, 특히 '高麗笛'의 음탕한 노래를 새삼스럽게 논할 수 없다고 대답하고 있다.

여기서 龍門이 禮樂 중에서도 '簫'를 가지고 조선과 일본을 비교하고, 高麗의 遺譜를 구경하고 싶었던 것은 그가 평소에 '簫'를 즐겨 불었으며 그 경지가 높았던 점에도 기인한다.

이에 대한 이명계의 대답은 비록 중국의 문화적 전통과 그 영향을 받고는 있으나 조선조의 '예악'에 대한 분명한 차별성을 강조함으로써 자국문화의 독자성을 내보인 부분이라고 생각된다. 흔히 고려의 악곡이 대단히 음란하다는 평을 남긴 것도 이 대화 속에 나타나는 한 특징이라고 생각된다.

필담의 다음 내용은 일본 학문의 발전 과정을 요약하면서 처음에는 '遣唐使'를 통하여 중국 고대의 禮樂을 받아들였으나 전란이후에는 예악이 폐절되었다는 것이다. 宋나라 이래로 문장은 '韓柳歐蘇'를, 詩는 宋元의 유풍을 따랐으며, 荻生徂徠이후에는 李于鱗·王元美를 추종하고, 古文詩는 '左氏司馬子長'을 그 준칙으로 삼았음을 정리하였다.

그 뒷 부분에는 그가 수업을 받았던 服部南郭에 대한 학문과 그 업적에 대하여 장황하게 서술하고서 이에 대한 評을 요구하였다. 이 요구에 대한 대답을 모두 회피하였으나 이명계가 마지못하여 대답하기를 "程朱의 학을 닦는 한두 사람과 歐蘇體를 본받는 사람" 몇 정도만 있을 뿐 漢魏를 본받는다면서 李于鱗·王元美를 준칙으로 삼는 모순을 저지르고 있다 하였다. 그리고 服部南郭의 시문에 대해서는 그 성음이 모두 병들었다고 하였다.[311]

그리고 朴敬行은 龍門의 詩에 대하여는,

311) 위의 책. p. 9.

足下之詩 圖錬警功 有白石風韻 可爲日東巨擘…[312]

이라고 대답하였다. 이 대답은 앞서 龍門이 여러 문사들에게 바친 시를 읽고 朴敬行과 李鳳煥이 대화를 나누는 것을 보고 評를 부탁한데서 나온 말이다. 찾아온 손님에 대한 예우도 내재했겠지만 앞의 직설적인 論評을 생각한다면 매우 파격적인 평이며 극찬이 아닐 수 없다. 服部南郭의 수준을 달갑지 않게 보았던 이들의 안목에 龍門의 文才는 대단한 평가를 받은 셈이다.

이 창수집 끝부분에는 <附錄>이란 제목으로 사행의 문사들을 만나본 龍門의 느낌을 적고 있다. 그 앞 부분에는 그 날 동석한 세 사람에 대한 내용이 있다. 먼저 朴敬行, 李鳳煥, 李命啓의 순서로 옮기면 다음과 같다.

朴學士豊下少髯 眉目如畵 文弱可愛矣 載臥龍冠也

李書記小頭鋭面紫髯 恨少瞳子分明 好言笑 頗似質樸矣 載東坡冠也

李進士少有痘痕 虬鬚虎顴 義氣勃勃 風韻可壯矣 載高後八卦冠也[313]

그리고 통신사 일행의 예악과 의관제도가 모두 明나라의 遺制를 따르고 있어서 "洙泗之正路"라고 하였다.[314] 그러면서 조선의 學術과 詞章, 그리고 衣冠文物에 대하여 좀더 구체적인 토론이 없었던 것이

312) 위의 책. p. 10. <答>
313) 위의 책. p. 11. <附錄>
314) 위의 책. p. 13. <附錄>

아쉽다고 하였다. 또한 그는 己亥年에 통신사의 일행으로 왔던 青泉 申維翰에 대한 안부를 묻고 있다. 그의 나이로 보면 己亥年(1719년) 사행과의 만남은 불가능했을 텐데 일본에서의 문명을 드날렸던 '신유한'에 대한 깊은 관심을 표현한 질문이었을 것 같다.

이상이 1748년의 통신사행과의 만남을 기록한 ≪鴻臚傾蓋集≫의 대략을 적은 내용이다.[315] 이 자리에 동석한 사행들(4人)과의 창수를 기록한 또 다른 서적과의 대비를 통한 보다 다양한 내용 검토가 필요할 것 같다. 아직 그 창화집을 읽지 못하여 당시 일본의 학문과 문단에 대한 사행들의 비평과 창화 내용에 대해서는 다음 기회에 보충하고자 한다.[316]

2. ≪東槎餘談≫의 경우

이 필담창화집은 1764년(甲申年)사행때 통신사 일행과 龍門의 만남을 기록한 책이다. 이 책에 대한 간단한 소개는 다른 글에서 이미 언급된 바 있으나[317] 그 구체적인 내용은 생략하였기에 여기서 다시 상

---

315) 宮瀨龍門이 통신사 일행을 위해 쓴 詩題는 다음과 같다. <奉贈朴學士>, <奉贈李奉事>, <奉贈柳奉事>, <席上用前韻再奉矩軒>, <席上用前韻再奉贈濟庵>, <用前韻問柳奉事病>, <席上用前韻再奉贈海皐>, <席上又奉贈矩軒二首>, <席上又奉贈海皐>, <奉送朴矩軒學士>, <奉送濟庵海皐二書記>.

316) 이원식, ≪조선통신사≫, (민음사,1991). pp. 202-204. 1748년의 통신사 제술관이었던 朴敬行이 篠山藩 家老 松崎觀海(1725-1775)와의 필담창화집인 ≪來庭集≫에 보면 이날 동석한 사행은 朴敬行 외에 金界升, 崔北, 李鳳煥, 李命啓, 良醫趙崇壽, 寫字官 玄文龜, 小童 金淸風, 白文光 등이었다. 이로 보면 ≪鴻臚傾蓋集≫에 수록된 3인(朴敬行, 李鳳煥, 李命啓)이 여기서도 창수한 것을 알 수 있다.

세히 밝히고자 한다.

먼저 서지에 관한 내용부터 보기로 한다. 이 책은 卷之上·下와 부록으로 된 모두 118면인 목판 활자본이다. 표제에는 종서로 '東槎餘談'이라 하였으며 '劉維翰著'라고 썼다. 여기서 '유유한'이란 표기는 '宮瀨龍門'의 중국식 성명 표기임은 앞에서 밝힌바와 같다.

매면 10행으로 책의 대부분은 필담으로 되어 있으며(약 64면), 나머지는 서문과 창화에 참석한 인물 소개, 그리고 증답시로 채워져 있다. 책 서두에는 甲申年(1764년)가을과 7월에 쓴 두 편의 서문이 있다. 앞의 序文은 太室 井孝德[318]이 찬한 것이며, 뒤의 것은 宮田明이

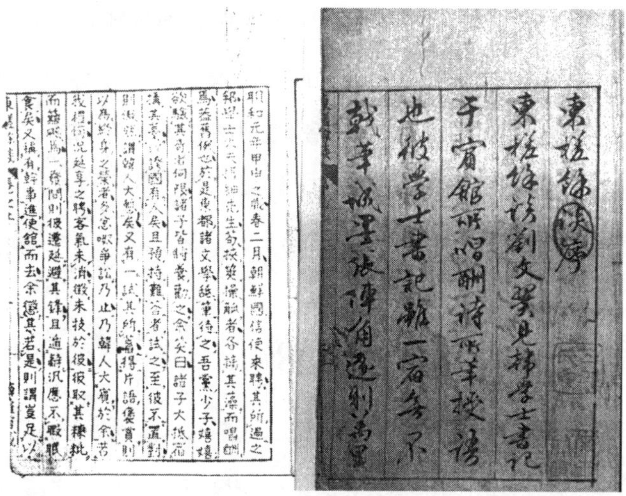

그림 12. 동사여담

317) 강동엽, 앞의 논문. pp. 60-66.에서 부분적으로 소개한 바 있음.

318) 澁井平, 이름은 孝德, 字는 子章이며 太室은 그의 雅號이다. 佐倉人으로 井上蘭台에게서 글을 배웠으며, 古註學派으로써 1788년 죽었는데 享年 69세였다. 이 사람에 대해서는 趙曮의 ≪海槎日記≫ 6월18일 條에 江戸문사들을 評하는 대목에 나오는 인물이다.

썼다. 그 뒤에는 <自序>가 있는데 '明和元年甲申之歲夏六月南紀劉維翰書諸卷首'[319]라 하였다. 이 기록을 보면 통신사 일행과는 3월7일과 10일 두 차례 江戶에서 만나 창화를 나누었는데 이 책은 그로부터 약 3-4개월 후에 간행되었음을 알 수 있다.

그리고 이 '自序'에는 통신사 일행을 만나게 된 동기와 통신사 일행 개개인의 외모와 특징, 그리고 그들의 관직과 전력에 대해서도 상세히 기록하고 있다. 이 부분에 대해서는 뒤에서 다시 상론하기로 한다.

'자서' 뒤에는 창화에 참석한 통신사 일행을 열거하고 그들의 나이·관직·字·號 등에 대하여 모두 13인을 열거하였다. 그 뒤에는 이를 보충하기 위하여 이들 13인에 대한 초상화를 첨부하고 있다. 이 초상화는 모두 15人을 수록하였는데 그것은 '통인'과 '노복'을 첨가 했기 때문이다.[320] 여기에 수록된 13인을 소개하면 다음과 같다.(순서는 이 책에 수록된 것에 의함)

日本

劉維翰(字文翼號龍門南紀人己亥生年四十六)

朝鮮

南玉(字時韞號秋月製述官前潔城太守壬寅生年四十三)

---

319) 宮瀨龍門, ≪東槎餘談≫, p. 12. <自序>.(원래의 표기는 '劉維翰'이라 하였으나 이해를 돕기 위하여 일본식 성명표기로 통일하여 적기로 함. 이하 같이 표기함).

320) 이 초상화에 대한 소개는 졸고, 앞의 논문, pp. 63-66에 영인하여 수록한바 있다. 이를 참고하기 바람.

成大中(字士執號龍淵昌寧人正使書記前銀溪察訪壬子生三十三)

元仲*擧(字子才號玄川原城人副使書記前長興庫奉事己亥生年四十六)

金仁謙(字士安號退石安東人從事官書記成均進士丁亥生年五十九)

吳大齡(字大年號長湝海州人上判事漢學上通事前司譯院僉知辛巳生年六十三)

李命知(字聖欽號松潭又號碧霞金山人次上通事前司譯院副奉事戊申生年三十九)

劉道弘(字士行號水軒清州人押物判事前司譯院僉正戊戌生年四十七)

李彦鎭o(字虞裳號曇寰或雲我雞林人押物判事前司譯院漢學主簿庚申生年二十五)

趙東觀(字聖賓號華山號或華川豊壤人通德郎爲正使叔父爲觀國來年五十四)

金應錫(字奎伯號復齋前月松萬戶副使伴人年五十)

洪善輔(字聖左號默齋通德郎從事官伴人年五十三)

南斗旻(字天章號丹崖英陽人前典醫監生乙巳生年四十)

金有聲(字仲玉號西巖金海人畵員前文城僉使乙巳生年四十)[321]

*o표시는 重・瑱의 오기인 듯 함.

이상의 13인은 앞에서 살펴본 1748년 통신사행과의 필담창화에서와 같이 三使의 書記와 사역원의 관리였다. 三使의 伴人들을 제외하면 이 날의 동석자 대부분은 당시 조선의 문단에서 그 이름을 높이던 인물들이다. 이러한 문인들과의 창화는 龍門에게 있어서 또 한 번의 꿈을 성취 시키는 기회였다. 그래서 龍門이 <자서>에서 다음과 같이 당시의 광경과 사정을 쓰고 있다.

> 於是東都諸文學 舐筆待之 吾黨少子 嬉嬉欲驗其寄者何限 諸子皆將養勸之 余笑曰 諸子大低宿搆其藁 以言祭國有人矣[322]

---

321) 宮瀨龍門, 위의 책. pp. 12-13.

322) 위의 책, p. 9. <자서>

江戶의 글 짓는 사람들이 그들의 초고 뭉치를 놓고서 통신사일행을 만나려 야단법석을 떠는가 하면, 어쩌다 한 조각 글귀라도 얻은 사람은 '終身之榮者'라 하였음은 당시의 일본 사정을 잘 말해주는 내용이다.

그리고 그는 <자서>를 통하여 참석한 문인들에 대한 외모와 인상을 간략하게 적고 있다. 특히 이날에 참석한 몇몇 문인들은 조선에서도 文名을 날리던 사람들이었기에 당시 일본의 문사를 통한 인물評을 알아보는 것도 이 시대 문학교류를 이해하는데 도움이 될 것이라 생각된다.

먼저 南玉에 대한 기록을 보기로 한다.

> 秋月短小 黚而侈口 多髭髯 目光奕奕傍射 風神豪雋 頗似凌傲人者也

다음은 成大中에 대한 묘사이다.

> 龍淵綠鬢白晳 佼而婉 無鬚髯 形神俊邁 善言笑 令人想衛洗馬矣

元重擧에 대해서는 다음과 같이 묘사하였다.

> 玄川玉立秀雅 少髯銳面 瀟灑可敬

金仁謙에 대해서는,

> 退石豊下黑面 圓眼多髯 恂恂如鄙人

이라 하였다. 서로 수창을 하는데에도 각기 그 모습과 느낌이 달랐는데 이를 다음과 같이 쓰고 있다.

秋月龍淵風流而雅 玄川退石往往露頭巾氣象 宛然有道學先生之風也

이언진에 대해서는,

雲我雋容少年 無鬚髯 言笑可愛 穎悟發眉宇間 其所吐納 非宅瑣瑣比也 志古文辭 崇尙王李 則謂學士書記俗人不足取焉.

이라 하였다. 당시 이언진이 가장 나이가 어렸으나 말을 잘하고 뛰어난 용모가 속됨을 벗어난 모습이었다. 그리고 그가 '王李'의 학을 숭상한다는 지적은 다음에 계속되는 '필담'에서 다시 설명되어질 것이다.

龍門은 이 <자서>를 통하여 통신사행을 접한 소감과 조선의 학문과 풍습에 대하여 다음과 같이 적고 있다.

夫韓人文學雖天性 豈無娀慝之異乎 吾不論之 若其章服 倣門制之遺勝胡淸之俗者萬萬矣 故吾不於其學術詞章論之耳月衣冠文物 吾深有取焉323)

이는 당시 조선이 淸나라의 영향을 받고 있으면서도 의관과 문물제도가 明나라의 유풍을 따르고 있음을 정확히 지적하고 있다. 그의 <자서>에서 그는 자기가 상대하는 사람들의 외관은 물론이고 그들

323) 위의 책. p. 11.

의 문화적 기저까지도 살피고 있음을 알 수 있다.

다음으로 <필담>에 대하여 보기로 한다. 필담은 '卷之上'은 3월7일에, 그리고 '卷之下'는 3월10일에 이루어진 내용이다. 3월7일의 대화는 동행한 加藤龍岡과 함께 이루어 진다. 먼저 지난 戊辰年 사행들과 대화를 나눈 얘기 부터 시작되었다. 朴矩軒・李濟庵・李海皐 등과의 만남을 말하면서 그들의 근황을 묻고 있다. 이에 南玉이 그들의 無恙함을 일러주며 감사의 뜻을 표하였다.

이들이 3월7일의 만남에서 나눈 대화의 내용은 매우 다양하다. 聲韻・禮樂・著述・고래로부터 내려오는 姓氏・서적・역사・풍속・학술 등 일반적인 관심사에 대한 것은 거의 빠지지 않고 있다. 여기서 몇 가지 특이한 것은 우선 龍門이 조선에 대하여 매우 해박한 지식을 소유하고 있다는 점이다. 위에서 든 내용에 대해서는 자세한 부분까지 사전에 조사 되었으며 ≪동국통감≫이 임진왜란 중에 일본에 유포된 사실과 明代의 유풍이 조선과 琉球에만 남아있음을 지적하였다.

그리고 3월7일 대화의 뒷부분은 대부분 華山 趙東觀과 얘기를 나누고 있는데 華山은 정사 趙曮의 숙부로서 관광을 목적으로 통신사행에 동참한 사람이다. 이들의 대화 속에 등장한 長崎의 서양사람에 대한 얘기는 華山으로서는 신기한 내용이며, 龍門으로서는 서양에 대한 해박한 지식을 나타내는 부분이 아닐 수 없다.

龍門은 직접 서양사람의 모습을 그려서 보여주었으며, 서양의 진보된 과학과 산업, 그리고 기술적인 부분에 대하여 상세히 설명하고 있다. 그리고 지리적인 부분도 설명하면서 약 300여개의 나라들이 서로 교역을 하면서 부강한 생활을 누린다고 하였다. 그리고 특히 天文學과 地理가 발달하였다고 했다. 이에 대한 華山의 반응은 모든 게 신

기하고 궁금한 것뿐이었다.[324)]

1764년경이면 조선에도 서양에 대한 정보가 중국을 거쳐서 상당히 소개된 때였으나 당시 일본에 비하여 널리 알려지지는 못했다는 것이 위의 대화를 통해서도 짐작할 수 있다.[325)] 이러한 현상을 두고 '우물 안 개구리'라 했던 것 같다. 이 서양 사정에 대한 애기는 1719년의 통신사행때 新井白石과 申維翰과의 대화에서 더욱 극명하게 나타나고 있어서 우리의 세계인식에 대한 한계를 보여준바 있다. 벌써 45년이란 세월이 흐른 지금 龍門을 통하여 또 다시 서양에 대한 지식을 얘기의 초점에 등장시킨 것은 당시 조선과 일본의 거리를 짐작케 한다.

그러면서도 한편으로는 정통유학에 대한 향수와 동경은 당시 일본 문인들 속에 흐르는 지울 수 없는 열등감이 있었음은 이번의 대화에서도 잘 나타난다. 그것은 華山의 '일본의 유학은 王陸의 學에 기울어졌다.'는 지적에 대하여 龍門의 대답은 '그것은 일부에 지나지 않고 주류는 程朱의 學에 있다'고 강조하는데서 잘 나타난다.[326)]

龍門의 조선에 대한 관심은 평양의 경치를 읊은 詩들에 대한 깊은 이해를 통하여 잘 나타나고 있으나, 반면에 그가 제시한 '徂徠'의 문집에 대한 이해가 부족했던 조선사행의 태도는 두 나라 문인들의 거리를 멀게 만들고 있다. 조선의 문인들은 여전히 '문화우월주의'적 태도에 머물러 있음을 쉽게 알 수 있게 한다. 이에 그는 자신의 문집을 선물로 내밀면서 은근히 자랑하는 것을 잊지 않았다.

---

324) 위의 책. 卷之上. p. 32. <筆談>.

325) 이에 대한 연구는 姜在彦. ≪西洋と朝鮮≫ (文藝春秋社, 1994), <第二部 十八世紀> 條에 상세히 서술되어 저간의 사정을 이해하는데 도움을 주고 있다.

326) 宮瀨龍門, 앞의 책. 卷之上. p. 29. <筆談>.

다음으로 3월10일에 이루어진 필담 부분에 대하여 보기로 한다. 이 부분은 卷之下에 해당하는 것인데 참석한 인원은 卷之上에서와 같다. 다만 대화의 중심인물이 다르다. 水軒 劉道弘, 雲我 李彦瑱 華山 趙東觀등이 그들이다. 물론 다른 사행들이 동석은 하였으나 위의 3인이 문답의 주를 이루었다.

이날 대화의 중심은 대개 10여 가지로 구분할 수 있을 것이다. 우선 대화의 서두는 龍門 자신의 가계와 가족에 대한 얘기다. 그 대략은 전날의 대화에서도 나왔지만 3월10일의 대화에서는 자신의 자녀가 2남2녀임을 밝히고 있다.[327] 둘째는 단군과 기자에 대한 얘기와 그 후손에 대하여 묻고 있다. 龍門이 조선의 상고사에 대하여 상당한 지식을 가지고 있으며, 특히 이 부분에 대하여 관심이 깊음을 표시하였다. 셋째는 이 하권의 내용을 중심적으로 끌고 간 李彦瑱과의 대화인데 대부분 '王李'와 시문의 본질에 대한 내용이다. 여기서 이언진은 자신이 '王李'의 시문에 대하여 깊이 공부한 내력을 소상히 밝히면서 '王才甚高 學甚博'[328]이라고 하였다. 그러면서 '王李의 學'이 중요하나 조선은 과거시험 때문에 지금은 이에 심취하는 사람이 적다고 하였다.

龍門은 이 대화를 통하여 자신이 明代 七才子의 학문과 작품에 심취하여 공부하였으나 그 궁금증을 풀 수 없었던 부분을 이언진을 통하여 명쾌한 대답을 듣고 있다. 실제로 당시 조선은 '王李'의 작품에 대해서는 대단한 비판을 받고 있던 때이다. 그들의 문학이 비록 뛰어나지만 지나치게 古法에 의존해서 작품의 개성이 부족하다는 평을 받

327) 위의 책. 卷之下. p. 34. <筆談>.
328) 위의 책. p. 38. 이에 대해서는 앞의 졸고. pp. 61-62에서 언급한 바 있다.

고 있는 현실을 의미한 것 같다.

반면에 당시 일본은 '王李'의 학을 높이 평가하여 이에 심취한 사람이 많은 이유를 일본에는 과거시험이 없음에 기인한다고 龍門은 지적하였다. 그가 오랜 수업을 통하여 갑갑하던 부분에 대한 해답과, 그 개인적 취향인 '王李'의 학에 대한 깊은 이해를 가지고 있던 이언진에게는 특별한 관심을 나타냈음을 알 수 있다. '王李居多 知者少 不知者多'라는 이언진의 지적은 이를 잘 말해주고 있다.

다섯째, 京都의 文人 魯堂 那波師曾의 선조와 자신의 선조가 함께 宗室에서 벼슬살이를 하였으며, 자신은 그와 가까운 사이로 모두 이름난 문인임을 자랑하는 일이다. 알려진 바와 같이 魯堂은 1764년의 사행때 接伴僧 承瞻維天장노를 따라 大坂에서 江戸까지 信使와 동행하면서 시문을 증답하였는데 ≪東游篇≫을 남긴 사람이다.329)

그런데 이 魯堂을 大坂에서 江戸까지 동행하며 직접 관찰한 당시 正使인 趙曮의 다음 評은 시사하는 바가 많다.

> 西京엔 岡百駒·清絢·芥煥을 서경의 三傑로 지칭하는데 모두 이름이 실상을 지났다. 호가 魯堂인 那波師曾은 저술이 매우 기이하지는 못하였지만 聞識이 가장 많았다.330)

다소의 주관적 견해가 있기는 하겠지만 '聞識'정도를 가지고 대단한 문명으로 자랑할려던 龍門의 의도는 통신사행을 향한 당시 일본

---

329) 那波利貞, ＜明和元年の朝鮮國修好通信使の渡來と我國の學者文人との翰墨上た於ける應酬唱和の 一列の就きて＞. ≪朝鮮學報≫ 42. 1967.

330) 趙曮, ≪海槎日記≫ (≪국역 해행총재≫7, 민족문화추진회. 1989.) p. 314. '갑신년 6월 18일'조 참조 (이하 ≪해사일기≫는 이를 대상으로 함).

문인들의 대결의식을 가늠하게 한다. 이러한 의식은 다음 여섯 번째의 내용에서도 잘 나타난다.

곧 그들이 저술한 ≪論語義疏≫, ≪古文孝經≫, ≪孔子家語註≫ 등을 조선에 가지고 가서 연구해볼 생각이 없느냐고 물었을 때 元重擧가 대뜸 '無益正心誠意'[331]라고 거절하고 만다. 이는 앞서 자랑하는 마음의 연장인데 이미 전날의 사행에 의하여 조선에 알려진 서적들이다. 이를 자랑하는 龍門을 향하여 아무런 가치가 없는 서적이라 評한 玄川의 대답은 매우 간결하여 당시 일본의 학문수준에 대한 생각을 단적으로 표현한 내용이다.

일곱 번째, 이번의 사행들이 大坂 浪華에서 만난 木世肅(名 · 木村蒹葭堂 · 세숙은 그의 자)과 松崎君修와의 수응에 대하여 얘기를 나눈 점이다. 이 목세숙은 성대중 · 원중거 · 김인겸 등에 의하여 이미 조선에 알려졌으며, 특히 李德懋의 ≪青莊館全書≫卷之三十二, <清脾錄> 1, '蒹葭堂'에 이번 사행의 수창 등에 관한 얘기가 수록되어 이목을 끈 인물이다.[332] 조엄 역시 그를 다음과 같이 평하였다.

> 大坂은 호가 斗南인 合離와 호가 獨嘯庵인 求富鳳이란 자가 특히 우수하였으며, 호가 蒹葭堂인 木弘恭이란 자는 시문은 비록 족히 칭할 것이 못되었지만 奇書를 많이 갖고 있었다.[333]

이는 통신사행이 大坂에 도착하여 浪華에 있는 목세숙의 집에서 詩

331) 宮瀨龍門. 위의 책, 卷之下. p. 42.

332) 졸고. <風流三昧的生活ㅡ木村蒹葭堂の 境遇>, ≪日本學≫. 11. 東國大 日本學研究所. 1992.

333) 조엄. 위의 책. 같은 곳.

會를 열었음을 알 수 있다. 위 인용에 나오는 '合離'도 그때 참석한 사람 중의 하나이다. 龍門 또한 이때의 시회에 직접 참여했는지에 대해서는 정확히 나타나지 않지만 조엄의 다음 詩 <劉生에게 줌>을 보면 그를 大坂에서 만난 것은 확실한 것 같다.

嶺밖에 사는 유 서생을
봄바람 대판성에서 만나를 보다니
중국이라 연경을 일찍이 구경했다니
풍속을 능히 조화할 수 있을는지.[334)]

松崎君修 또한 龍門의 말대로 그의 友人이었으며, 龍門의 墓誌銘을 쓴 사람으로 浪華의 시회에 참석한 인물이다. 더구나 그는 이날의 모임에 대한 記文을 쓰기도 하였다. 이 사실은 제술관으로 동행한 南玉이 확인한 바도 있다.[335)]

여기서 주목되는 목세숙은 18세기 일본의 선각적 지식인의 한 사람이었으며, 특히 당시의 서양지식을 흡수하는데 앞장선 사람 중의 하나이다. 조엄의 지적과 같이 그는 상업(酒造業)을 하여 많은 재물을 쌓은 덕분에 東西古今의 奇書·奇物을 수집한 것으로도 잘 알려져 있었다.

그는 통신사 일행은 물론이고 四海의 文人 學者를 초빙하여 담론과 詩會를 자주 개최한 사람이다. 그와 龍門·松崎君修등은 서로 깊은 교류를 가지고 있던 사이로 사행과의 인연을 통하여 조선을 보다 깊이 이해하는데 큰 보탬이 되었을 것이다. 반면에 그를 통하여 서양의 지

334) 조엄. 위의 책. p. 381.
335) 宮瀨龍門, 위의 책. 卷之下. p. 41.

식을 조선 사행들에게 깊이 이해시키는 계기도 되었을 것으로 짐작한다. 왜냐하면 그는 직접 長崎에 내려가서 서양사람에게서 '蘭語'를 배우기도 하였으며, 淸國人으로부터 서예와 그림을 공부했던 사람이기 때문이다. 龍門이 그에 대한 얘기로 자신의 처지를 과시한 것이 아닌가 한다.

여덟 번째, 그는 일본의 습속이 변화한 이유를 설명하고 있다. 원래는 중국의 제도를 수용하였으나 중엽이후 武人이 집권하면서 변화되었다고 하였다. 龍門의 생각은 文治主義的 요소가 강했으나 자신이 中國 王孫의 후예로 일본에서 생활하고 있는 것에 대하여 지나치게 설명하는 특별한 성격의 소유자였다. 그래서 좌중에 있던 通事 劉道弘에게 같은 姓氏로서의 만남을 더욱 감격스럽게 느낀 것으로 나타난다. 그것은 자신의 의복과 습속이 중국과 같지 못함을 한스럽게 여겼으며, 특히 지금의 중국이 '淸人胡俗'으로 만연한 사실은 개탄을 금할 수 없다고 하였다.

龍門의 淸國에 대한 이 적개심은 다분히 조선사행을 의식한 표현도 있지만 자신의 조상문제, 그리고 中華中心의 정신적 지향점에도 기인하는 것 같다. 그가 통신사행에게 자신의 행적과 업적을 상세히 설명하고 소개하면서 明代의 학술에 특히 심취한 내용을 열거한 것에서 이를 잘 반영한다.

끝으로 정리될 수 있는 것은 이언진에 대하여 각별한 관심을 가지는 점이다. 이는 그 인물의 훌륭함에도 기인하지만 龍門이 특히 관심을 가지고 공부한 明代 학술에 대하여 동석한 그 누구보다도 이언진이 명쾌하게 설명한 것에 있을 것이다. 그래서 그는 필담의 말미에 <名紙>라는 항목을 만들어 이언진에 대하여 상세히 기술하고 있다.

이 분야의 연구에 도움을 주고자 그 내용을 다음에 적기로 한다.

不佞姓李名彦瑱字虞裳　新羅開國功臣謁平之裔也　家賓隷名司譯司爲漢學主簿　盖抱關擊柝之流也　無才知而好讀天下古文奇字　以母病父老　辭不欲遠游　有司者誤以爲才　遂承命而來　此所謂竿濫也　或稱曇寰或雲我　或誕登子　皆信筆書之也(此虞裳所贈於余之詩後附之故附錄之)雲我眞才士　其以筆換舌者　敏發特甚　捷於言語以爲答問也[336)]

다음으로 이 책 ≪東槎餘談≫의 <附錄>을 보기로 한다. 이 부록에는 3월10일 밤의 창수에 참석한 문인들 중에서 8人이 각각 贈詩를 주고 받은 내용을 수록하였다. 龍門과 통신사행 七人의 작품이다.

작품의 내용은 화답시가 대개 그러하듯 '만남의 기쁨과 헤어짐의 서운함'을 담고 있다. 모두 39首가 수록되었는데 각자가 읊은 작품의 숫자는 다음과 같다. 南玉 4首, 成大中 4首, 元重擧 3首, 金仁謙 3首, 趙東觀 4首, 洪善輔 1首, 李彦瑱 1首[337)], 그리고 宮瀨龍門이 참석한 문인 중에서 7人에게 1首에서 4首까지 贈詩하여 모두 19首를 읊은 것으로 나타난다.[338)]

그런데 이들 통신사행이 읊은 詩들은 그들의 문집에는 보이지 않고 있어서 양측 文人들의 생각이 서로 같지 않았음을 짐작케 한다. 소위 문화 전수자와 그것을 수용하는 처지의 차이를 알 수 있으며, 이는 燕行使들의 작품인 경우에도 비슷한 현상을 볼 수 있다. 이것이 18세기

336) 위의 책. 卷之下. p. 52. <名紙>

337) 이날 이언진이 宮瀨龍門에게 준 詩의 내용은 졸고. <虞裳傳에 투영된 李彦瑱과 그의 世界認識>. p. 62에서 수록한바 있다.

338) 宮瀨龍門. 위의 책. <附錄>, pp. 52-58 참조

동아시아, 한 · 중 · 일의 문학교류에서 보이는 하나의 특이한 현상이라 할 것이다.

Ⅳ. 교류의 특징과 조선의 시각

위의 창수집에 나타난 대화를 중심으로 보면 당시 양국 문인의 교류는 실제적인 면에서는 대등한 처지에서 이루어지고 있다. 단지 조선의 문인들이 대단히 고압적인데 비하여 일본의 문인들은 선진문화를 수용하려는 욕구가 강하게 나타나고 있다.

그러면서도 막상 대화에 임했을 때는 서로가 솔직한 처지에서 진행되었으며, 조선 문인들의 일본 문인에 대해서 평가를 높게 하고 있다. 이 평가는 그들의 수준이 예상했던 것 보다 높다는 의미도 있지만 실제로 매우 개성적인 문인들의 贈詩와 토론에 상당히 감복하는 마음이었다. 다음의 이언진이 龍門을 향한 대화가 이날의 분위기를 잘 말해준다.

> …當載小傳使 天下萬世 知有龍門先生而沉沒不遇…339)

> …閉門造車 千里合轍 異日文日東者 必是劉王孫…340)

이 외에도 南玉과 瀧長愷의 대담을 기록한 ≪長門癸甲問槎≫에 보면 당시 대담에 참석한 일본 문사에 대하여 다음과 같이 평가하고 있다.

---

339) 宮瀨龍門. 위의 책. 卷之下. p. 48.
340) 위의 책. 卷之下. p. 51.

江戸諸彦中 井太室 木蓬萊 僕輩尤所 惓惓者 知足下未久東赴 爲僕致意 浪華木弘恭之風流 合離之才華 平安那波師曾之博學 釋竺常之雅義 尾張州源正卿之偉才 岡田宜生之詞律 二子之師源雲之豊望…[341]

위의 인용문에서 보면 이언진이나 남옥이 당시 일본 문인들의 재주가 뛰어날 뿐만 아니라 그들이 각기 나름대로 특이한 능력을 가지고 있음을 솔직히 쓰고 있다.

그러면서도 당시 일본의 문인들이 열 명 중에서 8-9명이 '王李의 學'에 심취해있음에 강한 불만을 가지고 있었음도 사실이다. 이는 당시 조선의 문인들이 추구하는 학문의 경향과는 상당한 거리가 있었음을 보여주는 한 증거이다. 게다가 元重擧가 詩의 본질은 '性情'에 있으며 이를 떠나는 것은 '三經'의 본질에서도 멀어지는 것이란 지적에 龍門은 비록 그렇지만 그것도 '溫厚和平'에 그 중심을 두어야 한다고 주장하면서 지나치게 문자에 치중되는 것은 '俗學'과 다름없다고 주장하고 있다.[342] 이는 조선 문인들에 대한 그들 나름의 문학론을 펼치는 자세이다. 문화우월주의에 빠져있던 당시 통신사행에 대한 그들의 이론 제시는 열세에 있던 한문문화에 대한 만회를 의식한 행동이라 할 것이다.

그런데도 같은 통신사행의 정사였던 조엄은 당시 일본의 학술과 시문을 두고 '어두운 밤'과 '소경'이라고 평하였다.

…일본의 학술은 긴긴 밤이라 일러야 가하며, 일본의 문장은 소경이라 해도 가하겠으나, 그중을 취해서 말하건대 순수좌(舜首座)의 파

341) 이원식. 앞의 책. p. 220에서 재인용함.

342) 宮瀨龍門. 위의 책. 卷之下. p. 43.

가 가장 정학(正學)이라 하겠다.[343]

조엄의 이 지적은 앞의 두 사람과는 상당히 대조적이다. 조엄이 구체적으로 무엇에 근거하여 위와 같이 평했는지는 확실치 않으나 나타난 문면으로 보아 당시 일본 문인들의 저술을 일람하고서 쓴 것으로 보인다. 그런데도 그의 기준은 문화 전반을 두고 일반론적인 평가를 한 것이 아닌가 한다.

반면에 위에서 인용한 이언진이나 남옥의 경우는 구체적인 작품과 작가를 대상으로 그들의 장·단점을 지적하고 있어서 조엄에 비하여 조금은 열린 시각과 구체성을 가지고 있었던것 같다. 그런 의미에서 보면 일본을 여행하지 않고 사행들의 기록을 통하여 일본 문인들의 작품을 대했던 이덕무의 시각은 대단히 획기적이었다. 그가 당시 조선의 문인들이 일본의 작품들을 구체적으로 이해하지 못하면서 무조건 업신여기는 것을 슬퍼한다[344]고 했던 것도 이를 두고 한 말이다.

동아시아 3국은 한문문화권 속에서 그들 나름의 문화를 발전시켜 나왔다. 그 과정에서 조선이나 일본은 중국의 문화를 수용할 수밖에 없었으며, 한자라는 언어를 매개로 한 학술이나 문학작품은 서로의 수준을 달리할 수밖에 없었다. 그것은 한자의 창조자인 중국의 처지에서 본 조선의 문학이 다르게 느껴지는 이유와 같은 맥락에서 설명되어질 것이다.

이러한 시각에서 당시 일본의 수준을 바라본다면 그들의 수준은 낮을 수밖에 없다. 그런데도 그들은 중세적 문화의 한 수단이었던 한자

343) 조엄. 앞의 책. p. 313.
344) 이덕무. 앞의 책. p. 28.

문화의 수준을 향상시키기 위해 노력하였다. 적어도 자국어문학이 쓰여졌던 상당한 기간 동안에도 이 노력은 계속되었다. 어쩌면 이같은 시기적·상황적 현실 때문에 오늘의 일본문학사가들이 그들의 한자문학을 자기문학의 영역에서 크게 주목하지 않는지도 모른다.

그러나 조선의 통신사행들의 시각은 사행의 횟수가 거듭될수록 그들에 대한 이해도 깊어갔음은 확실하다. 또한 이러한 분위기 속에서도 '중세문어문'인 한자를 통한 문학작업에 열중하는 사람들의 숫자가 그 절정에 달한 것 또한 이 때이다. 그런 의미에서 宮瀨龍門의 위치와 그가 남긴 문적들은 18세기 한·일문학의 교류를 이해하는데 많은 도움과 시사하는 바가 크다할 것이다. 적어도 그는 出仕하지 않은 자유로운 문인이었기에 그의 활동이 주는 의미가 더 크다고 볼 수 있다. 자유로운 처지의 그가 본 조선의 학술과 시문에 대한 이해의 척도는, 당시 조선의 문인들이 가진 일본의 문예와 학문 이해와의 좋은 대조가 될 것이다.

V. 맺는 말

이상으로 18세기 일본의 문인이었던 宮瀨龍門이 두 차례의 통신사행과 나눈 필담창화집에 대하여 살펴보았다.

16년의 시간적인 격차를 두고 만난 그들의 대화와 '증시'를 통하여 두 나라 문인들이 가지는 생각의 격차와 원인에 대하여 알 수 있었다. 龍門이 그 시대를 대표하는 처지에 있지는 않았으나 적어도 당시 대표적인 그룹에 속하는 것만은 확실했던 만큼 그가 본 조선의 문화, 그가 생각하는 일본의 학문에 대한 대화는 두 나라 문인들의 공감대를 형성하는데는 많은 역할을 할 수 있었다고 본다.

조선통신사의 행차가 진행되는 동안의 일본 열도는 홍역을 치루는 순간이다. 이 소용돌이 속에서 한 지식인이 차분히 정리해 가는 두 나라 문화의 특징은 18세기 동아시아 문화전반을 이해하는데 많은 도움을 줄 수 있을 것이라 믿는다.

다만 여기서는 두 권의 필담창화집의 전반적 내용을 정리하는 것으로 그 의의를 가지려 한다. 보다 구체적인 내용과 창화에 나타난 시적 세계에 대해서는 다음 기회의 작품론에서 검토해 보고자 한다. 연행사의 수창에 대한 내용이 중국 측 문헌에 별반 나타나지 않는 점과, 통신사의 수창에 대한 우리나라 자료가 적은 것은 이 지역 문화와 문학의 교류에 대한 연구에 많은 난점을 남겨주고 있다. 이에 대한 극복을 위하여 이번에 검토된 자료는 이 방면의 연구를 위하여 하나의 보탬이 되었으면 한다.

필담과 창화가 대부분 그러하듯이 다분히 의도된 대화가 많아서 그 진심을 찾기가 어려웠다. 그러면서도 군데군데 나타나는 본의는 서로의 의도를 읽기에는 충분할 것이다. 끝으로 1764년 3월10일 밤 江戶에서 이별하는 宮瀨龍門에게 준 成大中의 ＜重和龍門別詩＞를 부기하여 그때의 분위기를 그려본다.

海外眞龍鍾　江南松鶴群
著書今太史　爲庶古將軍
送客春洲雨　題詩暮寺雲
王孫多別恨　芳草似荊裙

2부

문 명 의 식

박지원의 중국체험

≪熱河日記≫에 나타난 실학정신의 一端

18세기를 전후한 조선조 문학작품에 나타난 문명의식

<우상전>에 투영된 이언진과 그의 세계인식

박지원의 중국체험

Ⅰ. 머리말

조선지식인들 - 주로 18세기 실학파들의 학문하는 자세는 새로운 세계에 대한 관심과 체험에 그 비중을 두고 있었다. 당시의 사정으로 볼 때 그들이 접할 수 있는 외부세계란 중국과 일본이 될 수밖에 없었으며, 이러한 외부세계의 접촉을 가능케 한 전달자는 연행사와 통신사로 대별할 수 있을 것이다. 이 두 가지 형태의 문화전달자는 변천하는 세계의 역사를 조선에 이입할 수 있었으며 새로운 문물을 접하게 하였다.

여기서는 특히 중국을 중심한 세계인식을 연행사의 일원이었던 박지원(1737-1805)의 체험을 통하여 살펴보고자 한다. 그것은 당시 조선지식인들 중에 중국을 통한 세계인식을 자각하면서 자신의 체험을 저술로 남긴 사람들로서는 가장 널리 알려졌으며 많은 반향을 남겼기 때문이다. 그의 저서 ≪열하일기≫가 발표되면서 던져진 파문이 그것을 잘 말해준다고 할 것이다. 이 책은 26권 10-12책으로 되었으며 당시 중국을 중심한 동아세아는 물론 서구에까지 관심을 보여준 중국북부의 여행기로써 약 5개월간의 여정을 담고 있다.

그의 저술에서 나타난 관심의 대상은 대략 7부분으로 나눌 수 있다. ① 여행기가 갖는 일반적인 호기심, ② 당시 청이 집권한 현실정치의 실상과 그 연원을 밝혀 보고자 한 점, ③ 청의 문물에 대한 수용과 그 극복의 방안 및 조선에의 접목, ④ 양국의 역사적 시각에 대한 차이와 그 개선책, ⑤ 북방불교(라마교)에 대한 관심과 조선적 입장, ⑥ 서구사상에 대한 청의 자세와 그 실상, ⑦ 자신의 세계인식에 대한 확대 등이다.

본고에서는 이를 ① 청의 문물에 대한 수용과 극복, ② 북방불교에 대한 그의 견해, ③ 서구사상에 대한 자세, ④ 자기세계의 확대 등으로 국한하여 살펴보고자 한다. 이는 당시 조선지식인들 사이에서도 그 시각의 차이를 나타내는 사항들이며, 그가 중국여행에서 얻은 결과의 핵심이기도 한 때문이다.

Ⅱ. 주거 · 교통 · 기술에 대한 실용적 관심

박지원이 한양을 출발하여 중국 책문에 들어서면서 가장 먼저 부딪친 것이 그들의 주거형태였다. 곧 당시 조선의 민가가 초옥으로 된 것과는 대조적으로 이곳은 <塼>으로 만들어진 점이다. 물론 조선에도 궁실이나 특별한 경우는 전으로 만들어진 예가 없지는 않다. (특히 삼국시대 <고구려 · 백제 · 신라> 등은 당제를 받아들여 전을 사용한 경우가 많았다.) 그가 관심을 보인 가장 큰 이유의 하나가 내구연한에 관한 문제이다. 실용성을 강조한 그의 생각은 그가 귀국하여 실제로 제작하여 사용한 경우가 있었다.[345]

345) 박지원이 중국여행을 다녀온 경험을 뒷날 '안의 현감' 직을 수행할 때 시험한 유적이 지금도 남아 전하고 있다.

그러나 이 생각은 지나치게 실용성에 치중한 나머지 기후나 풍토에 대해서는 생각하지 못한 것 같다. 중국북부 특히 만주평야와 북경근처의 기후와 풍토가 한양 그것도 조선 전체를 보면 맞지 않는 경우가 많다. 광활한 평야에서 불어오는 흙먼지와 싸우는 중국북부의 풍토에서는 전의 사용이 불가피하겠지만 건조한 조선의 풍토에서는 넓은 창과 긴 추녀의 형태를 유지한 구조가 오랜 역사성을 간직할 수밖에 없었을 것이다. 사계분별 속에서 동절기의 보온을 위하여 북만주의 온돌을 채택한 이유도 여기에 있을 것이다. 주거의 구조와 그 민족의 습속이 불가분의 관계를 가지고 있다면 박지원의 시각은 이 두가지 방향에서 외부문화수용에 치중한 결과일 것이다.

그런 시점에서 본다면 <車制>와 <橋梁> 부분에서는 조선의 현실을 개혁하려는 그의 생각을 잘 반영해 주는 시각이었다. ≪열하일기≫ ≪일신수필≫에서 주로 <태평거>와 <대거>에 대하여 깊은 관심을 보여주고 있다. ≪周禮≫를 예로든 <車制>에서 "…대개, 수레는 천리로 이룩되어서 땅 위에 행하는 것이며, 뭍을 다니는 배요, 움직일 수 있는 방이다. 나라의 쓰임에 수레보다 더한 것이 없으니… 라는 수레, 싣는 수레는 백성들에게 가장 중요한 것이어서 시급히 연구하지 않을 수 없는 문제이다."[346]라고 하여 평소에 홍대용과 이광려 등과 이 문제에 대한 논의가 있었음을 지적하였다.

생산품의 유통과 수량을 수레를 이용한 중국의 제도를 통해서 확인한 그의 생각은 당시 조선의 위정자들이 행하는 학문의 허구성을 지적하는 예로도 사용하였다. 조선의 문화가 대부분 중국을 통하여 유

346) ≪열하일기≫ 권 12, <일신수필>, 차제 참조, 이에 대해서는 강동엽, ≪열하일기 연구≫(일지사, 1988), p. 122 참조.

입되는 경우가 많았는데 이 경우는 거기서 떠나있음은 그의 관찰력이 그만큼 예리하다는 지적도 있겠으나, 19세기 조선의 地誌를 보완했다 하여 이적으로 평가한 사실과는 어떤 관계가 있을까?[347] 오랜 역사의 발전 속에서 많은 외침을 당해야 했던 조선은 물질의 집중보다는 외적의 유입을 막는 방편으로 교통의 불편을 이용했다는 지적도 나올 수 있을 것이다.

그러나 박지원의 시각은 상공업의 발달을 위해서는 교통의 편리에 그 핵심이 있다고 본 것이다. 생산품의 교류와 그것을 통한 경제생활의 향상을 국가발전의 근간으로 본 생각은 근대 유통구조개선과 나아가 해외무역으로도 발전하고 있다. 그 한 예가 <옥갑야화> 속에 나오는 <허생>의 이야기이다. 여기서는 대부분 해로를 통한 <長崎>와 무역을 시도하지만 생산품의 교류적 차원에서는 교통수단이 얼마나 중요한가를 보여주는 이야기임이 틀림없다. <교량> 역시 그 모양의 장려함에 있기보다는 실용성에 치중한 생각 중의 하나이다. 곧 "… 교량은 모두 무지개 다리여서 다리 밑이 성문과 같았다. 큰 것은 돛단배가 설렁이며 지나갈 수 있겠고, 작은 것도 거룻배는 지나다닐 수 있다."[348]가 그것이다.

그가 재화의 이용에 관심이 깊은 또 하나의 경우는 "금세공업"이다. 당시 조선은 근검을 강조하여 생산되는 금을 모두 중국에 팔았는데 이곳에는 대부분의 여자들이 금세공품을 장신구로 사용하고 있었다. 생산과 소비의 경제적 감각을 이해한 이 한가지 예는 당시 청의

347) 조선후기 地誌나 地圖制作에 대해 부정적인 시각으로 바라보인 경우도 있었다는 것을 의미함.

348) ≪열하일기≫ 권 12, <일신수필> '교량' 참조.

경제구조와 그 실상을 이해하고 조선에 이입하려는 경제정책의 한 방도이다.

그러나 그가 중국여행을 통하여 당시의 청문물을 모두 동경한 것은 아니다. 특히 정신사적인 면에서는 대단한 비판을 가하고 있다. 유교 중심적 세계관 속에서의 발전을 생각한 그에게 당시의 청은 다양한 정신세계를 보여주고 있었다. 그것은 유·불·도의 혼란 특히 북방불교와 기독교의 용인에 있었다. 이 부분은 두 가지 방향으로 나누어 보기로 한다.

Ⅲ. 유자의 시선으로 본 청의 문화와 황교

그의 ≪열하일기≫ 26편 속에서 많은 양을 나타낸 것은 <황교>(라마교)에 대해서이다. 당시 조선에서 보면 이는 이단일 수밖에 없으며, 역사적으로 보면 가깝게는 <병자호란>과 고려조 <원>과의 관계 속에서 유입된 기록을 볼 수 있으며, 신라불교에서도 그 흔적을 찾을 수 있다. 박지원의 관심이 이러한 역사적 사실에 기초를 하고 있는지는 알 수 없으나 당시 청의 통치와 관련하여 바라본 실제적 세계(정신세계)는 혼재 그것이라고 생각하였다. 유학의 본질에서 출발한 그의 생각이 북경은 물론이고 <열하>로 들어가면서 라마교와 당시 청황실과의 관계를 보면서 극심한 갈등과 정신적 혼란을 가져왔다고 보여진다.

그의 <황교>에 대한 지식과 관심은 <찰십륜포(복수수미산)>, <반선시말>, <황교문답>, <막북행정록>, <피서록>, <태학유관록>, <환연도중록> 등에서 잘 나타나고 있다.[349] 대부분이 호기심에서 출발한 비판적 자세로 쓰여졌기 때문에 보다 더한 깊이는 부족하다. 그러나 당시 청의 정치적 책략과의 관계를 이해한 그의 생각은 종교와 정치의 조화를 간파하고 있다. 곧 고종이 육대 반선을 모셔다가 열하에 있게 함으로써 북방민족의 남하를 막을 수 있었다는 생각은 다민족국가인 중국의 현실을 <황교>의 숭상에서 찾았다는 점이 중요하다. 박지원이 열하를 찾은 때(1780)는 소위 반선행궁을 낙성하는 때이기도 하며 이 때를 기하여 육세반선이 승덕(열하)에 와서 고종의 칠십수를 축하하고 황금전각에 거하는 때였다.[350)]

그가 정치적 목적에 의하여 종교를 이용한 고종의 책략은 이해하면서도 그것이 얼마나 허황된 것인가를 반선의 모습을 표현한 글에서 잘 나타내고 있다. "…대체 황금빛으로 뚱뚱부어 터질 듯이 꿈틀거리

그림 13. 열하의 황금전각(묘고 장엄전)

---

349) 이에 대해서는 강동엽 ≪열하일기 연구≫, pp. 133-139 참조.

350) 承德市文物局編, ≪承德避暑山庄≫ (文物出版社, 1980), <班線行宮的始末> 참조.

는데 살은 많고 뼈는 적어서 총명하고 영특한 기운이 없으니 비록 몸뚱이가 방에 가득하나 위엄은 볼 수 없고 멍청한 것이 수신이나 해약의 그림과 같았다."[351]라고 평가하여 청은 수십 년 내로 패망할 것이라고 내다보고 있다. 그의 지나치리만큼 부정적인 이 시각은 라마교의 예술에서는 대단한 감동과 찬사를 아끼지 않는다. 그가 <목조천수관음상>에 대한 인상과 37,000㎡의 광대한 사원을 보면서 북방불교가 가지는 위력을 인정하지 않을 수 없었다.

다만 이 당시 라마교는 동인도회사와 모종의 관계를 유지하고 있었으나 그 점에 대해서는 살펴보지 못한 점이 아쉽다. 그러면서도 청을 에워싼 이 북방종교의 의미가 동북아의 세력과 밀접한 연관성을 가지면서 우리와는 <원>과 <고려>, 청과 병자호란으로 이어지는 한국문화 발전 속에서의 북방종교문화 유입을 다시 한번 생각하게 한다. 특히 한국불교 속에 내재된 밀교적 현상은 그 연원을 이에서 찾을 수 있기 때문이다. 나아가 한국문학의 근저에 깔린 이질적 현상 역시 이에서 그 해결의 실마리를 찾을 수 있지 않을까 생각된다.

문제는 박지원 역시 유교적 세계관에서 모든 사물을 이해하고 받아들이려 하고 있었기 때문에 그 이상의 규명은 얻을 수 없었던 것 같다. 그가 중국여행에서 만난 학자들 역시 같은 생각이었음은 그가 남긴 기록에서도 잘 나타나고 있다. 곧 고종의 지나친 정치적 책략에 대한 비판에 머물게 되면서 간과한 이 문제는 동아시아 정신사에 많은 영향을 미치고 있음까지도 잃어버리는 결과를 초래하였다. 적어도 중국과 조선에 있어서는 더욱 그렇다.

그가 여행의 과정에서 만나게 되는 도교의 사원이나 묘당에서 중국

---

351) ≪열하일기≫, 권 13, <札什倫布>

문화의 다양성을 찾기보다는 유교의 본질에서 벗어난 현실이 오직 만주족의 청에서 비롯되었다고 생각하였으며, 오로지 그들의 실용적 사고와 그것의 생활화에 치중했음을 볼 수 있다. 지나치리만치 자기우월의식을 발휘하여 혼재된 정신세계를 바로잡아 주고자 노력한 그의 생각은 청 역시 유교 일색이어야 한다고 본 것이다. 이것이 그의 한계성인지도 모른다. 변천하는 세계의 역사를 이해하고 이 세계가 중국 중심의 천원지방이 아니라는 것을 이해하면서도 또 다른 사유는 용인되지 못했던 것이다. 북경과 열하에서 만난 다양한 종족과 문물을 그 형태와 용도, 그리고 접목의 방향에서만 이해하고 그 문화의 토양을 깊이 있게 이해하려는 데까지는 접근을 못한 것 같다. 그 한 예를 우리는 그의 서구사상을 접하는 자세에서 찾을 수 있다.

Ⅳ. 서구문물의 수용태도

그의 ≪열하일기보유≫는 <태서(서구)>에 대한 비판으로 "疾人說夢"이라 잘라 말하고 있다.[352] 이 말은 기독교사상에 대한 것인데, 그가 이에 대하여 얼마나 깊이 있는 이해를 했는지는 알 수 없으나 그의 정신세계에 대한 한 단면을 보여주는 결과이다. 그러면서도 자연과학(기하학, 천문의기, 산법, 의학) 등에 대해서는 "極精妙"하고 독특하다고 하면서 그 나머지는 邪說에 불과하며 유자들을 미혹케하는 죄가 극심하다고 평가하고 있다. 천원지원이나 자전 역시 서양인의 설명이 아니라 송나라 사람들이 흔히들 한 말이지만 명조인이 한 것

---

352) ≪熱河日記補遺≫라는 서적은 아직 학계에 보고되지 않은 박지원의 저서인데 ≪열하일기≫를 편찬하면서 제외한 부분을 엮은 책이다.

은 전하지 않는다고 하였다.

이 문제는 주로 ≪열하일기≫ <학정필담> 속에서 많이 언급되고는 있으나 홍대용, 김석문의 학설을 전하는 형식을 띠면서 자신의 견해를 나타내고 있다. 앞에서 본 ≪보유≫에서는 전언이라기보다는 그 자신의 확고한 생각을 나타내고 있어서 서구사상 수용의 형태와 한계를 분명히 하고 있다. 곧 지구자전의 학설이 서양서의 유입에서보다는 전통적 역학이론에서 출발하는 "우주무한론"[353]에서 비롯되고 있다는 시각이다.

그러나 그의 이러한 생각은 당시의 조선학자들 사이에서도 널리 퍼지지는 못한 상태였다. 그래서 그들을 "우물안 개구리"라고 지칭하였다. 중국 여행을 시작하기 전에 이미 자기화한 이같은 우주관은 종래의 중국중심적 세계관에서 벗어나고 있는 한 결과이며, 이러한 그의 생각은 북경에서 목도한 天文儀器의 정교함에서 서구과학의 수준과 그 현실을 확인하고 있다. 이것은 평소에 주변의 학자들과 나눈 대화를 중심으로 보았을 때 그들이 제작하고 정리한 수준에서 한걸음 앞서가고 있었다는 것을 인정한 내용에서 알 수 있다.

열하에서 만난 회회국 사람이 가지고 온 자명종에 대한 관찰[354]과 북경의 관상대에서 <혼천의>와 <선기옥형> 등의 관찰[355]을 통한 이 확인된 생각은 뒷날 그가 귀국하여 손수 제작하거나 주변의 학자들에게 설명함으로써 그가 청의 존재를 싫어하면서도 청이 가지고 있는 선진문명을 받아들여야 한다고 주장한 이유를 알 수 있다.

---

353) 小川晴久, <洪大容의 宇宙無限論>, (≪東京女子大學比較文化硏究紀要≫, 38집, 1997) 참조.

354) ≪열하일기≫ 권 15, <동란섭필>

355) 위의 책, 권 15, <알성퇴술>, '관상대'

그림 14. 18세기 북경의 천문대(1794년의 그림)

이 같은 진보적 생각을 가진 박지원이 중국을 여행하기 앞서 자신보다 먼저 중국을 여행한 홍대용, 박제가를 통하여 서학(주로 기독교 사상)의 실체에 대하여 설명을 들었으나 그 자신이 직접 서양인을 만나 논쟁을 벌이고 싶어했다. 그의 이 꿈은 결국 좌절되고 말았다. 그에게 있어서의 서학은 16세기에 일부 소개된 것과 주변의 학자들로부터 전해들은 것이 전부일 수밖에 없었다. 이것이 그의 시각을 더 넓게 할 수 있는 기회를 놓친 결과로 나타났으며, 그가 규명하고자 했던 洋樂과 양화, 그리고 서학은 서장불교미술과 함께 풀리지 않은 수수께끼로 남고 말았다.

그러나 서구사상 중에서 과학의기와 종교적인 면을 분명히 구분하여 수용하고 있다는 것은 다소의 차이는 있으나 중국이나 일본의 현상과 비슷한 양상을 나타내고 있다.[356] 곧 명말청초의 진보적 학자들

356) 이에 대해서는 최소자, <명말 · 청초 중국사대부의 서학의식>, (≪선곡논총≫ 12, 1981)이나 謝國禎, ≪明末 · 淸初的學風≫(인민출판사, 북경, 1980) 참조 바람.

의 서구사상수용이 그러하였으며, 18세기 일본의 서구문물 수용 또한 병기나 의술에 대한 부분적 수용이 그 한 예가 될 것이다. 특히 박지원은 여기서 일본의 의술을 설명하는 자리에서 하란원과의 관계를 상세히 적고 있다.357)

이러한 선별적 문화수용의 양상은 각기 고유한 문화풍토의 존재의미를 간직하는 차원에서 시발되고 있으며 이를 두고 "주체의식의 발로"라고들 한다. 박지원 역시 이와 궤를 같이 하고 있어서 수용 그 자체에 치중하였던 다른 경우와는 구별되는 현상이다. 이것은 그가 역사의 주체이기를 강조하는 사상에서 비롯되고 있으며 이 같은 자세는 동아시아를 세계의 중심부로 생각하는 고정관념에서 탈피되는 현상으로 나타나고 있다.

그가 여행을 떠나는 시기는 봉건체제의 하향기, 해체기에 접어든 조선사회의 역사적 전환을 중심부를 통하여 직접 목도하는 것으로 그 계기를 삼고자 했다. 그것은 서세동점이 세계사적으로 진행되는 과정에서 그 실상을 직접 바라볼 수 있는 창구는 역시 중국일 수밖에 없었기 때문이다. 주체의식이 강한 한 지식인으로써 국내적 정치상황은 그의 생각과는 상반된 방향으로 달리고 있었으며, 그 개선을 위해서는 변천하는 세계를 직접 호흡하고, 또 역사의 진로를 자기 눈으로 확인하고 전망하고 싶었던 것이다. 박지원이 중국여행을 시도한 이유도 이에서 찾을 수 있으며, 그가 호흡한 세계는 조선의 현실개혁과 역사발전에 주체가 되고자한 꿈을 실현하는 길로 인식되었다.

357) 강동엽, ≪열하일기 연구≫, pp. 151-152 참조.

V. 세계인식의 확대와 자각

박지원이 바라는 주체의식은 올바른 세계인식 속에서 천하의 주체, 역사의 주체로 발전하고자한 것이다. 불행하게도 이 같은 그의 생각을 충족시킬 수 있을 만큼의 세계와의 접촉은 부족하였다. 앞에서 본 바와 같이 열하에서 만난 몇몇의 회회국 사람들과 북경에서 목도한 서양의 천문의기, 그리고 중국학자들과의 대화에서 알 수 있었던 또 다른 세계(주로 서양권)에 대한 이해였다.

그러나 그가 중국을 여행함으로써 평소에 주변의 학자들과 나누던 학문적 토론을 확인하는 결과를 낳을 수 있었다. 세계를 호흡하는 그의 자세는 모든 것이 신비에 가까울 수밖에 없었으며 문헌적 전달이 가지는 한계점을 극복할 수 있었다. 그의 여행기에 등장하는 국명과 지역은 동아시아와 그 주변, 그리고 안남, 유구, 중앙아시아와 그 주변까지도 관심의 대상에 포함시키고 있음을 보아서 알 수 있다. 멀리는 안남에 설치된 도호부의 역사적 변천과 유구의 문제, 북방유목민족의 남하현상은 물론이고 라마교의 개혁과 수구세력의 갈등까지도 언급을 하고 있다. 그런가 하면 1600년대에 활동한 Mateo Ricci를 중심한 서양 선교사들에 대해서 깊은 관심과 기록의 검증은 그가 자기 세계의 확대를 위하여 얼마나 노력하고 있었는가를 단적으로 나타내 주는 결과이다.

조선에는 선조말(16세기 경)에 한역된 서양서가 유입되어 읽혀졌으며, 18세기 경에 오면 정치적인 문제와 결부되면서 특히 남인계 학자들에 의하여 이 서양서에 대한 관심은 더욱 커지고 있었다.[358] 마테

---

358) 安鼎福, ≪順庵先生文集≫, (大東文化硏究院 영인분, 1972), <雜著> '天

오 리치가 1600년 경에 ≪만국여도≫를 소개한 것으로 보면 조선에 유입된 서양서를 중심으로 세계에 대한 호흡은 부족한대로 하고 있었다고 볼 수 있다. 더구나 당시 실학자들의 학문하는 형태는 박학다식-박물학적 현상을 나타내고 있어서 미지의 세계인 서양에 대한 관심은 컸을 것으로 생각된다.

게다가 남으로는 통신사의 이름으로 오랫동안 많은 인원이 일본을 내왕하고 있어서 이곳에의 지식은 상당한 수준에 있었다고 보여진다. 특히 그의 주변에는 실제로 통신사의 일원으로 다녀온 사람들이 많아서 비록 문헌과 전언이기는 하지만 그들의 문화를 호흡한 것 같다.

일본의 경우는 그의 <허생>이야기 속에 <장기>를 중심한 외부의 문물유입과 당시 남부의 민란까지도 알고 있었던 점으로 보아 짐작 된다. 비록 일본문화 형성을 중국의 비서를 인용하고 있음은 본질의 접근에 장애적 요인으로 작용하고는 있다. 하지만 이러한 지식을 그의 창작에 활용할 정도의 이해는 그가 세계의 변화와 실상을 얼마나 깊이 있게 주목하는지를 알게 한다.

전장에서 본 '열하피서산장'에 대한 그의 비판 역시 세계역사의 변천을 직시하려는 태도의 한 결과이며 이러한 그의 시각은 퍽 정확했다는 지적을 받고 있다.[359] 나아가 중국의 현실에 대한 인식 - 곧 중국은 명의 멸망 후 시대조류와 함께 서세동점의 기운을 타 모든 문물이 변화한 반면 조선은 노론이 집권하여 북벌을 국시로 내세웠던 때이다. 청에 대한 굴욕적 종속관계 속에서 추진되었던 북벌론은 박지원으로서는 용납될 수 없었다. 그의 생각 속에서 중국은 이미 옛날의

學考'

359) 승덕시문물국편, ≪승덕피서산장≫, p. 172. '班禪行宮的由來'.

중국이 아니었다. 명에 대한 명분과 청에 대한 현실적 생각 속에서 그는 조선적 정신과 청을 통한 기술적인 면의 도입에 대하여 자각하고 있었다.

중국 중심의 세계관에서 탈피하여 새로운 세계질서를 추구하며 다른 한편으로는 새로운 과학문명을 수용하여 자국의 발전을 도모하는 그의 생각은 조선의 현실과는 거리가 있는 자세였다. 그러나 여행을 통한 자기생각의 확인은 결국 합리적인 사고와 개혁의지를 굳히게 되는 결과를 낳았다. 이는 "이용후생"이라는 말로 표현되지만 이 두 가지 실례는 그가 자기확대를 위하여 노력한 결실이라고 보아야 한다. 궁벽한 지리적 위치에 처한 조선에서 공식적으로는 선진문물에 대한 청에서의 유입이 금지되었던 현실이고 보면 그의 생각의 세계가 무한대로 확대된다는 것은 그리 쉬운 일이 아니다. 간헐적으로 들어오는 새로운 지식을 문헌으로 접하던 그의 답답한 마음이 중원의 평야를 달리며 확인과 창안을 거듭한 여정은 그로 하여금 새롭게 태어나는 결과를 낳았다.

다만 이러한 그의 노력과 정열에도 국내적 정치상황은 변천하는 세계사를 직시할 줄 몰랐다. 적어도 오랜 시간(18세기 말에서 19세기초엽)이 지나서야 그의 생각이 옳았으며 뒤늦은 정책적 반영이 시도되었다. 변혁기를 맞은 한 지식인의 노력을 오늘의 시점에서 새삼스럽게 평가할 수 있음 또한 역사의 교훈이 아닐 수 없다. 그가 강조한 서구적 기술과 조선적 혼은 급변하는 현대사 속에 매몰되어 가고 있기 때문이다. 급변하는 세계사 속에서 자기를 잃지 않고 민족적 혼을 지킬 수 있는 방법이 무엇인가를 다시 묻게 된다. 문화는 어차피 상호교류 될 수밖에 없지만 그 속에서 자기를 지킬 수 있는 것은 무엇이

유입되고 그것을 어떻게 수용해야 하는가를 직시할 줄 알 때 가능해질 것이다. 박지원의 자각은 여기서부터 출발했다고 보여진다.

Ⅵ. 맺는 말

"중국을 배우자"고 주장하는 것에서 출발되는 박지원의 여행은 예사로운 곳에 그 가치를 두고 있다. 기와조각과 똥거름에 관심을 집중한 그의 생각은 이용후생을 위한 생산력의 향상과 통상 등의 기술적인 문제에 대하여 깊은 통찰력을 발휘하고 있다. 이것이 당시로서는 세계의 중심이라 생각했던 중국여행의 많은 부분을 장식한 내용이다. 청이 중원을 지배하면서 이룩한 찬란한 문화는 지울 수 없는 그의 배청사상을 능가하는 것이었다. 낙후한 조선의 생활을 향상시키고 싶었던 생각과 명에 대한 지나치리만치 강한 회귀의 명분 속에서 가지는 갈등은 정치에 있어서의 패도를 부정하는 입장에 귀착하게 된다.

서구의 발전된 문화에 대하여 어떤 면에서는 능가하는 생각을 가졌으면서도 정신사적 측면에서의 경직성은 이단(기독교와 북방불교, 그리고 도교 등)을 용납한 청 황실을 용서할 수 없는 일이라 적었다. <북학>을 통한 이 두 가지 측면은 자기민족의 향상된 생활과 외래사상에 오염되는 정신세계를 동시에 해결하려는 그의 큰 포부의 표현이다. 그의 눈에 비친 청의 현실을 비판함으로써 조선이 처한 현실을 개혁하려는 생각은 그의 궁극적 목표가 아닐 수 없다. 그가 적고 있는 이국의 풍물들 모두가 이를 위한 하나의 예시에 불과할 뿐이다. 또 이러한 기록은 당시의 청으로 보아 쉽게 보기 힘든 기록들이다. 북경과 열하에서 만나 대화를 나눈 학자들까지도 이를 두려워하고 있었다는 것은 내적으로 경직되어 있는 청 황실의 실상을 말해주는 현상이다.

여행을 통하여 간파한 청을 중심한 세계 역사의 대세는 그로 하여금 더 넓은 세계로의 확대를 요구하게 된다. 正學을 세우고 사교(북방불교)를 배척한 그의 기록은 중원의 평화를 정착시킬 수 있는 방도의 제시이며, 서구에서 유입되는 기독교에 대해서도 역시 같은 맥락에서 이해되고 있다.

그러나 대세를 가름하는 그의 생각도 문명의 발달로 향상되는 생활을 위해서는 서구의 이기물을 거부할 수는 없었다. 이것은 낙후된 문화 속에서 자신을 유지할 수 있는 길은 서구의 기술과 우리 고유의 정신세계를 조화시키는 길 밖에는 별다른 방법이 없었음을 알 수 있다.

200여 년이 흐른 오늘 다시 ≪열하일기≫를 쓴다면 무엇을 담을 것인가? 경도된 서구지향의 문물 속에서 천하대세를 가름할 방도와 주제의식은 무엇이겠는가? 새외의 광야에서 다시금 오늘의 한국을 생각하게 한다.

≪熱河日記≫에 나타난 실학정신의 一端

Ⅰ. 머리말

燕巖 朴趾源(1737-1805)의 문학과 그의 사상에 대해서는 기왕에 발표된 논저들에서 많이 언급되었다. 이들을 토대로 하여 본고에서는 그의 여행담을 적은 ≪열하일기≫를 중심으로 그 속에 나타난 의식의 일단, 곧 실학정신에 대하여 살펴보고자 한다.

박지원의 실학정신에 대하여는 사회과학 분야에서 많이 연구되었으나 여기서는 ≪열하일기≫에 담긴 작가의식적 측면이나, 이 여행담을 통하여 그가 나타내고자 한 현실 문제들이 어떻게 표현되었는가를 살펴보고자 한다. 그것은 실학정신이 당시의 현실문제와 밀접한 연관성을 지으면서 나타난 발전적 유학이라는 기존의 학설에 연유하며, 이 같은 작업을 통하여 그가 문학에 의하여 구현코자 한 실학정신의 일단을 볼 수 있지 않을까 한다.

그래서 본고에서는 당시의 현실 문제들을 寓言과 奇文을 빌어 비판하고 그 대안을 제시한 것에 중심하여 보았다. 여기서 대상으로 삼은 각 사항들은 박지원이 여행을 통하여 얻었거나 그 체험에 바탕을 두고 있어서 여행자 문학의 한 양상을 읽을 수 있을 것이라 느껴진다. 이러한 문학의 의식적 기저에 대해서는 필자가 <박지원의 문체 개혁에

대한 시각>(≪전통문화연구≫1, 한국전통문화연구소, 1983. 12)에서 이미 언급하였으며 여기서는 그 후속적인 의미의 결과에 해당될 것이다.

Ⅱ. 寓言·奇文을 통한 현실비판

≪열하일기≫ 전체의 표현 방법은 우언과 外傳의 혼합에 의했음은 ≪열하일기 서≫에서 박지원 자신이 밝힌 바이다. 우언의 문장 기교는 '藉外論之'[360]로서 문장 밖에 표현된 의미를 더 강조하는 방법이다. 이 같은 방법은 과거 중국 문학의 흐름에서 그 시대의 정치·사회적 모순을 풍자·비판할 때 자주 사용되었으며[361], 특히 ≪史記≫의 <列傳>에서도 그 예를 많이 볼 수 있다.

흔히들 '表現理智'[362]나 '逆說的 論理'[363]라고 하는 장자의 이 방법에 대하여 역대 문학이론가들 중에는 경계한 사람도 있었으나[364] 박지원은 단순히 황당한 이야기에 머물지 않고 외전의 방법을 첨가하여 허구성과 실제적인 이야기의 혼합으로 독자에게 강한 설득력을 불어넣고자 하였다.

---

360) ≪莊子≫, 雜篇, 寓言 第 27.

361) 蔣天柱, ≪中國古代寓言選≫(湖南出版社, 1981), p. 686.

362) 李家源, 漢文文體硏究-특히 分類的인 면에서, ≪漢文學硏究≫(집문당, 1969), p. 607.

363) 朴異汶, ≪老莊思想≫(문학과 지성사, 1980), p. 132.

364) 劉勰, ≪文心雕龍≫(世界書局, 民國 61), p. 64, 諸子 第十七, p. 130, 比興 第三十六.

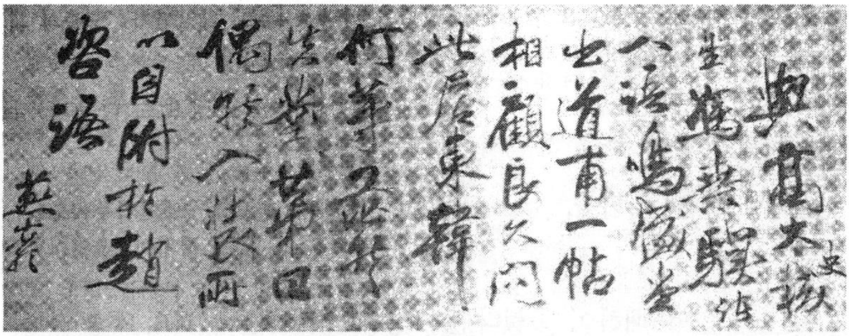

그림 15. 박지원의 글씨

박지원의 이 같은 방법에 대한 가치인식과 수련은 일찍부터 이루어져 왔었음은 朴宗采의 지적, 곧

> 선군께서 處士에게서는 ≪孟子≫를 배우셨고 學士로부터는 ≪史記≫를 배우셨다. 그리하여 立言大致를 얻은 다음 <항우본기>를 본따 ≪이충무공전≫을 저작했는데 학사께서 크게 칭찬하시면서 반고와 사마천과 큰 차이가 없다고 하셨다.[365]

라는 글에서 알 수 있다.

그의 ≪열하일기≫속에서의 현실비판의 실제적 양상은 대개가 우화나 전설, 또는 기문, 그리고 역사적 인물을 이끌어 전개되고 있다. 이제 몇 가지로 나누어 살펴보기로 한다.

1. 한국의 역사적 현실

≪열하일기≫의 <關內程史>에 보면 어린아이의 詩에 가탁하여

---

365) 朴宗采, ≪過庭錄≫, p. 3. '先君從處士 受孟子 從學士 受太史公書 已得其立言大致 嘗依項羽本紀 作李忠武公傳 學士大加歎賞 以爲有班馬地步.'

春秋大義에 얽매인 현실성 빈약한 宋尤菴을 비판하는 얘기가 나온다. 곧 서울의 어느 서당 선생이 毅宗烈皇帝가 순사한 날, 학동들을 데리고 우암의 영정에 절을 하면서 고사리나물과 蜜醂를 벌일 때 그 중의 한 동자가 시를 쓰기를,

> 武王이 만약 패하여 죽었다면 / 영원토록 紂王이 적이 되었을 터 / 呂望은 어이하여 백이를 구하고도 역적을 도왔다고 비난을 받지 않았던가 / 춘추의 의리를 오늘까지 떠들지만 / 되놈의 눈에는 되놈의 역적인 걸366)

이라 하여 모두들 웃었으나 그 선생은 매우 섭섭한 표정으로 다음과 같이 말하였다.

> 아이들은 어려서부터 <春秋>를 읽어야 해. 아직 그것이 무엇인가를 모르기 때문에 이 따위 괴상한 말들을 하지. 다 그만두고 이 곳의 경치나 읊어 보도록 해.367)

그래서 다시 한 동자가 다음과 같은 시를 읊었는데, 이에 대한 박지원의 표현은 다음과 같다.

---

366) ≪열하일기≫ 권 12, p. 189. 關內程史, 7월 27일, (박영철 편, 경희출판사 영인본, 1966. 이하 권 12, p. 189와 같은 형식으로 표기함), '武王若敗崩 天載爲紂賊 望乃扶夷去 何不爲護逆 今日春秋義 胡看爲胡賊'

367) 위의 책, 같은 곳, '兒不可使不早讀春秋 惟其不早辨 故乃爲此怪談也 可賦卽景.'

고사리를 캐고서 배부르단 말 거짓이야.
백이도 결국은 주려 죽은 것을
꿀물 달기야 술보다 나은데
이를 마시고 죽는다면 그 아니 원통하랴

선생은 눈썹을 찡그리며 "이 무슨 고약한 짓거리들인가"하니, 사람들이 크게 웃었다. 벌써 27년의 세월이 흘렀다. 함께 있었던 노인들도 모두 세상을 떠난 지금 이 곳에서 다시 백이의 고사리로 말썽을 일으키게 되었구나. 이방의 등불 아래서 지난 얘기를 하다 보니 잠을 설치고 말았다.368)

이것은 여행 도중에 夷齊廟에서 점심을 먹을 때 겪었던 일들을 상기하여 그가 <射虎石記>에 적은 글이다. 은근히 고사리에 가탁하여 춘추대의에 얽매이는 당시의 관습을 풍자하였으며, 끝에 가서는 옛날의 이야기로 돌려 이국의 무료함을 달래는 것으로 얼버무렸다. 그의 표현수법은 지나간 이야기나 어린이의 시에 담긴 여담으로 결말을 지음으로써 상대방의 공격을 미연에 방지해 두는 효과를 가져오기도 한다.

이러한 표현 수법은 柳絲絲라는 중국 기생에게 詞曲을 청하여 듣는 방법으로 이어지며, 王龍標라는 젊은이가 적은 <踏莎行>이라는 그 詞에 이르기를,

368) 위의 책, 같은 곳, '採薇不眞飽 伯夷終饑死 密水甘過酒 飮此亡則寃 鄕先生皺眉曰 又一怪談 一坐皆大笑 至今二十七年 遺老盡矣 復以伯夷之薇 致此紛紜 異鄕風燈 爲記故事 因失睡.'

문틈을 스치는 말처럼 너무도 빠른 세월
동으로 흐르는 강은 쉴 줄을 몰라
예로부터 명리를 다투던 이들
백 년이 못되니 지금 몇이나 남았는가
어부나 나뭇군의 비웃는 이야기
시비 가려지니 춘추에 견주노라
술 부어 마시며 읊어 놓은 그 싯귀
알아 줄 이 적다 하여 서러워 마소[369)]

라 하여 기생의 노래가사에 가탁하여 어부초동의 얘기가 춘추대의보다 낫다고 하였다.

이러한 비판 중에서 당대의 僞學者에 대한 풍자·비판은 역시 <虎叱>일 것이다. 그가 鬻渾의 입을 빌어 유자에 대하여 다음과 같이 풍자하였다.

저 숲 속에 가면 먹음직스러운 고기가 있습니다. 그는 어진 간과 의기로운 쓸개를 지녔고, 충성스런 마음에 순결한 지조까지 간직했으며, 예와 악을 받들어 지킬 줄 압니다. 놀라운 일은 백가의 말씀을 외고 만물의 모든 이치를 통달하였습니다. 碩德之儒라고들 하는데 도를 잘 닦아서 그 수양이 온 몸에 나타나 그 모양이 등은 굽었고, 몸은 기름져서 모든 맛을 고루 갖추고 있습니다.[370)]

---

369) 위의 책, p. 190. '日月隙駒塵埃野馬 東流不盡江河瀉 向來爭奪名利人 百歲幾個長存者 … 漁樵冷話 是非不在春秋下 自斟自飮自長吟 不須贊嘆知音寡.'

370) 위의 책, p. 192. 7월 28일, 虎叱, '有閣在林 仁肝義膽 抱忠懷潔戴樂履禮 口誦百家之言 心通萬物之理 名曰碩德之儒 背盎體胖 五味俱存.'

육혼의 선비에 대한 이 말을 들은 범은 儒者를 비판하여,

> 호랑이는 서운한 얼굴로 달갑지 않은 듯이 "음양이라는 것은 한 기운의 消息이다. 그런데 저들에게는 이것이 둘로 나뉘어져 있으니 그 고기가 잡될 터이다. 오행은 애초에 정해진 자리가 있어 相生하지 않건만 그들은 억지로 서로 낳는다고 갈라 놓았다. 심지어 짜고 신맛까지 오행에 갈라 놓았으니 그 맛이 순수하지 않을 것이다. … 그 고기를 먹자면 딱딱하고 질겨서 체하지 않으면 구역질이 나 제대로 소화시키지 못할 것이다.[371]

라 하였다. 지독한 모욕을 준 셈이다. 범은 다시 北郭先生을 꾸짖는 말[372] 속에서 당시 유자들의 모습을 비판하는 데 이러한 유자들의 허위적 행동에 대하여 박지원은 그의 <호질> 後識에서 그 실체를 분명히 드러내 보이고 있다.[373]

그리고 당시의 시대적 상황을 풍자・비판한 것으로는 '許生'을 들 수 있다. 이에 대하여는 그 종합적 연구가 있으므로[374] 여기서는 현실비판의 양상에 대해서만 보기로 한다.

---

371) 위의 책, p. 192. 7월 28일, 호질, '虎愀然變色 易容而不悅曰 陰陽者 一氣之消息也 而兩之其肉雜也 五行定位 未始相生 乃今强爲子母 分配鹹酸 其味未純也 … 其爲食也 無其硬强滯逆 而不順化乎.'

372) 위의 책, pp. 192-193.

373) 위의 책, p. 193, '세상의 운수가 장야에 들어간 것과 같아서 이적의 화가 맹수보다 더한 데 저 염치 없는 선비들은 하찮은 글귀나 주어 읽어 여우처럼 세상에 아첨하고 있다. 이는 바로 남의 묘나 도굴하는 선비니 시랑인들 그들을 먹을까?(世運入於長夜 而夷狄之禍 甚於猛獸 士之無恥者 綴拾章句 以狐媚當世 豈非發塚之儒 而豺狼之所不食者乎)'

374) 이가원, ≪연암소설연구≫(을유문화사, 1965), pp. 585-733 참조.

허생이 당시의 경제적 상태와 자신의 경륜을 시험해 보기 위하여 변승업에게서 빌린 만 금으로 처음 시작한 것이 안성에서의 과실 買占이었다. 그 결과 나타난 현실을 보고서 "만 금으로써 나라를 흔들 수 있으니 국가 경제의 낮고 깊음을 알겠다. (以萬金傾之 知國淺深也)"[375]라 하였으며, 다시 제주도에 가서 말총을 매점하면서 나라 전체의 망건 값이 십 배나 뛰었음을 탄식한 것은 모두가 유통구조의 결함과 경제 부재를 비판한 것이다.

이것은 그가 <駟汎隨筆>에서 우리나라에 수레가 발달되지 못한 것을 지적하면서 당시 사대부들의 학문이 實學을 잃었음을 지적하는 다음의 글에서 잘 나타나고 있다.

> 수레가 왜 다니지 못하는가 하고 그 까닭을 묻는다면 한 마디로 사대부들의 잘못이라고 할 것이다. 평생토록 글을 읽으면서 ≪周禮≫는 성인이 지은 책이라 하고 또 윤인이니, 여인이니, 거인이니, 주인이니 하면서도 그것을 만드는 기술이나 움직이는 방법에 관한 연구는 하나도 없다. 이는 이른바 독서만 했을 뿐인 상태니 참된 학문에 무슨 도움이 있겠는가.[376]

이와 같은 박지원의 지적은 당시의 국가 재정이나 사회적 혼란을 尹映의 <허생고사>에 나오는 허생이라는 인물을 통하여 비판하는 위장된 풍자의 방법[377]을 쓰고 있다.

---

375) ≪열하일기≫ 권 14, p. 289. 옥갑야화

376) ≪열하일기≫ 권 12, p. 174, 車制, '請問其故 車奚不行 一言以蔽之曰 士大夫之過也 平生讀書則曰 周禮聖人之作也 曰輪人 曰輿人 曰車人 曰輈人 然竟不講造之之法如何 于之之術如何 是所謂徒讀 何補於學哉.'

377) 이석래, 허생전연구, ≪한국고전산문연구≫(동화출판사, 1981), p. 273.

이러한 현실을 개선하는 방법으로 도적 떼를 이끌고 무인고도에 들어가 長崎島를 통한 무역으로 부의 축적을 이룬 뒤에 그의 이상을 실현하려 한 것이다.

허생이 궁극적으로 추구한 것은 곧 먼저 부유해진 연후에 별도로 문자를 만들고 아울러 의관제도를 갖추는 것이었다.[378] 허생의 이러한 이상은 곧 박지원 자신의 이상이기도 하다. 그러나 허생이 시도한 것은 그 부분에 불과한 것이었으니 그의 이상이 실현될 수 없을 것을 예감하고 있었던 것 같다. 그것은 그가 무인고도를 떠나면서 여러 무리 중에서 글을 아는 자를 모두 배에 태우고 떠나왔는데 그것이 화근을 뽑는 길[379]이라 하여 은연중 당시의 유교적 현실의 질서로는 자신의 이상적인 사회건설을 실현할 수 없음을 내비친 의도와도 연결된다.

그러나 그의 풍자는 李浣을 앞에 두고 더욱 신랄하게 나타난다. 변씨가 이완을 데리고 왔을 때 허생은 오만한 자세로 그를 무시한다.

> 변씨는 公을 문 밖에 세워 두고 혼자 들어가 허생을 보고 공이 찾아온 연유를 갖추어 말했다. 허생은 들은 척도 않고서 가져온 술병이나 빨리 풀어놓으라고 했다. 허생은 변씨와 술을 마시며 즐겼다. 변씨는 공이 오랫동안 밖에 서 있는 것이 민망해 만날 것을 재삼 권했으나 허생은 응대하지 않았다. 밤이 깊어서야 허생이 "손님을 불러들이게나"하여 李公이 들어왔지만 허생은 앉은 채 쳐다보지도 않았다. 이공은 몸둘 바를 몰라 어정대다가 국가에서 求賢하는 취지를 설명했다. 그러자 허생은 손을 내저으면서 "밤은 짧은데 얘기가

---

378) ≪열하일기≫ 권 14, p. 299, 옥갑야화, '先富然後 別造文子 刱製依冠.'
379) 위의 책, 같은 곳, '有知書者 載與俱出 曰爲絶禍於此島.'

기니 듣기 지루하오. 당신은 무슨 벼슬에 있오?"한다. 이공은 "어영대장으로 있습니다"하였다.380)

여기서 허생이 이완에게 면박을 준 것은 당시의 위정자에 대한 모욕이다. 그러고서 賢士를 구한다는 이완의 말에

> "그렇다면 당신은 국가의 중신이군요. 내가 제갈양 같은 어진 사람을 천거할테니 당신은 임금께 여쭈어 그의 집을 세 번 찾아가게 할 수 있으시오?"하자, 이완은 머리를 숙이고 한참 생각타가 난처한 얼굴로 "어렵습니다. 그 다음 가는 인물을 천거해 주십시요"했다. "나는 그 다음이라는 것을 배우지 못한 사람이요" 그래도 이완이 굳이 청하자 허생은 "임란 때 우리나라를 도우러 왔던 명나라 將士들의 후손이 淸으로부터 망명하여 우리나라에 들어와 있는데 거의 대부분이 홀아비 신세요, 당신이 조정에 아뢰어 종실의 딸들을 시집보내게 하고, 권세가의 집을 뺏아 살림을 차려줄 수 있겠소?"하자, 이완은 또 고개를 떨구고 한참 생각하다가, "그것도 어려운 일입니다" 하니, 허생이 "이것도 어렵다. 저것도 어렵다. 할 수 있는 일이 도대체 뭐요?"한다.381)

---

380) 위의 책, p. 300, 玉匣夜話, '卞氏止公立門外 獨先入見許生 具道李公所以來者 許生若不聞者曰 輒解君所佩壺 相與歡飮 卞氏閔公久露立 數言之 許生不應 旣夜深 許生曰 可召客 李公入 許生安坐不起 李公無所措躬 乃敍述國家所以求賢之意 許生揮手曰 夜短語長 聽之太遲 汝今何官 曰大將.'

381) 위의 책, 같은 곳, '許生曰 然則汝乃國之信臣 我當薦臥龍先生 汝能請于朝三顧草廬乎 公低頭良久曰 難矣 願得其次 許生曰 我未學第二義 固問之 許生曰 明將士以朝鮮有舊恩 其子孫多脫身東來 流離惸鰥 汝能請于朝 出宗室女遍嫁之 奪勳戚權貴家 以處之乎 公低頭良久曰 難矣 許生曰 此亦難彼亦難 何事可能.'

라고 꾸짖는다. 이는 당시의 문제점을 해결할 수 있는 인재와 방도를 물었을 때 그에 대한 방법을 제시하고 채택의 여부를 확인하나, 이완의 대답은 모두 불가능뿐이었다.

이러한 것에서 박지원의 인재등용에 대한 부조리와 崇明을 위한 북벌론의 허구성을, 그리고 당시 훈척들의 호사스런 생활과 부정을 공격하여 사회 전반의 모순점을 지적·비판하고 있음을 알 수 있다. 이런 위정자의 허구성을 비판한 것으로는 소위 우리나라 선비로서 중국을 보는 다섯 가지 허망한 일을 지적한 것에서도 잘 나타난다.[382)]

여기서 허생은 소위 천하를 다스리는 방법을 제시하면서 춘추대의를 주장하고 崇明排淸의 실을 이루려면 다음과 같은 것을 먼저 착수해야 한다고 했다.

> 천하에 대의를 드날리고 싶다면 먼저 천하의 호걸들을 사귀지 않으면 안 되고 적국을 치고자 한다면 먼저 첩자를 보내지 않고는 성공할 수 없는 것이요. 지금 만주족인 저 청나라는 갑자기 천하를 차지하긴 했지만 중국인들이 따르지 않는 것에 불안을 느끼고 있소. 이 때에 우리나라는 타국에 앞서 항복했으니 저들이 우릴 믿을 게 아니겠소. 이럴 때 당이나 원 때처럼 자제들을 보내어 학관에 입학시키고 장사치들의 출입도 금하지 말아달라고 요청하면 저들은 이를 허락할 것이요. 그런 다음 유능한 인재를 선발, 머리를 깎고 오랑캐의 의복을 입혀 군자는 빈공과에 응시케 하고, 평민은 장사치로

382) 위의 책, p. 253, 심세편 ① 지벌로서 뽐내는 것도 더러운 관습인데 중국의 구족을 깔보는 일, ② 양반들의 청에 대한 오만, ③ 사신들의 청에 대한 무례, ④ 중국의 시문을 낮게 보는 일, ⑤ 청실에 대한 무턱댄 멸시와 북벌론의 허망함.

> 꾸며 멀리 江南으로 드나들게 하면서 그들의 허실을 염탐하는 한편 그 곳의 호걸들과 교유케 하시오. 그렇다면 천하를 도모할 수 있을 뿐만 아니라 나라의 수치도 씻을 수 있지 않겠소. 명 나라의 자손을 찾을 수 있다면 그를 받들고 그러지 못하면 천하의 제후를 인솔해 훌륭한 인물을 천자로 추대하시오. 크게는 우리나라가 대국의 스승이 될 수도 있고, 작게는 覇諸侯가 될 수도 있지 않겠소.[383]

이것은 이완에게 제시한 세 번째 제안이면서 박지원 자신의 당시 북벌파의 허세에 대한 비판이다. 적을 알아야 공격할 수 있고, 그들을 알기 위해서는 그들 속에 들어가서야 허와 실을 탐지할 수 있다는 것이다. 그러나 이완은 그들 속에 들어갈 수 없는 이유가 선비란 예법을 준수하는 것인데 어찌 머리를 깎고 되놈의 옷을 입을 수 있느냐는 것이다. 곧 행동주의적 제안에 대한 당시의 북벌책은 탁상의 공론에 불과함이 드러난 것이었다.

이러한 소위 時事三難의 제안은 당시의 북벌파에게 받아들여질 수 없음을 알면서도 그들의 허구성을 여실히 나타나게 하는 한 방법으로 제시된 것에서 이완의 不可란 대답이 바로 그가 예상한 대답이며, 그 불가에 대한 힐책은 바로 당시 위정자·僞儒들에 대한 비판으로 나타난다.

---

383) 위의 책, p. 300. 옥갑야화, '許生曰 未欲聲大義於天下 而不先交結天下之豪傑者 未之有也 欲伐人之國 而不先用諜 未有能成者也 今滿州遽而主天下 自以不親於中國 而朝鮮 率先他國而服 彼所信也 誠能請遣子弟 入學遊宦 如唐元故事 商賈出入不禁 彼必喜其見親而許之 次選國中之子弟 薙髮胡服 其君子 往赴賓擧 其小人 遠商江南 覘其虛實 結其豪傑 天下可圖 而國恥可雪 若求朱氏而不得 率天下諸侯 薦人於天 進可爲大國師 退不失伯舅之國矣.'

이에 허생은 이완을 향하여 꾸짖기를,

> “사대부란 도대체 뭣하는 자들인가. 오랑캐 땅에서 태어난 주제에 제멋대로 사대부라 하니 그 아니 어리석을까, 흰바지 저고리를 입었으니 이는 상복과 다를 게 없고 머리털을 묶어 송곳처럼 만들었으니 이는 남만 오랑캐의 방망이 상투와 다를 게 없다. 무엇이 예법인가? …… 그런데 장차 너희는 명나라의 복수를 갚고자 하면서도 상투 하나조차 아끼고 있으니 앞으로 전쟁을 치러야 할 처지인 데도 폭 넓은 소매를 고치지 않고 있다. 이러고도 예법을 말할 수 있는가. 내가 세 가지의 계책을 일러주었건만 너는 하나도 할 수 있는 것이 없었다. 그러고도 중신이라 하고 있으니 중신이 이 모양인가. 이런 자는 당장 목을 잘라야 한다”하며 칼을 찾아 들고일어나 찌르려고 하니, 이완은 혼비백산해 뒷들창으로 줄행랑을 쳤다.[384)]

라 하였다. 여기서 박지원은 사대부들이 즐겨 입는 흰옷은 기실 상복이며, 상투는 남만의 습속이라 하면서 사대부들의 권위를 무너뜨리고 있다. 그들이 상징적으로 생각하는 흰옷과 상투가 한갓 상복과 남만의 습속이라 한다면 그들의 체모는 여지없이 저하될 것이며, 이에서 그의 의도는 더욱 강하게 나타나고 있다. 이완을 대표로 한 위의 예문에서 당시 집권층의 북벌에 대한 미망을 여지없이 폭로하고 그들의 정치적 허구를 풍자하여 미래사회에 대한 개혁과 진보를 주장하고 있다.

---

384) 위의 책, 같은 곳, ‘所謂士大夫 是何等也 産於彝貊之地 自稱曰士大夫 其非騃乎 衣袴純素 是有喪之服 會撮如錐 是南蠻之椎結也 何謂禮法 … 乃今欲爲大明復讎 而猶惜其一髮 乃今將馳馬 擊釼刺鎗 弜弓飛石而不變其廣袖 自以爲禮法乎 吾始三言 汝無一可得而能者 自謂信臣 信臣固如是乎 是可斬也 左右顧索釼 欲刺之 公大驚而起 躍出後牖 疾走歸.’

그리고 ≪열하일기≫의 <옥갑야화> 속에 나오는 역관이나 거부들에 관한 이야기들[385]은 허생에 대한 이야기에서 절정을 이루고 있는데 사회적 현상에 대한 비판의 양상을 나타내고 있다. 그리고 이 여러 개의 이야기는 매점매석의 정당성의 강조보다는 그 반대적 의미를 짙게 풍기는 경제부재의 당시 사회에 대한 냉소적 표현과 경제정책의 재검토를 주장한 것이라 할 수 있다.

또한 <許生後識>에서 대뜸 조계원을 등장시켜 당시 宦路의 어지러움과 길에서 만난 두 승려의 질책을 통하여 북벌론의 허구를 신랄하게 비판하고 있다. 그리고 조계원이 그가 겪은 이야기를 宋時烈(1607-1689)에게 묻는 장면이 나오는데 그것은 다음과 같다.

> "그들은 아마 明末의 충병관 같소."
> "그렇다면 그 자가 나를 下視하여 너라고 부른 것은 무슨 까닭인가요?"
> "자기들은 우리나라의 중이 아님을 밝히려는 것이고, 섶을 깔고 누운 것은 와신상담의 뜻을 보인 것이요."
> "그들이 울 때는 반드시 손노야를 부르는데 그가 누구입니까?"
> "淸軍과 싸우다 전사한 태학사 손승종을 가리키는 것 같소. 승종이 일찍이 군사를 거느리고 산해관에 주둔했는데, 그 두 사람의 중은 손승종 휘하의 군사였던 모양이요."[386]

385) <옥갑야화> 속에는 어떤 배반한 역관, 洪純彦 · 李樞 · 鄭世泰의 이야기, 흰 모자 이야기, 卞承業 · 許生 · 趙啓遠의 이야기, 그리고 박지원이 만난 尹映에 관한 이야기 등이 삽입되어 있다. 이 여러 개의 이야기들은 하나의 주제로 조화를 이루며, 특히 경제적 부패와 당시 사회의 모순점 등을 간접적으로 비판하고 있다.

386) ≪열하일기≫ 권 14, p. 300, 옥갑야화, '此似是明末總兵官也 常斥我 以爾

여기서 조계원에 대한 중의 태도와 이야기 속에 나오는 "조공은 중이 당도하기를 기다리다 밤이 깊어 풀이 바람에 흔들려 소리가 나고 또 호랑이들이 싸우는 소리가 들리자 크게 놀라 기절해 버렸다(趙公待僧至 夜深草動風鳴 有虎鬪聲 趙公大恐幾絶)"에서 보여주는 풍자는 당세의 僞儒를 비판하면서 북벌론의 허구성을 尤菴에게 결부시킨 작자의 의도를 짐작할 수 있게 한다. 그래서 이 '허생'의 이야기에 대한 評文[387]은 더욱 설득력을 갖게 되는 것 같다.

현실의 비판은 비단 북벌책에 대해서만 있는 것이 아니고, 酒石에 대한 이야기를 하면서 牧者의 治世에 대한 비판 역시 강하게 작용하고 있다. 그것은 倭가 琉球를 점령하여 그 임금을 사로잡았는 데 태자가 그 나라의 보물로 아버지를 구하러 가다가 풍랑을 만나 제주에 닿았을 때 목사가 그 보물을 취하고 태자를 죽인 이야기를 통하여 지방관의 부패를 폭로하였다.

> 나는 이러한 것이 전설에 지나지 않는다고 생각했다. 이것이 사실이라면 목사의 죄는 시신을 저자에 버린다 해도 남을 터인데 어떻게 그의 자손들이 길이 부귀를 누릴 수 있겠는가 말이다.[388]

汝者何 先生曰 自明其非東國緇徒也 積薪者 臥薪之義也 哭必呼孫老爺何 先生曰 似是太學士孫承宗也 承宗嘗예師山海關 兩僧似是孫之麾下士也.'

387) 전남대학교본, ≪열하일기≫ 책 10, 권 21, 옥갑야화, p. 12. '허생전은 당나라 杜光庭의 <규렴객전>에 사마천의 ≪사기≫ <화식열전>을 합친 것과 같은 내용이다. 그 속에는 조중봉의 <동환봉사>나 유형원의 ≪반계수록≫이나 이성호의 ≪성호사설≫에서 말하지 못한 것을 이른 것도 있다. 문장이 호탕하고 강개해서 우리나라의 문장 중 손꼽히는 글이다.(大略以虯髯配貨殖 而中有重峰封事 柳氏隨錄 李氏僿說 所不能道者 行文尤踈宕悲憤 鴨水東有數文字)'

이 이야기는 李重煥(1690-?)의 ≪擇里志≫에 나오는데[389] 위정자들의 탐욕을 또 한 번 비판한 예이다.

그리고 星州에 사는 鄭錫儒라는 사람의 꿈에 나타난 諸沫(?-1592)이란 장수에 관한 이야기[390]를 통해 난세의 공신에 대한 소홀함을 풍자하였다. 이것은 정치의 부재를 의미하는데 이 이야기는 원래 ≪藥泉集≫에 그 대강을 적고 있다.[391] 그래서 박지원은 이러한 정치의 부재를 통박하기를,

> 약천과 같은 박식으로도 백 년 이내의 제말의 사적을 알지 못했으니 제말은 미천한 신분임을 짐작할 수 있다. 그의 공적은 그러하나 이름은 없어졌으니 어찌 억울한 원혼이 되지 않겠는가.[392]

라 하여 불과 백 년 이내의 역사적 사실과 민족수난에 공이 있는 사람의 사적을 제대로 갖추지 못한 데 대하여 꿈을 빙자하여 비판하고 있다.

이러한 민족적 수난을 맞을 때마다 위정자들의 자세는 뒷날 역사의 심판을 받게 될 수밖에 없었다. 임진・병자난 때의 자세에 대하여,

> 인생이 불행하여 임진・병자 두 난리를 당하고 보니 의주와 남한

---

388) ≪열하일기≫ 권 14, p. 276. 避暑錄, 琉球太子와 酒石이야기, '余嘗疑此近齊東 使此果眞也 牧使之罪雖肆市難贖 其子孫如何 長享富貴.'

389) 李重煥, ≪擇里志≫, 卜居總論, 山水.

390) ≪열하일기≫ 권 14, p. 282, 避暑錄.

391) 南九萬, ≪藥泉集≫ 冬(민족문화사, 1980), pp. 2404-2405.

392) ≪열하일기≫ 권 14, p. 282, 피서록, '藥泉之博識 猶不識百年內諸沫則 其出於微賤可知 雖立功如彼 而名遂湮沒 則安得不幽鬱 而爲冤魂乎.'

산성은 모두 복지가 되는 셈이다. 그때 피난하던 이들은 모두 이 곳을 절지・고성으로 여겼지만 나는 왕령이 계신 곳에 천지가 동력하고 백신이 보호할 것이며, 나라가 있으면 나도 있고 없으면 나도 없어지므로 초막 속에 몸을 숨겨 하찮은 지조를 지키는 것보다 살아서는 충신이 되고 죽어서는 義鬼가 되는 것이 낫다고 생각했다.[393]

라 지적하면서 진정한 애국과 충성이 무엇인지를 분별하여 주고 있다. 이러한 것들은 모두가 잦은 士禍로 인하여 정치적 혼란과 부조리에 기인하고 있다.

이 같은 경제적 부조리와 민생의 생활고는 모두 사대부들의 학문이 이용후생을 생각하지 못한 데서 비롯된다고 하였다.

우리나라 사대부들은 庶事에 관심을 쓰지 않는다. 옛날 어떤 이가 여럿이 모인 자리에서 누가 마부에게 "말에게 콩을 좀더 주라"했다가 그 후 이조전랑에게 배척을 당한 일까지 있었다. 근래에 어떤 학사가 말을 아끼는 버릇이 있어 말을 고르는 안목이 백락에 견줄 수 있었으나 사람들은 그를 두고 "옛날에는 양고기 잘 굽는 都尉가 있다더니 지금은 말 잘 다루는 학사가 있군 그래"하여 비방했으니 그 까다롭기가 이와 같다. 나라의 국책으로 고려하지 않고 도리어 수치로 여겨 하인들의 손에 맡겨두고 있다. 비록 직책이 실적이 아닌 감목이라 하나 9품 이상의 벼슬아치인 데도 養馬에 대한 지식은 전연 없다. 이는 능력이 없다기보다 배우기를 꺼리기 때문이다. 이 때문

---

393) ≪열하일기≫ 권 15, p. 324. 銅蘭涉筆, '人生不幸 値任辰倭亂 丙子虜兵 則龍灣南漢 皆爲福地 當時避兵者 皆以兩處 爲絶地孤城 而余以爲王靈所在 必天地同力 百神呵護 國在與在 國亡與亡 與其竄身草분 守諒溝瀆 無寧生 爲忠臣 死爲義鬼也.'

에 관리가 말 기르는 데 무식하다고 탓하는 것이다.[394]

이 글에서 당시의 위정자들이 내실을 기하지 못하고 허울뿐인 체면에 젖었으며, 실용적인 일들을 천시하여 안이한 생활에 머물렀음을 알 수 있다.

그리고 북벌을 꾀한다면 전쟁은 불가피한 일이며, 그 전쟁을 위하여 물자의 수송이나 직접 전투에 필요한 말을 길러야 할 텐데 목양을 천시하고서도 나라를 부강하게 할 수 있었겠느냐는 것이다.

이러한 벼슬아치들의 태만과 직무의 충실하지 못함은 당시 서해안에 중국의 배들이 무시로 출입하고 있는 사실을 지적한 글에서도 잘 나타난다.

> 지금 唐船이 서해안에 들어오면 해당 지방 吏校들이 담당 지방관에게 보고는 하지만 실상 그것을 금지할 방법이 없기 때문에 알아도 모른 체하다가 배가 돌아가기만을 기다린다. 그러다가 멀리서 배가 떠난 날짜나 탐지했다가 수영에 보고할 때는 방금 배가 영해에 들어왔다고 한다. 수영에서는 즉시 그대로 조정에 보고하는 한편 그 날로 그 배를 쫓아내라고 명령을 내린다. 사실 모두 귀를 막고 방울을 훔치는 격이니 변방의 수비가 참으로 한심하다.[395]

---

394) ≪열하일기≫ 권 12, p. 216, 太學留館錄 8월 14일, '我東士大夫 不親庶事 古有衆會 戒僕盆馬荳 見枳於銓郞 近有一學士 性頗癖馬 其相馬之術 無異伯樂 論之者 以爲古有爛羊都尉 今有理馬學士其嚴如此 不慮有國之大政 而以爲羞恥 付之僕隷之手 雖職居監牧 人是流品而固不識牧馬之方, 非不能 乃不肯學也 此有官昧攻駒者也'

395) ≪열하일기≫ 권 15, p. 328. 銅蘭涉筆, '今唐船之來西沿 吏校雖卽報知 該地方官 實無可禁止道 則佯若不知 候其當去之期 遙問收矴日字 始乃馳報

외국의 배가 불법으로 해안에 정박하는 곳을 보고도 그 배가 떠날 때에야 수영에 보고를 하는 것을 비유하여 '귀를 막고 방울을 훔치는 격'이라고 하였다. 당시의 국경수비의 허술함은 정치의 기강이 그만큼 문란하였음을 의미한다.

2. 文人들의 對淸意識

다음으로 역대 우리나라 문인들을 대상으로 한 비평을 보기로 한다. 먼저 당시 과거의 詩題에 자주 나오는 '同文夢'에 대한 유래를 다음과 같이 밝히고 있다.

> 대저 기자의 風敎가 그대로 남아 있고 아울러 명 나라의 문화가 만맥의 오랑캐에게까지 미쳐진 것은 唐의 시절과는 견줄 수 없음이 확실하다. 하늘이 무너지고 땅이 기울어지듯이 명이 망한 뒤에는 고려에서 同文夢을 기대하지 않은 지가 오래다. …… 우리나라 사람들은 항시 동문몽 한 마디를 구실로 科試의 詩題로 쓰고 있으니 비루하기 이를 데 없다.396)

그 어귀의 쓰임에 대하여 정확히 고증하지도 않고 즐겨 쓰고 있는 無知 또한 비루하기 짝이 없다는 것이다. 문인에 대한 비판은 당대의 것에서 뿐만 아니라 전대의 문인에 대해서도 마찬가지였다. 곧 고려

永營 若今日初來之狀水營 一邊馳啓于朝廷 一邊嚴飭該地方官 刻日逐送其實 皆掩耳偸鈴之術 我國邊防 可爲寒心.'

396) 위의 책, p. 326, 銅蘭涉筆, '蓋箕子之風敎 故在而明皇家文命誕敷施及蠻貊信非唐家所可比倫也 天傾地仄 八表分崩 高麗久不作同文夢矣 … 東人海以同文夢一語爲故實 作科體詩題 陋甚陋甚.'

때 瀋陽王에 봉해졌던 忠宣王과 李齊賢(1287-1367)에 대한 지적이 그것이다.

> 그 당시 從臣인 이제현등은 문학과 才望이 東國의 거벽으로 일컬어졌지만 염복·요수·조맹부·우집 등의 대열에 둔다면 마아 하백이 바다를 본 것처럼 부끄러워했을 터이다.397)

당시에 충선왕은 元에서 돌아올 생각이 없었으며 원의 황제가 그의 머리를 깎고 변방으로 유배를 보냈는가 하면 그가 서적에 탐혹하여 제왕의 자리를 지키지 않았으니 그 사람됨을 짐작할 수 있을 것이다. 그리고 이제현은 비록 그의 문학과 재능이 우리나라의 으뜸이지만 그가 취한 행위는 심히 부끄럽기 짝이 없는 것이다.398) 이것은 박지원

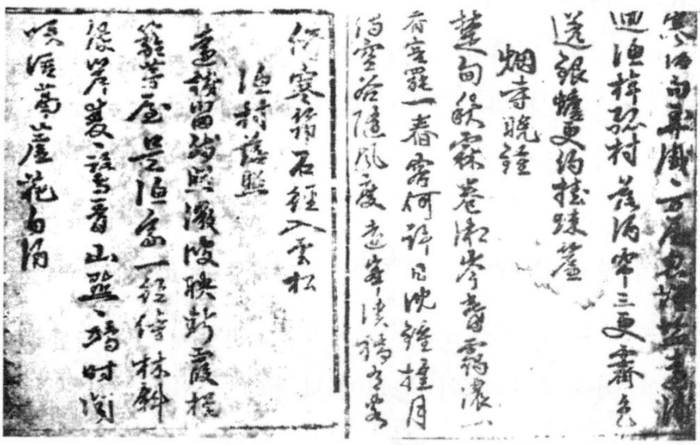

그림 16. 이제현의 글씨

397) 위의 책, p. 327. '當時從臣如李齊賢輩 雖文學才望 推爲東國之巨擘 然置諸閻姚趙虞之間 還應望洋 而知醜矣.'

398) 李德懋, ≪淸脾錄≫ 권 3, 李益齋 참조.

자신의 역사인식이며 그의 문학과 사상은 이러한 역사인식의 바탕 위에서 자신이 처한 현실을 극복하고 자기 세계를 구축하고자 노력하였음을 알 수 있다.

박지원이 처음으로 청나라를 여행하면서 느낀 것 중에는 특히 사신들의 자세에 대한 것이 있다. 나라를 대표하는 그들은 자신의 지위만 높게 생각하고 그 책무에 대해서는 등한시하고 있음을 지적[399]하면서 상대방 나라의 풍속·제도·문물 등을 직접 관찰하거나 고구하지 않고 편안하게 앉아 역관들의 조종에 따라 본국에 보고하는 狀啓를 작성하는 방법을 보고 더욱 그 허망함을 탄식하였다.

일국의 사신된 자가 왕에게 올리는 글이 모두 길거리에 흘러다니는 확실치 못한 이야기거나 역관들이 전하는 얘기들을 그대로 믿고 보고를 하니, 귀중한 은화만 낭비하는 결과를 초래한다는 것이다.

이러한 비판에 반박하는 역관 趙達東을 꾸짖어 그 시말을 다음과 같이 밝히고 있다.

> 그대는 젊어 사리를 잘 모른다. 우리나라 사대부들은 춘추의 내용을 잘 모르면서 존왕양이의 헛된 말만 되풀이해 온지가 백여 년이

---

399) ≪열하일기≫ 권 13, p. 240, 行在雜錄後識, '압록강을 건너 연경에 들어가기까지 경유한 2천여 리에 걸쳐 있는 州縣의 관장이나 요쇄를 수비하는 장수들의 얼굴은 고사하고 이름조차 모르고 있다. 이 때문에 중국의 역관이나 序班들이 뇌물을 요구해도 우리 사신들은 그들의 조종을 감수하고 있다. 따라서 우리 역관들은 그들의 요구를 들어주기에 겨를 없음이 마치 큰 비밀을 숨기고 있는 듯한 모습이다. 이는 사신들의 잘난 체하는 망동에서 비롯된 것이다.(自渡江入燕京 所經二千里之間 其州縣之官 關阨之將 不但未接其面 亦不識其名 由是而通官公行 其索賂則我使 甘受其操縱 譯官遑遑然 承奉之不暇 常若有大幾關之 隱伏於其間者 此使臣 忘尊自便之過也)'

되었다. 중국의 사대부인들 그러한 마음이 없을 리가 있겠나? 때문에 연갱요·사사정·증정 같은 이들이 상서를 재앙이라 하고 좋은 정사를 나쁜 정사라고 속여 천하를 선동하였다. 마침내는 이러한 사실을 글로 지어 전파, 곧 청나라가 멸망할 것같은 상황을 만들었다. 우리의 역관들은 이러한 내용을 잘 모르면서 그 허탄한 얘기에 빠져 바보짓을 한다.[400]

여기서 박지원의 사상은 물론이요, 그가 현실을 비판하는 안목과 그 자세를 확연히 볼 수 있다. 그러면서 그의 비판은 또 우리나라에 국한되어 있는 것은 아니다. 그가 季文蘭이란 여인에 관한 이야기를 통하여 은연중 청나라를 비방하는 뜻을 담은 것이 있다.

강희 무오년에 江右에 살고 있는 계문란이란 여인이 되놈에게 사로잡혀 심양으로 끌려가면서 진자점의 바람벽 위에 시를 써두었다. 그 시에 '쪽지 튼 머리 옛 단장 가없고 초라한 치마 지난 모습 없구나, 부모님은 어떠한지 알 수가 없어 春風에 흐느끼며 심양으로 끌려가네'하였고, 그 아래에 쓰기를 '저는 강우에 사는 수재 이상경의 아내로 지아비는 되놈에게 살해되었고 저 또한 왕장경에게 팔려 심양으로 잡혀가는 길입니다. 무오년 정월 21일에 눈물을 씻으며 벽을 닦고 이 시를 쓰노니 有心한 사람들은 이를 읽고 불쌍한 저를 구원해 주시길 바랍니다. 제 나이 이제 21세입니다' 하였다.[401]

---

400) ≪열하일기≫ 권 14, p. 292.

401) 위의 책, p. 279. 避暑錄, '康熙戊午 江右女子季文蘭 爲胡人所掠賣往瀋陽 到榛子店 題詩壁上曰 椎髻空憐昔日粧 征裙換盡越羅裳 爺孃生死知何處 痛哭春風上瀋陽 下題 奴江右虞尙卿秀才妻也 夫被戮 今爲王章京所買 將往瀋陽 戊午正月廿二日 灑淚拂壁書此 惟望天下有心人 見此憐而見拯 奴

이것은 명이 망한 후 그 유민의 참혹함을 잘 나타낸 내용이다. 단순한 한 여인의 이야기라기보다는 전쟁의 참혹함은 물론이요 저들의 人身의 매매와 노비가 된 여인의 참상을 잘 대변하고 있다. 이 사연을 들은 奇豊額의 詩가 더욱 청나라 초기의 상황을 잘 말해주고 있다.

아릿다운 아가씨 되놈에게 팔려가니
胡笳의 다섯째 詞曲 마음을 상하게 해
천하의 曹操 같은 사내장부 없으니
천 금을 들여 뉘 능히 채문화를 구원할까?[402]

그리고 도처에 산재한 關帝廟를 보고서 聖道가 쇠퇴하고 잡스런 습속이 번창하여 훗날 ≪水滸傳≫으로서 正史를 삼을 지도 모른다고 비판하였다.

그는 일찍이 吳와 越나라를 참적이라 하여 몹시 비난했는데 帝라는 호칭으로 망녕되게 그를 높여 주는데 만족하겠는가. 그의 영혼이 지금껏 살아 있다면 이따위 명분에 어긋난 것을 받아들이지 않을 것이다. 만일 그의 영혼이 없어졌다면 아첨한들 무슨 도움이 있겠는가. 聖道는 점차 멀어져 가고 오랑캐들이 번갈아 中原의 황제가 되어 각기 온갖 방법을 동원해 중국을 혼란에 빠뜨리고 있다. 그래서 正學은 아득하여 마치 한 올의 끄나풀처럼 겨우 명맥을 유지하고 있을 따름이다. 이러하니 천 년 후의 사람들이 저 ≪수호전≫을 정사로 믿지 않을 것이라고 할 수 있겠는가.[403]

年今二十有一.'

402) 위의 책, 같은 곳, '紅粧朝落鑲黃旗 笳拍傷心第五詞 天下男兒無孟德 千金誰贖蔡文姬.'

이러한 "各以其道 交亂天下"의 한 증좌가 班禪과 같은 사람을 섬기게 된다고 하였다.

과거 원 나라의 세조는 물론이고 청에 이르기까지 先聖의 가르침을 멀리하고 番僧을 초청하여 그 뜻에 따른 일들을 비판한 것은 異敎에 대한 박지원 자신의 생각이었으며 당시 중국에 있어서 이교가 무성하게 된 이유를 밝힌 글이다.[404]

3. 貪慾과 夢幻

물욕에 대한 인간 정신의 파탄은 어느 시대에나 있었다. 박지원은 황금에 얽힌 두 가지 이야기를 통하여 탐욕의 종말을 보여주면서 그러한 자들을 경계하였다.

> 나는 천하의 사람들은 있다고 기뻐하지도 말고 없다고 슬퍼하지 말기를 원한다. 까닭없이 큰돈이 생기면 천둥이나 귀신처럼 이를 두

---

403) ≪열하일기≫ 권 13, p. 222, 還燕道中錄 8월 19일, '公旣嚴於吳魏之僭賊 則亦安可自安於忘尊之帝號哉 公之精靈 千載如生 必不受此匪分 如其無靈 佞之何益 … 聖道益遠 夷狄迭主中夏 各以其道 交亂天下 正學茫茫 不絶如帶 安知千載之後 不以水滸傳爲正史耶.'

404) 위의 책, p. 235. 班禪始末後識, '세조야 사막에서 일어났으니 이상할 것도 없다. 그러나 명나라 초년에도 먼저 異僧을 찾아 귀족 자제들에게 스승으로 섬기게 하고 널리 서번의 중을 초빙하여 융숭히 대접하는 일이 중국을 낮추고 지존을 깎으며 先聖을 더럽히고 眞師를 누르는 것인줄 깨닫지 못하였다. 국가를 세우는 처음에 이런 따위로 자제들을 가르쳤으니 이 아니 더러운가.(世祖起自沙漠 無足怪者 皇明之初 首訪異僧 分師諸子 廣招西番 尊禮之自不覺其卑中國 而貶至尊 醜先聖 而抑眞師 其立國之始 所以訓敎子弟者 又何其陋也)'

려워하라. 길을 가다가 풀밭에서 독사를 만나면 머리가 쭈볏하여 물러서지 않을 수 없을 것이다.[405]

박지원이 위정자들의 욕망을 높은 누각에 올랐다가 내려올 때의 심정에 비유하였을 때[406] 그것은 바로 몽환의 세계에서 헤어나지 못하는 것과 흡사한 것이다. 그가 중국의 길거리에서 구경한 18가지의 요술을 소개하면서,

몽환의 세계란 본래 이와 같아서 거울 속의 일과 다를 것이 없습니다. 세상의 많은 일들이 아침에는 무성하다가 저녁에는 시들고, 어제는 부자였다가 오늘은 가난하고, 잠시 젊었다가 곧 늙는 것이 꿈속에서 꿈을 말하는 것과 무엇이 다른가. 잠시 나서 홀연히 죽는 것이 인생인데, 남은 것이 무엇이며 없어지는 게 뭔가, 참이 어떤

---

405) ≪열하일기≫, 권 15, p. 307, 黃圖紀略, 黃金臺記, '我願天下之人 有之不必喜 無知不必悲 無故而忽然至前 警若雷霆 嚴若鬼神 行遇草蛇 未有不髮竦而卻立者也.'

406) ≪열하일기≫, 권 12, p. 184, 將臺記, '대를 올라갈 때는 앞의 층계만 보고 올라갔기 때문에 위험함을 몰랐는데 내려올 적에는 밑을 굽어보자 현기증이 난다. 이는 그 허물이 눈에 있어서이다. 벼슬도 이와 같아서 한창 승급할 때는 一階나 半級이라도 남에게 뒤질까하여 남을 밀어젖히면서 앞을 다툰다. 결국 자신이 높은 위치에 서게 되면 두려운 마음에 외롭고 겁이나 한 발자국도 나설 수 없고 물러나고자 하여도 천 길 절벽이라 다시 오를 의욕도 사라지고 내려오려고 해도 쉽지 않는 법이다. 이는 고금을 막론하고 모두가 그러하다.(蓋上臺時 拾級而登 故不知其危 慾還下則一擧目 而臨不測所以生眩 其崇在目也 仕宦者 亦若是也方其推還也 一階半級 恐後於人 或擠排爭先 及致身崇高 慴心孤危 進無一步退有千仞 望絶攀援 欲下不能 千古皆然)'

것이고 거짓이 어떤 것인가. 세상의 선남 선녀들에게 이르노니 뜬 세상에 허무한 이 몸은 어떤 인연 때문에 잠시 머물러 있음에 지나지 않는다. 원컨대 이 거울 속의 일을 본받아 잘 산다고 자랑말고 못 산다고 낙담 말며, 가진 돈 내어서 가난한 이 사람들 구제하시오.[407]

라 하여 인생의 무상과 부질없는 허세 그리고 공명에 급급한 인간들에게 大悟의 충고를 하면서 몽환의 세계가 모두 그 마음에서 나온다고 하였다. 그래서 그는 이러한 요술에 비유하는 이유가 모두 자기의 분수와 위치를 잊은 자를 경계하는데 있다고 했다.[408]

이러한 지적은 강물소리에 의탁하여 교만과 자신감에 가득찬 인간들을 경계한 다음의 글에서도 잘 나타나고 있다.

나는 오늘에야 도를 알았다. 마음이 정돈된 이는 보고 듣는 것으로서 마음이 흔들리지 않는다. 또 보고 듣는데 따라 마음이 흔들리는 사람은 보고 듣는 것이 밝을수록 도리어 해가 된다. 소리와 광경은 모두 外物이다. 이들이 눈과 귀를 혼란시켜 사람들이 보고 듣는

---

407) ≪열하일기≫, 권 14, 幻戲記, '世界夢幻 本自如此 猶於鏡裏 炎涼頓殊 一切世間 種種萬事 朝榮暮枯 昨富今貧 俄壯倏老 夢中說夢 方死方生 何有何亡 孰眞就假 寄語世間善心善男 菩薩兄弟 幻界夢身 泡金電帛 結大因緣 隨氣暫住 願準是鏡 莫爲熱進 莫爲寒退 齊時錢陌 濟此貧乏.'

408) 위의 책, 같은 곳, '세상에 밝은 눈과 참다운 견해를 가진 이가 없은지가 오래다. … 마술로 온갖 변화를 부려 사람들을 속인다 하여도 이는 두려울 것이 없다. 천하에서 가장 두려운 마술은 매우 간악한 사람이 충신인양 속이는 것과 덕이 있는 듯이 음흉을 떠는 향원이다.(世之無光明眼 眞定見久矣 … 幻之爲術也 雖千變萬化 牙足畏者 天下有可畏之幻 大姦之似忠也 鄕愿之類德也)'

데 균형을 잃게 만든다. 하물며 사람이 세상을 살아가는 일은 이 강을 건너는 것보다 더 한층 험하고 위태롭다. 따라서 보고 듣는 것이 오히려 삶을 해치는 병통이 되기 마련이다. 나는 마을로 돌아가서 다시 앞 시냇물 소리를 들으며 이를 증험해 보겠다. 그리고 교묘한 방식으로 제 몸의 영달을 도모하면서 총명을 자신하는 이에게도 이 것으로 경계한다.409)

곧 듣고 보는 감각의 세계에 현혹되지 말고 자신의 내면세계를 응시할 수 있어야 한다고 한 것에서 治者는 물론이요 인간의 지켜야 할 도리를 강조하였다. 그래서 그는 처신에 교묘하고 스스로 총명한 체 하는 자들에게 경고하는 말 속에 당시 사대부는 물론 사회전반을 향하여 비판을 하고 있다 할 것이다.

이러한 풍자와 비판을 담은 글은 그의 문장에 대한 기교와 문명의식이 잘 조화되어 비유로 나타난 박지원 자신의 이상에 대한 구현이며, 喜笑·唾罵를 담은 문장의 형태를 띠게 된 이유도 여기에 있다 할 것이다.

Ⅲ. 맺는 말

이상에서 ≪열하일기≫에 나타난 박지원의 실학정신의 一端을 현

409) 위의 책, p. 268. 山莊雜記, 一夜九渡河記, '吾乃今知未道矣 冥心者 耳目不爲之異 信耳目著視聽彌審 而彌爲之病焉 … 聲與色 外物也 外物常爲累於耳目 今人失其視聽之正 如此而況 人生涉世 其險且危 有甚於河 而視與聽輒爲之病乎 吾且歸吾之山中 復聽前溪而驗之 此以警巧於濟身 而自信其聰明者.'

실비판의 측면에서 살펴보았다.

이미 알려진 바와 같이 그의 사상과 문학정신은 '열하' 여행에서 더욱 두드러지고 있으며, 그 집대성이 ≪열하일기≫에 나타나고 있다. 물론 여행 이전에도 이러한 의식들이 없었던 것은 아니지만 여행을 통한 체험에서 더욱 심화되고 있음을 알 수 있다. 난숙한 清朝의 先進文化를 접한 그에게 새로운 삶의 의미와 함께 한 시대를 살아가는 지식인의 역할이 무엇인지를 느끼게 하고 있다.

그 대상은 하급관리인 역관에서부터 사신의 우두머리나 제왕, 그리고 牧民官의 治世에 관한 것까지 광범위하게 확산되었다. 그리고 당시 清의 어지러운 정신세계를 꿰뚫어 보는 지적에서 그의 현실에 대한 예리한 관찰을 엿보게 한다. 이 모든 것은 인간의 의식 속에 존재하는 탐욕으로 인하여 그 정도를 잃게 됨을 설파하여 시대를 살아가는 모든 사람에게 삶의 좌표를 설명해 주는 역할도 하고 있다. 이것은 나아가 그의 역사인식이기도 하며, 현실을 개혁하여 미래사회를 풍요롭게 하고자 한 그의 이상을 여행기의 형태를 빌어 더욱 뚜렷이 나타내고자 했음을 볼 수 있다.

이것이 변혁의 시대를 살다간 한 지식인의 자세이며, 그러한 생각들을 여행을 통한 기록으로 남긴 사실이 여행자 문학의 가치인 것이다. 앞에서 살펴본 ≪열하일기≫에 나타난 박지원의 실학정신의 일단 또한 작가가 살았던 한 시대를 위하여 문학이 할 수 있는 일이 무엇인가를 알게 하는 작업 중의 하나일 것이다.

18세기를 전후한 조선조 문학작품에 나타난 문명의식

-홍대용 · 박지원 · 박제가의 연행록을 중심으로

Ⅰ. 머리말

조선 후기 실학파 문인들의 문학작품에 대한 연구는 그 동안 꾸준히 연구되어 왔다. 1910년대에 들어와서 국학연구의 진흥과 민족주의적 자각이 대두되면서 더욱 활발해졌으며, 지금은 연구의 대상과 폭, 방법적인 문제에 이르기까지 광범위하게 다루어지고 있다.

본 연구에서 대상으로 삼으려는 세 사람의 문인, 홍대용(1713-1783), 박지원(1737-1805), 박제가(1750-1815)는 그 중에서도 가장 많은 연구의 업적을 남기게 한 인물들이다. 문학세계는 물론이고 사상이나 자연과학, 그리고 사회과학적 내용에 대한 연구까지 다루어지고 있다. 업적의 형태로는 위 세 문인에 대한 많은 양의 개별적 연구서적과 논문이 발표되어 이 시기의 대표적 문인으로서의 의미를 밝히는 데 손색이 없을 정도이다. 그래서 이들에 대한 기존의 연구업적에 관한 연구사적 정리는 생략하기로 한다. 왜냐하면 본고에서 다루려는 중심내용 부분에서 자연히 언급될 것이기 때문이며, 특히 이들에 대한 연구성과의 자료들은 이미 학계에 널리 알려져 있어 또 다른 정리를 요하지 않는다.

여기서는 본 연구에서 수행하려는 방향과 그 필요성에 대하여 간략하게 정리하고자 한다. 위에서 잠시 언급한 바와 같이 18세기를 전후한 조선후기 실학파 문인들의 문학작품에 대한 연구가 활발하게 진행된 데에는 그들의 작품 속에 내재된 문학정신이 다른 문인들의 작품과는 차별되는 것들이 있었기 때문이다. 이 차별성은 여러 가지가 있겠지만, 특히 주목되는 것은 문학이 그 시대적 상황과 어떤 관계를 맺는가를 확실히 알고 있었다는 점이다. 그 중에서도 그들은 글을 통하여 그들이 살고 있는 현실의 불합리성을 개혁하려는 의지를 강하게 표명하고 있었다. 이러한 내적 요인이 진보적 사고를 가졌던 동시대의 많은 지식인들에게 신선한 충격을 주었으며, 그들 각자의 생각과 대비해 볼 수 있는 기회를 가지게 되었다.

개혁을 위한 여러 가지의 방법 중에서 중국을 통한 선진문명의 수용과 변용이라는 방법은 당시의 현실로 보면 충분히 시선을 끌 수 있는 문제였을 것이다. 특히 연구의 대상이 되는 세 사람은 중국을 여행하면서 직접 체험한 내용을 글로 남기면서 그 속에 그들의 생각을 상세히 나타내고 있어서 더욱 주목받는 위치에 놓이게 되었다. 그동안 많은 사람들이 중국을 여행하면서 체험한 글들을 남겼지만, 이들 세 사람만큼 현실에 대한 개혁의지를 강하게 주장하고, 그 구체적인 대안을 제시한 글은 흔치 않다.

그래서 여기서는 이들이 중국 여행을 하고 남긴 글 ≪연기≫(≪을병연행록≫ 포함), ≪열하일기≫, ≪북학의≫를 중심으로 그들이 여행을 통하여 당시 중국 중심의 문명세계를 목격하고, 세계의 중심이 중국이라는 중국 일변도적인 사고의 세계에서 무엇을 생각하였으며, 이것을 토대로 그들의 세계관이 어떻게 확대되고 정리되었는가를 살펴보고자 한다. 나아가 이들의 선진문화 수용의 정신적 자세가 한국의 근대화 과정에서 어떤 역할을 할 수 있었는가를 세 사람의 글을 같은 자리에 놓고 분석해 보려고 한다. 그 이유는 지금까지의 개별적 연구가 가지는 한계점을 벗어나 동시대에 대한 의식의 통일성과 불통일성을 상호 보완하여 조선조 후기 문학 발전에 기여한 이들의 공적과 오류를 정리할 필요를 느끼기 때문이다. 그리고 당시 중국의 실제적인 현장에 대하여 이들의 생각이 얼마나 발전되고 있는가를 살펴봄으로써 역사 발전에 있어서 문인의 역할이 무엇인지를 보다 정확히 알 수 있을 것이라 기대된다.

이를 위하여 다음의 방향으로 논지를 전개하고자 한다. 우선 18세기를 전후한 시대적 양상과 동아시아 문학의 서술방식, 그리고 문학정신에 대하여 살펴보고자 한다. 그리고 위 세 사람의 중국 여행기에 대한 분석을 통하여 선진문명 수용과 세계관의 확대, 민족의식과 현실비판의 실제를 밝혀 보고자 한다. 그 다음으로는 그들의 개혁의지와 현실 비판의 한계, 그리고 역사발전에 대한 시각과 미래를 향한 의식의 전개가 어떻게 나타나고 있는가를 알아보고자 한다.

본 연구는 이 방면의 기존 연구에 대한 결과의 토대 위에서 시작될 것이지만, 부분적인 것에서는 시각의 차이가 나타나게 될 것이다. 그리고 비슷한 시기의 인접국의 문학 현상에 대해서도 참고하면서 논지를 전개하고자 한다.

Ⅱ. 18세기를 전후한 시대적 양상

18세기 조선 사회는 분명 변혁의 시대였다. 임진왜란이 지나고 그 상처를 치유하기도 전에 두 번의 胡亂으로 나라의 살림살이는 말할 수 없이 피폐해졌으며, 붕당정치의 폐단은 백성들의 삶을 더욱 곤궁하게 만들어 무언가 새로운 세계를 기대하지 않을 수 없게 하였다.

정치체제적인 면에서는 중앙집권제가 확립되어 갔으나 그것으로 인하여 '無土不農之民'이 양산되었으며, 국가가 직접 백성을 수탈하는 지경에 이르렀다.[410] 이로 인하여 전국에는 크고 작은 민란들이 발생하여 민심은 현실과 유리되고 있었으며, 게다가 당파싸움이 본격화되면서 나라의 기강이 문란해지자 영조 대에 와서는 일시 탕평책을 실시하기도 하였다.[411] 그러나 이것은 미봉책에 불과하였으며 권력 내부에는 여전히 사색당파의 폐단이 엄존하였다. 그 결과 권력의 부패는 고관에서 서리들에게까지 만연되었으며 국가 경제의 대부분이 이러한 권력의 이동에 잠식되고 있었다. 이것은 결국 특정인에게 토지의 과다 점유를 가능케 하였으며, 국가 역시 각종 명목의 토지를 점유하게 됨으로써 정작 농업에 종사하는 많은 백성들은 그들의 생업에서 떠날 수밖에 없는 실정이었다. 이와 같은 토지정책의 부실은 결국 국가재정의 부족현상을 낳게 되어 이를 보충하기 위해서 실시된 각종 조세 징수는 백성들의 삶은 그만큼 어렵게 만들 수밖에 없는 지경이 되었다. 위에서 지적한 '無土不農之民'은 이렇게 해서 양산된 것이며, 고려 말기의 농업정책의 모순을 극복하려던 조선 건국의 이념은 현실

---

410) 이가원, <중앙집권제의 확립>, ≪연암소설연구≫(을유문화사, 1965), p. 100.
411) 한우근, <정치기강의 문란>, ≪이조 후기의 사회와 사상≫, (을유문화사, 1976), p. 6.

정치의 부조리에 부딪히고 만 것이다.

농업정책적인 면에서만 현실의 부조리를 나타낸 것이 아니라 사회적 현상, 곧 지역 간이나 계층 간의 갈등, 그리고 정치권력에서 소외된 지식인들에 의한 불평은 심각한 사회문제를 야기시켰다. 그 대표적인 현상이 서북인에 대한 관리등용 제외현상이다. 이것은 좁은 나라에서 남과 북을 갈라놓는 악습으로 이어졌으며, 정약용 또한 이러한 현상을 심각하게 지적한 바 있다.[412] 이 같은 심각성은 드디어 1812년 '洪景來의 난'으로 나타났다. 다분히 정치적인 색채를 띤 이 농민항쟁은 앞서의 중앙집권적 권력 집중에서 오는 관료주의의 부패와 농업정책의 실패, 그리고 인재등용의 차별성에 대한 저항의 한 단면이다.

그 다음이 嫡庶의 차별정책이다. 조선 초기부터 나타난 이 제도에 대해서는 많은 지적이 있어 왔으나, 국가가 위급한 때에나 통치자의 정책적 측면에서 일시적으로 완화된 적이 있을 뿐 그 근본적 폐지나 개선은 실시되지 못했다. 이 제도에 의해서 나라의 많은 인재는 그 능력을 발휘하지 못하고 허균이 말한 소위 '豪民', '怨民'을 양산하게 되었다.[413] 이들은 사대부가의 핏줄을 이었으면서도 제대로 그 능력을 사용할 수 없었으며, 자주 사회문제를 야기시킴으로써 현실정치의 모순을 노정시키는 데 한 원인을 제공해 주었다.

세 번째로 지적된 권력의 핵심부에서 소외된 지식인들은, 위와 같은 현실에 대한 개혁의지를 그들이 쌓은 지식을 토대로 글을 통하여 나타내고 있는 특징이 있다. 사실 본 연구에서 논지의 초점이 되는 세 사람 역시 이러한 부류에 속하는 사람들이다. 이 소외된 사람들은

---

412) 정약용, <人才策>, ≪여유당전서≫ 권 8.

413) 허균, <文部> 8, ≪성소부부고≫ 권 11.

그들의 출신 성분이 집권층에 소속되기도 하였으나 그들 자신이 지향하는 세계관은 권력 내부에 팽배한 이념과는 거리를 가지고 있었다. 붕당정치에서 몰락하거나 밀려나는 사람들은 결국 그들의 생업을 위협받게 되었으며, 현실과는 거리를 가진 위치에서 시대를 직시하는 계기를 맞기도 하였다. 이들의 현실에 대한 시각은 국가 권력의 모순이나 정치적 부패와 같은 당면문제에 결부되면서 새로운 이념을 생각하게 되었다. 물론 이 같은 새로운 이념은 앞선 시기의 진보적 사고를 가진 지식인들에 의하여 단편적인 제시와 주창을 낳게 하였으나, 본격적인 이론 제시나 그 구체적 방안을 강구하기는 18세기를 전후한 시기에 활발하게 전개되었다.

이때는 두 번의 호란을 겪으면서 팽배하기 시작한 '尊華攘夷' 사상이 정국을 주도하던 시대였다. 청나라에 대한 반감은 그들에 대한 배척을 '北伐論'으로 결집시켰으며, 유학에서 주장하는 '王道思想'을 尊明에 결부시켜 淸의 '霸道思想'과 대결시키는 국면으로 나아가게 되었다. 이러한 정치적 현실은 당시의 진보적 지식인들이 주장하던 현실개혁의 방법으로 제시된 '실학사상'과는 대립되는 위치에 놓이게 되었다. 그 중에서도 淸의 선진문화를 수용하여 국내적 문제점들을 해결하려던 '북벌파'들의 생각과는 정면으로 대치되는 결과를 낳았다. 이 같은 대립적 관계를 주도한 宋時烈의 논리는 朱子學의 극단적 교조주의에 입각하고 있었다.[414]

이의 발단은 당시 중국에서 '金'에 대한 '宋'나라의 굴욕적 화의에 반대하여 실지를 회복하고자 反金的 양이사상을 주장한 朱子의 이론

414) 이우성, <실학의 사회관과 한문학>, ≪한국사상대계 I ≫(성균관대학교 대동문화연구원, 1973) 참조.

이 관철되었던 것과 같이 송시열을 중심한 당시 조선 유학자들의 淸에 대한 주장은 설득력과 타당성을 인정받게 되었다. 이러한 사상은 후기 한국유학의 대외적인 배타성·대결성을 규정하는 계기가 되기도 하였다.[415)]

이러한 역사적 상황 하에서 현실을 직시하고 개혁하고자 노력한 것이 앞서 지적한 진보적 지식인들이 주창한 '실학사상'이었다. 그 중에서도 본고에서 검토하고자 하는 세 사람은, 특히 '利用厚生'을 주장하여 당시 청나라의 선진문화를 수용하면서 현실의 낙후성을 개혁하려던 북학파들에 속하는 사람들이다. 이들은 개인의 차이는 있으나 수차 청나라를 여행하면서 난숙기의 문물을 수용하여 우리의 실정에 맞추어 볼 것을 주장하였다. 그들의 주장은 앞에서의 지적과 같은 현실정치에 부딪혀 정책적으로 적극 수용되지는 않았으나, 이 방면에 관심을 가졌던 많은 지식인들의 사유체계를 바꾸어 놓은 결과를 낳았으며, 현실정치의 나아갈 방향을 제시하게 되었다.

그들의 구체적 주장과 인식세계에 대해서는 다른 부분에서 상세히 검토하기로 한다. 여기서는 다만 이들의 주장이 나오게 된 시대적 배경을 개괄하여 그 당위성을 현실적 문제에서 찾고자 한다. 과연 이들의 주장이 현실의 모순과 얼마만큼 대립되는 것이며, 당시의 정치적인 여러 문제에 대한 비판이 얼마나 정확한 것이었나를 밝혀봄으로써 역사 발전과정에서 그들의 역할이 가지는 의미를 검토하고자 한다.

곧 조선후기의 사회현상과 그들의 주장 속에 나타나는 여러 요소들과의 상관관계는 동아시아는 물론 같은 시기의 세계사적 맥락 속에서도 하나의 큰 의미를 지닐 것이라 생각되기 때문이다.

---

415) 강동엽, <시대인식과 갈등>, ≪열하일기연구≫(일지사, 1988), p. 30 참조.

Ⅲ. 18세기 동아시아 문학의 서술방식과 문학정신

동아시아 문학사상에 대한 논쟁은 전통적으로 유학과 관련되어져 왔다. 곧 동양문화의 발상이 '三才之文'에 근거를 두었다고 생각한 것이나, 우주질서의 원리 역시 유교적 사상에서 찾으려고 노력한 것이 그것이다. 이러한 사상들은 經典으로 발전하여 문학 역시 경전에서 그 기본을 구할 수 있다고 생각하였다.[416] 문학에 대한 이러한 사상이 '道之文'을 형성하였으며, 이 '도지문'은 문학을 문학창작의 원리와 道의 전달수단으로 보는 두 개의 입장을 낳게 하였다. 앞의 것을 '貫道之文'이라 하고, 뒤의 것을 '載道之文'이라 하였다.

이러한 동양적 문학사상의 보편성은 고려조에 들어와서는 대체적으로 포괄적인 입장을 취해 경전이나 제자백가서 또는 사서, 불서, 도가서 등을 섭렵하여 창작하는 경향을 띠었다. 그러던 것이 조선조에 와서는 유가서에 한정하여 문은 오직 재도를 위한 도구로 생각하는 공리성에 그 의의를 두게 된 것이다. 정도전이 주장하는 다음의 내용,

> 문은 "도를 담는 그릇이다"라는 것은 인문을 말하는 것이다. 그 도만 얻게 되면 시서, 예악의 가르침이 천하에 밝아져 삼광이 순행하고 만물이 고르게 다스려지므로 문의 융성이 여기에 이르러서야 그 극치를 이룩한다.[417]

---

416) 유협, <宗經第三>, ≪문심조룡≫ 권 1(세계서국, 1972).

417) 정도전, <도은문집서>, ≪三峰集≫ 권 3(국사편찬위원회). "文者 載道之器 言人文也 得其道 詩書禮樂之教 明於天下 順三光之行 理萬物之宜 文之盛至此極矣."

는 말은 문학이 성현의 도를 전하는 하나의 도구임을 강조한 것이다. 조선 초기부터 주창되어 온 이러한 생각은 문학의 본질적인 것에서 이탈하여 교훈적이고 교화적인 것에 치중해야 할 것을 강조하여 조선 중기 이후 일어난 문체에 대한 논쟁을 불러일으키는 계기를 마련하였다.

이러한 문학사상은 유가적 문학사상이 가지는 한계성이다. 그것은 유학의 본산인 중국에 비해서도 많은 차이점을 나타내고 있다. 곧 중국의 경우, 文은 그 시대에 따라서 변천할 수밖에 없다는 주장이 이미 梁代에 있었기 때문이다.[418] 주지하다시피 중국은 각기 그 시대에 따라서 특이한 문학 형태와 사상을 발전시킨 데 반하여 조선조는 전통적인 유가적 문학사상에 멈추어 있었다.

이러던 것이 17・8세기에 들어와서는 어떻게 바뀌어 갔는가를 살펴보자. 당시 조선에서는 正祖를 중심으로 대부분의 문인이 전통적 사상을 고수하는 입장에 서 있었음을 알 수 있다. 그것은 정조의 글을 통해서도 잘 나타나고 있다.

> 명나라 말기와 청나라 초기의 문집, 패관, 총사, 잡설 등 세도에 유해한 것들이 잡술문자에 함께 나돌고 있으니 따로 법을 제정해 금지해야 한다.[419]

이것은 당시에 明淸代의 문집이 시중에 많이 나돌고 있어 엄하게 금지해야 한다고 주장한 내용이다. 대량으로 유입된 명말청초의 문집

418) 강동엽, 앞의 책, p. 155.

419) <翼靖公奏藁典禮類敍>, <弘齋全書≫ 권 11. "明末淸初文集 及稗官叢史雜說 有害於世道者 竝與雜術文字 而別立條科 以禁之."

이나 소설과 패관 소품 등이 하나의 유행을 형성하고 있었음을 단적으로 보여주면서, 조선의 왕으로 하여금 이에 대비한 정책을 수립하게 한 것은 그만큼 심각한 체제동요적 현상으로 받아들여진 결과이다. 그래서 이 같은 현상의 원인을 경전에 대한 공부가 부족하고 문학의 본질이 육경에 있음을 망각한 처사로 취급하였다. 李瀷 같은 사람도 우리나라의 글들이 경전을 소홀히 하여 타락하였다고 지적한 바가 있으며,[420] 丁若鏞 역시 당시의 글이 사람들의 이해득실에 따라서 변화되는 것을 우려하여 문체개혁을 정조에게 간청하기도 하였다.[421]

위의 두 사람의 문학에 대한 근본적 입장이 약간은 다르지만 당시의 새로운 문체에 대하여 수용하지 못했던 점에서는 일치하고 있다. 결국 그들은 변화하는 시대를 맞이하여 문학의 본래 임무에 대한 깊은 이해를 하지 못했으며, 특히 명말청초의 문집이나 작품들에 대해서는 더욱 그러하였다.

그러면 여기서 당시 중국이나 일본의 문학에 대한 인식과 서술방식은 어떠했는가를 살펴봄으로써 저들과 우리의 같고 다름을 알아보고자 한다. 淸의 康熙帝가 明의 유신들을 흡수하여 새로운 淸朝學을 수립한 것이 소위 말하는 實事求是의 學, 곧 과학적 연구의 정화이다. 사신들을 중심으로 청나라를 다녀오는 사람들은 이 같은 새로운 문명을 접하게 되었으며, 이러한 청나라의 문물은 조선조 사회 속에서 싹트기 시작한 개혁의지를 더욱 구체화시키는 계기가 되었다. 특히 개혁의지의 실천을 서술방식의 변화를 통하여 그 목표에 도달하고자 노력한 것으로 나타난다. 이는 중국의 명말청초에 나타난 현상과도 유

420) 이익, ≪성호사설유선≫(경문사, 1978), p. 396.

421) 정약용, <文體策>, ≪여유당전서≫ 제1집 권 8(경인문화사, 1976), p. 167.

사한 형태를 가지고 있다.

청나라의 새로운 문화는 명나라 때부터 비롯되었다. 그것은 朱子學에 대칭한 王學이 등장하여 자기 수양에 힘쓰는 한편, 이것이 발전하여 李贄를 중심한 左派王學이 성행하면서 당시의 피폐한 현실을 개혁하려는 사상적 움직임이 나타나기 시작했다. 문학 창작에 있어서도 ≪金瓶梅≫를 위시한 人情小說, 市人小說이 등장하여 격변하는 사회현실을 잘 반영하여 주게 되었다. 결국 그들은 경세의 학을 주장하여 현실개혁과 생활향상이라는 이론과 실천을 겸비한 양상을 띠게 되었다.[422] 이러한 현상은 성리학의 空談에 대한 대칭적 입장을 취하는 점에 있어서는 우리의 사정과 비슷한 양상을 띠었으며, 이것이 淸代를 맞으면서 더욱 발전적으로 심화되었다고 볼 수 있다.

이 같은 사상적 변화는 문학의 인식을 바꾸는 결과를 낳게 되었다. 李贄를 필두로 소위 公案派로 불리는 袁氏三家(宗道, 宏道, 中道)를 거쳐 顧炎武에 이르면 그 생각이 확연히 정리되고 있다. 그들은 당시의 봉건제도에 대한 모순을 타파하는 방향으로 논지를 전개하거나 변천하는 시대를 깊이 인식하고 그것을 그들의 작품에 구현하는 자세를 취하였다. 곧 이지는 ＜童心說＞을 통하여,[423] 袁氏三家는 당시에 유행하던 복고풍의 문풍에 대하여 '變과 趣'를 주장하여 문체는 시대에 따라 변천한다는 것을 설파하였다.[424] 이 주장은 다분히 왕양명에게서 영향을 받은, 당시의 현실을 타개하고 문학에서 그 혁신을 도모코자 한 소위 근대정신의 발로라 할 것이다. 顧炎武 역시 空談心性에

---

422) 山井湧, ＜明末清初における經世致用の學＞, ≪東方學論集≫(1954, 동경), p. 136.

423) 李贄, ＜童心說＞, ≪焚書≫ 권 3(河洛圖書出版社, 1974).

424) 袁宏道, ＜雪濤閣集序＞, ≪袁中郎全集≫. (香港廣智書扃, 1983), p. 7.

반대하여 文은 오직 '경세치용'에 도달해야 한다고 주장하였다.[425] 이 현상을 다른 말로는 '市民文學思潮'라고 하여 청대문학의 주조로 인식하고, 근대적 문화요소가 있는 문학현상으로 이해되기도 한다.[426] 소위 白話文學과 그 전파가 이 시기의 주된 문학현상이 되었다.

비슷한 시기 일본에 있어서의 문학인식에 대하여 살펴보자. 이 시기는 德川幕府가 권력을 전횡하던 시대였다. 그러면서도 대외적으로는 쇄국정책을 실시하여 그의 권력을 더욱 굳건히 쌓아 가는 한편 지극히 제한적인 범위 내에서의 대외접촉을 시도하였다. 곧 長崎에 국한된 서양 문물의 접촉과 조선통신사를 통한 중세 동양문화의 보편성을 추구하는 정책을 수립하여 실시하였다. 그 결과 장기에 머물던 서양인으로부터 과학지식을 얻게 되었으며, 조선과의 접촉에서는 유학을 중심한 한문문화의 정수를 접하는 계기를 마련하였다.

당시 덕천막부의 이 같은 정책은 다음 시대에 명치유신이라는 대변혁을 가져왔다. 서양 과학의 접촉은 그것이 비록 제한적이기는 하지만 실질적인 성과를 가져왔는데 직접 그것을 이용하여 낙후한 과학지식을 향상시키고 세계인식의 시각을 넓혔다. 조선과의 접촉에서는 중화 중심의 한문문화를 유입하면서도 거기서 한걸음 뛰어넘는 자기 세계를 확립하는 자세를 보여주고 있다. 이러한 사실은 조선통신사와의 접촉에서 나눈 대화 속에서 그 사실을 확인할 수 있다. 표면상에 나타난 가장 뚜렷한 현상은 세계지리에 대한 인식이 우리에 비하여 확연하게 앞섰다는 게 보인다. 1711년 辛卯 조선통신사와 일본 문인 정치가인 新井白石의 필담을 적은 ≪江關筆談≫에는 세계지도에 대한

---

425) <前言>, ≪顧亭林詩集彙注≫ 상(上海古籍出版社, 1983).

426) 金柄珉, ≪한국중세기 북학파문학연구≫(목원대학교 출판부, 1992), p. 264.

내용과 한시를 중심한 문치주의적 사고방식을 가진 조선 사신들과의 대결양상을 나타내는 대목들이 많다.[427] 이 글에서 보면 당시 일본의 文柄을 잡고 있던 新井白石의 생각은 中華主義的 사고에서 벗어나 있음을 알 수 있다.

漢詩를 중심한 한문문화의 우월성에 젖어 있던 조선 사신에 대한 그의 태도가 민족사상을 기반으로 하는 自國主義의 입장에서 출발하고 있다는 사실은 당시 일본 문화현상의 변화 조짐을 보여주는 예가 될 것이다. 그가 한시로써 수창하다가 나중에는 '和歌' 찬미론으로 발전하는 태도를 보인 것은 자신의 한시 창작의 수준이 중국이나 조선을 능가할 수 없음을 자각하고 새로운 민족문학의 수립을 인식한 예가 될 수 있을 것이다.[428] 그가 생각한 민족문학이란 자기언어로 자신들의 삶을 형상화시키는 문학이었다. 실제로 이 당시의 문학에 대한 인식에는 변화가 많았다. 水足博泉(1707-1732)은 1729년에 쓴 ≪文章十訣≫에서 당시 독서계에 유행하던 ≪金瓶梅≫나 ≪源氏物語≫가 경전보다 유익하다고 주장하고 있다.[429] 이 말은 문학은 그 시대에 따라서 변화하기 마련이며, 그것을 형상화시키기 위해서는 서술되는 언어체계까지도 변화할 수밖에 없음을 강조한 것이다. 그가 雅·俗語에 대하여 언급한 내용이나 載道的 문학관에 대하여 강한 비판을 한 것은 당시 일본문학의 현상들을 지적하고 있는 좋은 증거이다.

---

427) 김태준, <18세기 한일문화교류의 양상>, ≪충격과 조화≫(동방문학비교연구회, 국학자료원, 1992. 8), p. 738.

428) 강동엽, <박지원의 일본인식>, ≪벽서최승순박사 화갑기념논총≫(동 간행회편, 1987), p. 110.

429) 최박광, <夢の挫折-申維翰と水足博泉の出會いを中心に(국제일본문화연구소, '18세기 동아시아 문화교류의 연구' 회의록, 1991. 12).

실제로 이 당시에는 서민문학의 황금기를 맞고 있었다. 平賀源內를 위시한 많은 문인들이 현실에 대한 비판적 자세에서 세태풍자적인 작품들을 발표하고 있었던 시기이다. 소위 말하는 滑稽本이라 하여 세상에 대한 불만을 나타낸 것들인데 ≪風流志道軒傳≫, ≪當世下手談義≫, ≪浮世風呂≫, ≪根南志具佐≫ 등의 많은 작품들이 전하고 있다.[430] 덕천막부의 쇄국정책은 긍정적인 부분도 있으나 자국주의적 정신이 강하게 작용하여 그들 나름의 개혁의지는 집중적인 개발정책을 수립하였는데, 이것으로 인한 서민들의 불만과 강권통치에 대한 비판은 새로운 양식에 의한 문학작품으로 나타날 수밖에 없었다. 세계의 호흡과 내적인 변화는 의식의 변화를 초래하게 된 일본의 이러한 문화현상 역시 크게 다르지 않았음을 알 수 있다.

18세기를 전후한 동아시아에 있어서의 봉건체제의 붕괴과정을 살펴보면 전통에 대한 반항과 특히 서민층의 대두 그리고 민족사상의 고취와 같은 근대적 성격을 강하게 나타내는 현상들이 수반되었다. 이러한 서민층의 대두는 18세기 세계문화의 전반적인 현상으로 귀족문화에서 서민문화로 이행해 가는 과도기에서 볼 수 있는 것이다. 물론 덕천막부나 청나라, 그리고 조선에서의 양상은 각기 그 구체성이 조금씩 달랐으나 귀족적 문예에서 차츰 서민들의 삶을 대상으로 관심이 옮겨 갔음을 알 수 있다. 소위 '載道之器的' 문학관에서 현실을 비판하고 개혁하려는 생각의 표현으로 전환되어 가는 현상은 위에서 언급한 바와 같이 문화 발전의 세계적 공통과정으로 파악할 수 있을 것 같다.

---

430) 加藤周一, ＜平賀源內と蘭學者たち＞, ≪日本文學史序說≫ 하(筑摩書房, 1980), p. 164.

조선에 있어서 실학파 문인들의 문학에 대한 인식은 그들이 지향하는 개혁의지만큼 절실하여 문학이 古法에 얽매여 문자희롱이나 하는 것을 벗어나서 현실에 살고 있는 인간들의 생활감정을 구현하는 데 중점을 두고 새로운 시대흐름에 대처하는 문학으로 발전시켜 나가려 한 것이다. 특히 중국을 여행하고 그 체험을 남긴 문인들, 곧 북학파 문인들의 글 속에서 그러한 측면이 더 많이 발견될 것이다. 이것은 문학을 통한 현실개혁과 연결되는 부분이다. 그 구체적 제안을 다음에서 보기로 한다.

Ⅳ. 연행록의 세계

1. 새로운 시대와 문명의식

(1) 홍대용과 그의 ≪연기≫의 경우

담헌 홍대용에 대해서는 그 동안 많은 연구가 있었으며, 특히 그에 대한 전기적 고찰이나 연행록에 대한 상세한 검토는 이 분야의 이해에 큰 도움을 주고 있다.[431] 알려진 바와 같이 그는 1765년 11월 2일 서울을 떠나 약 6개월 동안 중국 여행을 마치고 이듬해(1766년) 4월 27일 서울로 돌아왔다. 그가 여행에서 얻은 체험을 글로 남긴 여행기에는 두 종류가 있다. 하나는 그의 문집인 ≪湛軒書≫ 외집 권 7·8·9·10에 수록된 ≪燕記≫이며, 다른 하나는 ≪을병연행록≫이라

431) 김태준, ≪洪大容과 그의 時代-燕行의 比較文學≫(일지사, 1982) ; ≪洪大容評傳≫(민음사, 1987) ; 소재영, <洪大容의 ≪乙丙燕行錄≫>, ≪旅行과 體驗의 文學 -중국편≫(소재영·김태준 편, 민족문화문고간행회, 1985) 등 참조.

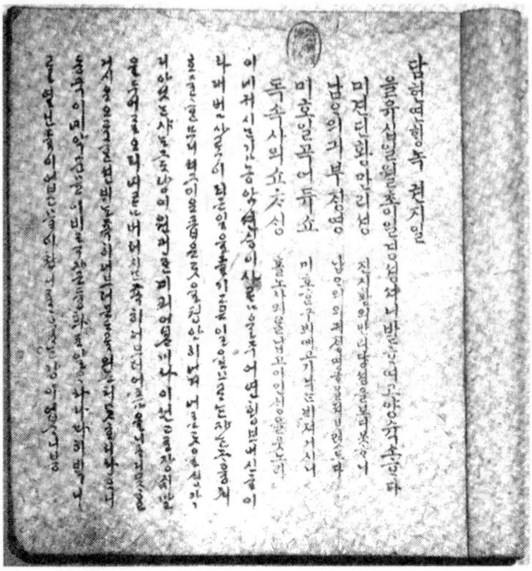

그림 17. 홍대용의 '을병연행록'

는 제목으로 숭전대학교 박물관과 장서각에 소장된 한글 여행기이다. 이 두 여행기에 대한 비교 검토는 김태준에 의하여 이미 정리된 바 있다.[432] 그래서 여기서는 이 두 여행기의 내용에 대한 비교 검토는 생략하고 여행기에 나타난 몇 가지 사항, 곧 선진문명 수용과 과학사상, 그리고 세계관의 확대와 민족의식 부분에 대하여 검토해 보기로 한다. 이 제한된 검토는 앞으로 전개될 박지원이나 박제가의 경우에도 같은 방식을 적용하려 한다. 이들의 여행기에는 다양한 내용이 있으며 그 분량도 방대하다. 그렇지만 본고의 연구목적에 국한하여 위의 네 가지 내용을 중점적으로 살펴보기로 하며, 이 목적을 위해 두 가지 여행기를 상호보완적 방법에서 동시에 참고하기로 한다.

이 당시에 쓰여진 중국여행기가 대부분 그러하겠지만 홍대용 역시

432) 김태준, <≪을병연행록≫ 해제>, ≪연행록-을병연행록≫(명지대학교 국어국문학과 국학자료간행회, 1983) 참조.

새로운 문명에 대한 관심이 깊었다. 그가 서울을 떠났다가 돌아올 때까지 보고 듣고 느낀 것이나 그곳의 사람들과 나눈 얘기들도 모두 이 부분에 포함될 것이다. 그가 생각하는 세계의 요점은 어쩌면 간단한 것인지 모른다. 곧 자기가 추구하는 학문이란 같은 시대를 살고 있는 사람들의 삶을 풍요롭게 하는 데 있었던 것이다. 이를 위한 구체적 내용은 생산과 사고의 혁신 등이겠지만 그 기본적인 자세는 위와 같았다고 볼 수 있을 것이다.

그가 중국 여행에서 체험한 내용은 많겠지만 가장 두드러진 내용은 북경 천주당에서 목격한 갖가지 물건과 서양의 과학사상, 그리고 청나라 문인들과의 대화를 통하여 확인한 자기 민족의 역사와 문학에 대한 자각이었다. 우선 그가 천주당을 구경한 내용을 적은 부분을 보도록 하자.

> 성안에 四堂을 지어 그들을 살게 하고 天象台라 불렀다. 이 때문에 서양의 학문이 성하기 시작하여 천문을 말하는 이는 모두 그들의 기술을 祖述하게 되었다.433)

북경의 4천주당과 선교사들에 의해 전파된 서양의 천문학에 대한 설명이다. 유송령(A. von Hallerstein)과 포우관(A. Gogeisl)을 만나서 나눈 얘기 속에 나오는 대목인데, 명나라 때 利瑪竇(Mateo Ricci)가 중국에 들어오면서 서양문화가 본격적으로 전해지기 시작하였다. 그는 수학을 가지고 전도하거나 儀器를 전공하여 기후를 측정하는 등 당시로서는 놀라운 것들을 보여주었다. 그가 죽은 이후에도 계속 선교사들

433) <劉鮑問答>, ≪국역 담헌서≫ Ⅳ(민문고, 1989), 권 7, p. 39. 이하 권 ○, p.○와 같은 방법으로 표기하며 ≪을병연행록≫은 별도로 표시함.

그림 18. 만년의 마테오리치

그림 19. 마테오리치의 무덤(2005년 북경)

이 중국에 들어와 서양 과학을 전파하면서 그들의 본래 임무인 선교 활동을 하였다. 이 당시 우리의 사신들이 중국에 들어가면 남천주당에 거처하던 이들을 만나곤 하였으나 점점 사이가 나빠지게 되었다.

그러나 홍대용은 그들을 만나 서양 과학에 대한 깊은 이야기를 나누고 앞으로의 계획까지 약속한 사이였다.

> 첨지 李德星은 일관인지라 역법을 대략 알았다. 이번 걸음에 조정의 명령으로 두 사람에게 五星의 행도를 묻고, 겸하여 역법의 미묘한 뜻을 질문하며, 또 천문을 관찰하는 모든 기구를 구매하려 했는데 나는 그와 함께 일을 같이 하기로 약속하였다.434)

위의 기록을 보면 그는 애당초 중국에 들어가면서 그가 평소에 관심을 가지고 연구하던 천문학에 대한 지식과 기구를 구입할 생각이 있었던 것 같다. 그는 일찍이 직접 '혼천의'를 제작하여 가까운 사람들에게 보여주었으며, 이들에게도 이 사실을 설명하고 있다. 게다가

434) 권 7, p. 40.

그는 여행길에 오르면서 ≪노가재연행록≫을 휴대하고 있었는데,[435] 이는 당시 조선의 실학자들에게 중국여행기가 널리 읽혀져 이 방면에 대한 예비지식은 풍부한 편이었다.

그가 1월 8일에 적은 일기 중에 천주당 안의 聖像을 보고 묘사한 내용이 나온다. 그가 접하는 서양화법에 대한 감탄과 그 특징을 적은 내용은 서양의 과학사상은 물론 예술품에 대하여까지 그 원리를 추적하는 자세를 보이고 있다.

> 더욱이 원근법에 조예가 깊었는데 냇물과 골짜기의 나타나고 숨은 것이라든지, 연기와 구름의 빛나고 흐린 것이라든지, 먼 하늘의 공계까지도 모두 正色을 사용했다. 둘러보매 실경을 연상케 하여 실지 그림이란 것을 깨닫지 못하였다. 대개 들으니 “서양 그림의 묘리는 교묘한 생각이 출중할 뿐 아니라 裁割比例의 법이 있는데 오로지 算術에서 나왔다”하였다.[436]

서양화의 원근법은 수학에서 비롯되었다는 그의 생각은 단순한 예술품의 감상에 그치는 것이 아니라 그 원리를 꿰뚫어 보는 자세의 한 예가 될 것이다. 색채와 원근법에 의한 대상의 형상화는 동양화의 기법과 대조를 이루면서 그의 서양문화에 대한 또 한번의 경이로 등장하였다.

역시 그가 생각하는 서양은 진보된 과학지식이었지 선교사들이 목표로 하는 전도사업에서는 거리가 멀었다. 그가 유·포 두 사람과 천당, 지옥에 대하여 대화한 내용을 보면 그는 역시 기본적으로는 유학

---

435) 김태준, ≪홍대용과 그의 시대≫, p. 39.

436) <1월8일 일기>, 권 7, p. 43.

에 그 근본을 두려 하였음을 알 수 있다. 그러면서도 그를 흥분시키는 것은 발달된 서양의 과학이었다. 실제로 당시 청나라에서 사용되던 천문학 이론은 전통적 중국의 천문학과 서양의 천문학이 대립적 관계를 청산하고 서양적 방법을 수용하고 있던 때이다.437) 조선 역시 중국의 이러한 방법을 받아들이던 실정이었다. 홍대용도 그가 설치한 농수각에 '혼천의'를 두고 주변의 관심 있는 친구들과 연구하면서 개량작업을 멈추지 않았다. 그 과정에서 그는 서양의 과학지식을 활용하였다.

그가 '혼천의'의 개량에서 서양의 자명종과 그 톱니바퀴를 원용한 것은 서양 과학의 수용과 활용의 한 예가 될 것이다. 이 같은 태도를 두고 근대 과학의 성격을 가지는 것이라 평가하기도 한다.438) 홍대용이 북경에서 접한 서양 과학의 실상은 천문학에 대한 것에 머무르지 않고 일반적인 생활에서 쓰일 수 있는 물건들, 곧 자명종, 망원경, 펜촉, 나침반 등 여러 가지가 있었다. 이들의 제작원리와 그 쓰임새에 대한 상세한 기록은 단순한 구경의 차원을 넘어서고 있으며, 뒷날 그가 귀국한 다음 실제 의기 제작에 응용하는 결과를 낳고 있다.439) 그 동안의 사정은 다음의 글에서도 잘 나타나고 있다.

> 대개 선기옥형은 후세에 제도를 전치 못하고 당차 이후로 각각 혼천의를 만드라 그 남은 제도를 모방하되 아국은 전한 거시 업사니 내 또한 뜻잇시데 종시 일우디 못하얏난디라 이에 나생을 청하야 금성부중의 니르러 재력을 허비하고 공교한 장인을 불너 두 번 해

437) 김태준, 앞의 책, p. 113.
438) 김태준, 위의 책, p. 100.
439) 소재영, 앞의 논문, p. 125.

를 디내며 대강 일워시대 다만 도슈의 그른 곳이 잇고 긔물이 잡된 거시 만흔지라 … 자명종 제도를 모방하야 일월노 하야곰 하날 도슈를 따라 듀야의 도라가게 하니 또 한 해를 디난 후의 못찻난지라….[440]

홍대용이 나경적, 안처인 등과 함께 자명종의 원리를 원용하여 혼천의를 만든 경위를 설명한 글의 일부분이다. 이러한 서양 과학의 응용은 그의 '지전설' 정리에 하나의 전환점을 안겨 주었으며, 나중에 박지원을 통하여 논리적 서술을 낳게 하였다. 그 역시 여행 중에 바닷가에서 지구의 자전을 태양계의 움직임으로 설명하는 대목도 자주 볼 수 있다.[441]

이러한 생활기기나 천문학뿐만 아니라 그는 ≪籌解需用≫ 3권을 직접 써서 서양의 근대 수학을 국내에 소개하기도 했다. 그가 수학에 관심을 가진 것은 자연과학의 기초로서 수학의 필요성을 깊이 인식한 것에 연유한다. 중국을 통한 그의 선진문화 수용의 자세는 그 대상에 두기보다는 우리의 현실과 비교하여 장점을 발견하면 그것을 채택하여 우리의 삶을 향상시키는 데 목표를 삼았다는 것을 알 수 있다.

급변하는 시대에 우물 안 개구리가 되지 않으려는 그의 생각은 청나라 문인들과의 대화를 통하여 더욱 강하게 나타나고 있음을 볼 수 있다. 이러한 자세는 그가 중국 여행을 토대로 하여 쓴 ≪의산문답≫에서 주장한 <역외춘추론>[442]과 그 맥을 같이한다. 당시에 유행하던 '존화양이'사상의 허구성을 통렬히 비판한 이 생각은 시각의 초점

440) <이십사일 관의 머무다>, ≪을병연행록≫ 권 9, p. 6.

441) <沿路記略>, 권 8, p. 192.

442) 김태준, <내외의 개념과 새 역사관>, 앞의 책, pp. 224-227.

을 어디에 두느냐를 심각하게 생각하게 한다. 곧 자기 민족과 역사에 대한 깊은 관심을 나타낸 홍대용의 역사인식은 현실의 예리한 관찰에 그 바탕을 두고 있다. 북벌론의 허구성을 지적한 다음의 대화는 중국의 실상을 잘 나타내고 있다.

> 주방에서 언젠가 불이 났었는데 통관들과 갑군들이 달려왔으나 새파랗게 질린 채로 모두 둘러서서 보고만 있었지 감히 불을 끌 엄두도 내지 못하였다. … 그래서 농담으로 우리나라에서 조만간 북벌을 할 경우 만일 불로 공격을 한다면 천하는 별로 힘들이지 않고 평정시킬 수 있을 것이다 하였더니, 한 역관이 "그렇지 않습니다. 언젠가 정양문 문루에 불이 난 것을 보았는데 10여 대의 물차를 차려놓고 비가 쏟아지듯이 물을 뿌려대니 잠간 사이에 불이 꺼지더군요. 이런 교묘한 기계가 있는데 불 공격을 어찌 겁내겠습니까?"하였다.[443)]

한 역관과의 대화이지만 역으로 생각하면 당시에 충만하던 조선조의 북벌론은 청나라의 현실을 너무도 모르고 있었다는 것을 잘 나타내 준다. 홍대용의 생각이 아니라 그의 입을 빌려 청나라의 수준과 조선의 실상을 대비시켜 주는 대화이다. 오늘날의 소방시설은 일반적인 것이지만, 당시 기계화된 청나라의 소방시설에서 그들의 허점을 찾기란 매우 어려운 것이었다. 이와 같이 청나라는 이미 생활의 이기들을 과학적 방법에 의하여 제작하고, 또 실생활에 활용하고 있었음을 알 수 있다.

그러나 홍대용이 목격한 당시 청나라의 현실은 과학적 생활수준에 대한 감탄이나 그것의 원용에만 있는 것이 아니다. 그들의 현실인식,

---

443) <京城記略> 1월 10일, 권 8, p. 216.

곧 백성을 위하는 방법과 제왕에서 고관에 이르기까지 위정자의 해야 할 바를 정확히 관찰하고 있다. 이 점은 역으로 우리의 현실과 대조되는 사항들이었다. 그가 '暢春園'을 구경하면서 적은 글에 보면,

> 그런데 그걸 버리고(역시 중국의 황궁) 거친 들판으로 나가 거의 감당 밑의 풀집처럼 하고 살았으니 그의 욕심을 버리고 검소한 걸 보인 것이나, 시종일관 평화와 안정을 위해 힘쓴 점은 뒤 임금들의 모범이 될 만하다. … 그 旗下의 諸官들도 대신 이하는 수레나 가마를 타고 다닐 수 없었으니 그 제도가 반드시 선왕의 착한 법이 될 수는 없지만 편안한 속에서도 위태로움을 잊지 않으니 역시 패주의 원대한 책략이라 말할 수 있다.444)

고 한 것이 있다. 이는 청나라의 역대 제왕이 화려한 궁실에 머무르기보다는 때로 들판에서 기거하는 이유와, 고관 대작들의 검소한 생활과 유사시에 대비하는 습관을 기르는 방식을 설명한 내용이다. 이와 같은 내용은 다른 글에서도 그 예를 많이 볼 수 있다.445) 홍대용이 관찰한 내용은 현실적인 이면과는 차이가 있겠으나 근본적인 문제에서 우리의 현실과 대조를 이루고 있다. 그것은 당시 우리의 정치, 사회적 현실을 감안하면 쉽게 이해가 가는 내용이다.

그러면서도 그의 생각은 칭찬이나 부러움에만 머문 것은 아니다. 다음의 지적에서 그들의 현실을 분명히 탐지하고 있음을 볼 수 있다.

---

444) <暢春園>, 권 9, p. 273.

445) <西山>, 권 9, p. 276. "강희제의 백성을 위하는 제도로 세금이나 부역의 경감, 한인과 만인의 평등 대우, 간이하고 검소한 법도를 이어받아 지금의 황제도 더욱 뛰어난 정치를 수행한다고 지적함."

그가 북경의 명물인 유리창 거리의 어느 상점에 들어갔을 때의 경험을 적은 부분이다.

> 그 안에 썩 들어서면 마치 천백 개로 나눈 내 몸이 벽 창문에서 들여다보는 것 같아 너무도 황홀해서 한동안 어리둥절하게 된다. 이 길을 끼고 좌우로 있는 점포만도 수천 수백에 달하고 그 물건 만드는 데 소용된 비용도 몇 만의 거액인지 알 수 없는데 기실 일반 백성들의 양생, 송사에 꼭 없어서는 안 될 것은 하나도 없었다. 그저 모두가 이상한 재주에 음탕하고 사치스런 물건들로 사람의 뜻을 해치는 것뿐이다. 이상한 물건들이 날로 불어나며 선비들의 기풍이 점점 흐려져 가니, 중국이 발전 못하는 것도 다 그러한 이유 때문인 것 같다. 슬픈 일이다.446)

여기에서 보면 그가 비록 중국의 선진문화와 국력의 향상에 대한 충격과 감탄을 가지고 있으면서도 당시 청나라의 현실 속에 병들어 가는 사치와 낭비에 대한 문제점을 지적하는 것을 잊지 않고 있다. 위정자의 정신과 일반 백성들의 삶의 양태 사이에서 어쩔 수 없는 세태의 말류현상을 볼 수 있었던 것이다. 그것을 청나라 멸망의 전초로 인식한 박지원의 시각과 일맥상통한 지적들이다.447) 이 지적은 홍대용이 주장하는 학문의 본질과 상통하는 근거를 가지고 있다.

이러한 중국 땅에서 그는 세계의 넓음과 그것과의 접촉을 마음껏 시도하였다. 앞에서 본 서양 선교사들과의 접촉은 물론이고, 특히 접

---

446) <琉璃廠>, 권 9, p. 272.

447) 박지원, <黃敎問答>, ≪연암집≫ 권 13. 박지원은 이 글에서 당시 청나라의 정신적 구심점이 흐트러져 머지 않아서 나라가 멸망하는 지경에 이를 것이라 지적한 바 있다.

족이 많았던 사람들은 '琉球'와 '回族'이었다. 그 외에도 중국을 중심으로 동서남북에 위치한 크고 작은 각 나라의 사람들을 접촉하면서 그들의 문화적 특징을 알려고 노력하였다. 실제로 그는 '유구관'을 직접 찾아가서 그들과 대화를 나누기도 하였다.[448] 그런가 하면 <藩夷殊俗>[449]에서 앞에서 지적한 여러 곳의 사신 일행과 접촉한 것을 볼 수 있다. 그 중에서도 이미 북경에 들어와 살고 있는 회족의 집을 방문하여 그들의 묘당을 구경하고 수작한 내용들이 많다.

그는 오래 전에 세계의 넓음을 인식하였으며, 실제로 그러한 서적들을 구입하여 탐독하였기에 이들 변방의 종족들에 대한 사전 지식이 풍부하였으나 그가 직접 경험을 통하여 확인하고 싶은 생각에 그들의 집에까지 들어갔던 것이다.[450]

> 나는 시험삼아 앞으로 가서 갑자기 중국말로 "안녕하십니까"하고 손을 들어 읍하였더니 회자가 놀라서 돌아보고 읍을 하는데 활짝 웃는 얼굴에 구김살이라고는 없었다. '오랑캐들은 성품이 솔직하다' 한 것이 빈말이 아니라 하겠다.

또 이런 장면도 쓰고 있다.

> 담배를 담아서 나와 엄성에게 피우기를 권하기에 나는 다 피우고 다시 담배를 담아서 주었다. 하직하고 나올 적에 그는 머리만 끄덕거릴 뿐이었다. 그들은 무례하기 금수에 못지 않았다.

---

448) <琴舖劉生>, 권 7, p. 124.
449) 권 7, p. 125.
450) <1월 17일 일기>, 권 7, p. 131.

위 기록을 보면 그의 사고는 아직은 그 한계성을 가지고 있음을 알 수 있다. 곧 문화적 우수성에 기초하여 그들의 문화에 대한 이해가 부족한 것은 물론이며, 유교적 문명의식에서 그들을 관찰하고 있었던 것 같다. 그러면서도 여타 여행기에서보다 더욱 많은 인종의 사람들과 접촉함으로써 그의 시각은 점점 넓어지는 결과를 낳고 있다. 그의 한글 연행록인 ≪을병연행록≫ 권 6에서 권 9 사이에 나타나고 있는 중국 항주의 문인들, 嚴誠, 潘庭筠과의 대화의 중심이 되었던 민족주의적 사고[451]와는 묘한 대조를 이루는 시각들이었다.

그 외에도 그의 관심을 끌었던 것은 많다. 그 중에서도 제지기술, 목화씨 뽑는 기계(압화거), 하수도 시설, 수레와 선박의 제조기술, 압문의 제작, 양마의 기술 등에 관한 내용들은 우리의 낙후한 기술을 향상시키려는 욕구의 차원을 뛰어넘어 그것에 대한 원리와 개량이나 기구의 제작에서 오는 현실적 이익을 구체적으로 서술하고 있다. 이것은 그의 학문에 대한 시각이 생산의 장려를 통한 삶의 향상에 있었던 것과 맥을 같이하는 시각들이다.

(2) 박지원과 그의 ≪열하일기≫의 경우

연암 박지원의 문학과 사상에 대한 연구는 1900년대 초기부터 시작하여 지금까지 많은 업적들이 쌓였다.[452] 그 중에서도 그의 여행기인 ≪열하일기≫에 대한 집중적인 연구가 이루어져 많은 저서가 출간된 바 있다.[453] 약 5개월 동안의 중국 여행(1780년 5월 25일 - 10

451) 소재영, 앞의 논문, p. 119.

452) 두창구, <燕巖 朴趾源 작가작품연구논문목록>, ≪연민학지≫제1집(연민학회, 1993), pp. 269-330.

453) 강동엽, ≪열하일기연구≫(일지사, 1988) ; 김명호, ≪열하일기연구≫(창작

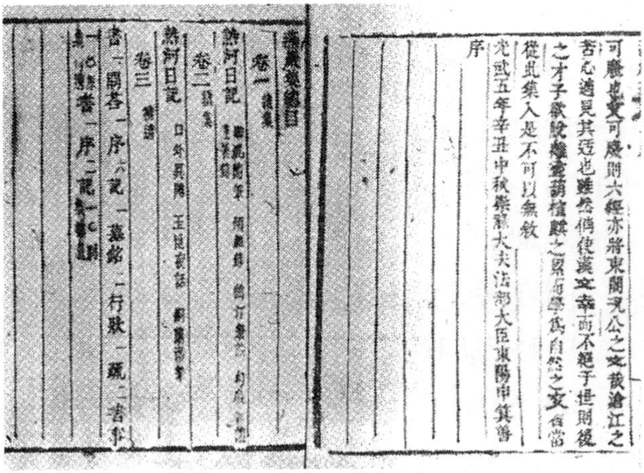
從此集入是不可以無敘
光武五年辛丑中秋嘉善大夫法部大臣東陽申箕善
序
熱河日記
卷一
熱河日記
卷二
卷三

그림 20. 열하일기(일본 동양문고)

월 27일 귀국)을 경험하고 쓴 그의 여행기는 분량 면에서도 방대하지만(26권), 그 속에 담긴 내용은 알려진 바와 같이 당시의 청나라와 조선의 현실을 비교 검토하면서 새로운 문물에 대한 그의 생각과 원용을 적고 있다.

그 중에서 여기서는 여행을 통하여 그가 접한 새로운 문물에 대한 그의 생각을 정리해 보고자 한다. 그것은 18세기 변혁의 역사 속에 살았던 조선의 한 지식인의 눈에 비친 문명의식의 일단이 될 것이다. 그러면서 이것은 그의 의식의 출발점이 되기도 한다. 그가 불합리하고 낙후한 조선의 현실을 개혁하는 방법으로 제시한 '이용후생'은 새로운 의식의 전환을 통하여 가능하였으며, 이 새로운 의식 전환은 당시의 청나라를 여행하면서 확인하고 있다. 그가 중국 여행을 한 시기는 같은 생각을 자주 교유하던 소위 '북학파' 문인들 중에서 중간에 해당하는 시기였다.[454] 홍대용과 박지원은 한 번의 중국 여행을 했으

과 비평사, 1990) 참조.

며, 다음에 검토할 박제가는 무려 4번의 중국 여행 경험을 쌓았다. 이들의 여행은 그들이 주장하던 생각을 정리하거나 중국의 지식인들에게 전파하는 계기로 삼았는데, 특히 박지원은 그의 여행기 속에서 홍대용, 박제가, 이덕무의 기록을 많이 인용하고, 또 그들의 생각을 재정리하는 기회가 많았다.

박지원의 여행기 속에서 가장 많은 분량을 차지하는 내용은 '이용후생'에 필요한 당시 청나라의 문물제도에 관한 것이며, 그 다음이 정신사적 문제인데 청나라의 문화정책에 대한 비판과 그 문제점이다. 이 중에는 '라마교(황교)'에 대한 이야기가 많이 나온다. 그리고 '지구'와 '지전'에 대한 설명을 하면서 당시의 선진 과학사상에 대한 수용과 그 의의를 강조하는 부분이다.

'이용후생'에 대한 강조는 그가 여행을 떠나기 전에도 주장하던 생각이었으나 압록강을 건너 중국 땅에 들어서면서 또다시 강조되고 있다.

> 아아! 이러한 연후에야 비로소 이용이라 이를 수 있겠다. 이용이 있은 연후에야 후생이 될 것이요, 후생이 된 연후에야 정덕이 될 것이다. 대체 이용이 되지 않고서는 후생할 수 있는 이는 드물지니, 생활이 이미 제각기 넉넉하지 못하다면 어찌 그 마음을 바로 지닐 수 있으리오.[455]

---

454) 김병민, 앞의 책, p. 240. 그는 <入燕 文學活動 및 交流> 부분에서 "북학파의 입연 문학활동은 이 유파의 형성, 발전, 쇠퇴의 전과정에 관통되었다"고 하면서 다음과 같이 정리하였다. 1765년(홍대용, 김재행) → 1776년(유금) → 1778년(이덕무, 박제가) → 1780년(박지원) → 1790년(유득공, 박제가) → 1790년(박제가) → 1801년(유득공, 박제가).

455) <渡江錄> 6월 27일 '禮單物目', ≪국역 열하일기≫ I 권(민족문화추진회, 1966, 이가원 역), p. 46. 이하 I 권, p. ○와 같이 표기함.

이 같은 생각은 그의 개혁의지에 대한 집약적 표현이라 할 것이다. 사유일변도적인 자세에서 현실에 뿌리를 둔 삶 그 자체에 대한 생각의 결정체라 할 것이다. 그가 여행에서 목도한 것을 우리 생활에 응용하고자 한 것은 여기에 그 기본을 두고 있다. 홍대용의 생각과 같이 학문의 본질은 자기 시대의 아픔을 치유할 수 있는 것이어야 한다는 생각과 일치하고 있다.

게다가 그가 바라보는 중국은 이미 옛날의 중국이 아니었다. 명에 대한 명분과 청에 대한 현실적 생각 속에서 그는 조선적 정신과 청나라를 통한 기술적인 면의 도입에 대하여 자각하고 있는 것이다.

그래서 책문을 들어서자마자 그곳의 주택이나 교량, 그리고 마차, 선박 등의 시설을 바라보면서 그 필요성과 사용법을 상세히 관찰하고 기록을 남기고 있다. 그가 <馹汛隨筆> '車制'에서 수레의 의미와 그 필요성을 다음과 같이 적고 있다.

> 수레는 비단 싣고 타는 것뿐이 아님을 말함이다. 수레 중에는 융차, 역차, 수차, 포차 등이 있어서 천백 가지의 제도가 있으므로 이제 창졸간에 이루 다 이야기할 수 없다. 그러나 타는 수레, 싣는 수레는 백성들에게 가장 중요한 것이어서 시급히 연구하지 않을 수 없는 문제이다.[456]

그가 주장하는 바와 같이 수레는 비단 사람이 타거나 물건을 운반하는 것에만 쓰이는 게 아니다. 水車, 役車, 砲車 등은 산업이나 전쟁에 쓰이는 기구들이다. 胡亂 이후 대두된 北伐論의 실천을 위하여 전쟁물자의 비축과 兵器의 개발이 필요하다면 수레의 개발과 이용은 당

456) <車制>, I 권, p. 181.

연한 귀결이다. 그런데도 당시 우리의 현실은 그렇지 못하였다. 夷狄視하는 청나라에는 그러한 물건들이 개발되어 사용되는데 우리는 왜 그렇지 못한가에 대한 박지원의 생각은 그 수레를 이용하여 物資의 유통에 이용할 수 있다는 것이다. 상품의 유통은 현대 산업사회에서는 필수적 사항인데 그는 벌써 이것을 생각하였다. 그를 두고 소위 '중상주의'를 강조한 실학자라고 지적하는 이유도 여기에 있다.

그러나 그의 주장의 요체는 어느 한 곳에 머무는 것이 아니라 학문의 본질에 관한 문제에서 출발하고 있다. 그가 박제가의 ≪북학의≫ 서문에 적은 내용 중에,

> 이른바 士·農·工·商이란 所業의 종류도 그 명목만 겨우 있을 뿐, 利用厚生의 材具에 있어서는 날로 곤궁해지고 있다. 이 까닭은 다른 데 있는 것이 아니다. 학문의 방도를 모르고 있는 탓이다.[457]

라고 하였다. 곧 학문의 고른 발전이 있었다면 이런 기현상이 일어나지 않았을 것이다. 공업이나 상업을 천시하였던 당시의 현실이 우리의 삶을 더욱 낙후하게 만든 원인이었다. 그래서 그는 청나라를 여행하면서 그들이 비록 만주족이기는 하지만 학문을 고루 발전시킨 결과가 현실로 나타난 것을 보여주고 있는 것이다. 이 결과는 이미 중국에 들어가기 전에 예상하였으며, 그것을 여행을 통하여 확인한 것에 불과하였다.

> 아! 이것이 어찌 우리 두 사람이 목격하고 나서야 비로소 그렇게

457) <北學議序>, ≪연암집≫ 권 7(경희출판사, 1966), p. 105.

된 것이겠는가. 일찍이 비 내리는 지붕, 눈 내리는 처마 밑에서 연구하고, 술이 취하고 등잔불이 사그라져갈 즈음에 토론해 오던 것을 한번 눈으로 실증했을 뿐인 것이다.[458]

이것은 박제가의 ≪북학의≫ 서문에 쓴 박지원의 생각의 집약이다. 이를 보면 그가 평소에 동류들과 어떤 생각을 하면서 무엇을 연구했는가를 알 수 있다. 당시는 중국을 통하여 청나라의 실상에 대한 서적들이 유입되고 있었으며, 광범위한 분야의 지식을 섭렵하던 그들의 사고 속에서 충분히 그려낼 수 있는 생각이었다. 단지 그들의 생각이 각기 다른 날 중국을 여행함으로써 비슷한 수준의 결론을 내릴 수 있었던 것이다.

그래서 삶에 윤택한 것, 곧 활용될 수 있는 모든 것과 실제로 활용하는 내용들이 그의 개혁의지와 잘 맞았으며, 그것을 그는 여행에서 느끼는 최대의 장관이고 볼거리라고 하였다.

그러므로 나는 이렇게 말하련다. "저 기왓조각이나 똥무더기가 모두 장관이니 하필 이 城地·宮室·樓台·市舖·寺觀·牧畜이라든지, 또는 저 광막한 原野라든지, 변환하는 烟樹라든지 그런 것들만이 장관이 아닐 것이다.[459]

여기서 그는 기왓조각이나 똥무더기의 장관을 강조함으로써 그가 구경한 그 모든 것의 의미를 집약적으로 말해 주고 있다. 물론 그의 호기심은 여러 곳에서 나타난다. 그러나 그것은 모두가 위의 이 한 마

458) <북학의서>, 위의 책, p. 106.
459) <일신수필> 7월 15일, Ⅰ권, p. 175.

디에 집중될 수 있을 것이며, 여행의 목적과 결과도 여기에 모아진다.

'이용후생'을 주장하는 그의 시야에 들어오는 중국의 현실 중에 가장 특이한 사항은 정신사적인 면에 있을 것이다. 그것은 청나라 황실에서 신봉하는 '라마교'를 보면서 변화하는 중국의 역사와 미래를 점치고 있다. 비록 그가 세계에 대한 인식을 넓게 가지고는 있었으나, 현실정치에서 우리와의 관계를 생각한다면 아직은 중국이 동아시아의 심장부였다. 이곳의 화평이 우리의 화평이 될 수밖에 없는 현실을 감안할 때 그들이 신봉하는 '라마교'에 대한 관심을 갖지 않을 수 없었다.

그러나 그가 熱河에서 목도한 이 특이한 종교는 한낱 정복자의 책략에 의한 강압정치로 비쳐졌다. 곧 북방 유목민의 남하정책과 서쪽 변방의 강폭한 정벌에 대한 지형적 버팀목 구실을 하고 있다는 것이다.[460] 전통적으로 중국의 역대 왕조는 다민족국가로서의 정책적 수단으로 변방의 소수민족, 특히 서쪽과 북쪽에 대한 경계심이 매우 강했다. 청나라 역시 이 같은 정책적 맥락에서 '라마교'에 대한 신봉이 강했으며, 이에 대한 비판은 절대적 금기사항이었다. 당시 건륭황제의 이 정책이 현실적으로 효력을 나타내고 있었으나 백성들의 정신사적인 면에 있어서는 그렇게 오래 지속되지 못하리라고 보았다. 곧, 박지원은 30년을 넘기지 못할 것이라고 했다. 그것은 백성들이 왕권의 강압에 못 이겨 묵시적으로는 동의하고 있었으나 중국의 백성들을 그들의 문화의식 속으로 끌어들이는 일은 용납되지 않았기 때문이다.

이 같은 당시 청에 대한 시각은 그 현실정치와 백성들과의 관계에서는 정확히 관찰하였으나, 다른 한 면에서는 역시 한계를 가지고 있었다. 그것은 당시가 서구 열강들이 동북아시아를 중심한 세력확장에

460) <班禪始末後識>, II권, p. 98.

열을 올리고 있을 때였으며, 동인도회사의 서장 진출과 함께 '라마교'의 최고 지도자였던 班禪과의 접촉을 통하여 그들의 정책을 수행하려던 사실에 대해서는 미처 알지 못했던 것 같다.461) 물론 청나라의 지식인들, 박지원이 만났던 문인, 학자들까지도 이러한 사실과 반선 자체에 대해서는 별로 아는 바가 없었다. 그런데도 황제는 정략적인 면에서 그들의 세력을 적절히 활용하는 등 청나라 정치현실과 그 특징을 가늠하고 있었던 것이다. 박지원의 생각 속에는 백성들의 정신적 세계를 통어할 수 있는 구심점을 중요시하였으며, 그런 관점에서 청나라의 현실적 문제를 본 것이다. 그래서 그는 이 부분에 많은 기록을 남겼다.

다음으로 그의 관심을 집중시킨 내용들은 주로 자연과학에 대한 것들이다. 그 중에서 地球와 自轉에 대한 논의들이 그를 가장 흥분시키는 내용이었다. 대부분이 金錫文이나 홍대용의 천문학 이론을 재정리하는 방법이었으나 논리적 서술은 그의 독특한 방법에 의하고 있다. 이에 대한 그의 생각은 중국에 들어오기 전에 벌써 계획한 내용이며, 국경을 넘어오면서 마지막을 마무리하였음을 알 수 있다.

> 내가 서울을 떠난 지 8일 만에 황주에 닿았다. 말 위에서 혼자 생각하기를 '원래 학식이 없는 나로서 이번에 중국에 들어가 만약 큰 선비를 만나면 장차 무엇을 가지고 질문하여 그를 애먹여 볼까'하고 생각하다가 옛날 들은 지식 중에서 地轉說과 月世界에 대한 이야기를 찾아 내어 매양 말꼬삐를 잡고 안장 위에 앉은 채 졸면서도 여러 수십만 마디의 말을 엮어 가슴 속에 글자 아닌 글자를 쓰고 공중에 소리없는 글을 읽어가면서 하루에도 여러 권의 책을 엮었다.462)

---

461) 강동엽, <역사와 종교의 만남>, 앞의 책, p. 135.

이 기록은 그의 우주관에 대한 인식을 잘 나타내 주는 내용이다. 그는 이미 중국에 들어오기 전에 지구의 중심이 중국이 아니며 '天圓地方'과 '天動地靜' 같은 과거의 우주관에서 벗어났음을 알 수 있다. 그는 이 같은 진보된 사상을 토대로 선진문명을 구가하는 청나라의 지식인들과 겨루고 싶었던 것으로 보인다. 그래서 그는 선배들과 함께 연구하던 생각들을 정리하여 펼쳐 보였다. 그가 <太學留舘錄>[463] 이나 <鵠汀筆談>[464] 속에서 펼치는 천문학에 대한 생각은 모두 이렇게 하여 만들어졌다. 이것은 천문학에 관한 것에 국한하지 않고 그의 우주관의 변화와 함께 새로운 세계질서에 눈을 뜨는 계기가 된 것이다.(이 부분에 대해서는 Ⅳ의 3에서 상세히 언급함). 그가 선배들의 이론임을 전제하고 정리한 태양계에 대한 설명의 한 대목을 보자.

> 별은 달보다 크고 해는 땅덩이보다 크되 보기에는 그와 달라 보이는 것이 멀고 가까운 까닭이 아닐까? 만약에 이것이 참말이라면 해와 달과 땅들은 모두 허공에 둥둥 뜬 별들로 보임이 아닐까? … 해와 달은 오른쪽 수레바퀴처럼 돌고 돌아 도는 궤도가 해는 크고 달은 작으며, 도는 속도가 늦고 빠름이 없어 한 해(一年)와 한 달(一個月)은 일정한 속도에 맞거늘 해와 달이 땅을 둘러싸고 왼편으로 돈다는 말은 우물 속에서 보는 지식이 아닐까?[465]

기풍액과 태학에서 지구의 자전에 대하여 나눈 위의 내용은 당시의 고루한 학자들이 가졌던 중국 중심의 세계관과 종래의 우주관에 대하

462) <鵠汀筆談>, ≪연암집≫ 권 14, p. 266.
463) <奇豊額과의 대화>, Ⅰ권, pp. 377-381.
464) <王民皥(鵠汀)와의 대화>, Ⅱ권, pp. 15-26.
465) <태학유관록> 8월 13일, Ⅰ권, p. 379.

여 '우물 안 지식'이라고 규정해 버리고 있다. 서양 과학에 대한 지식은 서양 선교사들에 의하여 진작 중국을 통하여 알려졌지만, 태양계에 대한 상세한 이론은 그들 역시 금기사항이었던 점을 생각한다면 박지원의 논리정연한 과학지식은 대단한 진보성을 지닌다.466) 당시 중국은 1600년대 Mateo Ricci에 의하여 ≪萬國輿圖≫가 소개되어 중국 외의 또 다른 세계가 있다는 것을 알았으나, 선교사들은 그들의 종교적 교리와 상충되는 태양계에 대한 상세한 이론과 지전설에 대해서는 전파하지 않았다. 그래서 당시 중국의 학자들 지식으로는 땅이 둥글다는 것은 서양사람들을 통하여 알았으나 지구가 돈다는 사실은 몰랐던 것이다.

> "참 기이한 이야기요. 땅이 둥글다는 이야기는 서양 사람들이 처음 말했지만 땅덩이가 돈다는 말은 하지 않았는데 선생의 이 학설은 선생이 터득한 것이요, 그렇지 않으면 어느 스승으로부터 이어받으신 것인가요?"467)

이쯤 되면 그가 중국 여행에 오르면서 미리 작정한 중국 학자들을 애먹일 생각은 성공한 셈이다. 사실 그의 생각은 중국 학자에 의하여 확인된 셈이다. 지구가 둥글다는 것을 알았으면서 둥근 것이 돈다는 사실은 미처 생각하지 못했던 그들의 실상을 보면서 박지원은 매우 흡족해 하고 있다. 사실 이 이론은 김석문이나 홍대용이 易學理論에서 도출하여 정리한 천정지동의 학설을 보다 조리 있게 정리·소개한 것이면서 그가 평소에 생각한 바를 재정리한 것이다. 이 점은 당시

---

466) 崔韶子, <明末清初 中國 士大夫의 西學意識>, ≪성곡논총≫12(1981) 참조.
467) <태학유관록> 8월 13일, Ⅰ권, p. 381.

조선의 실학파 학자들의 지향점이 무엇이었는가를 짐작하고도 남는 일이다. 알려진 바와 같이 서양의 과학서적은 선조말에 한역된 것이 중국에서 유입되어 많이 읽혀졌던 것이다. 그것을 참고하여 지전설까지 이끌어낸 사실은 서양 과학의 수용으로 중국 중심의 중화사상에서 벗어나 보다 넓은 새로운 세계문화 속으로 나아가는 것을 의미하고 있다. 이 과정에서 박지원의 역할은 멀리 중국의 심장부에 들어와 조선 학자의 기개를 펼쳐 보임으로써 낙후한 현실에 대한 그 나름의 몸부림과 함께 민족의 미래를 열어 보이려 한 것이라 생각된다.

(3) 박제가와 그의 ≪북학의≫의 경우

박제가의 중국여행기는 홍대용이나 박지원에 비하여 그 체제가 다르다. 앞의 두 사람이 일기체의 여행기라면 그는 여행의 경험을 토대로 각 항목에 따라 논설문 형식을 띠고 있다. 그래서 그의 글에는 여행에서 얻어지는 '이야깃거리'보다는 자신이 의도하는 사항에 대한 직접적인 생각을 정리하는 방식을 썼다. 그래서 제목도 '북학'의 끝에 '의'를 붙여서 당시 중국의 선진문물을 배우고 수용해야 하는 이유를 밝힌 글이라는 것을 분명히 하고 있다. 곧 박지원이 희화적인 방식으로 표현했다면 그는 직설적으로 서술하여 더욱 간결하면서 그가 의도하는 내용을 정확히 가늠할 수 있게 한다.

그의 ≪북학의≫는 1778년(정조 2) 이덕무와 함께 처음 중국을 여행하고 와서 쓴 것과,[468] 1798년(정조 22) 12월 그가 세 번째 중국을 여행하고 돌아와 永平 현령에 재직하고 있을 때 왕명에 의하여 <經

---

468) <自序>, ≪貞蕤閣全集≫ 하(여강출판사, 1986), pp. 327-329. 이하 전집 하, p.○와 같은 방법으로 표기함.

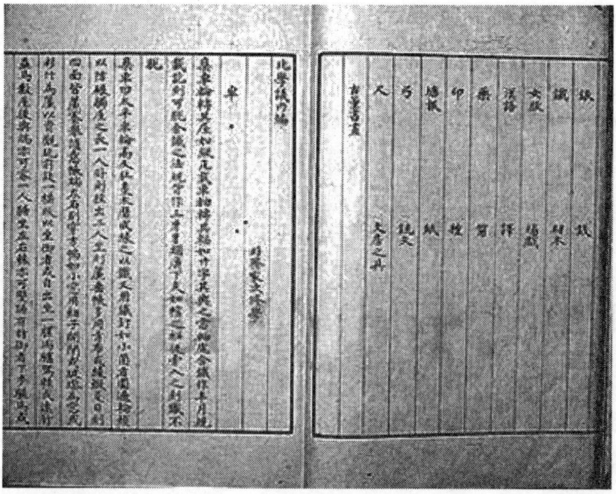

그림 21. 북학의

國政策>의 형식으로 모두 28目 52條에 걸친 논문을 ≪進北學議疏≫로 올린 것이 있다.[469] 두 편의 차이를 보면 처음 쓴 ≪북학의≫는 內篇에는 40目, 外篇에는 15目의 내용이 수록되었는데, 뒷날 군왕에게 올릴 때는 이를 간추려 현실정치에 꼭 필요하고 시급하게 개선할 내용을 골라서 축약하였던 것 같다.

그가 ≪북학의≫에서 가장 강조하고자 한 것은 重商主義的 자세와 國防문제에 관한 내용이다. 그가 중국에서 목도한 여러 가지의 문물제도는 모두 현실적인 생활과 밀접한 연관성을 가지는 것들이다. 이것들은 당시 우리의 삶의 수준을 향상시킬 수 있는 것들이어서 더욱 관심을 집중시키고 있다. 먼저 그의 상업관을 중심으로 변천하는 시대에 그가 주장하는 상업에 대한 인식과 그것을 통한 현실개혁의 실상을 살펴보기로 한다.

---

469) <進北學議疏>, 전집 하, pp. 469-474.

下士는 오곡을 보고 중국도 오곡이 있는가 없는가를 묻고, 中士는 문장이 우리만 같지 못하다고 하고, 上士는 중국에 理學이 없다 한다. 과연 이렇다면 중국에는 한 가지 일도 없고 내가 이른바 배울 만한 것이 있다고 한 것도 거의 없을 것이다. 그러나 중국은 천하에서 제일 큰데 어찌 배울 것이 없겠는가?[470]

이것이 당시 우리나라 지식인들의 중국에 대한 시각이다. 박제가는 우선 이 선입견부터 버려야 한다는 것을 주장하고 있다. 중국의 현실을 직시함으로써 우리의 문제점을 개선할 수 있겠기 때문이다. 대상의 본질에 접근하지 못하고 관념적으로 생각하는 당시 우리의 자세에 대한 비판에서 그의 주장은 출발하고 있다. 위와 같은 예에는 다음의 지적도 있다.

지금 사람은 바로 胡자 하나로 중국을 말살하려 하는데, 내가 중국의 풍속이 이와 같이 훌륭하다고 하니 그 바라던 것이 크게 다르기 때문이다. … "중국의 학문에 퇴계 같은 이가 있고, 문장에는 簡易 같은 자가 있으며, 명필에는 韓濩보다 나은 자가 있다"고 하면 반드시 성내어 얼굴빛을 바꾸어 곧 말하기를 "어찌 이럴 수가 있겠는가"하면서 심한 사람은 죄를 주자고까지 할 것이다.[471]

결국 중국의 신진문명을 용납하지 않으려는 자세였으며, 설령 그렇다 해도 오랑캐의 문화를 인정할 수 없다는 생각이다. 이것이 바로 당시 조선이 안고 있던 가장 큰 문제점이었다. 자신에 대한 솔직한

---

470) <북학의>, 전집 하, p. 439.
471) <北學辨>, 전집 하, pp. 442-3.

인식에서 문제를 해결할 수 있는 방법이 찾아질 수 있는 것으로 보았다. 그 첫 번째가 생활의 향상을 위한 방법으로 경제행위에 대한 본질을 제시했다.

> 재물을 잘 다스리는 자는 위로는 天時를 잃지 않고, 아래로는 地利를 잃지 않고, 중간으로는 人事를 잃지 않는 법이다. 器具 사용하는 것이 불편해서 타인이 하루에 하는 것을 나는 1개월, 또는 2개월에 한다면 이것은 天時를 잃는 것이요, 밭 갈고 씨 뿌리는 방법이 없이 허비가 많고 수확이 적으면 이것은 地利를 잃는 것이요, 장사해도 통하지를 못하고 놀고 먹는 자가 날로 많아지면 이것은 人事를 잃는 것이다.[472)]

사람이 살아가는 방식에는 여러 가지가 있다. 그러나 그 모든 것이 추구하는 것은 효율성을 생각하면서 행위한다. 특히 현실생활의 측면은 더욱 그렇다. '利用厚生'도 이러한 효율성이 있어야 그 목적을 달성하는 것이다. 그래서 농사도 과학적 영농이어야 하고, 농업기계의 사용으로 목적을 달성하는 수월성이 높여지는 것을 강조함으로써 때를 맞추는 천시와 함께 地利를 강조한 것이며, 이 두 가지가 충족되었어도 그 행위자의 자세가 올바르지 못하면 목적에 도달할 수 없는 人事의 필요성 역시 강조하고 있다. 여기서 주장되는 人事의 요점은 당시의 遊食선비들을 지칭하고 있다. 그래서 이러한 부류의 사람들을 염두에 두고 그는 선비를 없애야 한다고 주장한 바도 있다.[473)]

이 遊食선비들을 직업전선에 투입해야 한다는 게 그의 생각이다.

---

472) <財賦論>, 전집 하, p. 449.
473) <進北學議疏>, 전집 하, p. 470.

경제의 낙후성이 국가의 기반을 흔들고 있으며, 날이 갈수록 더욱 곤경에 처한 국가를 살리는 길은 通商을 통하여 재정적 뒷받침이 이루어져야 한다는 것을 제안하고 있다.

> 지금 국가가 큰 병폐를 당했으므로 가난하다 합니다. 무엇보다도 가난한 것을 구할 수 있는 방법은 중국과 통상하는 것뿐입니다. "이제 조정에서 사자를 보내 중국 예부에 咨文을 보내 있고 없는 것을 무역함은 천하가 하는 방법이니, 일본·유구·안남·서양의 나라들은 모두 閔中·浙江과 交州·廣州 등 지역에서 교역하니 우리도 수로를 통해 모든 외국과 같이 되기를 원한다" 하면 저들은 반드시 아침에 청한 것을 저녁에 허락할 것입니다.[474]

외국과의 무역을 장려한 위 글은 밖으로 시선을 돌려 세계와의 호흡을 권장한 것이다. 이를 통하여 선박, 수레, 궁실, 기물의 이로움을 배울 수 있으며, 천하의 서적들을 수입해 오면 세속에 얽매인 선비들의 편벽되고 고루한 견해는 공격하지 않아도 스스로 깨우치게 될 것이라 하였다. 그는 <通江南浙江商舶議>에서 대외무역의 의의를 더욱 강조하면서 무역전쟁의 실상을 부여주고 있다.

> 사람은 자기 나라가 부강하고자 함이 없지 않은데 부강해지는 기술을 어찌 타인에게 양보하겠는가?[475]

이 같은 지적을 하게 된 이유는 전에 일본은 그들이 필요한 면사를

474) <丙午所懷>, 전집 하, p. 509.
475) 전집 하, p. 454.

우리나라를 통하여 중국산을 구입하였다. 그때 우리는 중개무역을 하여 많은 이득을 챙겼으나, 일본이 그 방식을 알아내고는 직접 교역을 함으로써 비용을 줄인 것은 물론 여기서 배운 방식으로 무려 30여개국과 교역을 하게 되었던 것이다. 그래서 우리도 이와 같이 그 방법을 익히고 다른 나라의 관습을 배우게 하고 천하가 큰 것을 알게 하여 우물 안 개구리의 부끄러움을 느끼게 되면 세도를 위하는 것이 교역의 이익만한 것이 없다고 생각할 것이라고 하였다.[476] 교역을 통하여 세상이 넓다는 것을 보여줌으로써 당시 우리나라 선비들의 고루한 생각을 깨트리게 하고 소득을 증대시켜 삶을 윤택하게 하려는 데 그 목적을 두었음을 알 수 있다.

박제가의 상업관은 대외무역과 과학적 경영으로서의 상공업, 또는 농업의 효율성을 강조하는 데 있었다. 대외무역의 효율성의 실제는 과거의 경험에서도 찾을 수 있다고 하였다.

> 土亭이 일찍이 외국상선 수척과 통상하여 전라도의 가난을 구하고자 한 그 견해의 탁월함에는 미치지 못할 정도이다.[477]

李之菡의 행적을 예로 제시하면서 해외통상이 경제정책에 얼마나 중요한가를 보여주었다. 가까운 이웃 나라인 일본의 당시 사정 역시 대외무역이 활성화되어서 앞에서 살펴본 바와 같이 중국과의 무역까지도 우리에게 요청하지 않을 정도가 되었다고 했다.[478] 이 지적은 일본의 德川幕府 시절에 쇄국정책을 썼으면서도 九州의 長崎를 부분

476) 전집 하, p. 456.
477) <船>, 전집 하, p. 346.
478) 전집 하, p. 454.

개방하여 외국의 상선을 정박시키고 서양과 중국의 무역선과 교역을 실시함으로써 18세기 일본의 경제부흥을 이룬 사실을 염두에 둔 내용이다. 부족한 자원을 보충하고, 다른 나라의 선진문화를 수용함으로써 자국의 경제를 부강시킨 방법 중의 하나가 통상정책이었음을 강조한 내용들이다.

그는 상공업에 국한한 것이 아니라 과학적 영농에도 많은 관심을 가지고 그 개선책을 제시하였다. 그 첫째가 농기구의 개량이다. 이것을 개량하지 않으면 일의 능률은 물론이고 수확의 감소나 생산비의 증가로 인하여 생산성이 저하됨을 지적하고 있다.

> 지금 농기구를 말하는 자는 "옛날과 지금은 다르다" 또는 "남북의 제도가 다르다" 하지만, 한마디로 말한다면 우리나라에는 농기구가 없으니 옛날이나 지금이나, 남쪽이나 북쪽을 논할 수 없다.[479]

농사를 짓는 농기구가 없다는 말은 비과학적 방식에 의하여 영농을 하고 있다는 말이다. 농사를 짓기 위해서는 농기구가 필요한데, 당시 우리가 쓰는 기구는 관습에 의해 만들어진 낡은 방식의 것이었다. 이 때문에 하루의 작업량이 줄어들어 비경제적 상태라는 것이다. 그가 예를 든 내용을 보면 "대개 쟁기와 보습은 넓이의 치수가 일정해야 밭고랑을 만들 수 있고 김매기도 쉽다"고 했다. 작업의 양과 사용의 편리함, 그리고 씨를 뿌리는 곳과 밭고랑의 일정한 규격은 면적의 절약과 종자의 절약을 가져오는 합리적 영농방식이다. 그것을 위하는 길은 기구의 개량밖에 없는 것이다.

---

479) <進北學議> '農器', 전집 하, p. 484.

그래서 그는 이 문제의 해결을 위하여 徐光啓의 ≪農政全書≫에서 나오는 圖式을 참고해야 한다고 했다. 이렇게 만들어진 농기구는 먼저 屯田에서 시험하여 농민들에게 보급해야 한다는 것까지 지적하고 있다. 이 서광계의 ≪농정전서≫는 그가 Mateo Ricci에게서 천문, 역산, 화기, 기술을 배우고 저술한 서적이며, 이 속에는 서양의 과학기술이 잘 나타나 있다. 특히 중국의 西學 공부는 이 서광계에 의하여 비롯되고 있음을 감안한다면 박제가의 농기구 개량에 대한 주장으로 위에 적은 서적을 권유한 이유를 짐작할 수 있을 것이다. 그것은 결국 서양 과학지식의 수용을 의미하는 것이며, 그것을 통한 현실개혁의 한 방도를 제시한 것이라 볼 수 있다.

다음으로 그가 농기구 개량 이상으로 중요하게 생각하고 제안한 것은 수레와 교량, 그리고 선박의 제조기술에 대해서다. 이것들은 경제활동에 있어서 필수적 사항이다. 수송의 수단과 수송로의 정비는 현대 산업사회에서까지 강조되는 점을 생각한다면 이들의 정비는 당시 사회의 개혁적 차원에서 중요하게 생각하지 않을 수 없는 문제였다. 수레에 대해서는 박지원의 ≪열하일기≫에서도 강조된 바 있지만, 박제가 역시 상업의 발달을 위한 필수조건으로 제시하였다.

> 수레를 이용하면 길은 저절로 닦여지고 동으로는 대관령, 남으로는 새재, 북으로는 철령, 서로는 동선령으로, 길을 닦으면 통하지 못할 곳이 없다.[480]

수레를 제작하면 도로는 자연 정돈될 것이며, 이것이 이루어지면

---

480) ＜進北學議＞ '車', 전집 하, p. 447.

전국의 물산이 교류되고, 그렇게 되면 경제가 활성화되는 것은 자연의 이치이다. 일반적 교통수단에도 이용되지만 더욱 중요한 것은 물자의 수송을 원활히 하여 경제부흥을 꾀하자는 의도가 더 강했다. 당시의 실정으로 보면 수송 수단의 부족으로 동서남북의 물자가 교류되지 않아서 나라의 경제를 더욱 빈약하게 만들었던 것이다. 중국 여행자들이 특히 강조하는 사항 속에는 수레의 필요성에 대한 것이 많은 이유가 이것을 이용하여 얻는 이득이 많음을 알았기 때문이다. 그래서 박제가는 우선 사신을 통하여 중국의 수레를 수입하여 사용하고, 우리나라의 산에서 자생하는 재목으로 직접 제작하여 사용할 것도 제안하고 있다.

교량과 선박의 제작기술에 대한 제안은 그 용도의 편리함과 견고성을 특히 강조하였다. 중국의 교량제작 방식은 벽돌로 쌓되 모두가 타원형의 모양이다. 이것은 높이 쌓을 수 있는 이로움이 있으며, 그 밑은 수로를 이용한 선박의 통행로가 되기 때문이다.[481]

> 다리문은 모두 무지개 형상이다. 큰 것은 돛단배도 통과할 수 있고, 작은 것은 거룻배가 통과할 수 있다. 기둥 주위는 벽돌로 쌓았기 때문에 물이 기둥에 젖을 리가 없다. 무지개 같은 문은 나무로 세워 본을 만들고, 벽돌이 마른 후에 떼어버린다.

벽돌을 이용하여 교량을 제작하는 방법을 앞에서 제시한 뒤 여기서는 중국의 제도를 설명하였다. 우리에게도 석교가 있었으나 높지 못한 결점이 있으며, 나무로 만든 교량은 수명이 짧은 것이 흠이었다.

481) <橋梁>, 전집 하, pp. 375-376.

이를 보완하는 방법이 벽돌 사용이었다. 이 방식은 위의 결점을 해결할 수 있어서 편리할 뿐만 아니라 내구성이 뛰어난 경제적인 면에서도 훨씬 이익임을 강조하고 있다.

선비의 실정은 더욱 한심한 지경이었음을 알 수 있다.

> 우리나라는 이미 수레를 이용하는 이로움을 잃었고 또 배의 이용도 다하지 못했다. 화물을 운반하는 배나 나룻배는 말할 것도 없이 틈새로 새어드는 물이 항상 배에 가득하여, 배에 탄 사람들의 종아리가 냇물을 건너는 것 같아서 물을 퍼내야 하는데 하루에 한 사람의 힘이 소비된다.[482]

당시 조선의 선박제조 기술을 지적한 내용이다. 이를 개선하는 한 방법으로 중국의 선박제조 기술을 상세히 소개하고 있다.

> 중국의 배 만드는 방법은 세로는 긴 판자를 사용하고 가로는 짧은 판자를 사용하는데, 평평하기가 거울 같고 겹으로 만들어졌다. 틈을 메울 때는 油灰와 瀝青으로 붙이고 미곡은 배 한가운데 쏟아 놓아서 가로 판자로 덮으면 아래는 창고가 되고 위는 사람이 있는 자리가 된다.[483]

화물과 승객을 동시에 수송할 수 있는 중국의 선박 제작에서 재목의 사용법과 접착법은 우리가 미처 개발하지 못했던 방법이었다. 이러한 실정을 절감하고 선박 제작이나 교량, 수레의 개량과 같은 것들

---

482) <船>, 전집 하, p. 345.
483) <進北學議> '築倉', 전집 하, p. 493.

은 생업에 필요한 사항일 뿐만 아니라, 국익과 직접 연관되는 경제문제임을 명시한 다음 이를 원용하여 국방정책에도 사용할 것을 제안하고 있다. 당시는 胡亂이 있은 뒤라서 자국의 영토 보전과 외침에 대한 준비를 제안한 경우가 많았다. 따라서 박제가는 과학의 발달에 의해 얻어진 결과로써 국방정책에도 활용할 것을 주장한 것이다.

> 온갖 工人의 기예와 목축의 일은 군사를 위한 것이 아니지만 삼군의 말과 전투하는 기계가 갖추어지지 않고 예리하지 않으면 군사라 할 수 없다.[484]

여기서는 공작기술과 養馬에 대한 강조이다. 그가 다른 글에서 목축을 장려할 것을 주장한 것은 전쟁에 필요한 말(馬)을 위해서이다. 수송의 방법은 수레가 가장 요긴하나 그것을 끌거나 기마병을 위한 良馬가 없다면 그 전쟁은 승산이 없는 것이다. 그래서 그는 당시의 국론이었던 북벌론의 허구성을 국방정책의 부재에서 찾고 있다.

> 사대교린을 맡은 사람들이 도로에 깔렸지만 다른 나라의 법은 마침내 하나도 능히 배우지 못하고 웃으면서 말하기를 왜놈, 되놈 하며 천하만국이 다 우리만 못한 것같이 믿고 있다. 한번 임진년에 패하고 두 번째 정유년에 함락되었다. … 내가 일찍이 진법하는 것을 보니, 그 敵으로 분장한 자는 반드시 피곤하고 나약하여 사로잡기 쉽고 경망되니 가소롭다. 그것이 어찌 아이들의 유희와 같지 않겠는가?[485]

---

484) <兵論>, 전집 하, p. 457.

485) <兵論>, 전집 하, pp. 457-8.

전쟁에 대한 준비가 이 정도로 허술하다면 애당초 북벌론은 무의미한 것이며, 임진왜란의 교훈도 한갓 과거 일에 불과한 것이다. 특히 그는 병기의 개발에서 제련기술의 필요성을 지적하고 있다. 좋은 쇠붙이가 있어야 훌륭한 무기를 제작할 수 있으나, 제련술의 개선을 연구하지 않는 현실에 문제가 있다고 했다. 그리고 벽돌을 이용한 성곽의 견고한 축성은 외침에 대한 방비로서 가장 기본적 사항임을 또한 강조하고 있다. 게다가 그는 군사란 정예부대가 중요한 것이지 숫자에는 큰 의미가 없다고 하여 국방에 대한 정신무장의 필요성을 특히 강조하고 있다.[486]

이와 같은 국방에 대한 관심은 홍대용이나 박지원에게 있어서는 그렇게 구체적인 부분까지는 언급되지 않았다. 다만 박지원이 청나라의 군사조직에 대하여 상세히 관찰하고 있는 것이 보일 뿐이다. 반면에 박제가의 주장은 현실적 개선에 더 치중함으로써 적극적인 자세를 보여주고 있다 할 것이다.

2. 과학적 사고의 전개와 세계관의 확대

지금까지 3인의 연행록을 중심으로 그 속에 담긴 새로운 문명에 대하여 어떻게 인식했는가를 몇 개의 사례에 국한하여 살펴보았다. 관심의 대상을 삼은 사항들은 그들의 작품 속에서 대체적으로 많은 비중을 차지한 것을 골랐으며, 특히 당시의 조선사회와 대비되는 입장에서 살핀 것들이다. 여기서는 그들이 인식한 대상을 어떻게 이해하면서 수용하고, 또 우리의 현실에 적용시키려고 했는가를 정리해 보

486) 전집 하, pp. 457-8.

고자 한다.

먼저 가장 두드러진 현상은 사고의 과학화일 것이다. 곧 관념적인 사고방식에서 실증적 사고를 전개하고 있다. 그것은 천문학을 중심한 서양 과학에 대한 자세에서 잘 나타나고 있다. 그러한 연원은 여러 가지에서 찾을 수 있겠지만, 본 연구에서 대상을 삼은 3인의 실학자들의 근본적 사유체계에서 첫 출발을 생각할 수 있다. 이는 당시 사상계를 뒤흔든 <人物性同異論>으로 불려지는 湖洛論爭에서 비롯된다. 홍대용이나 박지원은 이 속에서 洛論에 해당하는 <人物性同論>에 의한 '物論'을 전개하여 전통적인 '心性論'에서 자연관의 변화로 이어지는 사유체계를 정리하고 있는 점이 주목된다.[487]

이들은 직접 논쟁의 소용돌이에 휩싸이지는 않았으나 호론과 낙론에서 좋은 점을 채택하여 '물성'을 중심으로 시대를 앞서가는 문장론과 문학세계를 개척하려고 하였다.[488] 이 같은 자세가 새로운 시대에 대한 자각을 갖게 하였으며, 특히 자연과학에 대한 관심을 가지게 한 근거를 제공하여 주었다. 3인의 사유체계에 대한 연원은 여기서 찾을 수 있다. 이러한 문화적 토양에서 이들의 관심을 자연과학, 특히 생활이기물 쪽으로 관심을 가지게 하는 시대적 상황도 한몫을 했다고 볼 수 있다. 홍대용의 가계에서 관상감의 벼슬이 다수 배출되었다는 사실은 그로 하여금 천문학 분야에 깊은 관심을 가지게 하였으며, 영조 때 중국으로부터 많은 서양 과학 서적이 수입되고 천문관측의 시설들이 설치됨으로써 이 분야의 인식을 새롭게 해주었다고 볼 수 있다.[489]

---

487) 김태준, <제4장 자연과학적 열정과 농수각을 세움>, ≪洪大容評傳≫(민음사, 1987), p. 103 ; 최신호, <朝鮮後期 物性論과 文學思想>(≪第二十二回 東洋學學術會議講演抄≫, 단국대학교 동양학연구소, 1992), p. 5.

488) 최신호, 위의 논문.

이러한 분위기 속에서 홍대용, 박지원, 박제가 등은 과학에 대해 관심을 가지지 않을 수 없었을 것이다. 홍대용이나 박지원이 중국에 들어가 서양인이 세운 천문대를 보고 경악을 금치 못하고 천문학에 대하여 대단한 관심을 가진 이유도 여기에 있었다. 특히 홍대용은 그곳 서양 선교사들과 나눈 대화 속에 이러한 부분들이 잘 나타난다. 박지원은 홍대용에게서 이 분야에 대해 영향을 많이 받았으나 서양 선교사들과의 대화에서 소득을 찾는 데는 실패하였으며, 다만 그들에 의하여 전파된 과학 지식을 목도했을 뿐이다. 반면에 박제가는 이 분야에 있어서는 조금은 그 궤를 달리한다. 왜냐하면 그의 ≪북학의≫에는 천문학에 대한 관심을 보인 부분이 별로 없기 때문이다. 그것보다는 농기계와 선박, 교량, 수레와 같은 실용적 생활에 직접 필요한 부분에 더 큰 관심을 집중시켰으며, 이 점에 대해서는 앞에서 고찰한 바와 같다.

그러나 이들 3인의 과학 지식에 대한 관심은 같은 것이었으며, 그 목적 또한 같은 이유에서 출발하고 있음은 부인할 수 없다. 그들이 중국 여행에서 공통적으로 반응한 것은 서양 과학에 대한 놀라움과 우월성을 인정하는 것이었다.[490] 이 당시 중국의 과학 수준으로도 극복할 수 없을 정도였던 것으로 보면 그 사정을 알 수 있다. 이때는 '西勢東漸'의 기운이 맴돌던 시기였으며, 이로 인한 반동적 작용으로 동아시아 국가들에는 서구의 과학사상을 제한적이지만 수용하여 그들의 세력에 대항하려는 기운이 있었다. 그러한 생각으로 채택된 것이 '中體西用', '東道西器', '和魂洋才' 등과 같은 자국적 방식의 표방이었다.

489) 김태준, ≪홍대용평전≫, p. 105.

490) 김태준, <서양과학의 우월성에 항복>, ≪홍대용과 그의 시대≫, p. 112.

이것이 주는 의미는 그들 각 나라들이 서구의 과학 지식을 받아들이기는 하지만 전면적으로 수용하는 것은 아니라는 점이다. 외래과학에 대한 수용의 차이를 보여주고 있다. 곧 서구문화의 접촉을 중국을 통하여 받아들인 것은 일본이나 우리가 같았다. 그러나 일본은 얼마 안되어 原書를 통하여 직접 지식을 흡수하게 되었으나, 우리와 중국은 선교사들이 중국어를 공부하여 그들의 손으로 번역된 서양 과학 서적을 접하는 방식에 의존했다.[491] 그 이유는 간단하다. 우리와 중국은 서양의 언어습득에 별 관심을 가지지 않았기 때문이며, 일본은 이 점에 착안하여 그것을 극복하였기 때문이다. 중국이 이를 자각한 것은 '아편전쟁'이 일어난 이후의 일이다.

이로 보면 우리의 서양 과학 수용의 한계성을 쉽게 알 수 있다.

다만 그들이 한역된 과학 서적을 수입하여 거기에다 우리의 전통적 사유체계를 접합시키는 방식을 채택했다는 것이 특이하다. 물론 홍대용이 제안하고 박지원이 더욱 논리적으로 전개하는 '지구설'과 '지동설'의 이론에 대하여 서구 과학 사상이 어느 정도 작용했는지는 정확히 설명하기는 어렵다. 왜냐하면 1646년 폴란드 태생의 예수회 선교사인 스모골렌스키(Smogolenski:穆尼閣)가 중국의 남경에 들어와 코페르니쿠스설을 가르쳤다는 기록이 있는 점으로 보아서, 이 사실이 한역되어 조선에 전래되었느냐 아니냐를 검증하기 어렵기 때문이다.[492]

문제는 이들의 수용자세와 변용의 문제일 것이다. 그들이 서구의 과학 지식을 수용하여 우리의 현실을 개혁하려는 의지가 얼마나 강했느냐에 관심을 가질 필요가 있다. 앞서 본 바와 같이 일본이 직접 서

---

491) 金容雲 · 金容局, <유럽科學에 대한 中國人의 受容姿勢>, ≪동양의 과학과 사상 -한국과학의 가능성을 찾아서≫(일지사, 1984), p. 172.

492) 김용운 · 김용국, 위의 책, p. 186.

구의 언어를 습득하여 그들 나름의 지식을 정리한 것과 같이 우리는 한역된 서적을 중심으로 우리의 사유체계를 정리하여 그 나름의 독창적인 이론을 정립하고 그것을 체계화시키는 자세는 자기 세계에 대한 확신이며, 나아가 외래문화에 대한 병용의 한 모습이라 할 것이다.

조선 후기 과학사상에서 가장 극적인 변화는 역시 우주관의 변모인데 그것을 가능케 한 것은 천문학에 대한 이해와 인식의 변화에 근거한다. 박지원이 ≪열하일기≫에서,

> 서양사람들이 벌써 땅덩어리를 구로 인정했는데도 불구하고 지구가 구르는 데 대해서는 말한 적이 없으니, 어느 땅덩어리가 둥근 줄은 알면서 둥근 것이 반드시 구를 수 있음을 모르는 셈입니다.[493]

라고 말한 구절에서 당시의 실학자들이 생각하는 우주관이 서양에 일방적으로 치우친 사상이 아니었음을 알 수 있다. 비록 저들의 이론을 참고하고 자극을 받았으나 이들이 정리한 논리적 전개는 이들 자신의 노력에 의한 것임을 알 수 있다.

이 같은 우주관의 변화와 함께 현실개혁에 장애로 작용하는 생활이기의 개량을 주장한 박제가의 의식은 그의 여행기 전체에 흐르는 생각의 총체이다. 그가 수레의 응용을 통하여 교통의 수단과 함께 농업의 발달을 꾀한 것은 당시의 실정을 잘 파악한 것에 연유한다. 당시 정부에서는 세종 때부터 사용되던 筒車를 권장했으나 농민들은 이를 수용하지 않았다. 게다가 조선의 지리적 조건이나 자연환경에 맞지 않는 방식 때문에 더욱 기피하는 현상이 일어났다.[494] 이것은 바꾸어

493) <곡정필담>, ≪열하일기≫ 권 14, p. 257.

494) 金炳機, <기타 諸科學과 技術>, ≪한국과학사≫(이우출판사, 1982), p. 392.

말하면 기계제작의 원리에 대하여 현실적으로 인식이 없었다는 것이다. 곧 천수답이 많은 한국의 실정을 생각하지 않고 도형에 맞추어 제작한 水車가 현실에서 냉대를 받을 수밖에 없었다. 과학은 응용의 차원에 들어가야 백성들과 밀접한 관계를 맺을 수 있다. 이는 그 원리에 대한 진정한 의미를 터득하지 못한 것에도 연유한다. 당시의 과학 수준이 기구의 제작기술에 있기보다는 그것을 바라보는 인식의 전환이 먼저 수행되어야 가능하다는 것을 보여주는 한 예가 될 것이다.

박제가의 인식 전환은 상업정책의 변화를 말하는 부분에서 더욱 현실성을 띤다. 그것은 서양을 중심한 대외무역 장려와 북경을 매개로 한 서양문물의 교류를 주장하는 것에서 잘 나타나고 있다. 물론 이 부분은 홍대용과 박지원에게서도 주장되어진 내용이지만 박제가에 의해서 더욱 구체적으로 강조되어졌다. 그가 유식양반을 도태시키어 상공업에 종사시켜야 한다고 주장한 내용은 어쩌면 체제에 대한 도전이고 가히 혁명적 발상이라 할 수 있다. 그만큼 당시 조선의 사정이 급박한 형편이었던 것이다. 노동인구의 감소와 경제의 파탄, 그리고 권력다툼의 격렬한 양상은 이들의 의식으로 보면 '이용후생'의 희망이 전혀 보이지 않는 절망의 현실이었을 것이다. 그것을 구하는 길은 개혁의 길밖에는 다른 방도가 없었다. 이 개혁을 위해서는 선진문화 수용을 통하여 과학적 사고를 전개해야 하며, 이것을 토대로 조선의 실정에 맞는 방식과 모습으로 바꾸어야 했다.

이들이 여행기에서 밝힌 새로운 세계에 대한 채널은 중국일 수밖에 없었으며, 이를 통하여 자기 세계를 확대하는 방식 외에 현실적으로 별도리가 없다는 것을 잘 알고 있었다고 본다. 이것이 변혁의 시대에 세계를 인식하면서도 현실을 무시할 수 없었던 이유이며, 정확한 자기인식의 태도인 것이다. 그러나 그들이 지향하는 세계가 중국 그 자체에 머물러 있지 않고 보다 넓은 세계로 치닫고 있었다는 사실은 매우 중요한 것이며, 그들이 남긴 여행기 내용의 주류에 해당하였다.

3. 민족의식과 현실비판

조선 후기 실학파 문인들의 생각 중에서 중요한 공통요소는 당시의 국가 현실에 대한 깊은 애정을 가지고 있었다는 점이다. 이것은 자국 역사에 대한 인식으로 나타났으며, 중국 중심의 경도된 역사인식을 비판하는 자세를 취하고 있었다. 당시 청나라의 선진문화 수용은 적극적으로 강조하였으나, 그들의 정치현실에 대한 허실을 철저히 관찰하고 있는 점도 잘 나타난다. 물론 자국의 역사 현실에 대한 엄격한 비판의 토대 위에서 이루어짐은 당연한 귀결이다.

가장 눈에 띄는 현상은 당시의 국책이었던 '북벌론'에 대한 비판이다. 중국과 조선의 문화 수준의 격차와 산업의 생산성 격차를 생각하지 않는 '북벌론'은 허구일 수밖에 없었다. 그래서 이들 3인은 특히 당시 청나라 국방정책에 대하여 예리한 통찰력을 발휘하고 있다. 홍대용이 그의 여행기 중에서 청나라 군사조직과 병장기에 대하여 상세히 기록하고 있는 사실은 이를 잘 말해주고 있다.[495] 당시 청나라의 군사조직은 8기군으로 편성되어 있었는데 그 배치 상황을 상세히 관찰하였다. 주생과의 대화에서 나타나는 이 내용들은 외국을 관광하는 여행자들이 알아보기는 힘든 사항이지만, 일개 학당에 출입하는 주생이 어떤 이유에서 이렇게 상세히 설명할 수 있었는지는 알 수 없다. 그러나 쉽게 알 수 없는 내용을 상세히 들을 수 있는 기회란 그리 많

495) <孫進士> 3월 9일, 권 8, p. 163. ; <周學究> 3월 22일, 권 8, pp. 169-170.

은 것이 아니다. 특히 동북지방에 집중 배치되어 있는 군사조직에 대하여 많은 관심을 가지고 묻고 있다. 심지어 황제가 동북지방을 순행할 때 나가고 들어오는 방향까지 적고 있다. 이 사실들은 그의 북벌에 대한 의식의 한 표현이라 여겨진다. 소위 그들의 허실을 알아볼 수 있는 좋은 기회가 아닐 수 없다.

이런 점은 박지원에게서도 볼 수 있는 내용이다. 박지원이 ≪열하일기≫에서 황제가 해마다 새외에 거동하여 그들의 취약점인 북방을 경계하는 이유를 설파한 내용[496]은 홍대용의 그것과 흡사하다. 비록 청나라의 황실이 만주에서 일어나 중원을 점령하였으나, 역시 북쪽은 언제나 중국의 역대 정치가들의 관심사였다. 곧 북쪽의 평정이 중국의 평정이라는 역사적 사실이 이들을 경계하게 만들었던 것 같다. 蒙古와 西番은 언제나 南下政策을 실행하려 했으며, 과거 元의 건국이 이를 잘 말해준다. 박지원은 이 같은 청나라 국방의 허실을 잘 파악하여 그들의 취약점을 정확히 집어냈다.

그리고 청나라 조정에서 병자호란이 끝난 뒤 조선의 의복과 머리모양을 고치게 하지 않은 이유는 조선인의 풍습을 정확히 관찰하여 만약에 일어날지도 모를 역심을 유발시키지 않으려는 생각이었다는 것이다.[497] 곧 만주족이 漢族을 정복하여 모든 의복과 머리모양을 만주식으로 고치는 등 한족의 유습을 말살시켰으며, 이에 항거하는 사람들을 무력으로 통치하였으나 조선에 대해서는 색다른 정책을 사용한 그 깊은 생각을 간파하고 있다.

박제가 역시 이 같은 두 사람의 자세와 차이가 없다. 그가 <북학

---

496) <漠北行程錄> 序, ≪연암집≫ 권 12, p. 199. ; <黃敎問答> 序, 권 13, p. 226.

497) <銅蘭涉筆>, 권 15, p. 330.

의>에서 여러 사항에 대한 논의와 지적들을 했지만, 특히 <兵論>에 대한 조항에서 兵器의 개발과 군인의 정예화를 강조한 사실은 국가의 존립에서 경제정책 못지 않게 국방의 의의를 강조했기 때문이다. 자기의 영토에 대한 인식은 스스로 그 영토를 지킬 수 있었을 때 제자리를 잡을 수 있는 것이다. 임진왜란이나 병자호란의 쓰라린 경험은 스스로 자기 영토를 지키지 못한 것에 대한 교훈이 되었을 것이다. 과거 임진왜란 직전에 일본 豊臣秀吉의 사신으로 왔던 康廣이 당시 조선 군사들의 정신 상태를 관찰하고 나라가 망할 것을 예견했던 것이나, 李珥가 10만 양병설을 주장하여 국방의 중요성을 강조한 예들은 이들의 여행기에서 청나라 국방정책에 대한 관찰과 그 의의를 주장하게 된 동기를 부여해 주었을 것이다. 특히 청나라에 의한 국토의 초토화는 胡人에 대한 우월의식에서 비롯되는 근거 없는 자만심이 낳은 결과였음을 이들은 절실히 느낄 수 있었다.

이 같은 우월의식은 홍대용에게도 있었다. 그는 周生과의 대화에서,

> "易經에 程子의 易傳이 있고, 朱子의 本意가 있는데 考試하는 글에서는 어느 학설을 위주 하는가?"하고 물었더니 주생이 대답하는 말을 도무지 알아들을 수가 없었다. 글로 써서 보여 달라 했더니 응하지 않았다. 또 묻기를 "詩經은 集註를 위주 하는가? 小序를 위주 하는가?"하였더니 역시 얼굴빛이 달라지면서 대답을 하지 않았다.[498]

라고 하였다. 위 예문에서 그의 우월의식을 볼 수 있다. 정통 유학의

498) <周學究> 3월 22일, 권 8, p. 166.

정수를 중심으로 끝없는 질문 공세를 취함으로써 청나라 학구를 궁지에 몰아넣는 일은 그들의 학문의 허실을 탐지하는 방식이다. 끝내 주생은 실토하기를 청나라 글이나 만주 말을 습득하여 공명을 취하는 것이 현실적 추세라고 하였다. 조선 지식인의 중세적 문명의식의 한 단면이다. 홍대용이 청나라의 문명에 승복할 수밖에 없었으나 유교적 문화에서는 청에 뒤지지 않으려는 의도에서 周生을 학동들 앞에서 난처하게 만들어 버렸다.

이러한 예들은 박지원의 경우도 다르지 않다. 당시 청나라의 정책이 유교적 禮敎나 先聖의 가르침을 멀리하고 番僧을 초청하여 예우하고 있다는, 중국 문명의 타락성을 꼬집는 글들이 도처에 많이 나타나고 있는데 그 역시 홍대용과 같은 생각에서 서술한 것이다. 그들이 중국의 현실에 압도되면서도 정신사적인 면에서는 굴하지 않으려는 민족적 자존심을 강하게 가졌다는 한 증거일 것이다. 그것이 홍대용의 '域外春秋論'이며, 박지원이 주창하는 중화문화의 조선적 발현이다.

이들 3인의 여행기에서 서술된 내용 가운데 당시의 현실에 대한 비판이 많다. 그것은 청나라에 대한 것과 조선에 대한 것으로 구별된다. 특히 여기서 관심을 끄는 것은 조선의 정치현실에 대한 것들이다. 요즘 말로 하면 확인 행정이랄까, 소위 위정자들의 무사안일한 행동에 대한 경고이며 비판이다.

연행길에서 경험한 것들을 중심한 이 비판의식은 대단히 현실적이다. 전통적으로 연행사의 임무는 때에 따라 달라진다. 그러나 어떤 경우에도 달라지지 않는 것은 왕복의 여로에서 관찰한 견문을 보고하는 일이다. 그런데도 이 관찰의 임무가 소홀히 취급되고 있었다. 대개 역관이나 통인들에 의하여 정리된 것을 그대로 보고하기가 일쑤였다.

홍대용의 기록에 보이는 '宋家城'에서 경험한 내용은 역관들이 제멋대로 꾸며놓은 이야기가 조선에 잘못 전해진 사례를 나타낸 것이다.[499] 곧 宋氏家는 明의 유신인데 청이 들어와 물러나 살았으나, 조선에 알려지기는 제일 먼저 청에 항복했다고 전해져 역대의 사신 일행이 이곳을 지나쳐도 들리지 않았던 것이다. 그러나 이번에 만나 보니 사실과 전혀 달랐음을 알고 역관들이 전한 일들이 얼마나 왜곡되었는지를 알게 되었다는 내용이다.

게다가 사행에 배행하는 자제들의 공금 유용은 그 도가 지나칠 정도였다. 그들은 개인적 유람을 가면서도 공금을 사용하였으며, 외국인의 출입이 금지된 곳을 공금으로 뇌물을 주고 출입하는 일이 비일비재했다.[500] 이는 공금 유용에서 끝나는 것이 아니라 나라의 정책에도 큰 영향을 미치는 일이었다. 역관들의 횡포와 간계는 물론 사신들의 무능과 무사안일은 박지원이 중국 여행길에 들어서면서 목도한 광경에서 파악되었으며, 경악을 금치 못하게 하였다. 곧 나라를 대표하는 이들의 자세가 그 지위만 높았지 자신의 책무에 대해서는 등한시하고 있었다는 것이다.

상대방 나라의 풍습, 제도, 문물을 관찰하고 연구하여 본국에 보고해야 하는데도 그들은 편안히 앉아 역관이 제멋대로 써 올리는 내용을 검토 없이 본국으로 장계를 올리는 행위는 한 나라의 신하로서는 도저히 용납될 수 없는 일이었다.[501] 게다가 왕복하는 행로에 흩어진 관원이나 특징을 하나도 알지 못하는 것은 그만큼 관리의 직분을 다하지 않은 것을 의미하며, 그냥 앉아서 '존화양이'의 헛된 구호만 외

499) <宋家城>, 권 8, pp. 154-160.

500) <衙門諸官>, 권 7, p. 56.

501) <行在雜錄> 後識, ≪연암집≫, 권 13, p. 240.

치거나 淸나라는 곧 망할 것이라는 말만 되풀이하는 실정[502]은 당시 우리의 관료체제가 얼마나 허술했는가를 잘 말해주는 현상이다.

그래서 당시의 실상을 꼬집어 비판한 박제가의 다음 지적은 당시의 우리 실정을 잘 표현한 것이라 하겠다.

> 무릇 기록한 서적이 많고 이치가 무궁한 관계로 중국의 서적을 읽지 않는 자는 스스로 한계를 긋는 것이며, 중국을 오랑캐라고 하는 것은 사람을 속이는 것이다. 중국에는 陸·王의 학이 있으면서 주자의 嫡傳 또한 제대로 있다. 우리나라 사람들은 程朱의 학문만 말하여 나라에 이단이 없고, 사대부들은 감히 江西·餘姚의 학설을 연구하지 못하니 어찌 하나에서 나와서 그렇게 될까?[503]

Ⅴ. 역사 발전에 대한 시각과 미래지향의식

실학파 학자들, 그 중에서도 '북학파' 문인들의 사고는 진보적인 것이 특징이다. 이들은 역사 발전을 바라볼 줄 알았으며 그 속에서의 학문의 바른 길이 무엇인지를 이해하고 있었다. 그런 점에서 이들 3인의 생각은 일치하고 있다. 비록 외국의 문물, 주로 중국과 이를 통한 서양의 문물이지만 홍대용과 박지원이 수용과 그것의 변용을 주장했다면, 박제가는 그것의 현실 적용에 더 치중했음을 알 수 있다. 이들이 이럴 수 있었던 것은 학문의 본질에 대한 깊은 이해가 있었기 때문이다.

---

502) <口外異聞> <羅約國書>, 위의 책, 권 14, p. 292.

503) <北學辨>, ≪북학의≫, pp. 439-440.

이는 그들의 문학론에서 잘 나타나고 있다. 곧 문학은 그 시대에 맞게 운용되고 또 이해되어야 한다는 것이다. 박지원이 말하는 '法古創新'이나[504] 박제가가 말하는 '학문은 시대에 매이지 않는다'라는 것이 그것이다.[505] 홍대용 또한 많지 않은 문학에 대한 관심을 적은 글에서 문학의 본질은 자연에 의거한 천기에서 나오는 것이라고 했다.[506] 말의 수식에 얽매인 당시 사장파들의 문장학을 비판하는 자세이다. 대체로 이들은 지나치게 문장을 숭상하고 과거를 통하여 입신양명하려는 데만 관심을 기울여 나라를 구할 수 있는 실용적인 학문을 추구하지 않는 풍토를 통렬히 비판하였다.

그들이 추구하는 문학이란 '현실의 문제를 다루고, 사회의 병폐를 지적하는 문학'[507]이었다. 이러한 목표지향적 문학관을 실제 작품으로 형상화시키기는 매우 어려운 일이었다. 실제 창작의 어려움을 인식하고 있으면서도 그들이 추구하는 문학의 본질은 현실에 밀착되어 있고, 그리하여 현실문제와 결부된 내용들이 작품에 수용되는 결과를 낳았다. 자기 시대의 문제점, 낙후된 경제생활과 불합리한 사회제도 등은 개선의 주대상이 될 수밖에 없었다. 성리학의 心性論에 빠져서 언어적 유희에 매달릴 때 백성들의 삶은 더욱 궁핍한 상태로 빠져든다고 보았던 것이다.

그래서 그들은 새로운 문학의 방식을 찾게 되었는데 그것이 위에서 말한 현실과의 밀착이다. 현실적인 삶의 세계를 떠난 문학은 관념의 세계에서 맴돌 뿐이지 그것이 우리의 삶에는 아무런 도움을 줄 수 없

504) <嬰處稿序>, ≪연암집≫, 권 7・9, p. 107.
505) <北學辨>, ≪북학의≫, p. 440.
506) <大東風謠序>, ≪湛軒書≫ 內集・3, p. 260.
507) 조동일, <홍대용>, ≪한국문학사상사시론≫(지식산업사, 1978), p. 244.

다는 생각이었다. 대단히 사회과학적 생각이었다. 그렇지만 이러지 않고는 당시의 현실을 개혁할 방도가 없었다. 이 개혁의 한 방법이 소위 말하는 '이용후생'이었다. 이 방식은 도시를 기반으로 하는 상업이나 수공업의 장려, 그리고 사회 기존 질서의 모순에 대한 개혁을 주장하는 것으로 진전하며 대단한 비판정신을 수반하게 되었다. 이들이 청조의 발달한 학문을 수용하려 했던 것도 여기에 그 원인이 있었다. 더욱이 이들은 서양의 선교사들을 초청하여 천문・과학지식을 장려하고 우리의 자제들에게 이를 배우게 해야 한다는 주장을 피력하였다. 이때 서양 선교사들로부터 들어오는 異教(천주교)에 대한 우려는 일축하였다. 곧 열 가지를 취하고 한 가지만 금지하면 우리에게는 이득이 있을 뿐이라고 주장하였다.[508]

대단히 진보적인 생각이었다. 이것은 당시로서는 용납되기 어려운 문화정서였다. 그런데도 이들의 생각은 낙후한 현실 문제를 개선하는 데에는 설령 작은 것을 잃는다 해도 큰 것을 위해서는 감수해야 한다는 생각이었다. 이들의 국제 감각의 한 단면을 보여주고 있다. 이들이 한결같이 해외통상을 주장하는 이유도 그것을 통하여 경제부흥도 꾀하고 대외적인 감각을 익혀 세계로 눈을 돌려야 한다는 것이다. 박제가의 주장 중에는 해마다 경륜할 재사를 뽑아 10인을 중국에 보내 배우게 하면 10년 안에 당시 중국의 모든 기술을 습득할 수 있을 것이라 하였다.[509] 이렇게 해야 우리나라 사람들의 이목을 넓히고 천하가 넓다는 것을 알게 되어 우물 안 개구리 신세를 면할 수 있다는 것이다.

이들이 한결같이 대외통상을 통한 개혁을 주장하는 것은 조선의 역

508) <丙午所懷>, ≪貞蕤閣集≫ 상, p. 511.
509) <財賦論>, 위의 책, p. 450.

사 발전은 대외적 안목의 개안으로 미래를 개척하는 데서 가능하기 때문이라는 것이다. 당시 우리나라 선비들은 물건을 하나 구입하는 데도 직접 상점에 가서 구입하지 않았다. 그것은 선비의 도리가 아니라는 생각에서였다. 하지만 풍습과 명예는 우리들 스스로가 지키는 것이지 허례에 의하여 그것이 지켜지는 게 아니라고 생각했다. 삶의 궁핍에서 아무런 비전을 가지지 못해 현실을 직시할 줄 모르는 시대인들의 고루한 생각을 비판하는 자세를 취하였다. 이들이 생각하는 진보성은 청나라 그 자체에 머무는 것이 아니라 이것을 발판으로 하여 더 넓은 세계로의 도약을 의미하고 있다. 이러기 위해서는 사고의 전환이 그 전제 조건이 된다고 본 것이다.

이와 같은 사고의 전환은 비단 대외적 감각에 의존해서 생기는 것이 아니었다. 우선은 내적 변화가 있어야 했다. 그 내적인 변화 중에서 가장 시급한 것은 제도개혁이었다. 국가의 경영은 인재의 발굴인데, 그 인재등용에서 제한적 방식을 택한 조선의 제도는 망국의 방식인 것이다. 그러고도 '小中華'라고 자부하는 것은 스스로 자신을 속이고 나라를 망치는 일이라고 여겼다.

> 아버지를 아버지라 부르지 아니하는 자가 있으며, 형을 형으로 부르지 아니하는 자가 있사옵니다. 같은 혈육으로서 종으로 부르는 자가 있으며, 누런 머리에 등이 굽은 노인을 쌍상투머리를 땋은 아이의 아랫자리에 앉게 하는 자가 있사옵니다. 점점 교만해져서 천하를 모두 오랑캐로 여기고, 스스로 예의가 있다고 하고, 中華의 법이라 하니 이는 습속에 스스로 속는 것이옵니다. 사대부는 국가가 만든 것인데, 국법이 사대부에게 행해지지 못하니 스스로 만든 폐단이 아니옵니까?[510]

적서차별에 대한 이 지적은 당시 조선이 가지고 있던 가장 근본적인 제도적 문제점이었다. 이 생각은 박지원의 <擬請疏通疏>[511]나 許筠의 <遺才論>[512]에서도 상세히 지적하면서 그 개선을 주장한 바 있다. 허균은 일찍이 그의 소설 ≪홍길동전≫에서 이 문제를 중심 내용으로 다룸으로써 조선 초기 이래로 국가 발전에 저해요인으로 작용해온 적서차별의 제도를 철폐해야 함을 강조했으며, 박지원 또한 그의 ≪전≫작품에서 부분적인 언급을 한 바 있다. 이 악법에 대한 여러 가지 사정은 李相佰의 <庶孼禁錮始末>[513]이란 논문에서 상세히 연구된 바 있다.

양반사류들의 권력 독점욕에서 출발한 이 악법은 초기부터 심각한 사회문제를 야기시켰으나 기득권자의 이익추구에 의하여 쉽게 개선되지 않았다. 물론 경우에 따라서는 부분적인 허용이 있었으나 근본적인 문제해결책은 아니었다. 유학의 정통성을 부르짖는 조선사회의 편향된 의식은 세계의 변천을 인식할 수 없게 만들었으며, 士의 계급이 그 직분을 다하지 않고 개인의 이익 추구에만 급급함으로써 나라와 백성의 곤궁을 몰고 왔던 것이다. 실학파 학자들의 이 공통된 생각은 국가권력의 정당한 행사와 민족의 장래를 생각하는 방향으로 운용되어야 함을 지적하는 자세를 취했다.

그래서 과도하게 늘어나는 遊食兩班의 상업 참여를 주장하게 되었다. 곧 士·農·工·商의 수직적 해석에서 수평적 해석으로 전환하는 시각은 각기 자기 직분의 고유성을 인정하면서 직업관의 변화와 함께

---

510) <병오소회>, 위의 책, p. 513.

511) ≪연암집≫ 권 3, pp. 68-71.

512) ≪許筠全書≫(아세아문화사, 1983), p. 126.

513) 이상백, <庶孼禁錮始末>, ≪동방학지≫(연희대학, 1954), pp. 159-329.

인력의 적절한 운영까지 꾀한 주장이다. 연행을 시도한 '북학파' 학자들의 여행기에 담긴 내용들이 당시 중국의 사정을 설명하면서 그들은 자기 나름의 직업에 충실함으로써 산업의 발달과 고른 학문의 발전을 목도할 수 있었던 것이다. 곧 山川이나 市井에 흩어진 그 모든 것이 財貨로 보였다는 것이 이것을 잘 말해준다.

그들이 주장하는 내용 중에 말똥이나 인분을 특히 강조하는 것은 그 자체가 고귀해서가 아니고 하찮은 물건이라도 그것을 고귀하게 생각하고 사용할 수 있어야 나라가 부강해질 수 있다는 것을 보여준 것이라 생각한다. 그런데도 오직 사변적 학문에만 전념함으로써 허례적 문장만 양산했지 실용적인 부분에서는 전혀 관심을 가지지 못하는 현실을 맞게 된 것이다. 벽돌 한 장에까지 그들은 의미를 부여하려고 했다. 주택이나 궁궐을 짓는 데 쓰이는 재료를 우리는 나무를 사용하지만 중국인들은 주로 벽돌을 사용한다. 이것은 규격화와 내구성을 동시에 얻을 수 있는 방식이었다.

이들이 중국에 들어가 주택의 모양과 그 사용된 재질을 보면서 벽돌의 유용함을 극구 칭찬한 이유 중에서 가장 강조한 점은 경제성이었다. 한번 만들면 천년을 지탱할 수 있어 비용을 절감할 수 있었기 때문이다.[514] 실제로 박지원은 귀국하여 안의 현감에 재직하던 1792년 경 관아 안의 퇴락한 집을 헐고 벽돌로 집을 지어 그가 중국 여행에서 목도한 내용을 참고하여 실행에 옮겨 보기도 했다.[515] 실험적인 이 행위는 그것이 우리의 현실과 어떤 함수 관계를 가지는가에 대해서는 다른 각도에서 살펴보아야겠지만, 우선 그 생각 자체가 미래지

514) <북학변> '甓', ≪정려각집≫ 하, p. 364 ; <太和殿>, ≪국역 담헌서≫ Ⅳ, p. 253.

515) 강동엽, <燕岩朴趾源年譜>, 앞의 책, p. 190.

향적이라 할 수 있다. 우리의 궁궐이나 주택은 자주 퇴락하여 거기에 드는 인력과 재정의 부담이 엄청났던 것을 생각한다면 이들의 생각은 그 당위성은 차치하고라도 앞을 내다보는 시각이 아닐 수 없다.

그러면서도 전통적 유교질서 속에 있던 이들이 중국 중심의 세계관을 넘어 점차 더 넓은 다른 문화의 영역을 인식하는 과정에서 보다 합리적 사고를 추구한 데는 역시 서양 과학의 영향이 컸다고 보아야 할 것이다. 이 점은 중국의 학자나 조선의 학자들 사이에서도 공통적으로 나타나는 특징 중의 하나이다.[516] 그들이 수용하는 과학에 대한 인식은 그들 자신이 먼저 세계관을 변화시키는 데서 출발하고 있다. 곧 조선후기의 氣哲學에 대한 독특한 해석은 사물의 본질을 해석하는 초석이 되었으며, 사물을 同一性으로 인식하는 이 자세는 地球도 星界의 한 부분에 불과하다는 과학적 인식을 낳게 하였다.[517] 이러한 사유적 전개의 과정은 그들의 시각을 현실적 비판을 기초로 하여 보다 넓은 세계, 그리고 보다 항구적인 것을 생각하게 하였다.

당시 우리의 유학자들이 전통적인 유학서를 읽으면서도 그 속에 담긴 의미를 이해하지 못했던 것도 이러한 사유의 전환이 없었기 때문이었다. ≪주례≫를 읽으면서도 그 속에 담긴 윤인, 여인, 거인 등을 이해하지 못한 것이 그 단적인 예가 될 것이다.[518] 그것을 수레의 종류로 이해하고, 이것을 응용하여 당시의 생활에 사용할 수 있게 했다면 우리의 삶은 보다 윤택하였을 것이다. 그것은 비단 교통의 편리함

---

516) 최소자, <17·18세기 漢譯西學에 대한 연구 - 中國과 韓國의 士大夫에게 미친 영향>, ≪한국문화연구논총≫ 39(이화여자대학교, 1981), p. 110.

517) 小川晴久, <十八世紀의 哲學과 科學의 사이 - 洪大容과 三浦梅園>, ≪동방학지≫20(연세대학교, 1978), p. 255.

518) <車制>, ≪열하일기≫, 권 12, p. 174.

에 머무는 게 아니라 학문의 바른 이해에서 오는 당연한 결과인 것이다.

앞에서 살핀 3인의 여행기에서 다룬 여러 가지의 사항과 기물들에 대한 상세한 설명은 그 자체에 있기보다는 자신들이 생각하는 세계와 청나라의 선진문화의 실상을 대비시켜 그 당위성을 강조하는 방식이었던 것이다. 현실의 비판과 개혁의지는 자기 민족의 역사 발전을 위한 하나의 방법론적 제안이며, 그들은 이를 좀더 적극적으로 표현했을 따름이다. 그리고 이것은 현재나 미래지향적 의지를 동반하면서 시점의 개발을 추구하여 가는 자세를 취했다는 것을 이들 여행기를 통하여 다시 한번 확인할 수 있었다.

Ⅵ. 맺는 말

이제까지 홍대용, 박지원, 박제가의 중국여행기를 대상으로 그들의 문명의식에 대하여 몇 가지 항목으로 나누어 살펴보았다. 이것을 정리하면 다음과 같다.

먼저 18세기를 전후한 동아시아의 시대적 상황과 문학에 대한 서술방식, 그리고 문학정신에 대하여 살폈다. 이에서는 동아시아 제국이 비슷한 양상을 가지고 있음을 알았다. 이때는 서세동점의 시기로서 서양의 세력들이 동양으로 밀려오던 시기였다. 반면에 조선이나 일본은 그들의 세력을 보호하기 위하여 쇄국적 정책을 수립하였으며, 각기 그들의 실정에 맞는 문화 수용을 제한적으로 시행하던 시기였다. 그러나 중국은 조선과 일본에 비하여 서구문명을 수입하는 데 적극적이거나 관대한 입장을 취했음을 알 수 있다.

그러나 이에는 그 나름의 문제점이 있었다. 중국은 서양 선교사들에 의해 한역된 서적을 통하여 수용하였으며 조선도 이에 속한다. 대신 일본은 초기의 양상에서 벗어나 직접 서구의 언어를 습득하여 직접적인 수용을 실행함으로써 서구문화의 수용에 대한 적극성을 보이는 양상이었다.

이 시대의 정치적 양상은 동아시아 제국이 비슷하였다. 중국은 명말청초의 변혁기를 맞으면서 사유체계의 변화를 가져왔으며, 일본 역시 덕천막부의 개혁정치가 시행되던 시기였다. 조선은 임진·병자난을 겪은 이후라서 피폐한 현실을 개혁하려는 의지가 수구적 정치세력과 대결하는 양상을 띠고 있던 때였다. 이 같은 시대적 상황 속에서 문학은 현실과 대립관계를 형성하며 비판적이고 개혁적 의지를 표현하는 다분히 사회과학적 양상을 띠어가고 있던 때였다. 방법적인 면에서는 풍자적 수법에 의존했으며, 문학에 대한 인식은 관념적인 것에서 직접적인 방향으로 전환하고 있었다. 곧 문학은 그 시대적 산물이라는 생각과 각 시대에 따라서 새로운 형태의 문학이 탄생한다는 주장이 강조되었다.

둘째로 연행록의 세계를 중심한 3인의 생각은 그 정도의 차이는 있으나 모두가 당시 조선의 낙후한 현실을 개혁하기 위하여 몇 가지 중요한 제안을 하고 있다. 그것은 우선 사고의 전환이며, 다음으로 학문의 실용성을 주장하였다. 그리고 선진문화 수용을 통하여 조선에 적용시키는 문제를 강조하고 있다. 현실을 직시하는 자세는 조선 후기에 팽배하던 관념적 사고에서 탈피하여 학문의 실용성, 곧 효율성을 강조하는 자세를 보였다. 그것이 청나라에 대한 맹목적 비난과 기피현상이 현실에 대한 착각에서 왔다는 것이다. 청이 비록 호인에 의한 건국이었지만 그들의 선진문화는 우리들의 현실을 개혁하는 좋은 방법을 제공해 준다는 사실이 여행기의 중심내용이다. 각종 기물과 생활 도구, 궁실과 교량, 제도와 관습 등에서 우리의 현실과 대조시켜 보았다.

다음으로 서양 과학에 대한 수용자세이다. 주로 천문과학과 수학에 대한 내용을 중심으로 새로운 세계관과 우주관을 제시하였다. 지구설과 지동설을 중심으로 중화 중심의 세계관에서 세계의 넓음을 인식하고 그들과 호흡함으로써 세계 속에서의 조선의 위상을 강조하고 있다. 이 주장들은 과학적 사고를 낳게 하여 세계와 나를 좁히는 결과를 가져올 수 있다고 보았다. 그리고 이런 시각은 자기 민족에 대한 올바른 인식을 가져올 수 있으며, 종국에는 올바른 비판을 낳게 되어 민족의 발전을 가져올 수 있다고 했다. 나아가 이러한 현실적 개혁의 방법으로 제시한 것이 제도개혁과 상공업의 장려, 해외통상을 통한 경제부흥이 강조되었다. 제도개혁은 인식의 전환과 세계에 대한 시야를 넓힘으로서 가능하며, 해외통상은 경제 그 자체에만 목적이 있는 것이 아니라 그들과의 접촉에서 세계의 실상을 정확히 파악하여 국가 안위의 문제까지 해결할 수 있다고 보았다. 통상의 방식 중에 하나는 유식양반을 상업에 종사시킴으로써 과도한 권력 지향에서 오는 현실정치의 문제를 해결하고 무역업을 고도화시킬 수 있는 이점이 있음을 주장하였다. 나아가 해외 유학을 통하여 다른 나라의 방식을 배울 것 또한 지적하였다.

셋째로 여행기에서 강조되는 각 항목들은 조선의 역사 발전을 위하는 방향으로 전개하고 있다. 이는 학문이 그 민족의 발전에 도움을 줄 수 없는 것이라면 그 존재가치가 없음을 보여준 예였다. 여행기의 중심내용도 이 점이 특히 강조되었으며, 이 같은 자세는 우리 민족의 장래를 위한 미래지향적 의식에서 비롯되었음을 알 수 있었다. 문학이 그 시대에 어떻게 영향을 미치고, 그러면서 어떻게 발전해 가는가를 보여준 것이다. 여행기는 다른 문학적 양식과는 달리 대상에 대하여 직접 체험함으로써 자기가 생각하는 내용을 보다 구체적으로 서술할 수 있다는 특징을 지니고 있다.

그래서 이 연행록의 세계에서는 작자 자신들이 평소에 다듬은 생각들을 중국을 대상으로 구체화시키는 방식을 사용하였으며, 나아가 중국을 매개로 한 세계와의 호흡을 시도한 것이다. 이로써 보면 문학이 그 민족의 역사 발전에 대하여 어떻게 공헌할 수 있는가를 보여준 좋은 예가 되었다고 본다. 같은 시대에 같은 장소를 여행하였으면서도 각기 그 자신들의 세계를 전개할 수 있었던 것 또한 '여행기'가 가지는 특징이라 할 것이다. 비록 그들의 생각을 현실 정치에서 구체화시킬 수 없었던 한계성은 있었지만, 제안 그 자체가 민족의 발전에 큰 보탬이 되었다는 것은 부인할 수 없을 것이다. 이것이 바로 3인의 여행기를 같은 자리에 놓고 살펴본 의의이기도 하다.

<우상전>에 투영된 이언진과 그의 세계인식

Ⅰ. 머리말

한국에 있어서의 18세기는 변혁의 시기였다. 이러한 현상은 동아시아 제국, 중국이나 일본 역시 같은 현상으로써 그들 나름의 변화를 맞이하고 있었다. 당시 조선의 대외교류는 대부분 연행사나 통신사들에 의하여 이루어졌으며, 그 외에는 아주 적은 예지만 중국을 거쳐 들어온 서양 선교사들의 서적과 활동, 그리고 바다를 건너온 표류인들에 의한 간접적인 경우가 있었다.

이 당시 조선 지식인들의 학문적 관심과 욕구는 대단하여 기존의 가치체계에서 벗어나 새로운 세계를 호흡하려는 기운으로 충만했었다. 그들은 자신의 새로운 경험을 정리하여 많은 글을 남겼는데, 그 중에서 가장 중요시되는 것이 연행록 계통과 해유록 계통임은 두루 잘 알려진 일이다.

이 같은 견문록을 통하여 직접 체험하지 못한 사람들의 욕구를 충족시켜 줄 수 있었으며, 그 효과는 오래도록 많은 사람들의 사고를 바꾸어 놓는 결과를 가져왔다. 그것은 중국 중심주의적인 세계관에서 보다 넓은 세계를 알게 하였으며, 세계 속에서의 한 국가로서의 조선을 인식하게 해 준 점이다. 이것에 대한 찬반과 이론은 오랜 전통으로 이어져온 화이관을 바꾸어 놓게 하였으며, 나아가 세계와의 교류를 지향하는 글들을 낳게 하였다.

그러나 그러한 글들은 대부분 양반사대부들에 의하여 쓰여졌으며, 그들의 주장은 한결같이 선진문명의 수용으로써 당시의 현실적인 낙후성을 극복하려는 의지로 표현되었다. 이들이 이러한 글을 쓸 수 있기까지 직접적이거나 간접적인 관계에 있었던 사람들은 역시 <중인> 신분의 역관들이었다. 이들은 그들 자신의 신분적인 문제에도 불구하고 직책과 능력에 의하여 선진문명을 접촉하는 선두에 설 수밖에 없었다. 이러한 현상은 18세기 조선에 있어서의 사회변동과도 무관하지 않아서 깨어있는 의식의 확립에 많은 역할을 담당했다.

본고에서는 이 같은 제 여건 속에서 깨어 있는 의식을 가지고 변혁의 시대를 살면서 그 시대의 특징과 미래상을 제시한 사람들 중의 한 사람인 李彦瑱(1740-1766)을 대상으로 그가 자기시대와 동아시아를 중심한 세계를 어떻게 인식하였는가를 살펴보고자 한다. 이를 위해 우선 박지원이 <우상전>에서 이언진을 어떻게 그리고 있는가를 살피면서 두 사람의 관계를 정리하고, 다음으로 현재 일본에 전해지는 이언진의 초상화와 당시의 그에 대한 평을 소개하면서 그가 인식한 세계의 실제는 어떤가를 정리하는 방향으로 서술하고자 한다.

Ⅱ. 작품의 구성과 이언진과의 관계

1. 박지원과 이언진

박지원과 이언진의 관계는 서로 상면을 하지 않은 채 대화를 나눈 셈이다. 이들의 관계에 대해서는 박지원이 쓴 <우상전>의 뒷부분에 상세히 나타나 있다.

> 내 일찍이 우상과 서로 알지 못했으나 우상은 자주 사람을 통하여 그 시를 내게 보이면서 '이 사람만이 나를 알아주겠지'했다. 나는 농담으로 시를 전하는 사람에게 '그저 시끄러운 놈의 가는 침일세. 자질구레하여 별 볼일이 없군'하였다. 우상은 노하여 '어휴 미친 놈이 기올리네'했다고 한다.[519)]

위 문맥으로 보면 직접 만나지 않았던 것은 확실하며, 그의 문재에 대해서는 일찍이 알고 있었던 것 같다. 단지 젊은 나이에 뛰어난 재주를 가졌기 때문에 더욱 다듬기를 바라는 마음에 짐짓 쓸모없는 시를 쓴다고 했다는 것이다.

이어서 <우상전> 밑부분에 적기를,

> 나는 늘 우상을 한번도 만나지 못했음을 한스럽게 여겼다. 또한 그의 작품은 불살라져 남은 것이 없으니 세상에는 더욱 그를 아는 이가 없을 것이다.[520)]

---

519) 余與虞裳 生不相識 然虞裳 數使示其詩曰 獨此子庶能知吾 余戲謂其人曰 此吳儂細唾 瑣瑣不足珍也 虞裳怒曰 傖夫氣人

520) 余旣不見虞裳 每恨之 旣且焚其文章 無留者 世益無知者

라고 하였다. 무척 안타까워 하는 이 생각이 그의 <전>을 짓게 된 동기가 아닌가 한다. 이언진에 대한 기록을 남긴 몇 안 되는 사람 중에서 이덕무(李德懋, 1741-1793)의 기록을 보면,

우상은 경신년(1740)에 출생하여 병술년(1766)에 세상을 떠났다. 내가 기회를 잘 탔으면 만나볼 수도 있었는데 우상이 병들어 죽을 무렵에 나는 어머니의 상을 당하였었는데 지금까지도 그를 만나지 못한 것이 애석하기 한이 없다.[521]

라고 한탄하는 부분이 있다. 그 역시 이언진을 만나지 못했던 것으로 보면 박지원의 안타까움과 상통하고 있다. 그러면서 박지원이 이언진의 <전>을 쓴 것에 비하여 이덕무는 ≪청비록≫에서 <이우상>이라는 제목의 매우 긴 글을 남기고 있는데 그 내용이 박지원이 쓴 <전>과 흡사하다.

알려진 바와 같이 이덕무는 이언진에 대한 상세한 소식을 성대중(成大中, 1732-1812)을 통하여 들었을 가능성이 많다. 왜냐하면 이덕무와 성대중은 자주 詩會를 가질 정도로 친교가 두터웠으며, 특히 이덕무의 유고집인 ≪炯菴遺稿≫ 발문을 쓸 정도였기 때문이다. 성대중과 이언진은 1764년의 통신사 일행이 되어 정사서기와 역관의 직분을 띠고 다녀온 인연이 있다.

이로 미루어 박지원과 이덕무, 이덕무와 성대중, 성대중과 이언진으로 연결되는 인과관계가 형성된다. 특히 북학파의 일원이었던 문인

521) ≪淸脾錄≫(일본 天理大學 圖書館本), 卷 三, <李虞裳>條. "虞裳生於庚申死於丙戌 余庶幾相觀 而虞裳病且死 而余時遭母喪 至今腸中之車輪轣轆矣."

들의 특징이 박학다식한 경향이 있었던 것을 참고하면 박지원이 경험하지 않은 일들을 작품(특히 '허생'의 경우)에 형상화시킨 것과도 무관하지 않을 것이다.

게다가 박지원 자신의 고백 속에 이언진이 자신의 시를 보내어 품평을 구했던 인연이고 보면 입전의 동기는 충분히 있었다고 본다. 이 같은 입전 동기 부분은 그의 <放璃閣外傳> 自序에서도 "옛문장에 힘을 오로지 한 것이 아름다워 <우상전>을 쓴다"고 밝힌 바 있다. 단지 입전을 하는 방식이 일반적인 현상과는 많은 차이를 가지고 있다. 곧 대체적인 <전>의 형식들이 입전 대상자의 연대기적인 사실에서 출발하고 있는데 비하여 <우상전>에서는 주로 일본통신사 일행으로 여행한 부분에 중점을 두고 있다. 이것은 박지원이 이언진의 행적 가운데에서 특별히 부각시키고자한 의도와 관련지을 수 있을 것이며, 이 방식은 또한 그의 입전 방식의 특징을 보여주는 한 예이기도 하다.

2. 〈우상전〉의 구성과 기행시

박지원이 <우상전>을 쓰게 된 동기는 앞에서 본 바와 같이 그의 죽음을 애통해 하면서 뛰어난 문재를 후세에 알리기 위해서였다.

그러한 의도에 의한 이 작품의 구성은 우선 세 부분으로 나눌 수 있을 것 같다. 첫째는 당시 일본에 통신사를 파견한 이유와 일본의 사정(주로 정치・경제적인 부분에 중점)을 기술하였으며, 둘째는 이언진이 남긴 '기행시'를 소개하면서 임진년 왜란의 폐해를 적었다. 여기서 인용된 '기행시'는 박지원이 <전>의 말미에 적은 바와 같이 자신에게 보여준 작품 가운데의 일부분이다.[522] 곧 <海覽篇>・<壹岐

島(亦勝本海)>·<壹陽舟中念惠寰老師言> 등인데 <해람편>을 제외한 두 편의 시에 대해서는 정확한 제목을 제시하지는 않았다. 셋째는 주로 이언진이 죽고 난 이후의 후일담을 소개하면서 이용휴(李用休, 1708-1782)의 輓辭를 통하여 입전 대상자의 특징적인 부분을 나타내고 있다.

여기서 이용휴의 만사를 통하여 그의 삶을 평가하려던 것은 이언진이 이용휴의 문하에서 수업을 한 관계로 가장 잘 알 수 있었을 것이기 때문이다. <전>의 내용 속에 보이는 박지원의 이용휴에 대한 평가는 서로가 처한 정치적 관계에 의하여 구체적 언급을 피하면서 특별한 관심을 보이지 않은 방법을 취했다.[523]

그러나 박지원 역시 이언진에 대해서 얼마나 마음 깊이 생각하고 있었는가는 <전>의 말미에 적은 다음의 글에서 잘 나타나고 있다.

> 아아, 슬프도다. 내 일찍이 마음 속으로 혼자서 그의 재주를 사랑했다. 그러나 다만 '보잘 것 없다'는 말로써 그 날카로운 기운을 꺾어 버렸다. 이는 내딴 '우상의 나이가 아직 젊으니 고수분히 길을 잡는다면 글을 지어서 이 세상에 전할 수 있으리라'생각했던 것이다. 이제 생각하니 '우상은 반드시 내가 자기를 기뻐하지 않았다'고 생각했으리라.[524]

---

522) "乃發篋中舊藏 得其前所示, 纔數篇 於是悉著之 以爲之傳虞裳."

523) "有輓之者 歌曰"이란 표현에 대하여 이가원은 ≪이조한문소설선≫(민중서관, 1971), p. 254 각주에서 역시 "혜환 이용휴, 연암과 당파(黨派)의 관계가 있으므로 이름을 들지 않았음"이라고 지적하였다.

524) "嗟呼 余嘗內獨愛其才 然猶挫之 以爲虞裳年少 만就道 可著書垂世世 內今思之 虞裳必以 余爲不足喜也…"(위의 번역문은 이가원, 앞의 책 같은 곳을 인용한 것임)

위의 글에서 보이는 바와 같이 마음 속으로 아끼던 후배 문인의 죽음에 대한 슬픔과 그의 문학 세계, 그리고 내면적인 세계를 형상화시키는데 있어서 인용할 수 있는 자료는 당시의 사정으로 보면 아주 적은 형편이다.

박지원 자신의 고백과 같이 그가 보관하고 있던 몇 편의 작품과 들리는 후일담, 그리고 사후에 그를 기린 만사 정도 밖에는 없었다.[525]

이 중에서도 박지원이 쓴 ＜전＞의 중심된 자료는 역시 통신사의 일행으로 일본에 갔을 때에 쓴 시가 될 것이다. 물론 여기에 인용된 작품 외에도 각 체의 시가 몇 편 더 있다. 그러나 현재 남아 있는 문집 속에 보이는 작품 중에서도 ＜전＞에 인용된 작품이 역시 가장 대표적인 작품이라 할 것이다.

이 작품들은 이언진이 일본에서 귀국하여 박지원에게 보인 것이며, 기대했던 평을 듣지 못한 다음 해인 1766년에 세상을 떠났으니 작품을 쓴 2년 후에 죽음을 맞이했다. 그러니까 박지원의 ＜우상전＞ 내용은 이언진의 기행시를 통하여 볼 수 있는 세계, 그리고 이용휴의 만사를 통하여 알 수 있는 이언진, 다음이 이를 종합하여 박지원이 형상화한 이언진의 ＜전＞, 이렇게 세 부분으로 생각할 수 있다.

---

525) 이언진에 대한 자료는 ≪松穆館集≫(李朝後期閭巷文學叢書 I, 여강출판사, 1986)과 일본 大阪의 ＜中の島圖書館＞에 소장되어 있는 필사본 ≪松穆館燼餘稿≫(이 필사본은 제목만 약간 다를 뿐 내용은 위의 목판본 ≪송목관집≫과 같다). 그리고 타인의 문집에 보이는 몇 편의 ＜전＞과 詩評(박지원, ≪연암집≫ ＜방경각외전＞ "우상전", 이덕무, ≪청비록≫ ＜이우상＞, 金祖淳, ≪楓皐集≫ ＜李彦瑱전＞, 李尙迪, ≪思誦堂集＞ ＜李虞裳先生傳＞, 金浦, ≪松穆館集≫跋, 이용휴, ≪松穆館集≫ 序.) 통신사로 일본에 갔을 때의 기록이 약간 있을 뿐이다. 일본에 남아 있는 기록은 다음 장에서 다시 언급함.

그 중에서도 이언진의 생각을 가장 잘 이해할 수 있는 부분은 역시 <해람편>[526]이 될 것이다. 이 작품은 <전>의 앞 부분을 차지하면서 그가 추구한 세계를 가장 잘 나타내고 있다. 박지원은 이를 "나라의 명예를 빛낸 사람(華國之譽)이라고 지적하고 있어 입전의 중심된 의도를 밝히고 있다. 이를 중심으로 작품에 인용한 이언진의 여타 기행시를 대상으로 박지원이 나타내고자한 대상 인물의 중심된 생각을 추적해 보고자 한다.

이를 위해서는 앞에서 지적한 <해람편>은 물론 일본에서의 행적을 참고하면서 그가 생각한 세계와 이언진의 눈에 비친 세계가 어떻게 형상화 되었는가를 다음의 장에서 보고자 한다.

Ⅲ. 작품 속에 보이는 세계인식

1. 이언진의 초상화와 행적

이언진에 대한 자료는 이름이 알려진 것에 비하여 그의 생애 만큼이나 적은 편이다. 박지원의 <우상전> 이후 그에 대하여 여러 문인들의 관심이 집중되었지만 신분적인 문제나 성격적인 것에 기인하여 현전하는 자료는 앞에서 열거한 것 외에는 쉽게 찾기가 어렵다.

특히 그의 작품들이 주목받게 된 것은 통신사 일행으로 일본을 다녀오면서부터이다. 그래서 당시 일본 문인들의 그에 대한 평판은 국

---

526) 이 작품은 통신사의 일행으로 일본 大阪에 갔을 때의 풍물과 느낌을 五言古詩體로 쓴 88구 440자로 되어 있다. ≪이조후기 여항문학전집 I ≫(여강출판사, 1986) 소재 ≪송목관집≫, pp. 682-3.

내에서 보다 훨씬 더 주목하였음을 일찍이 알려진 것과 같다. 그러나 그 구체적 평가나 행적에 대해서는 별로 알려진 것이 없다. 게다가 27세에 요절하면서 문명이 알려진 그 이기에 행적에 대해서도 각 연구자의 자료에 따라 조금씩 차이가 보이고 있다. 여기서는 현전하는 일본 측의 자료를 중심으로 그의 초상화와 행적을 살펴 정리하기로 한다.

이언진에 대한 연구는 별로 많은 편이 못된다.[527] 특히 그의 모습에 대해서는 단편적인 기록에 의할 뿐 정확하게 알 수가 없었다. 그런데 그가 통신사의 일행으로 일본에 갔을 때 당시 그와 함께 필담을 나눈 일본 측 문인 劉維翰(日本名, 宮瀨維翰, 字文翼 號龍門, 1719-1771)이 기록한 ≪東槎餘談≫(상·하)이란 책에 이언진은 물론이고 동석하여 필담을 나눈 일행 15명의 초상화와 각자에 대한 간단한 소개가 수록된 것을 볼 수 있었다.[528]

이 기록에 보면 "押物判事前漢學主簿從六品李彦瑱字虞裳號曇寰或雲我或誕登子雞林人庚申生二十五"[529]라고 했다. 기록자가 이언진 일행을 만나 창수한 때는 갑신년(1764년) 2월이었다. 그가 창화집 서문에 自序하면서

---

527) 그의 문학과 행적에 대한 연구로는 李相鎭, <李彦瑱의 '衕衕居室'考>(≪한국한문학연구≫ 12집, 1989)와 鄭後洙, ≪朝鮮後期中人文學硏究≫(깊은샘, 1990) 속에 <이언진>이란 항목으로 수록하여 그의 六言詩와 여타 작품, 그리고 간단한 행적을 추측할 수 있다.

528) 이 자료는 일본 近畿大學 李元植 교수님이 제공하여 준 것이다. 귀한 자료를 복사해 주신데 대하여 감사함을 표한다.

529) 劉維翰, ≪東槎餘談≫ 상권, p. 18. 이 기록에서 그가 일본에 간 나이가 24세 때라고 알려졌으나(이원식, ≪조선통신사≫, 민음사, 1991, p. 209. 정후수, 앞의 책, p. 191 등) 우리나라식으로 계산하면 25세 때가 맞는다.

明和元年甲申之歲 春二月 朝鮮國信使來聘 其所過之邦 學士大夫搢紳先生 苟挾筴操觚者 各摛其藻而唱酬焉[530]

라고 하였으며, 이 당시 기록자 자신에 대해서는 "劉維翰字文翼號龍門南紀人己亥生年四十六"[531]이라하여 약 20여세 차이가 남을 밝히고 있다. 그러니까 갑신년 2월 江戶에서 만나 창화를 나눈 내용을 같은 해 6월에 한 권의 책으로 꾸민 것을 알 수 있다.[532]

그는 책을 꾸미면서 창화의 틈틈이 대화하는 상대방에 대한 외모와 특징을 상세히 기록하였다. 이 기록에는 동석한 10여 인의 통신사 일행이 망라되어 있다. 곧 南玉, 成大中, 元仲擧, 金仁謙, 吳大齡, 李命知, 劉道弘, 李彦瑱, 趙東觀, 金應錫, 洪善輔, 南斗旻, 金有聲 등이다. 나머지 두 사람은 通引小童과 奴僕이었다.

여기서 동석한 다른 문인들에 대해서는 생략하고 이언진에 대한 기록을 보기로 한다. 그는 서문에서 이언진에 대한 총평을 다음과 같이 하고 있다.

운아는 영준한 얼굴을 가진 소년으로 귀밑머리와 구렛나루가 없다. 말과 웃음이 사랑스럽고 뛰어나 깨달음이 미간에서 나왔다. 그 말하는 바는 택경경이 견줄 바가 아니다. 고문사에 뜻을 두고 왕유와 이백을 숭상한다. 학사와 서기를 말하니 속인이 취하기에 부족하다.[533]

---

530) 유유한, 앞의 책, 상권, p. 10.

531) 위의 책, 상권, p. 13. 여기서 '南紀人'이란 표기는 '紀伊人'이란 말이며, 주로 江戶에 거주하였으며, 이 책 외에도 ≪故孝經國字解≫, ≪金蘭集≫, ≪李王七律詩解≫, ≪龍門山人文集≫ 등과 ≪鴻臚傾蓋集≫이란 창화집이 있다. 이원식, 앞의 책, p. 232 참조.

532) 위의 책, 상권, p. 13. "明和元年甲申之歲夏六月, 南紀劉維翰書諸卷首."

이 총평은 다른 문인들에 비하여 상세하게 기술한 편이며, 끝에서 자신의 능력이 부족하여 그의 학술과 사상에 대한 좀더 상세한 논평을 하기가 어렵다고 했다.

위의 논평에서 나타난 특이한 것은 이언진이 평소에 '王李' 곧 중국 명나라 嘉靖·隆慶 때의 뛰어난 文人을 지칭하는 '嘉隆王李'(王世貞·李攀龍)를 말하는 것으로 일명 '嘉隆後七才子 중의 二人'이라고도 한다. 이 사실은 창화집의 저자가 자의적으로 말한 것이 아니라 이언진 자신도 스스로 이를 인정하고 있다.

용문이 말하길, 저가 듣기에 금봉과 그대는 문장에서 유독 가정과 융경 때의 왕사정과 이반룡을 취하였습니다. 그 더욱 무겁게 받아들인 이로 오군은 우주 제일이 되었습니다. … 우연히 들으니 그대가 좋아하는 것이 나와 같군요. 와서 이야기한 것이 어찌 다른 것이 있겠습니까?

운아가 말하길, 진실로 고심하였습니다. 저 또한 손으로 적은 책이 여러 상자입니다. 왕사정과 이반룡의 자취는 많으나 아는 이는 적고 모르는 이는 많습니다. 나를 칭찬하는 자는 적고 나를 비난하는 자는 많습니다. 군자는 돌아보지 않고 홀로 서서 죽거나 번민할 뿐입니다.534)

---

533) 위의 책, p. 12. <自序> "雲我雋容少年 無鬚髥 言笑可愛 穎悟發眉宇間 其所吐納 非宅瑣瑣比也 志古文辭 崇尙王李 則謂學士書記俗人不足取焉."

534) 위의 책, 하권, p. 38. "龍門曰 僕聞 諸金峰足下於文章 獨取嘉隆王李 其尤所推重者 吳郡爲宇宙第一也 … 偶聞足下所好 與余心符矣 所以來謁者 豈有他乎. 雲我曰 良工苦心 僕亦手書數篋 王李居多 知者少 不知者多 譽我者寡 毁我者衆 君子不顧 獨立亡悶."

이어서 용문(저자)이 이에 대한 평을 구하자 이언진이 다음과 같이 대답하였다.

> 운아가 말하길, 그대의 재주가 심히 높군요. 학문이 심히 넓으니 세상을 깨우쳐 크게 이반룡을 회복하지 않습니까. 헛되이 함께 성하게 하고 서로 자랑할 수 없습니다. 세상사람들이 왕사정과 이반룡을 함께 이름하여 운순희가 '왕・이는 문원의 남면왕이다'고 하였으나 문에 두 명의 왕이 없습니다. 원미가 유독 왕이라 할 것입니다. 이 말은 소홀히 할 것이 아닙니다.[535]

이것으로 보면 이언진이 이용휴 문하에서 수업을 하였으나 다른 측면에서는 明代의 文人 곧 '王李'에 심취하여 그의 문학적 세계를 다듬어 갔음을 알 수 있다. 이 부분은 앞으로 이언진의 문학을 이들의 작품과 비교하여 연구하는데 좋은 계기를 마련하여 줄 수 있을 것이다.

그가 독창적인 문학세계를 추구하면서도 고집과 편견이 섞이지 않은 참다운 작품을 남길 수 있었던 것[536]은 이와 같은 전대의 고문에 대한 학습과 심취에 기인하는 점도 있다. 이 점이 또한 유유한으로 하여금 그에 대한 관심을 깊게 한 원인이기도 하다.

그리고 이 책에는 대화 외에도 酬唱에 동석한 사람들의 시가 수록되어 있다. 대부분 한 사람이 여러 편씩 남기고 있으나 이언진의 작

535) 위의 책, 하권, p. 39. "雲我曰 王才甚高 學甚博 而懲何大復李 空同不相能 盛 相推詡 世人遂並稱王李 而雲淳熈曰 王李文苑之南面王也 然文無二王 元美獨王矣 此言不可忽."

536) 이용휴, <송목관집서> 참조.

품은 한 편이 수록되었다. 작품은 이 책의 저자인 유유한에게 준 것이다. 그 작품의 전편을 적으면 다음과 같다.

奉報龍門劉先生　雲我
芝蘭林裏室生香
鵲背何來抵夜光
小別千年天地外
武州東望海無梁[537]

전별을 아쉬워하는 이 시편은 이언진의 많지 않은 遺作의 한 부분에 채워지기를 바라며, 다른 창화집을 통하여 또다시 짧은 시편을 찾을 수 있는 가능성은 있을 것이다. 그리고 일본에서의 행적을 단편적이나마 추적하여 그를 이해하는데 작은 보탬이 되고자 한다.

아래에 그의 초상화와 함께 유유한과 창화에 동석하였던 15인(통인과 노복을 포함) 중에서 正使書記로 갔던 成大中, 畵員으로 갔던 金有聲은 다른 곳에 수록된 초상화를 이원식 박사가 이미 소개한 바 있으나[538] 다른 형태의 것이어서 참고로 같이 소개한다. 초상화의 상단에는 각기 간단한 소개가 있는데 복사의 상태가 좋지 않아서 이해에 약간의 장애가 있을 것 같다. 그리고 자료적 가치를 생각하여 이언진의 초상화를 먼저 소개하지 않고, 원본에 수록된 순서대로 나열하였음을 밝혀둔다.

---

537) 유유한, 앞의 책, 하권, p. 57.
538) 이원식, 앞의 책, p. 251, p. 258 참조.

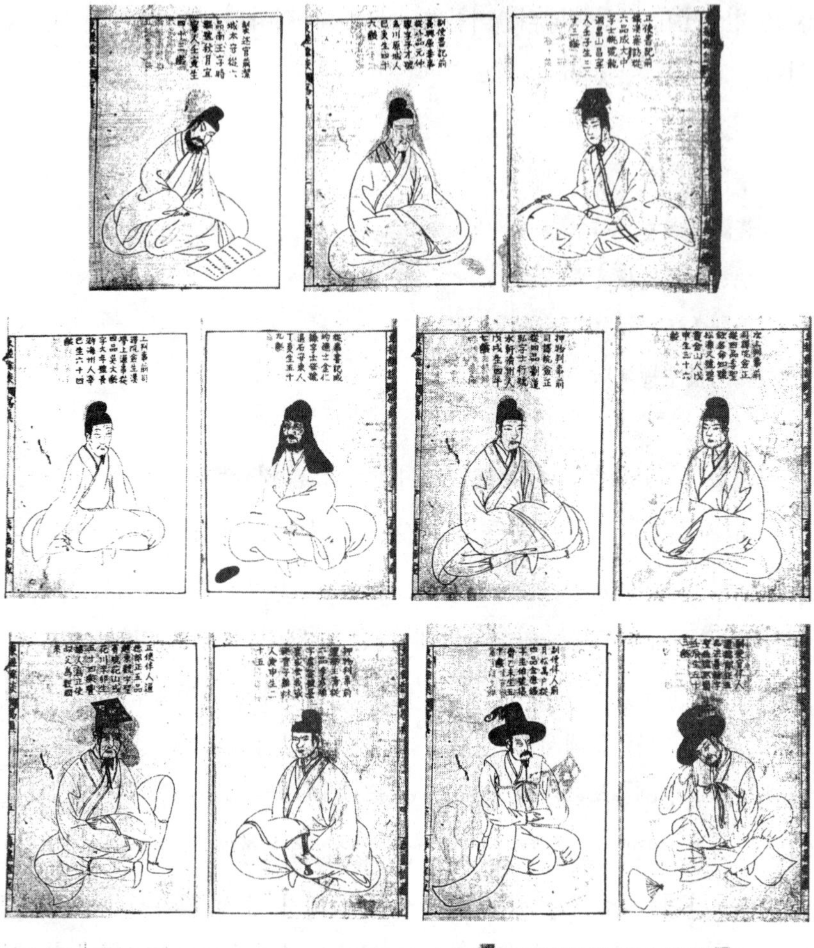

그림 22. 1764년 통신사의 수행원들

위에 소개한 초상화의 주인들은 대부분 당시 이름을 드날리던 문인들이었다. 특히 成大中, 元仲擧, 金仁謙, 李彦瑱 등은 국문학계에서도 이미 그들의 문학작품에 대한 연구가 많았으나 활동기의 모습에 대해서는 알려진 바가 없었는데 이 자료로써 그러한 궁금증이 채워지기를 바란다. 아울러 小童·奴僕의 차림새는 1764년의 모습을 생생하게 보여주고 있어서 문화사적 이해에 도움이 되리라 믿는다.

2. 세계인식의 실제

이언진의 세계인식에 대한 이해는 그의 '기행시' 속에 잘 나타나 있다. 박지원도 <우상전>을 입전하면서 이 점을 깊이 인식하고 있다. 그래서 여기서는 주로 그의 <전>에 수용된 기행시를 중심으로 살펴보고자 한다.

먼저 <해람편>의 내용에 나타난 것부터 보기로 한다. 이 작품의 전체적인 내용을 보면 서두에 일본의 지리적 특징을 설명하고, 이어서 산천풍경과 풍속이 우리나라와 다름을 읊고 있다. 언어 또한 달라서 역관이 있으나 별 도움이 되지 못한다고 하였다. 그리고서 大阪의 시내에서 목도한 기괴한 물건이나 상품들의 출처를 밝히면서 그 용도를 설명하고 있다. 끝에 가서는 세상이 넓지마는 세계 만방의 처지에서 본다면 이웃 나라들은 모두가 지도위의 한 점에 불과하여 萬國人民은 교류하고 和平을 맺어서 잘 지내야 한다는 것을 강조하고 있다.

이 같은 그의 기행시를 중심으로 세계인식의 양상을 보고자 한 것은 당시 중국을 통한 서양문명의 수용에 대한 필요성을 주장하는 글들은 많았으나 그것을 한 편의 시에서 형상화한 것은 물론이고, 그가 체득한 새로운 문명을 현실생활에 어떻게 접목시키느냐를 보여주는 작품이기 때문이다. 게다가 그가 처한 위치가 '역관'이라는 교섭창구의 선봉이었다는 것에도 기인한다.

> 이 땅덩이 안 만국이 별과 바둑인양 벌여 있는데
> 월나라의 주먹상투 인도에선 머리 깎고
> 제·노엔 봉액이요 호맥은 털옷이라 깨끗하고 아담한 그 차림 요란하게 지껄이는 그 소리
> 그들을 끼리끼리 모운다면 온 세상에 가득하리.
> 일본의 그 위치는 물결따라 얄랑대네.539)

일본 열도의 배치와 의복의 특징, 그들의 머리장식 모양, 심지어 말소리까지를 묘사하고 있다. 특히 인도사람들은 상투모양으로 머리카락을 묶은 게 아니라 아예 삭발한다고 했다. 그가 특히 머리모양에 대하여 언급하고 있는 것은 당시 조선의 유자들에 있어서의 두발은 자기신분의 한 표상이었으며, 그것은 그들의 세계관과 직결되는 문제였다.

중국 역시 청이 나라를 건국한지 오래되어 모두가 치발을 하였는데 이를 두고 문명인이 아니라고 비판한 유자들의 의식세계를 감안한다면 이언진의 눈에 비친 일본인의 머리모양은 또 하나의 충격일 수밖에 없었다.

---

539) 번역문은 이가원, 앞의 책을 참고하였으나, 원문은 여강출판사 영인본 ≪松穆館集≫을 사용하였음. 다만 <우상전>에 인용된 작품과 문집에 수록된 내용이 차이가 있어 이를 참고하면서 입전의 의도를 존중하는 측면으로 논지를 전개함.(이하 같은 방식을 취함). "坤輿內萬國 碁置而星列, 于越之魋結 竺乾之祝髮, 齊魯之縫腋 胡貊之氈毼, 或文明魚雅 或兜吺侏侏 羣分而類聚 遍土皆是物, 日本之爲邦 波壑所蕩潏."

그런가 하면 대판의 시진에서 목도한 세계의 온갖 진귀한 물화를 그 생산지와 쓰임새에 대해 상세히 설명하고 있다.

> 대판은 큰 도회라 온갖 보물 간직했네. 빛나는 건 주시이고, 둥근 건 혁알이며, …(중략)
> 향불엔 용춤 타고 보석은 아골처럼 쌓였구나.
> 상아는 입속에서 뽑았고 지각은 머리에서 뽑았다오.
> 파사사람 눈 돌리고 근강저자 무색도 하구나 …(중략)
> 바다로선 지중해라 온갖 물건 생동하네.[540]

이언진이 일본을 방문했던 1764년 경에는 이미 長崎를 중심으로 세계 여러 나라와(특히 유럽과 중국 절강 지방이 중심이었음) 무역을 활발히 하고 있었던 때이다.[541] 德川幕府의 제한된 무역정책은 대판은 물론 일본 전체의 산업을 활성화 시켰으며 그 한 예가 대판의 상점거리에서 쉽게 목도될 수 있었다.

이 당시 일본은 포르투칼 耶蘇會士들로부터 시작되어 나중에는 和蘭의 宣教師를 중심으로 서구의 문물이 들어오고 있었으며, 한편 중국 浙江으로 왕래하는 貿易商船들이 많았다는 사실[542]에 대한 시적 표현은 광범위한 독서를 한 그에게는 새삼스러울 것이 없었다. 다만 그의 지식 가운데에 있는 일본을 재확인할 수 있었을 뿐이다. 멀리

---

540) "大阪大都會 環寶海藏竭 先者是朱提 圓者是靺鞨 (중략) 奇香龍龍涎 寶石堆雅骨 牙象口中脫 角犀頭上裁, 波斯胡目眩 浙江市色奪, (중략) 寰海地中海 中涵萬象活."

541) 강동엽, ≪열하일기 연구≫(일지사, 1988), p. 149 참조.

542) 長崎市役所, ≪長崎と海外文化≫(長崎市, 1925), pp. 95-99 ＜第八章, 支那文化の輸入＞ 참조.

구라파는 물론이고 지중해를 중심한 페르시아 상품까지도 구별할 수 있는 그의 식견은 세계의 넓음과 문물의 교류가 활발한 당시 일본의 현실을 보게 된 것이다.

조선 역시 17세기에 국가적인 차원에서 西洋曆을 수용하는데 는 적극적이었으나[543] 서양문물을 수용하거나 직접 무역하는 데까지는 발전하지 못했다. 물론 다수의 漢譯된 서양서적이 중국으로부터 유입되어 지식인들에게 많은 충격을 주었으며 일부 선각적인 지식인들에게는 세계에 대한 눈을 뜨게 하는 계기를 주었을 뿐이다.[544]

사실 이 당시 조선에도 문명개화의 계기가 없었던 것은 아니다. 그 한 예가 1653년 8월 네덜란드 商船 Sparrow Hawk호가 대만에서 長崎로 가는 도중 제주도 甲下島에 표류하는 사건이 있었다. 당시 이 상선에는 Hendrik Hamel을 위시한 64명이 있었으나 36명이 구출되었다. 이들은 1668년 덕천막부의 요청으로 長崎에 돌아갈 때까지 무려 15년간 조선에 머물렀으며, 더군다나 이들 모두가 뛰어난 기술자였던 것으로 밝혀졌다. 만약 그 당시 조선의 위정자가 이들을 잘 이용하였다면 조선의 서구문명 수용은 보다 빨리 이루어졌을 것이다.

이 사건이 일어나기 훨씬 이전, 곧 1604년 6월 14일 경상남도 통영군 山陽面 三德里(당시의 지명은 唐浦) 앞바다에서 조선수군과 격전으로 침몰된 왜선에서 포로로 잡힌 포르투갈 상인 Joao Mendes(之緩面弟愁)에 대한 심문기록[545]을 보면 그 당시 포로 중에는 중국인과 일본 관인들이 승선하고 있었는데 이들에 대한 처리는 나중에 중국에

543) 姜在彦, ≪조선의 西學史≫(민음사, 1990), p. 65.

544) 박제가, ≪北學議≫, <外編>, "通江南浙江商舶議"

545) ≪謄錄類抄≫(奎章閣 所藏) 참조. 이에 대한 소개는 1987년 10월 10일 <한국일보>에 상세히 적고 있다.

이첩되어 북경으로 보내졌다.

이들은 조선이 서양인을 공식적으로 접한 최초의 사건이며, 인물들이었다. 그 후 1627년 5월에도 네덜란드 상선 Ouwerkerck號가 長崎로 가던 도중 경상남도 경주지방에 표류하였을 때 상륙한 사람 중의 한 명인 Jan Janse Weltevree(朴淵)는 조선인으로 정착하였으나 이들 사건 역시 문명개화와 연결시키는 계기가 되지는 못했다.

이 같은 역사적 사건을 알고 있었을 이언진으로서 大阪의 화려한 물화는 세계문화의 교류와 그것을 통한 생활의 향상을 갈구하는 심정을 詩로써 표현하지 않을 수 없었을 것이다. 다음에 보는 <해람편>의 끝 부분이 이를 잘 말해주고 있다.

지구의 같고 다름 해도의 갑・을에선
서양사람 이마두는 실을 짜듯 칼로 베듯
비부가 시 읊으니 속될망정 진실이라
이웃 사귐 꾀 있으니 평화 맺어 잃지 마우[546]

이언진에 있어서의 세계는 하나일 수밖에 없었다. 비록 그것이 동・서양으로 나뉘어 있거나 큰 바다를 사이에 두고 있어도 바야흐로 세상은 하나일 수밖에 없는 현실을 이해하고 있었다.

그가 그럴 수 있었던 것은 대판을 여행하기 이전부터 세계에 대한 인식이 깊었다는 것을 알 수 있다. 그 근거를 그는 작품 속에서 나타내고 있는데 곧 Mateo Ricci(利瑪竇, 1552-1610)의 '만국지도' 제작을 의미한다. 사실 당시 조선과 마테오리치의 세계지도와는 인연이 깊다.

546) "地毬之同異 海島之甲乙 西泰利瑪竇 線織而刀割 鄙夫陳此詩 語俚意甚實 善隣有大謨 覇縻和勿失."

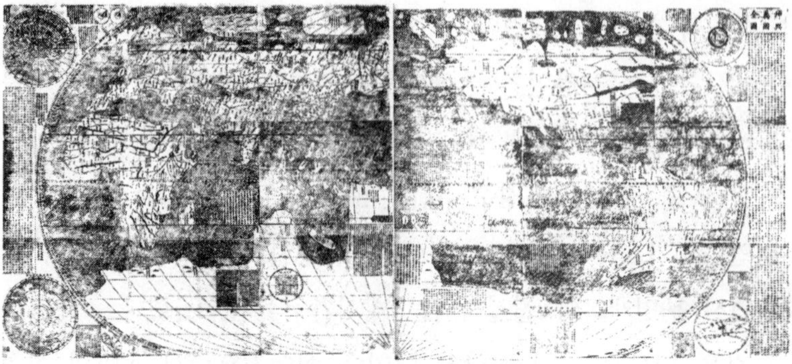

그림 23. 곤여만국전도(일본 경도대학)

李睟光의 소개에 의하면 1603년 부제학으로 있을 때 북경에 갔다 돌아온 사신 李光庭·權憘가 '歐羅巴國輿地圖 一帙 6폭'을 홍문관에 보내온 사실을 적고 있다.[547] 여기서 소개하는 지도는 곧 1602년 북경에서 마테오리치의 도움으로 李之藻에 의하여 간행된 ≪坤輿萬國全圖≫ 6폭을 의미한다. 그 지도가 1603년에 조선에 건너왔다는 사실은 충격적인 사실이 아닐 수 없다.

그 뒤 鄭斗源(1581-?)이 1631년 북경을 여행하고 돌아오면서 Jeronamo Rodriguez(陸若漢, ?-1633)으로부터 선물을 받아온 것 역시 마테오리치의 ≪곤여만국전도≫였다. 잘 알려진 바와 같이 Rodriguez는 마테오리치와 함께 명나라에 들어와 선교활동을 한 사람으로 그가 정두원에게 선물한 漢譯書 중에는 지도 외에도 많은 서양 과학서적이 있었음은 여러 기록을 통하여 알 수 있다.

정두원의 이러한 행적은 李瀷(1681-1763)의 ≪星湖僿說≫에 상세히 기록되어 있을 뿐만 아니라 그 이후의 학자들에게 널리 읽혀져 서양에 대한 관심을 깊게 했다. 天文儀器와 地圖에 대한 관심은 중국중

547) 李睟光, ≪芝峰類說≫ 권 2, <諸國部外國條> 참조.

심주의적 세계관에서 벗어나는 전기를 마련하였으며, 18세기 조선지식인들에게 '華夷一也'라는 인식을 확인시키는 결과를 낳았다. 소위 北學派라 불리우는 학자들에게 중국은 이미 세계의 중심이 될 수 없었으며, 지구는 우주의 한 부분일 수 밖에 없었다.

이언진이 시에서 말하는 지도가 정확히 몇 년 판을 지칭한 것인지는 알 수 없으나 마테오리치가 제작한 세계지도는 현재 한국의 숭실대학교 박물관에 소장되어 있으며, 지도에 나타난 명칭은 ≪兩儀玄覽圖≫이다. 1603년 북경판이다. 이 지도는 1602년에 간행된 ≪곤여만국전도≫ 6폭을 천주교 신자인 李應試가 확대하여 8폭으로 각판하여 간행한 것이다.[548] 그 외에도 1674년에 南懷仁(Ferdimandus Verbiest)이 제작한 ≪坤輿全圖≫, 같은 명칭의 1860년에 제작된(朝鮮重刊本) 것까지 남아 있다.[549]

이 세계지도는 당시 지식인들에게는 공통적인 관심이었다. 1719년 제 9차 통신사의 製述官으로 일본을 여행했던 申維翰(1681-1752)의 기록을 보면 당시 일본의 대표적인 문인이었던 雨森芳洲(1668-1755)와의 대화 속에도 세계지도의 제작에 대한 내용이 보인다. 한편 이때 일본에서 제작된 지도를 선물하겠다는 내용까지 수록되어 있다.[550]

548) 강재언, 앞의 책, p. 31 참조.

549) 마테오리치에 의하여 제작된 지도가 조선에 유입된 종류가 많아서 이언진이 목격한 세계지도는 정확히 어느 것인지 확인할 수 없다. 마테오리치와 세계지도 간행과의 관계는 강재언, 위의 책 같은 곳에 상세한 일람표가 있어 참고가 된다.

550) 이에 대해서는 김태준, <유교적 문명성과 문학적 교양>(소재영 · 김태준 편, ≪여행과 체험의 문학≫ -일본편, 민족문화문고간행회, 1985), pp. 109-110에 상세히 논급되고 있다.

그런데 이언진의 이 시편에 쓰여지기 훨씬 이전인 1603년부터 마테오리치와 그의 지도에 대한 내용이 조선의 학자들에게 널리 알려졌음을 생각하면 이러한 시적 표현은 당연한 것이라 생각된다. 박지원 역시 비록 이언진의 시를 대상으로 <전>을 쓰고는 있지만 마테오리치에 대한 관심은 일찍부터 가지고 있었으며, 특히 그가 1780년 북경을 여행하면서 마테오리치의 무덤을 구경하고 쓴 <利瑪竇塚>[551] 이란 글을 남겼음은 이를 잘 반영한다.

그러니까 이언진이 1764년에 <해람편>을 쓰면서 마테오리치의 세계지도를 언급했는데 그로부터 꼭 16년 후에 박지원이 그의 여행기에서 마테오리치의 무덤을 찾은 것이다.[552] 이 같은 세계인식의 시발이 되는 '세계지도' 문제는 이미 1402년(태종 2년)에 ≪混一疆理歷代國都之圖≫[553]가, 그리고 1469(예종 1년)에 ≪天下圖≫가 조선인의 손으로 그려졌으며, 더구나 일본에 대한 상세한 소개는 1471년(성종 2년) 申叔舟의 ≪海東諸國記≫가 완성되면서 잘 알려지게 되었다.

일본 역시 1684년에 ≪天主實義≫(1603)가 번역되면서 마테오리치는 물론 그의 서양 과학서적에 대한 소개가 세계지도와 함께 널리 알려졌다.[554] 위에서 본 신유한과 雨森芳洲의 대화 속에 보이는 내용

---

551) 박지원, ≪열하일기≫, <盎葉記>.

552) 이 마테오리치의 무덤은 지금 북경의 <중국공산당청년당사> 내에 위치하여 구경이 거의 불가능하다. 당시에도 특별한 관심을 가지지 않고는 찾기가 쉽지 않은 점을 생각하면 그에 대한 박지원의 유별난 관심을 알 수 있다.

553) 이 지도는 현재 일본의 京都 龍谷大學 도서관에 소장되어 있음.

554) 김태준, 앞의 책, p. 110 참조. 일본에도 1602년 李之藻 각판 ≪坤輿萬國全圖≫가 경도대학 도서관, 宮城縣의 도서관에 각각 1본씩 소장되어 있다 하나 확인하지는 못했음(織田武雄, ≪地圖の歷史≫ -세계편, 講談社, 1991년판, pp. 206-211 참조).

또한 이와 연결지을 수 있을 것이다.

이렇게 한 건의 지도를 놓고 이언진은 세계를 한 눈으로 볼 수 있었으며, 서양은 물론 중국과 일본이 그렇게 먼 나라가 아님을 절감하고 있다. 지도 위에 나타난 동아시아, 그것은 위도 상에 나타난 하나의 점에 불과하였다. 그 점에서 표시되는 동아시아는 이웃일 수밖에 없었으며, 이들은 선린관계를 맺지 않을 수 없음을 지적하였다. 이 부분은 華夷的 名分論에서 벗어나 실체를 인정하는 세계관을 나타낸 부분이다. "이웃 사람과 잘 사귀어 평화를 맺자"는 구절은 바로 자신의 생각을 정리한 부분이다.

이 생각은 이언진이나 박지원에게서 볼 수 있는 상대주의적 세계관의 한 표현인 것이다. 기본적으로는 문화우월주의적 사고를 가지고 있으면서도 다른 한편으로는 상대방을 이해하려는 자세를 보이고 있다. 이 생각은 지도 위의 세계에 대한 이해에서 출발한다고 볼 수 있다. 이러한 상대주의적 세계관은 비슷한 시기의 일본 문인에게서도 볼 수 있다. 이언진이 일본에 들어가기 전에 이미 세상을 떠났으나 앞선 시기의 통신사들의 기록에서 중심인물로 등장하며, 실제로 중요한 역할을 한 雨森芳洲와 같은 사람이 그 대표적인 인물일 것이다.

그는 세 번이나 부산의 왜관에 와서 조선어를 공부하였다. 중국어 또한 능통하여 동아시아를 비롯한 세계에 대한 이해를 깊이한 사람이었으며, 이를 위하여 그가 당시 외부 세계와의 창구 역할을 한 장기를 내왕하는 과정에서도 잘 나타난다. 그의 이 생각은 유학에서 보이는 합리주의적 사고와 서양 근대사상과의 접합에서 나타나는 내재적 발전에 기인하고 있다.[555)]

---

555) 上垣外憲一, ≪雨森芳洲≫ -元祿享保の國際人(中央公論社, 1994년 판),

이 점에 있어서 박지원이나 이언진 역시 같은 현상으로 나타난다. <우상전>의 다른 시편에 보이는 내용들이 이를 잘 말하고 있다. 우선 그의 <過勝本海>(원제는 '壹岐島 亦名 勝本海'임)을 보기로 한다.

발 벗은 되놈들이 꼴씨는 도깨비요
오릿빛 옷 등성엔 별・달을 그렸고나
꽃치마 계집애가 문밖으로 뛰어 나오는데
빗던 머리 다 못 빗고 머리칼 동여맸네 … (중략)

그들의 벼슬아친 절하며 구슬드릴제
산호와 큰 구슬을 소반 위에 받쳤고나
피차가 벙어리라 주객이 나눠 앉아
눈치로 말 알아채고 붓 끝으로 혀놀리네.
그들의 마음에도 林園 취미 없지 않아
棕櫚와 귤나무를 뜰 속에 심었구나.556)

위 시에서 나타난 당시 일본 사람은 남녀를 불문하고 그 형상이 괴이하게 묘사되었다. 특히 마지막 구절에 "그들의 마음에도 임원 취미 없지 않아, 종려와 귤나무를 뜰 속에 심었구나"라는 내용은 시어에 사용된 '蠻字' 그대로 이다. 이 생각은 자신들의 문화우월주의적 발상인데 당시 중국의 문인들이 조선을 지칭할 때도 '東夷'라고 했던 것으로 보면 나와 너를 구별 짓는 표현방식의 하나이기도 하다.

---

pp. 3-10, <序章 -雨森芳洲一志札られらた思想家> 참조.

556) "蠻奴赤足貌鬼監鬼介, 鴨色袍背繪星月 花裙蠻女走出門, 頭梳未竟髽其髮 (중략) 蠻官모拜獻厥琛, 珊湖大具擎盤出. 眞如啞者設賓主, 眉睫能語筆有舌, 蠻府亦鮮園林趣, 栟櫚青橘配庭實."

이런 현상은 누구보다 세계를 잘 인식하고 있었던 그였으면서도 앞에서 본 <해람편>과는 확연하게 구별 짓게 하는 내용이다. 그러면서도 당시 일본어 역관들이 동행하였으나 그들의 실력으로는 서로의 생각을 모두 전달하기 힘들었던 사정을 잘 나타내 주고 있다.

다른 한편으로 보면 일본인들이 유난히 즐겨 입는 의복의 색깔이 진한 青色이었음을 지적한 위의 내용 일부는 역시 서로의 문화가 다름을 여실히 보여주는 한 예이다. 이는 당시 조선의 일반적인 의복 색깔이 白色인데 비하여 일본민족의 색채의식과 연관되는 부분이다. 첫 눈에 비친 그들의 의복 색채에서 이언진은 심한 문화적 이질감을 느낄 수밖에 없었던 것이다.

이어서 <病痔舟中 臥念梅南老師言>(원제목은 <壹陽舟中念惠寰老師言>이다)의 한 부분을 보기로 한다.

> 공자의 높은 도와 牟尼의 교야말로
> 이 세상을 바로잡아 일월처럼 밝아있네
> 서양 사람 일찍이 五印度에 갔었으나
> 과거나 현재나 부처라곤 하나 없네.
> (중략)
> 섬나라 백성들 화복을 두려워하여
> 향피우고 쌀 바침 거르는 날이 없네
> 부처를 섬기되 부처가 싫어하는 방법으로 섬겨
> 물고기 굽고 자르며 멋대로 도살하네.[557]
> (중략)
> 六經이 광명하여 중천에 드날리되

557) 이 두 구절은 <우상전>에는 빠졌으나 文集 原本에 의거하여 삽입하였음.

이 나라 사람들은 까막눈 그 어이하리
해돋이나 지는 곳이 무슨 이치 다르리오.
따르면 성인이요 어기면 惡人되리.
스승님 주신 말씀 뭇 사람에 전하고저
이 시를 지어 읊어 木鐸을 울리려네.[558]

제목에서 밝혔듯이 스승 이용휴의 사상을 일본에 전할 마음으로 표현한 시이다. 여기서도 당시 일본의 풍습이 잘 나타난다. 불교는 숭상하면서도 이들 식생활의 중요한 부분인 물고기를 장복하는 논리적 모순을 읊었다.

한편 유학과 불교의 현실적 양립을 인정하면서 일찍이 동북아시아 세력 확장에 뛰어든 동인도회사의 서장진출에 대한 지적을 하고 있는데, 이는 당시 다른 문인들의 글에서는 쉽게 찾을 수 없는 부분이다.[559] 그러니까 그들의 서장진출은 세력 확장에 있는 것이지 신앙과는 직접적인 관계가 없었다는 것이다.

이언진의 생각에도 유학이 본질적인 작용은 하고 있지만 상대방의 신념에 대해서는 용인하는 태도를 취하고 있다. 단지 보편적 진리에 충실한 삶을 의미 있게 생각하고 있을 뿐이다. 육경의 이치를 근본으로 삶의 지표를 삼아야 되는 가치지향적 유학을 일본에 전하려는 그

558) "宣尼之道牟尼教, 經世出世日而月. 西士嘗至五印度, 過去現在無箇佛. (중략) 睢盱島衆怵禍福, 炷香施米長無缺. 好佛反好佛所惡, 燒剔魚鼈恣屠殺 (이 부분은 문집 원본에 의함). (중략) 六經中天揭大明, 此邦之人眼如漆, 暘谷昧谷無二理, 順之則聖背檮杌, 吾師訓吾訓介衆, 以詩替金口栝."

559) 강동엽, 앞의 책, p. 135. 박지원도 그의 ≪열하일기≫에서 班禪에 대한 비판은 많이 하고 있으나 동인도회사의 서장진출에 대한 얘기는 하지 못하고 있다.

의 생각은 현실과는 엄청남 차이를 보여 주었다.

사실 당시의 일본은 이미 동양적 사고에다 서양의 기능을 가미하여 발전해가는 과정에 있었다. 이 사실은 1708년 8월 선교 목적으로 일본에 상륙한 이태리 선교사 '씨도치'에 대한 심문에서 얻은 지식을 기록한 新井白石(1657-1725)의 ≪西洋紀聞≫이 발표되면서 소위 말하는 '和魂洋才'의 기운이 확산되고 있는 데서도 기인한다.[560]

그러한 현실을 목도한 이언진의 생각에는 엄청난 혼란이 일어난다. 앞에서 살펴본 <해람편>의 내용에 나오는 물화의 번성함은 당시 조선과는 비교가 되지 않는 상태였다. 그래서 제기되는 문제가 六經과 성현의 道이다. 하지만 富의 마력을 인식한 당시 일본인들에게 이는 하나의 이국적 체험일 뿐이다. 그들이 가지지 못한 부분에 대한 동경이지 이를 향해 가기에는 방향이 이미 확고하게 정립된 상태였음은 여러 문헌들에서 볼 수 있다.

문제는 비록 박지원 자신이 체험하지는 않았으나 이언진의 詩를 빌어서 세계의 변화를 인정하면서 개방과 인식의 전환을 주장하지 않을 수 없었다. 이 점은 당시 북학파 문인들의 공통적인 생각이었다.[561] 물론 박지원의 일본관은 구체적이거나 호의적인 편은 아니었다. 하지만 특정한 부분 곧 장기를 중심한 해외통상 문제에 대해서는 깊은 관심을 가지면서 역사적 사실과 일치시키고 있다.

이러한 조선 후기 실학파 문인들의 생각은 이 시대 동아시아 여러 나라의 진보적 사고를 가진 문인들과 그 궤를 같이함을 보여주고 있다. 박지원이 <우상전>을 통하여 나타내고자 한 생각 역시 여기에

560) 宮崎道生 編, ≪新井白石の現代的考察≫(吉川 弘文館, 1985), p. 260.

561) 하우봉, ≪朝鮮後期實學者의 日本觀研究≫(일지사, 1989), pp. 142-9, <북학파 실학자들의 일본관> 참조.

기인한다. 그가 입전을 하면서 채택한 이언진의 '기행시'들은 그의 말대로 상자 속에 있는 것을 찾아냈다고는 하지만 原文과는 차이를 보여주고 있다. 그러면서도 그 시편들이 의도하는 바를 전달하는 데는 아무런 장애를 주지 않고 있다. 곧 이언진의 시편이면서 작자의 의도에 맞추어 재구성된 셈이다.

반면에 비슷한 시기 이언진의 작품들을 소개하고 있는 이덕무의 글들[562]에서는 박지원과는 달리 原詩를 그대로 쓰고 있음을 주목하지 않을 수 없다. 이는 전자가 입전 과정에서 작자 자신의 의도를 살리면서 시를 차용한 데 비하여 후자는 이언진의 시 그 자체를 소개하는 데 충실하면서 작품의 말미에 기록자의 평과 소견을 밝히고 있음과 연결된다. 이러한 점들을 참고하면 이언진의 생각이 곧 작자 박지원의 생각으로 형상화된 한 예가 될 것이다. 또 그것이 입전의 동기이기도 하다.

Ⅳ. 맺는 말

이상에서 <우상전>을 중심으로 이언진의 세계인식에 대하여 살펴보았다. 이를 위하여 먼저 박지원이 <우상전>을 쓰게 된 동기와 그와의 관계를 정리함으로써 <전>의 의도를 선명히 이해하는데 도움을 얻을 수 있었다. 아울러 입전을 하는 과정에서 채택된 이언진의 '기행시'들은 작자의 의도에 의하여 상당부분 축약시킴으로써 시편 그 자체를 전하는데 목적을 두기보다는 이언진이 생각한 세계가 무엇이었는가를 전하는데 더욱 역점을 두고 있음을 나타내었다.

---

562) 이덕무, ≪청비록≫, <이우상> 참조.

그리고 이언진의 초상화와 일본 여행기간 동안의 행적을 소개, 정리함으로써 그를 이해하는데 도움을 주었다. 특히 그가 요절하면서 많은 작품들이 산실되었기 때문에 그의 초상화와 행적은 이언진 문학 연구에 보탬이 되리라 믿는다.

<전>에 나타난 그의 세계 인식은 작자 자신의 세계인식이기도 하였지만 당시의 변화하는 세계에 대하여 깊이 인식하면서 조선은 어차피 세계의 한 일원일 수 밖에 없으며, 그러기 위해서는 상호 이해와 인정의 선에서 관계가 맺어져야 함을 살필 수 있었다. 한편 이 생각들은 그가 여행한 일본의 당시 지식인들도 같은 생각이었음이 확인되었다. 이는 동·서를 막론하고 18세기가 가지고 있는 변화의 기운에 대한 깊은 이해에서 출발하고 있다. 한가지 아쉬운 점은 보다 더 논리적인 방법에 의하여 자기 생각을 구체적으로 서술하지 못했던 점이 같은 시대의 다른 나라와 비교되는 점이다.

변혁의 시대인 18세기를 살았던 조선의 많은 지식인들은 그들 나름대로 사고의 폭을 넓혀 중국 중심의 세계인식에서 벗어나고자 노력하였다. 그들은 대부분 중국이나 일본을 여행하면서 체득한 지식이나 그곳에서 목도한 서구 과학문명을 통하여 그러한 생각을 심화시켜 나갔다. 물론 그 같은 기회를 갖지 못한 사람들은 전통적인 사고의 체계 속에서 독특한 우주론을 전개함으로써 자기 시대의 문제를 해결하려고 노력하였다.

그러한 진보적인 사고를 가진 많은 사람들 중에 박지원과 이언진의 관계를 중심하여 보다 더 넓은 세계를 인식하는 실제를 살펴보는 것은 의미 있는 일이다.

특히 같은 시대의 많은 문인들이 주로 산문을 중심으로 자기 생각을 정리한 데 비하여 여기서는 이언진의 시편을 중심으로 박지원이 <전>을 형성함으로써 두 사람의 생각을 교묘하게 결합시키고 있다. 특히 <전>의 중심을 이루는 '기행시'들은 이언진이 일본을 여행하면서 열린 세계에 대한 실상을 사실적으로 그리고 있어서 18세기 동아시아 문화 교류에 대한 실상을 확연히 볼 수 있게 하고 있다. 그 중에서도 <해람편>은 세계 지도를 대상으로 시의 중심을 잡고 있는 점은 동시대 일본의 진보적 지식인들과도 방법적인 맥을 같이하고 있음이 흥미를 끌게 한다.

나아가 그가 세계를 객관적으로 볼 수 있었던 것은 그의 신분적 특성뿐만 아니라 기본적 사고의 틀에서도 연유하고 있어서 작자의 다른 글과의 조화를 형성하고 있다. 그래서 <우상전>은 <전> 문학의 장르적 특성을 뛰어넘어 서구에서 발달한 근대 과학문명의 실상들을 중심으로 이 시대 지식인들이 지향해야 할 방향을 알려주는 큰 의미를 던져 주고 있다. 종교적 전도를 목적으로 한 선교사들에 의하여 중국을 거쳐 조선에 이입된 문화가 한 시인의 일본 여행을 통하여 확인되었다는 사실은 정치적 현실을 뛰어 넘은 18세기 동아시아 문화 교류의 의미를 더욱 깊게 하여 준다.

참 고 문 헌

Ⅰ. 자료

1. 국내자료

≪朝鮮王朝實錄≫

≪光海君日記≫

≪弘齋全書≫

≪이조후기 여항문학전집 I ≫. 여강출판사. 1986.

南九萬, ≪藥泉集≫.

박제가. ≪北學議≫.

______. ≪貞蕤閣全集≫. 여강출판사, 1986

朴趾源. ≪燕巖集≫. 경희출판사 영인본. 1966

______. ≪熱河日記補遺≫.

朴宗采. ≪過庭錄≫.

徐居正. ≪徐四佳全集≫. 경인문화사 영인본. 1986.

成大中. ≪青城集≫. 여강출판사. 1985

손승철 외. ≪朝鮮・琉球關係資料集成≫. 國史編纂委員會. 1998.

안정복. ≪순암선생문집≫.

魚叔權. ≪稗官雜記≫. ≪국역 대동야승≫ I. 민족문화문고 간행회. 1985.

袁宏道. <雪濤閣集序>. ≪袁中郎全集≫.

柳得恭. <並世集> 卷之二. 성균관대학 대동문화연구원 편. ≪燕行錄選集≫ 上. 1960

______. ≪並世集≫.

______. ≪灤陽錄≫.

______. ≪燕台再遊錄≫.

이가원 편. ≪이조한문소설선≫. 민중서관. 1971

李德懋. ≪국역 청장관전서 Ⅶ≫, 민족문화추진위원회, 1981

______. ≪淸脾錄≫.

李相殷 編. ≪韓國歷代人物傳集成≫. 民昌文化社. 1990.

李睟光. ≪芝峯類說≫ 上.下. 남만성 역. 을유문화사. 1975.

______. ≪芝峰集≫. 성균관대학교 대동문화연구원 영인본. 1964.

李崇仁. ≪陶隱集≫. 성균관대학 대동문화연구원. 1973.

李重煥. ≪擇里志≫.

이 익. <성호사설유선>. 경문사. 1978.

李彦瑱. ≪松穆館集≫.

張漢喆. ≪漂海錄≫. 鄭炳昱 譯. 汎友社. 1979.

정도전. <도은문집서>. ≪三峰集≫ 권 3(국사편찬위원회)

鄭東愈. ≪晝永編≫. 南晩星 역. 을유문화사. 1971.

정약용. <文體策>. ≪여유당전서≫. 경인문화사. 1976.

趙曮. <海槎日記>. 민족문화추진회 편. ≪국역 해행총재≫ Ⅶ. 민족문화추진회. 1989.

許筠. ≪許筠全傳≫. 아세아 문화사. 1978
______. <遺稿序>. 李相殷編 ≪韓國歷代人物傳全集≫. 民昌文化社. 1990.
홍대용. ≪국역 담헌서≫. 민문고. 1989.
______. ≪을병연행록≫

2. 국외자료

顧炎武. <前言>, ≪顧亭林詩集彙注≫上. 上海古籍出版社. 1983.
宮瀨龍門. ≪古文孝經國字解≫. ≪鴻臚傾蓋集≫. ≪金蘭集≫. ≪李王七律詩解≫. ≪劉氏無盡藏≫. ≪龍門山人文集≫ ≪東槎餘談≫
鹿田靜七編. ≪蒹葭堂誌≫. 鹿田松雲堂, 明治 34年.
木村蒹葭堂. ≪蒹葭人蔘錄≫(全). 三河資料刊行會. 1936
木弘恭. <題蒹葭雅集圖>.
______. ≪蒹葭堂雜錄≫. 五書房合梓, 1927.
潘相. ≪琉球入學見聞錄≫ 권 4.
上里賢一 注釋. ≪琉球漢詩選≫. ひるぎ社. 1991.
上里賢一. ≪校訂本 中山詩文集≫. 九州大學出版會. 1998.
徐恭生. ≪中國・琉球交流史≫. 西里喜行・上里賢一 共譯. ひるぎ社. 1991.
徐葆光. ≪中山傳信錄≫. 原田禹雄 譯注. 言叢社. 1982.
釋大典. ≪萍遇錄≫.
黎貴惇. ≪北使通錄≫.
黎貴惇 편역. ≪皇越詩文選≫ 3집. 하노이. 1968.

이덕무. ≪淸脾錄≫. 일본 天理大學 圖書館本.

李贄. ＜童心說＞. ≪焚書≫. 河洛圖書出版社. 1974.

平安 江綏君錫. ≪日本詩選≫. 寬政 6年刊.

木村蒹葭堂. ≪蒹葭堂雜錄≫.前曉晴翁. 五書房合梓. 1927.

嚴安生. ＜黃尊憲의 日本論＞. 동국대학교 일본학 연구소 국제학술회의 발표요지. 1990.

袁宏道. ≪袁中郞全集≫. 香港廣智書扁. 1983.

Ⅱ. 논저

1. 국내논저

강동엽. ≪열하일기 연구≫. 일지사. 1988.

______. <18세기 동아시아 문학 교류의 연구>. ≪연민학지≫ 제 4집. 연민학회. 1996.

______. <박지원의 일본인식>. 벽서 최승순박사 화갑기념논총 간행회편. ≪벽서 최승순박사 화갑기념논총≫. 1987

______. <이수광의 문명의식과 대외교류>. 우리문학회 편. ≪우리문학연구≫ 제 12집. 1999.

______. <<虞裳傳>에 투영된 李彦瑱과 그의 世界認識>. 건국대학 편. ≪建國語文學≫제19・20집. 1995.

______. <風流三昧的生活ー木村蒹葭堂の 境遇>. 東國大 日本學硏究所 편. ≪日本學≫제 11집. 1992.

강명관. ＜18・19세기 京衛前과 예술활동의 양상-開港文化에 대한

한 고찰>. 이우성 편. ≪民族史의 展開와 그 文化≫. 1990

강재연. ≪조선의 서학사≫. 민음사. 1990.

김명호. ≪열하일기연구≫. 창작과 비평사. 1990.

김병민. ≪朝鮮中世紀 北學派 文學研究≫. 목원대학교 출판부. 1992.

金炳機. <기타 諸科學과 技術>. ≪한국과학사≫. 이우출판사. 1982.

김윤식. ≪한일문학의 관련양상≫. 일지사. 1993.

김태준. <18세기 한일문학 교류의 양상-江關筆談을 中心으로->. ≪衝擊과 調和≫. 국학자료원. 1992

______. <≪을병연행록≫ 해제>. ≪연행록-을병연행록≫. 명지대학교 국어국문학과 국학자료간행회. 1983.

______. ≪洪大容과 그의 時代-燕行의 比較文學≫. 일지사. 1982

______. ≪洪大容評傳≫. 민음사. 1987.

金容雲·金容局. <유럽科學에 대한 中國人의 受容姿勢>. ≪동양의 과학과 사상 -한국과학의 가능성을 찾아서≫. 일지사. 1984

김채수. ≪동아시아 문학의 기본구도Ⅰ.Ⅱ≫. 보고사. 2001

______. ≪影響과 內發≫. 泰進出版社. 1994

두창구. <연암 박지원 작가작품연구논문목록>, ≪연민학지≫ 1. 1993.

박수천. ≪芝峰類說文章部의 批評樣相研究≫. 太學社. 1995.

朴異汶. ≪老莊思想≫. 문학과 지성사. 1980

芳賀徹(손순옥 역). ≪명치유신과 일본인≫. 도서출판 예하. 1989.

소재영. <18세기 일본체험-일동장유가를 중심으로->. ≪충격과 조화≫. 1992.

______. <洪大容의 ≪乙丙燕行錄≫>. 소재영·김태준 편. ≪旅行과 體驗의 文學 -중국편≫. 민족문화문고간행회. 1985

______. ≪여행과 체험의 문학-일본편≫. 민족문고. 1985.

小川晴久. <十八世紀의 哲學과 科學의 사이 - 洪大容과 三浦梅園>. ≪동방학지≫ 20. 연세대학교. 1978.

손승철. <朝·琉通交體制의 구조와 성격>. ≪조선과 유구≫. 한일관계사연구회. 1996.

손팔주. ≪韓中漢詩研究≫. 第一文化社. 1986.

宋寯鎬. ≪柳得恭의 詩文學研究≫. 太學社. 1985.

신윤길. ≪영국동인도회사연구≫. 서원. 1996.

楊秀芝. ≪朝鮮·琉球關係研究-朝鮮前期를 중심으로-≫. 한국정신문화연구원 박사학위논문. 1993.

劉仁善. ≪베트남史≫. 民音社. 1991.

柳洪烈. <實學의 開拓者 芝峰 李睟光>. ≪韓國學≫ 제 20호. 중앙대학 한국학연구소. 1979.

吳金成. <明末清初商品經濟의 發展과 資本主義萌芽論>. ≪明末清初社會의 照明≫. 한울아카데미. 1994.

吳壽京. <18세기 서울 文人 知識層의 性向 -燕巖그룹에 관한 研究의 一端>. 성균관대학교 박사논문. 1990.

李家源. <芝峰의 文學世界>. ≪韓國學≫ 제20호. 한국학연구소. 1979.

______. <漢文文體研究-특히 分類的인 면에서>. ≪漢文學研究≫. 집문당. 1969

______. ≪朝鮮文學史≫. 太學社. 1997.

이경수. ≪漢詩四家의 淸代詩受容硏究≫. 太學社. 1995.

______. ＜이덕무의 청대시 수용＞. 강원대 인문과학연구소 편. ≪인문연구≫ 제 27집. 1989.

李敏弘. ＜芝峰 李睟光의 朝鮮中期 詞壇認識＞. ≪朝鮮中期詩歌의 理念과 美意識≫. 성균관대학교 출판부. 1993.

李相鎭. ＜李彦瑱의 '衚衕居室'考＞. ≪한국한문학연구≫ 제 12집. 1989

이상백. ＜庶孼禁錮始末＞.≪동방학지≫. 연희대학. 1954

이석래. ＜허생전연구＞. ≪한국고전산문연구≫. 동화출판사. 1981.

이　암. ≪朝鮮實學派 文學論硏究≫. 국학자료원. 1992.

이용범. ≪중세서양과학의 조선전래≫. 동국대학교출판부. 1988.

______. ≪韓國科學思想史硏究≫. 동국대학교 출판부. 1993.

이우성. ＜실학의 사회관과 한문학＞. ≪한국사상대계 I ≫. 성균관대학교 대동문화연구원. 1973

이원식. ＜明和道(1764)の朝鮮通信使＞. ≪조선학보≫ 84. 1977

______. ≪조선통신사≫. 민음사. 1991.

李俊杰. ≪朝鮮時代 日本과 書籍交流硏究≫. 홍익재. 1986.

李和炯. <雅亭 李德懋의 文學硏究>. 경희대학교 대학원 박사논문. 1993.

이혜순. ＜17세기 통신사행집단의 문학과 의식세계＞. 한국한문학회 편. ≪한국한문학연구≫ 17. 1994

鄭後洙. ≪朝鮮後期中人文學硏究≫. 깊은샘. 1990)

조규익. <漂海歌辭의 문학적 성격 - 李邦翼의 <漂海歌>를 중심으로>. 崔康賢 편. ≪한국기행문학 작품연구≫. 국학자료원.

1996.

조동일. ≪공동문어문학과 민족어문학≫. 지식산업사. 1999.

_____. ≪동아시아 문학사 비교론≫. 서울대학교출판부. 1993.

_____. ≪문명권의 동질성과 이질성≫. 지식산업사. 1999.

_____. ≪제3세계문학연구입문≫. 지식산업사. 1991.

_____. <한국과 베트남의 문학 교류 내력>. 지준모 번역. ≪베트남 최고시인 阮廌≫. 지식산업사. 1992.

_____. <홍대용>. ≪한국문학사상사시론≫. 지식산업사. 1978.

曺永祿. <中國的國際秩序의 推移와 韓・日의 對應>. ≪中國과 東아시아世界≫. 국학자료원. 1997.

지준모 역. ≪베트남 최고의 시인 완치≫. 지식산업사. 1992.

陳捷先. <阿克敦 ≪德蔭堂集≫ 中的中韓關係史料>. ≪모산학보≫ 2. 모산학술연구소. 1991.

최박광. <서양의 충격과 일본 근대 사상의 변천>. ≪전통문화와 서양문화(Ⅰ)≫. 성균관대학교 인문과학연구소. 1985.

최소자. <17・18세기 漢譯書學에 대한 연구 - 中國과 韓國의 士大夫에게 미친 영향>. 이화여자 대학교 편. ≪한국문화연구논총≫ 제 39집. 1981.

_____. <명말・청초 중국사대부의 서학의식>; (≪성곡논총≫ 12, 1981.

崔信浩. <韓國과 安南・琉球와의 文學交流試考>. ≪韓國漢文學研究≫ 5. 한국한문학회. 1980.

_____. <朝鮮後期 物性論과 文學思想>. ≪第二十二回 東洋學學術會議講演抄≫. 단국대학교 동양학연구소. 1992.

하우봉. <李德懋의 日本觀에 대한 研究>. ≪인문논총≫ 제 17집. 전북대학교. 1987.

______. ≪朝鮮後期實學者의 日本觀研究≫. 일지사. 1989.

한우근. ≪이조 후기의 사회와 사상≫. 을유문화사. 1976.

한우근·이성무 편. ≪사료로 본 한국문화사≫. 일지사. 1985.

황의열. <이수광의 시론>. ≪石田李丙疇博士古稀紀念論叢≫. 同刊行會. 1990.

2. 국외논저

加藤周一. <平賀源内と蘭學者たち>. ≪日本文學史序說≫ 하. 筑摩書房. 1980.

歌川龍平. ≪長崎鄉土物語(下)≫. 歷史圖書社. 1979.

강동엽. <18世紀東アジア文化交流の研究>. 國際日本文化研究センタ - 研究成果報告書. 1991

姜在彦. ≪西洋と朝鮮≫. 文藝春秋社. 1994.

鎌田春雄. ≪木村蒹葭堂 歷史地理≫ 21-3. 4. 大正2

郡司喜一. ≪德川時代の日暹國交≫. 東京. 東西經濟調查局. 1938.

宮崎道生 編. ≪新井白石の現代的考察≫. 吉川 弘文館. 1985.

吉澤忠. ≪原色日本の美術≫9. 一南畵と寫生畫. 小學館. 1969.

김태준. <江戶. 漢城と北京-東アジアの外交制度と德川日本>. ≪18世紀東アジア文化交流の研究≫. 국제일본문화연구센터 연구결과 보고서. 1991

那波利貞. <明和元年の朝鮮國修好通信使の渡來と我國の學者文人との翰墨上た於ける應酬唱和の 一列の就きて>. ≪朝鮮學報≫

42. 1967.

那覇市. ≪那覇市史≫. 首里系 那覇市. 1982.

大谷晃一. ≪大阪學≫. 經營書院. 1994.

大坂西區史刊行委員會. ≪西區史≫. 第三卷. 大坂市. 1970.

島尻勝太郎 選. ≪琉球漢詩選≫. 上里賢一 注釋. ひるぎ社. 1991.

藤本篤. ≪大坂府の歴史≫. 山川出版社. 1988.

______. ≪大坂の歴史≫. 山川出版社. 1989.

名護市史編さん室編. ≪名護親方程順則資料集 1._人物・傳記編≫. 名護市教育委員會. 1990.

木宮泰彦(胡錫年 역). ≪日中文化交流史≫. 北京商務印書館. 1980.

芳賀登. ≪日韓文化交流史の研究≫. 雄山閣. 1986.

裴維新. <중국에서의 韓・越 使臣. 詩人의 만남 _ 문학교류에서 나타난 兄弟愛>. 하노이. 1995.

謝國禎. ≪明末・淸初的學風≫. 人民出版社. 1980. 北京

山根有三. ≪日本美術史≫. 美術出版社. 1992.

山井湧. <明末淸初における經世致用の學>. ≪東方學論集≫. 동경. 1954.

三上參次. ≪江戸時代史(上)≫. 講談社. 1992.

上里賢一. <琉球の和文學と漢文學>. ≪岩波請座 日本文學史≫. 제 15卷. 岩波書店. 1985.

________. <琉球の漢字>. ≪新しい漢字漢文教育≫. 제26호. 1998.

________. <中山詩文集 解說>・<あとかき>. ≪中山詩文集≫. 九州大學出版會. 1998.

________. <沖繩(琉球)ど中國の文化交流史> _ 中國の詩集に登場す

る琉球の詩人　_．琉球大學醫學部附屬地域醫療硏究センタ_．≪沖繩の歷史と醫療史≫．九州大學出版會．1998.

上垣外憲一．≪德川 日本에 있어 中國文學의 飜譯과 飜案 -淺井了意의 伽婢子->．일본 국제 일본문화연구센타 공동연구 발표문．1991.

__________．≪雨森芳洲 -元祿享保の國際人≫.中央公論社．1994년판.

小野則秋．＜藏書家としての吉田篁土敦と木村蒹葭堂＞．≪學燈≫ 43-5. 昭和14

小川晴久．＜洪大容の 宇宙無限論＞．(≪東京女子大學比較文化姸究紀要≫ 38．1997.

손승철．＜朝鮮朝後期實學思想の對外認識＞．≪朝鮮學報≫122．1987.

承德市文物局編．≪承德避暑山庄≫．文物出版社．1980.

野間光辰．＜寄題蒹葭堂序文＞．≪大阪府立圖書館紀要≫．昭和 48년 3월.

楊昭．＜明淸時期中朝文學的交流＞．≪中朝關係史論文集≫．世界知識出版社．1988.

琉球新報社．≪新琉球史-古琉球編≫．琉球新報社．1993.

劉勰．≪文心雕龍≫．世界書局．民國 61

長崎市役所編．≪長崎と海外文化≫．藤木 博英社．1926.

蔣天柱．≪中國古代寓言選≫．湖南出版社．1981.

猪口篤志．≪日本漢文學史≫．角川書店．1984.

田中健夫．<中國・朝鮮の史料にみる琉球>．≪新琉球史 — 古琉球編≫．琉球新報社．1993.

井上薫編. ≪大坂の歷史と文化≫. 和泉書院. 1994.

鄭永常. ≪漢文文學在安南的興替≫. 台灣商務印書館. 1990.

竹村正子 譯. ≪東南アジア史≫. みすず書房. 1981.

池宮正治. ≪琉球文學論≫. 沖繩タイムヌ社. 1980.

織田武雄. ≪地圖の歷史-세계편≫. 講談社. 1991년 판.

眞境名安興・島倉龍治. ≪沖繩一千年史≫. 沖繩鄕土硏究會. 1934.

村上哲見. ≪漢詩と日本人≫. 講談社. 1994.

村井章介. ≪東アジア往還≫_ 漢詩の外交. 朝日新聞社. 1995.

최박광. <夢の挫折-申維翰と水足博泉の出會いを中心に>. 국제일본문화연구센터. ≪18세기 동아시아 문화교류의 연구≫ 회의록. 1991. 12.

Hungguk Cho. Early Contacts between korea and Thailand. Korea Journal. 1995.

Phan Huy Ich. Tho van Phan Huy Ich. 3. NXB. Khoa hoc xa hoi. Ha Noi. 1978.

찾 아 보 기

ㄱ

ㄴ

ㄷ

ㄹ

ㅁ

ㅂ

ㅇ

ㅈ

ㅊ

ㅋ

ㅌ

ㅍ

ㅎ

A